MANUEL

DES

JUSTICES DE PAIX.

TOME II.

MANUEL

DES

JUSTICES DE PAIX,

Par Feu LEVASSEUR,

OU

TRAITÉ DES FONCTIONS ET ATTRIBUTIONS

DES JUGES DE PAIX,

DES GREFFIERS ET HUISSIERS ATTACHÉS A LEUR TRIBUNAL,

AUQUEL ON A JOINT :

1° UN EXTRAIT, PAR ORDRE ALPHABÉTIQUE, DE TOUT CE QUI CONCERNE LES JUSTICES DE PAIX, DANS LA COLLECTION GÉNÉRALE DES LOIS, DÉCRETS ET ORDONNANCES PUBLIÉS DEPUIS 1789, JUSQUES ET COMPRIS 1831, ET EN OUTRE UN CHOIX DES CIRCULAIRES ET INSTRUCTIONS MINISTÉRIELLES INTERVENUES SUR LE MÊME SUJET ;
2° UN RECUEIL DISPOSÉ DANS L'ORDRE DES CHAPITRES DU CODE DE PROCÉDURE ET AUTRES CODES, DE FORMULES OU MODÈLES DES ACTES NÉCESSAIRES POUR METTRE CES LOIS EN PRATIQUE TANT AU CIVIL QU'AU CRIMINEL.

DIXIÈME ÉDITION,

REVUE, CORRIGÉE ET CONSIDÉRABLEMENT AUGMENTÉE,

Par M. DE FOULAN,

Ancien président du Tribunal civil de Moulins, membre de la Légion-d'Honneur, de l'Académie des Arcades de Rome, auteur du Journal spécial des Justices de paix.

TOME DEUXIÈME.

A PARIS,

AU BUREAU DU JOURNAL SPÉCIAL DES JUSTICES DE PAIX,

RUE NEUVE-DES-BONS-ENFANS, n° 5.

1831.

AVIS.

Le *Journal spécial des Justices de paix* est à sa onzième année. Il a commencé le 1er janvier 1821, et paraît le 1er de chaque mois par cahier de deux feuilles in-8°, qui sont envoyées franches de port, et forment, au bout de l'année, un volume de 400 pages. Le prix de l'abonnement pour l'année courante est de 10 fr., francs de port.

N. B. Tous les articles appartenans à M. de Foulan, dans cette édition, sont précédés d'une main, et ne peuvent être réimprimés par personne que par lui, à peine de contrefaçon. En conséquence, deux exemplaires ont été déposés à la Bibliothèque royale, pour assurer le droit d'auteur.

VERSAILLES. — IMPRIMERIE DE ALLOIS,
avenue de Saint-Cloud, n° 5.

MANUEL

DES

JUSTICES DE PAIX.

TOME II, ou SECONDE PARTIE,

CONTENANT

1° L'EXTRAIT, PAR ORDRE CHRONOLOGIQUE, DE TOUT CE QUI CONCERNE LES JUSTICES DE PAIX, DANS LA COLLECTION GÉNÉRALE DES LOIS, DÉCRETS ET ORDONNANCES PUBLIÉS DEPUIS 1789 JUSQUES ET COMPRIS 1831, ET EN OUTRE UN CHOIX DES CIRCULAIRES ET INSTRUCTIONS MINISTÉRIELLES INTERVENUES SUR LE MÊME SUJET ;

2° UN RECUEIL DISPOSÉ DANS L'ORDRE DES CHAPITRES DES CODES DE PROCÉDURES, ET AUTRES CODES, DE FORMULES OU MODÈLES DES ACTES NÉCESSAIRES POUR METTRE CES LOIS EN PRATIQUE, TANT AU CIVIL QU'AU CRIMINEL.

TITRE PREMIER.

EXTRAIT SPÉCIAL ET CHRONOLOGIQUE DE CE QUI CONCERNE LES JUSTICES DE PAIX DANS LES LOIS, DÉCRETS, ORDONNANCES, INSTRUCTIONS DES MINISTRES, INTERVENUS DEPUIS 1789 JUSQU'EN 1831.

N. B. Toutes les lois, décrets, ordonnances et circulaires précédées d'une main manquaient dans les éditions précédentes, et ont été ajoutées par M. de Foulan.

☞ *Extrait du Décret portant abolition du Régime féodal, des Justices seigneuriales, des Dîmes, de la Vénalité des offices, des Priviléges, des Annates, de la pluralité des bénéfices, etc.*

(1) Des 4, 6, 7, 9, et 11 août — 21 septembre et 3 novembre 1789.

2. Le droit exclusif des fuies et colombiers est aboli ; les pigeons seront enfermés aux époques fixées par les communautés ; et, durant ce temps, ils seront regardés comme gibier, et chacun aura le droit de les tuer sur son terrain. J. F.

---

(1) Toute loi de l'assemblée constituante a deux dates ou plus, savoir : 1° celle du décret, 2° celle du jour de l'acceptation du décret par le roi.

Extrait du décret relatif à la constitution des Municipalités, suivi de l'Instruction.

Du 14 — Décembre 1789.

Les fonctions propres au pouvoir municipal sont :

De faire jouir les habitans des avantages d'une bonne police, notamment de la propreté, de la salubrité, de la sûreté et de la tranquillité dans les rues, lieux et édifices publics. J. F.

Extrait du décret sur l'Organisation judiciaire.

Du 16 — 24 août 1790.

TITRE II.

Des Juges en général.

Art. 1ᵉʳ. La justice sera rendue au nom du roi.

2. La vénalité des offices de judicature est abolie pour toujours ; les juges rendront gratuitement la justice, et seront salariés par l'état.

3. Les juges seront élus par les justiciables.

4. Ils seront élus pour six années ; à l'expiration de ce terme, il sera procédé à une élection nouvelle, dans laquelle les mêmes juges pourront être réélus.

5. Il sera nommé aussi des suppléans, qui, selon l'ordre de leur nomination, remplaceront, jusqu'à l'époque de la prochaine élection, les juges dont les places viendront à vaquer dans le cours des six années. Une partie sera prise dans la ville même du tribunal, pour servir d'assesseurs en cas d'empêchement momentané de quelques uns des juges.

6. Les juges élus et les suppléans, lorsqu'ils devront entrer en activité après la mort ou la démission des juges, recevront du roi des lettres-patentes scellées du sceau de l'état, lesquelles ne pourront être refusées, et seront expédiées sans retard et sans frais, sur la seule présentation du procès-verbal d'élection.

7. Les lettres-patentes seront conçues dans les termes suivans :

« LOUIS, etc.   Les électeurs du district
» de   nous ayant fait représenter le procès-verbal
» de l'élection qu'ils ont faite, conformément aux décrets constitu-
» tionnels, de la personne du sieur   pour remplir
» pendant six années un office de juge du district de
»   , nous avons déclaré et déclarons que ledit
» sieur   est juge du district de   ;
» qu'honneur doit lui être porté en cette qualité, et que la force pu-
» blique sera employée, en cas de nécessité, pour l'exécution des
» jugemens auxquels il concourra, après avoir prêté le serment re-
» quis et avoir été dûment installé. »

8. Les officiers chargés des fonctions du ministère public seront nommés à vie par le roi, et ne pourront, ainsi que les juges, être destitués que pour forfaiture dûment jugée par juges compétens.

9. Nul ne pourra être élu juge ou suppléant, ou chargé des fonctions du ministère public, s'il n'est âgé de trente ans accomplis, et s'il n'a été pendant cinq ans juge ou homme de loi, exerçant publiquement auprès d'un tribunal.

10. Les tribunaux ne pourront prendre directement ou indirectement aucune part à l'exercice du pouvoir législatif, ni empêcher ou suspendre l'exécution des décrets du corps législatif, sanctionnés par le roi, à peine de forfaiture.

11. Ils seront tenus de faire transcrire purement et simplement dans un registre particulier, et de publier dans la huitaine, les lois qui leur seront envoyées.

12. Ils ne pourront point faire de règlemens, mais ils s'adresseront au corps législatif toutes les fois qu'ils croiront nécessaire, soit d'interpréter une loi, soit d'en faire une nouvelle.

13. Les fonctions judiciaires sont distinctes et demeureront toujours séparées des fonctions administratives. Les juges ne pourront, à peine de forfaiture, troubler, de quelque manière que ce soit, les opérations des corps administratifs, ni citer devant eux les administrateurs pour raison de leurs fonctions.

14. En toute matière civile ou criminelle, les plaidoyers, rapports et jugemens seront publics; et tout citoyen aura le droit de défendre lui-même sa cause, soit verbalement, soit par écrit.

15. La procédure par jurés aura lieu en matière criminelle; l'instruction sera faite publiquement, et aura la publicité qui sera déterminée.

16. Tout privilége en matière de juridiction est aboli; tous les citoyens, sans distinction, plaideront en la même forme et devant les mêmes juges, dans les même cas.

17. L'ordre constitutionnel des juridictions ne pourra être troublé, ni les justiciables distraits de leurs juges naturels, par aucune commission, ni par d'autres attributions ou évocations que celles qui seront déterminées par la loi.

18. Tous les citoyens étant égaux devant la loi, et toute préférence pour le rang et le tour d'être jugé étant une injustice, toutes les affaires, suivant leur nature, seront jugées lorsqu'elles seront instruites, dans l'ordre selon lequel le jugement en aura été requis par les parties.

19. Les lois civiles seront revues et réformées par les législatures; et il sera fait un code général de lois simples, claires, et appropriées à la constitution.

20. Le Code de la procédure civile sera incessamment réformé, de manière qu'elle soit rendue plus simple, plus expéditive et moins coûteuse.

21. Le Code pénal sera incessamment réformé, de manière que les peines soient proportionnées aux délits; observant qu'elles soient modérées, et ne perdant point de vue cette maxime de la déclaration des droits de l'homme, que *la loi ne peut établir que des peines strictement et évidemment nécessaires.* J. F.

TITRE III.

Des Juges de paix.

Art. 1er. Il y aura dans chaque canton un juge de paix, et des prud'hommes assesseurs du juge de paix.

2. S'il y a dans le canton une ou plusieurs villes ou bourgs dont la population excède deux mille âmes, ces villes ou bourgs auront un juge de paix et des prud'hommes particuliers. Les villes et bourgs qui contiendront plus de huit mille âmes auront le nombre de juges de paix qui sera déterminé par le corps législatif, d'après les renseignemens qui seront donnés par les administrations de département.

3. Le juge de paix ne pourra être choisi que parmi les citoyens éligibles aux administrations de département et de district, et âgés de trente ans accomplis, sans autres conditions d'éligibilité.

4. Le juge de paix sera élu, au scrutin individuel et à la pluralité absolue des suffrages, par les citoyens actifs réunis en assemblées primaires. S'il y a plusieurs assemblées primaires dans le canton, le recensement de leurs scrutins particuliers sera fait en commun par des commissaires de chaque assemblée. Il en sera de même, dans les villes et bourgs au-dessus de huit mille âmes, à l'égard des sections qui concourront à la nomination du même juge de paix.

5. Une expédition de l'acte de nomination du juge de paix sera envoyée et déposée au greffe du tribunal de district. L'acte de nomination et celui du dépôt au greffe tiendront lieu de lettres-patentes au juge de paix.

6. Les mêmes électeurs nommeront parmi les citoyens actifs de chaque municipalité, au scrutin de liste et à la pluralité relative, quatre notables destinés à faire les fonctions d'assesseurs du juge de paix. Ce juge appellera ceux qui seront nommés dans la municipalité du lieu où il aura besoin de leur assistance.

7. Dans les villes et bourgs dont la population excédera huit mille âmes, les prud'hommes assessseurs seront nommés en commun par les sections qui concourront à l'élection d'un juge de paix. Elles recenseront à cet effet leurs scrutins particuliers, comme il est dit en l'article 4 ci-dessus.

8. Le juge de paix et les prud'hommes seront élus pour deux ans, et pourront être continués par réélection.

9. Le juge de paix, assisté de deux assesseurs, connaîtra avec eux de toutes les causes purement personnelles et mobilières, sans appel jusqu'à la valeur de cinquante livres, et à charges d'appel jusqu'à la valeur de cent livres : en ce dernier cas, ses jugemens seront exécutoires par provision, nonobstant l'appel, en donnant caution. Les législatures pourront élever le taux de cette compétence.

10. Il connaîtra de même, sans appel jusqu'à la valeur de cinquante livres, et à charge d'appel à quelque valeur que la demande puissse monter,

1° Des actions pour dommages faits, soit par les hommes, soit par les animaux, aux champs, fruits et récoltes;

2° Des déplacemens de bornes, des usurpations de terres, arbres, haies, fossés et autres clôtures, commises dans l'année ; des entreprises sur les cours d'eau servant à l'arrosement des prés, commises pareillement dans l'année, et de toutes autres actions possessoires ;

3° Des réparations locatives des maisons et fermes ;

4° Des indemnités prétendues par le fermier ou locataire pour non jouissance, lorsque le droit de l'indemnité ne sera pas contesté, et des dégradations alléguées par le propriétaire ;

5° Du paiement des salaires des gens de travail, des gages des domestiques, et de l'exécution des engagemens respectifs des maîtres, et de leurs domestiques ou gens de travail ;

6° Des actions pour injures verbales, rixes et voies de fait, pour lesquelles les parties ne se seront point pourvues par la voie criminelle.

11. Lorsqu'il y aura lieu à l'apposition des scellés, elle sera faite par le juge de paix, qui procédera aussi à leur reconnaissance et levée, mais sans qu'il puisse connaître des contestations qui pourront s'élever à l'occasion de cette reconnaissance.

Il recevra les délibérations de famille pour la nomination des tuteurs, des curateurs aux absens et aux enfans à naître, et pour l'émancipation et la curatelle des mineurs, et toutes celles auxquelles la personne, l'état ou les affaires des mineurs et des absens pourront donner lieu pendant la durée de la tutelle ou curatelle ; à charge de renvoyer devant les juges de district la connaissance de tout ce qui deviendra contentieux dans le cours ou par suite des délibérations ci-dessus.

Il pourra recevoir, dans tous les cas, le serment des tuteurs et des curateurs.

12. L'appel des jugemens du juge de paix, lorsqu'ils seront sujets à l'appel, sera porté devant les juges du district, et jugé par eux en dernier ressort, à l'audience et sommairement, sur le simple exploit d'appel.

Si le juge de paix vient à décéder dans le cours des deux années de son exercice, il sera procédé sans retard à une nouvelle élection ; et, dans le cas d'un empêchement momentané, il sera suppléé par un des assesseurs.

TITRE IV.

Des Juges de première instance.

Art. 1er. Il sera établi en chaque district un tribunal composé de cinq juges, auprès duquel il y aura un officier chargé des fonctions du ministère public. Les suppléans y seront au nombre de quatre, dont deux au moins seront pris dans la ville de l'établissement, ou tenus de l'habiter.

2. Dans les districts où il se trouvera une ville dont la population excédera cinquante mille âmes, le nombre des juges pourra être porté à six, lorsque le corps législatif aura reconnu la nécessité de cette augmentation, d'après les instructions des administrations de département. Ces six juges se diviseront en deux chambres, qui jugeront concurremment, tant les causes de première instance que les appels des jugemens des juges de paix.

3. Celui des juges qui aura été élu le premier présidera ; et dans les tribunaux qui se trouveraient divisés en deux chambres, le juge qui aurait été élu le second présiderait à la seconde chambre.

4. Les juges de district connaîtront en première instance de toutes les affaires personnelles, réelles et mixtes, en toutes matières, excepté seulement celles qui ont été déclarées ci-dessus être de la compétence des juges de paix, les affaires de commerce établi, et le contentieux de la police municipale.

5. Les juges de district connaîtront en premier et dernier ressort de toutes affaires personnelles et mobilières, jusqu'à la valeur de mille livres de principal, et des affaires réelles dont l'objet principal sera de cinquante livres de revenu déterminé, soit en rente, soit par prix de bail.

6. En toutes matières personnelles, réelles ou mixtes, à quelque somme ou valeur que l'objet de la contestation puisse monter, les parties seront tenues de déclarer, au commencement de la procédure, si elles consentent à être jugées sans appel, et auront encore, pendant le cours de l'instruction, la faculté d'en convenir, auquel cas les juges de district prononceront en premier et dernier ressort.

7. Lorsque le tribunal de district connaîtra, soit en première instance, à charge d'appel, soit de l'appel des jugemens des juges de paix, il pourra prononcer au nombre de trois juges ; et lorsqu'il connaîtra dans tous les autres cas en dernier ressort, soit par appel d'un autre tribunal de district, ainsi qu'il sera dit dans le titre suivant, soit au cas de l'article 5 ci-dessus, il pourra prononcer au nombre de quatre juges. J. F.

☜ TITRE V.

15. La rédaction des jugemens, tant sur l'appel qu'en première instance, contiendra quatre parties distinctes.

Dans la première, les noms et les qualités des parties seront énoncés.

Dans la seconde, les questions de fait et de droit qui constituent le procès seront posées avec précision.

Dans la troisième, le résultat des faits reconnus ou constatés par l'instruction, et les motifs qui auront déterminé le jugement, seront exprimés.

La quatrième enfin contiendra les dispositions du jugement. J. F.

☜ TITRE VII.

De l'Installation des Juges.

Art. 1ᵉʳ. Lorsque les juges élus auront reçu les lettres-patentes du roi, ils seront installés en la forme suivante :

3. Les juges, introduits dans l'intérieur du parquet, prêteront à la nation et au roi, devant les membres du conseil-général de la commune pour ce délégués par la constitution, et en présence de la commune assistante, le serment *de maintenir de tout leur pouvoir la constitution du royaume, décrétée par l'assemblée nationale*

et acceptée par le roi; d'être fidèles à la nation, à la loi et au roi, et de remplir avec exactitude et impartialité les fonctions de leurs offices.

6. Les juges de paix seront tenus, avant de commencer leurs fonctions, de prêter le même serment que les juges, devant le conseil-général de la commune du lieu de leur domicile. J. F.

TITRE VIII.

Du Ministère public.

Art. 1er. Les officiers du ministère public sont *agens du pouvoir exécutif* auprès des tribunaux. Leurs fonctions consistent à faire observer, dans les jugemens à rendre, les lois qui intéressent l'ordre général, et à faire exécuter les jugemens rendus. Ils porteront le titre de *commissaires du roi.*

2. Au civil, les commissaires du roi exerceront leur ministère, non par voie d'action, mais seulement par celle de réquisition, dans les procès dont les juges auront été saisis.

3. Ils seront entendus dans toutes les causes des pupilles, des mineurs, des interdits, des femmes mariées, et dans celles où les propriétés et les droits, soit de la nation, soit d'une commune, seront intéressés. Ils seront chargés, en outre, de veiller pour les absens indéfendus.

5. Les commissaires du roi, chargés de tenir la main à l'exécution des jugemens, poursuivront d'office cette exécution dans toutes les dispositions qui intéresseront l'ordre public; et en ce qui concernera les particuliers, ils pourront, sur la demande qui leur en sera faite, soit enjoindre aux huissiers de prêter leur ministère, soit ordonner les ouvertures de porte, soit requérir main forte lorsqu'elle sera nécessaire.

TITRE IX.

Des Greffiers.

Art. 1er. Les greffiers seront nommés au scrutin et à la majorité absolue des voix par les juges, qui leur délivreront une commission et recevront leur serment. Ils ne pourront être parens ni alliés au troisième degré des juges qui les nommeront.

2. Il y aura en chaque tribunal un greffier âgé au moins de vingt-cinq ans, lequel sera tenu de présenter aux juges et de faire admettre au serment un ou plusieurs commis, également âgés au moins de vingt-cinq ans, en nombre suffisant pour le remplacer en cas d'empêchement légitime, desquels il sera responsable.

4. Ils seront nommés à vie, et ne pourront être destitués que pour cause de prévarication jugée.

5. Le secrétaire-greffier, que le juge de paix pourra commettre, prêtera serment devant lui, et sera dispensé de tout cautionnement. Il sera de même inamovible. J. F.

TITRE X.

Des Bureaux de paix et du Tribunal de famille.

Art. 1er. Dans toutes les matières qui excéderont la compétence du juge de paix, ce juge et ses assesseurs formeront un bureau de paix et de conciliation.

2. Aucune action principale ne sera reçue au civil devant les juges de district, entre parties qui seront toutes domiciliées dans le ressort du même juge de paix, soit à la ville, soit à la campagne, si le demandeur n'a pas donné en tête de son exploit copie du certificat du bureau de paix, constatant que sa partie a été inutilement appelée à ce bureau, ou qu'il a employé sans fruit sa médiation.

5. Dans le cas où les deux parties comparaîtront devant le bureau de paix, il dressera un procès-verbal sommaire de leurs dires, aveux ou dénégations sur les points de fait; ce procès-verbal sera signé des parties, ou, à leur requête, il sera fait mention de leur refus.

4. En chaque ville où il y aura un tribunal de district, le conseil-général de la commune formera un bureau de paix composé de six membres choisis pour deux ans parmi les citoyens recommandables par leur patriotisme et leur probité, dont deux au moins seront hommes de loi.

5. Aucune action principale ne sera reçue au civil dans le tribunal de district, entre parties domiciliées dans les ressorts de différens juges de paix, si le demandeur n'a pas donné copie du certificat du bureau de paix du district, ainsi qu'il est dit dans l'article 2 ci-dessus; et si les parties comparaissent, il sera de même dressé procès-verbal sommaire par le bureau de leurs dires, aveux ou dénégations sur les points de fait, lequel procès-verbal sera également signé d'elles, ou mention sera faite de leur refus.

6. La citation faite devant le bureau de paix suffira seule pour autoriser les poursuites conservatoires, lorsque d'ailleurs elles seront légitimes; elle aura aussi l'effet d'interrompre la prescription lorsqu'elle aura été suivie d'ajournement.

7. L'appel des jugemens des tribunaux de district ne sera pas reçu si l'appelant n'a pas signifié copie du certificat du bureau de paix du district où l'affaire a été jugée, constatant que sa partie adverse a été inutilement appelée devant ce bureau pour être conciliée sur l'appel, ou qu'il a employé sans fruit sa médiation.

8. Le bureau de paix du district sera en même temps bureau de jurisprudence charitable, chargé d'examiner les affaires des pauvres qui s'y présenteront, de leur donner des conseils, et de défendre ou faire défendre leurs causes.

9. Le service qui sera fait par les hommes de loi dans les bureaux de paix et de jurisprudence charitable, leur vaudra l'exercice public des fonctions de leur état auprès des tribunaux, et le temps en sera compté pour l'éligibilité aux places de juges.

10. Tout appelant dont l'appel sera jugé mal fondé sera condamné à une amende de neuf livres pour un appel de jugement des

juges de paix, et de soixante livres pour l'appel d'un jugement du tribunal de district, sans que cette amende puisse être remise ni modérée sous aucun prétexte.

Elle aura encore également lieu contre les intimés qui n'auront pas comparu devant le bureau de paix lorsque le jugement sera réformé, et elle sera double contre ceux qui, ayant appelé sans s'être présentés au bureau de paix et en avoir obtenu le certificat, seront, par cette raison, jugés non recevables.

11. Le produit de ces amendes, versé dans la caisse de l'administration de chaque district, sera employé au service des bureaux de jurisprudence charitable.

12. S'il s'élève quelque contestation entre mari et femme, père et fils, grand-père et petit-fils, frères et sœurs, neveux et oncles, ou entre alliés aux degrés ci-dessus, comme aussi entre pupilles et leurs tuteurs pour choses relatives à la tutelle, les parties seront tenues de nommer des parens, ou, à leur défaut, des amis ou voisins, pour arbitres, devant lesquels ils éclairciront leur différent, et qui, après les avoir entendues et avoir pris les connaissances nécessaires, rendront une décision motivée.

13. Chacune des parties nommera deux arbitres ; et si l'une s'y refuse, l'autre pourra s'adresser au juge, qui, après avoir constaté le refus, nommera des arbitres d'office pour la partie refusante. Lorsque les quatre arbitres se trouveront divisés d'opinions, ils choisiront un sur-arbitre pour lever le partage.

14. La partie qui se croira lésée par la décision arbitrale pourra se pourvoir par appel devant le tribunal du district, qui prononcera en dernier ressort.

15. Si un père ou une mère, ou un aïeul, ou un tuteur, a des sujets de mécontentement très graves sur la conduite d'un enfant ou d'un pupille dont il ne puisse plus réprimer les écarts, il pourra porter sa plainte au tribunal domestique de la famille assemblée, au nombre de huit parens les plus proches ou de six au moins, s'il n'est pas possible d'en réunir un plus grand nombre ; et à défaut de parens, il y sera suppléé par des amis ou des voisins.

16. Le tribunal de famille, après avoir vérifié les sujets de plainte, pourra arrêter que l'enfant, s'il est âgé de moins de vingt ans accomplis, sera renfermé pendant un temps qui ne pourra excéder celui d'une année dans les cas les plus graves.

17. L'arrêté de famille ne pourra être exécuté qu'après avoir été présenté au président du tribunal de district, qui en ordonnera ou refusera l'exécution, ou en tempérera les dispositions, après avoir entendu le commissaire du roi, chargé de vérifier, sans forme judiciaire, les motifs qui auront déterminé la famille.

TITRE XI.

Des Juges en matière de Police.

Art. 1er. Les corps municipaux veilleront et tiendront la main, dans l'étendue de chaque municipalité, à l'exécution des lois et des règlemens de police, et connaîtront du contentieux auquel cette exécution pourra donner lieu.

2. Le procureur de la commune poursuivra d'office les contraventions aux lois et règlemens de police; et cependant chaque citoyen qui en ressentira un tort ou un danger personnel pourra intenter l'action en son nom.

3. Les objets de police confiés à la vigilance et à l'autorité des corps municipaux sont :

1° Tout ce qui intéresse la sûreté et la commodité du passage dans les rues, quais, places et voies publiques; ce qui comprend le nettoiement, l'illumination, l'enlèvement des encombremens, la démolition ou la réparation des bâtimens menaçant ruine, l'interdiction de rien exposer aux fenêtres ou autres parties des bâtimens qui puisse nuire par sa chute, et celle de rien jeter qui puisse blesser ou endommager les passans, ou causer des exhalaisons nuisibles.

2° Le soin de réprimer et punir les délits contre la tranquillité publique, tels que les rixes et disputes accompagnées d'ameutemens dans les rues, le tumulte excité dans les lieux d'assemblée publiques, les bruits et attroupemens nocturnes qui troublent le repos des citoyens;

3° Le maintien du bon ordre dans les endroits où il se fait de grands rassemblemens d'hommes, tels que les foires, marchés, réjouissances et cérémonies publiques, spectacles, jeux, cafés, églises et autres lieux publics ;

4° L'inspection sur la fidélité du débit des denrées qui se vendent au poids, à l'aune ou à la mesure, et sur la salubrité des comestibles exposés en vente publique ;

5° Le soin de prévenir par les précautions convenables, et celui de faire cesser par la distribution des secours nécessaires, les accidens et fléaux calamiteux, tels que les incendies, les épidémies, les épisooties, en provoquant aussi, dans ces deux derniers cas, l'autorité des administrations de département et de district;

6° Le soin d'obvier ou de remédier aux événemens fâcheux qui pourraient être occasionnés par les insensés ou les furieux laissés en liberté, et par la divagation des animaux malfaisans ou féroces.

4. Les spectacles publics ne pourront être permis et autorisés que par les officiers municipaux. Ceux des entrepreneurs et directeurs actuels qui ont obtenu des autorisations, soit des gouverneurs des anciennes provinces, soit de toute autre manière, se pourvoiront devant les officiers municipaux, qui confirmeront leur jouissance pour le temps qui en reste à courir, à charge d'une redevance envers les pauvres.

5. Les contraventions à la police ne pourront être punies que de l'une de ces deux peines, ou de la condamnation à une amende pécuniaire, ou de l'emprisonnement par forme de correction, pour un temps qui ne pourra excéder trois jours dans les campagnes, et huit jours dans les villes, dans les cas les plus graves.

6. Les appels des jugemens en matière de police seront portés au tribunal du district; et ces jugemens seront exécutés par provision, nonobstant l'appel et sans y préjudicier.

Décret concernant Règlement sur la procédure en Justice de paix.

Des 18 (14 et) — 26 octobre 1790.

TITRE Ier.

Des Citations.

Art. 1er. Toute citation devant les juges de paix sera faite en vertu d'une cédule du juge, qui énoncera sommairement l'objet de la demande, et désignera le jour et l'heure de la comparution.

2. Le juge de paix délivrera cette cédule à la réquisition du demandeur ou de son porteur de pouvoirs, après avoir entendu l'exposition de sa demande.

3. En matières purement personnelles ou mobilières, la cédule de citation sera demandée au juge du domicile du défendeur.

4. Elle sera demandée au juge de la situation de l'objet litigieux, lorsqu'il s'agira,

1° Des actions pour dommages faits, soit par les hommes, soit par les animaux, aux fruits, champs et récoltes :

2° Des déplacemens de bornes, des usurpations de terres, arbres, haies, fossés et autres clôtures, commis dans l'année; des entreprises sur les cours d'eau servant à l'arrosement des prés, commises pareillement dans l'année; et de toutes autres actions possessoires;

3° Des réparations locatives des maisons et fermes;

4° Des indemnités prétendues par le fermier ou locataire pour non-jouissance, lorsque le droit de l'indemnité ne sera pas contesté, et des dégradations alléguées par le propriétaire.

5. La notification de la cédule de citation sera faite à la partie poursuivie par le greffier de la municipalité de son domicile, qui lui en remettra copie, ou la laissera à ceux qu'il aura trouvés en sa maison, ou l'affichera à la porte de la maison, s'il n'y a trouvé personne. Ce greffier fera mention du tout signé par lui, au bas de l'original de la cédule.

En cas de maladie, d'absence, ou autre empêchement du greffier, les officiers municipaux seront tenus d'en commettre un autre.

6. Les cédules de citation et leurs notifications seront écrites sur papier timbré, dans les départemens où le timbre est établi, tant qu'il n'en aura pas été autrement ordonné ; mais dans aucun cas elles ne seront sujettes aux droits ni à la formalité du contrôle.

7. Il y aura un jour franc au moins entre celui de la notification de la cédule de citation et le jour indiqué pour la comparution, si la partie citée est domiciliée dans le canton, ou dans la distance de quatre lieues.

Il y aura au moins trois jours francs, si la partie est domiciliée dans la distance depuis quatre lieues jusqu'à dix : au-delà, il sera ajouté un jour pour dix lieues.

Lorsque ces délais n'auront pas été observés, si le défendeur ne comparaît pas au jour pour lequel il aura été cité, le juge de paix ordonnera qu'il soit réassigné.

8. Les délais ci-dessus pourront être abrégés par le juge de paix, dans les cas très urgens où il y aurait péril dans le retardement.

9. Si, au jour de la première comparution, le défendeur demande à mettre un garant en cause, le juge de paix lui délivrera une cédule de citation, dans laquelle il fixera le délai de comparaître, relativement à la distance du domicile du garant.

10. Il n'y aura plus lieu à la mise en cause du garant, si la demande n'en a pas été formée au jour de la première comparution du défendeur; et celle qui aurait été accordée demeurera comme non avenue, si elle n'a pas été notifiée au garant en temps utile pour l'obliger de comparaître au jour indiqué; sauf au défendeur à poursuivre l'effet de sa garantie, s'il y a lieu, séparément de la cause principale.

11. Les parties pourront toujours se présenter volontairement et sans citation, devant le juge de paix, en déclarant qu'elles lui demandent jugement; auquel cas il pourra juger seul leur différend, soit sans appel dans les matières où sa compétence est en dernier ressort, soit à charge d'appel dans celles qui excèdent sa compétence en dernier ressort; et cela encore qu'il ne fût le juge naturel des parties, ni à raison du domicile du défendeur, ni à raison de la situation de l'objet litigieux.

La déclaration des parties, par laquelle elles auront volontairement saisi le juge de paix, sera reçue par écrit devant ce juge, et signée par les parties, ou mention sera faite si elles ne peuvent pas signer.

TITRE II.

De la Récusation du Juge de paix.

Art. 1er. Les juges de paix ne pourront être récusés que quand ils auront un intérêt personnel à l'objet de la contestation, ou quand ils seront parens ou alliés d'une des parties jusqu'au degré de cousin issu de germain inclusivement.

2. La partie qui voudra récuser un juge de paix sera tenue de former la récusation et d'en exposer les motifs par un acte qu'elle déposera au greffe du juge de paix, dont il lui sera donné, par le greffier, une reconnaissance faisant mention de la date du dépôt.

3. Le juge de paix sera tenu de donner au bas de cet acte, dans le délai de deux jours, sa déclaration par écrit, portant ou son acquiescement à la récusation, ou son refus de s'abstenir, avec ses réponses aux moyens de récusation allégués contre lui.

4. Les deux jours étant expirés, l'acte de récusation sera remis par le greffier à la partie récusante, soit que le juge de paix ait passé sa déclaration au bas de cet acte, ou non. Il en sera donné décharge au greffier par la partie, si elle sait signer; et si elle ne le sait pas, le greffier fera la remise, et en dressera procès-verbal en présence des deux témoins qui signeront ce procès-verbal avec lui.

5. Lorsque le juge de paix aura déclaré acquiescer à la récusation, ou n'aura passé aucune déclaration, il ne pourra rester juge,

et sera remplacé par l'un des assesseurs, qui connaîtra de l'affaire, avec l'assistance de deux autres assesseurs.

6. Si le juge de paix conteste l'acte de récusation et déclare qu'il entend rester juge, le jugement de la récusation sera déféré au tribunal de district, qui y fera droit sur les simples mémoires des deux parties plaidantes, sans forme de procédure et sans frais.

TITRE III.

De la Comparution devant le Juge de Paix.

Art. 1er. Au jour fixé par la citation, ou convenu entre les parties au cas qu'elles aient consenti de se passer de citation, elles comparaîtront en personne ou par leurs fondés de pouvoirs devant le juge de paix, sans qu'elles puissent fournir aucune écriture, ni se faire représenter ou assister par aucune des personnes qui, à quelque titre que ce soit, sont attachées à des fonctions relatives à l'ordre judiciaire.

2. Si, après une citation notifiée, l'une des parties ne comparaît pas au jour indiqué, la cause sera jugée par défaut, à moins qu'il n'y ait lieu à la réassignation du défendeur, au cas de l'article 7 du titre 1er.

3. La partie condamnée par défaut pourra former opposition au jugement, dans les trois jours francs de sa signification, en vertu d'une cédule qu'elle obtiendra du juge de paix, et qu'elle fera notifier à l'autre partie, ainsi qu'il est dit au titre Ier pour les cédules de citation.

4. La partie opposante qui se laisserait juger une seconde fois par défaut sur son opposition ne sera plus reçue à former une opposition nouvelle, et les tribunaux de districts ne pourront, dans aucun cas, recevoir l'appel d'un jugement de juge de paix, lorsqu'il aura été rendu par défaut, si ce n'est qu'il fût en contravention à l'article 7 du titre VI ci-après.

5. Si un absent est condamné par un premier jugement rendu par défaut, le délai de l'opposition sera prorogé par le juge de paix, soit d'office, s'il connaît par lui-même la justice de cette prorogation, soit sur les représentations qui lui seront faites au nom de l'absent ; et, dans le cas où la prorogation n'aurait été ni accordée d'office, ni demandée, l'absent pourra encore être relevé de la rigueur du délai, et son opposition reçue, en justifiant que son absence a été telle, qu'il n'ait pas pu être instruit de la procédure.

6. Lorsque les deux parties ou leurs fondés de pouvoirs comparaîtront, elles seront entendues contradictoirement par elles-mêmes ou par leurs fondés de pouvoirs ; et la cause pourra être jugée sur-le-champ, si le juge de paix et ses assesseurs se trouvent suffisamment instruits.

7. Il y aura lieu à juger sur-le-champ, toutes les fois qu'il ne sera pas nécessaire, pour l'entier éclaircissement de la cause, soit d'accorder à une des parties un délai pour présenter des pièces dont elle ne se trouvera pas saisie, soit d'ordonner une enquête et la visite du lieu contentieux.

TITRE IV.

Des Enquêtes.

Art. 1er. Si les parties sont contraires en faits qui soient de nature à être constatés par témoins, et dont le juge de paix et ses assesseurs trouvent la vérification utile et admissible, le juge de paix avertira les parties qu'il y a lieu de procéder par enquête, et les interpellera de déclarer si elles veulent faire preuve de leurs faits par témoins.

2. Lorsque, sur cet avertissement, les parties ou l'une d'elles requerront d'être admises à faire preuve par témoins, le juge de paix, de l'avis de ses assesseurs, ordonnera la preuve et en fixera précisément l'objet.

3. Les témoins seront toujours entendus en présence des deux parties, à moins que l'une d'elles ne soit défaillante au jour indiqué pour leur audition, et elles pourront fournir leurs reproches, soit avant, soit après les dépositions.

4. Il sera procédé au jugement définitif aussitôt après l'audition des témoins, sans qu'il soit nécessaire de faire écrire la prestation de serment des témoins, les reproches ni les dépositions, dans les causes où le juge de paix prononce en dernier ressort; mais les uns et les autres seront écrits par le greffier, dans les causes sujettes à l'appel. Dans les premières, les assesseurs seront toujours présens à l'audition des témoins; et dans les secondes, ils pourront à volonté, ou y assister, ou s'en abstenir.

5. Dans tous les cas où la vue du lieu est utile pour que les dépositions des témoins soient faites et entendues avec plus de sûreté, et spécialement dans les actions pour déplacement de bornes, pour usurpations de terres, arbres, haies, fossés ou autres clôtures, et pour entreprises sur les cours d'eau, le juge de paix sera tenu de se transporter sur le lieu avec les assesseurs, et d'ordonner que les témoins y seront entendus.

TITRE V.

Des Visites de lieu et des Appréciations.

Art. 1er. Lorsqu'il s'agira, soit de constater l'état des lieux dans les cas d'entreprises, de dommages, de dégradations, et autres de cette nature, soit d'apprécier la valeur des indemnités et dédommagemens demandés, le juge de paix et ses assesseurs ordonneront que le lieu contentieux sera visité par eux, en présence des parties.

2. Si le juge de paix et ses assesseurs trouvent que l'objet de la visite ou de l'appréciation exige des connaissances qui leur soient étrangères, ils ordonneront que des gens de l'art, qu'ils nommeront par le même jugement, feront la visite avec eux et leur donneront leur avis.

3. Dans le cas où les assesseurs qui auront concouru au jugement qui ordonne la visite, ou l'un d'eux, ne se trouveraient pas sur le lieu contentieux au jour et à l'heure indiqués, le juge de paix ap-

pellerait un ou deux assesseurs pris parmi les prud'hommes nommés dans la municipalité du lieu où se fera la visite.

4. Il ne sera pas nécessaire de faire écrire le procès-verbal de visite, ni la prestation de serment et l'avis des gens de l'art, dans les causes où le juge de paix peut prononcer en dernier ressort; ils seront écrits par le greffier seulement dans les causes sujettes à l'appel.

TITRE VI.

Des Jugemens préparatoires.

Art. 1er. Aucun jugement préparatoire ou d'instruction, rendu contradictoirement entre les parties et prononcé en leur présence, ne sera délivré à aucune d'elles, mais sa prononciation vaudra signification. Elle vaudra aussi intimation dans le cas où le jugement ordonnera une opération à laquelle les parties devront être présentes, et elles seront averties par le juge de paix.

2. Lorsque le jugement préparatoire aura été rendu par défaut contre une des parties, ou lorsque, après s'être défendue contradictoirement, elle n'aura pas été présente à la prononciation du jugement, la partie qui l'aura obtenu se le fera délivrer par extrait, et sera tenue de le faire notifier à l'autre partie, en la même forme qui est établie ci-dessus pour les citations, avec sommation d'être présente à l'opération ordonnée.

3. Si le jugement préparatoire ordonne une enquête, il fixera le jour, le lieu et l'heure de la comparution des témoins. Le juge de paix délivrera aussitôt aux parties qui auront requis la preuve, une cédule de citation pour faire venir leurs témoins, dans laquelle la mention du jour, du lieu et de l'heure de la comparution sera réitérée.

4. Si le jugement préparatoire ordonne la visite du lieu contentieux, il indiquera le même jour et l'heure où le juge de paix et ses assesseurs s'y transporteront, et où les parties devront s'y trouver présentes.

5. Lorsque le juge de paix et ses assesseurs auront nommé des gens de l'art pour faire la visite avec eux, aux termes de l'article 2 du titre précédent, le juge de paix délivrera à la partie poursuivante, ou à toutes les deux, si elles le requièrent également, une cédule de citation pour faire venir les experts nommés, dans laquelle le jour, le lieu et l'heure de la visite seront indiqués.

6. Toutes les fois que le juge de paix se transportera sur le lieu contentieux, soit pour en faire la visite, soit pour y entendre les témoins, il sera accompagné du greffier, qui apportera la minute du jugement sur lequel la visite ou l'enquête aura été ordonnée.

7. Dans les causes où les juges de paix ne prononcent point en dernier ressort, il n'y aura lieu à l'appel des jugemens préparatoires qu'après le jugement définitif, et conjointement avec l'appel de ce jugement; mais l'exécution des jugemens préparatoires ne portera aucun préjudice aux droits des parties sur l'appel, sans qu'elles soient obligées de faire à cet égard aucune protestation ni réserve.

TITRE VII.

Des Jugemens tant préparatoires que définitifs.

Art. 1er. Les juges de paix n'auront point de costume particulier:
ils pourront juger tous les jours, même ceux de dimanche et de
fête, hors les heures du service divin, le matin et l'après-midi.

2. Ils pourront donner audience chez eux, en tenant leurs portes
ouvertes; et lorsqu'ils iront visiter le lieu contentieux, ils pourront
juger sur le lieu même, sans désemparer.

3. Les parties seront tenues de s'expliquer avec modération devant le juge de paix et ses assesseurs, et de garder en tout le respect
qui est dû à la justice; si elles y manquent, le juge de paix les y rappellera d'abord par un avertissement, après lequel, si elles récidi-
vent, elles pourront être condamnées à une amende qui n'excédera
pas la somme de six livres, avec l'affiche du jugement.

4. Dans le cas d'une insulte ou irrévérence grave, commise envers
le juge de paix personnellement, ou envers les assesseurs en fonctions, il en sera dressé procès-verbal; le coupable sera envoyé par
le juge de paix à la maison d'arrêt du district, et sera jugé par le tribunal de district, qui pourra le condamner à la prison jusqu'à huit
jours, suivant la gravité du délit, et par forme de correction seulement.

5. Le juge de paix et ses assesseurs pourront ordonner que les
pièces et actes dont les parties se seront respectivement servies pour
leur défense leur soient remises, soit pour les examiner en présence
des parties, soit pour en délibérer hors la présence des parties, à
charge de procéder incontinent à cette délibération et au jugement.

6. Ils auront la même faculté de délibérer en l'absence des parties, dans tous les autres cas où ils jugeront nécessaire de se recueillir
ensemble avant de former leur opinion.

7. Les parties seront tenues de mettre leur cause en état d'être jugée définitivement au plus tard dans le délai de quatre mois, à partir
du jour de la notification de la citation, après lequel l'instance sera
périmée de droit et l'action éteinte. Le jugement que le juge de paix
rendrait ensuite sur le fond serait sujet à l'appel, même dans les matières où il a droit de prononcer en dernier ressort, et annulé par le
tribunal de district.

TITRE VIII.

Des Minutes et de l'Expédition des Jugemens.

Art. 1er. Chaque affaire portée devant le juge de paix, à la suite
d'une citation, sera enregistrée et numérotée par le greffier dans un
registre tenu à cet effet, coté et paraphé par le juge de paix à toutes
ses pages, et mention sera faite de la date de chaque enregistrement.

2. Il en sera usé de même pour toutes les affaires sur lesquelles
les parties se présenteront volontairement devant le juge de paix,
sans citation.

3. Le greffier fera pour chaque affaire une minute détachée, par-

ticulière, portant le même numéro que celui de l'enregistrement ci-dessus, sur laquelle minute seront inscrits, successivement et à l'ordre de leur date, tous les jugemens préparatoires, tous les autres actes d'instruction dans les affaires sujettes à l'appel, et ensuite le jugement définitif, de manière que cette minute présente, avec le jugement, le tableau de l'instruction qui l'aura précédé.

4. Toutes ces minutes seront mises en liasse par le greffier, à mesure qu'elles seront commencées ; et à la fin de chaque année, toutes celles dont les affaires seront définitivement jugées ou autrement terminées, seront rassemblées en forme de registre. Ce registre sera déposé au greffe du tribunal du district, et il en sera donné au greffier du juge de paix, pour sa décharge, une reconnaissance exempte de contrôle.

5. Le greffier du juge de paix désignera sur son registre, dont il est parlé dans l'article premier ci-dessus, par une note en marge de chacune des affaires qui y sont inscrites, celles dont les minutes auront été rassemblées dans le registre déposé à la fin de l'année au greffe du tribunal de district, et celles dont les minutes seront restées entre ses mains. Il continuera d'être responsable de ces dernières, jusqu'à ce que les affaires qu'elles concernent ayant été jugées définitivement ou autrement terminées, elles soient entrées dans un registre déposé au greffe du tribunal du district.

6. Lorsque le jugement définitif ne sera pas sujet à l'appel, il suffira de délivrer ce jugement seul pour le faire mettre à exécution ; mais, lorsqu'il y aura appel, le greffier délivrera une expédition de minute entière, contenant la série des jugemens préparatoires, enquête, procès-verbaux de visite, et autres actes qui ont formé le fond de l'affaire.

7. Ces délivrances seront signées du juge de paix et du greffier, scellées gratuitement du sceau du juge de paix, et ne seront sujettes ni à la formalité ni à aucun droit de contrôle.

8. Les directoires de district feront graver des sceaux portant un écu ovale, sur lequel seront écrits ces mots, *Juge de paix*, avec le nom du canton en entourage entre l'écu et le cordon du sceau, et ils remettront deux de ces sceaux à chacun des juges de paix.

TITRE IX.

Des Dépens.

Art. 1er. Les dépens qui seront adjugés à la partie qui aura gagné sa cause seront réduits aux simples déboursés, lorsque cette partie sera domiciliée dans le canton, ou lorsque, ne résidant pas dans le canton, elle aura été représentée par un fondé de pouvoirs domicilié dans le canton.

2. Il ne pourra être exigé des parties, ni taxé en dépens, que les sommes ci-après, savoir :

Pour chaque notification de citation, ou signification de jugement. . . . . 1 liv. 1 s.

Pour la délivrance d'un jugement définitif. . . . . 1 »

Pour chacun des jugemens préparatoires, enquêtes
ou procès-verbaux de visite, délivrés avec le juge-
ment définitif en cas d'appel. . . . . , . . » div. 10 s.

Pour la délivrance séparée d'un jugement préparatoire rendu contre une partie défaillante, au cas de
l'article 2 du titre VI ci-dessus. . . . . » 15

Pour la vacation du greffier assistant le juge de
paix, lorsqu'il se transportera sur les lieux. . . . . . . »

Pour la vacation des gens de l'art, lorsqu'ils seront appelés par le juge de paix, s'ils ont employé la
journée entière, y compris l'aller et le retour, à
chacun. 3   »

Et s'ils n'ont employé qu'un demi-jour, à chacun.   1   10

Le juge de paix pourra augmenter cette dernière taxe, relativement aux gens de l'art d'une capacité plus distinguée qu'il se trouverait forcé d'appeler.

3. Les notifications des citations aux témoins ou aux gens de l'art,
s'ils sont domiciliés dans l'étendue de la même municipalité, seront
faites par le greffier de cette municipalité. Il sera payé et taxé vingt
sous pour la première de ces notifications, et dix sous pour chacune
des notifications subséquentes faites à des domiciles différens.

Si les témoins ou les gens de l'art sont domiciliés en plusieurs
municipalités, les citations pourront être faites, ou par les greffiers
de ces municipalités, chacun dans son territoitoire, ou par un huissier exploitant dans toutes. Il sera payé et taxé de même vingt sous
pour la première notification faite en chaque municipalité, et dix
sous pour chacune des notifications subséquentes faites à des domiciles différens dans l'étendue de la même municipalité.

4. La partie à laquelle les dépens auront été adjugés sera tenue,
lorsqu'elle requerra la délivrance d'un jugement, de remettre au
greffier les originaux de notifications des différentes citations qu'elle
aura fait faire tant à sa partie qu'aux témoins ou aux gens de l'art;
et l'expédition du jugement exprimera le résultat de la taxe des dépens qui seront liquidés par le juge, y compris le coût de la délivrance et de la signification du jugement.

TITRE X.

Dispositions particulières pour les juges de paix des villes.

Art. 1er. Ce qui est contenu aux titres précédens aura également
lieu pour les juges de paix, tant des villes que des campagnes, à
l'exception des dispositions suivantes, qui ne concernent que les
juges de paix des villes.

2. Les juges de paix des villes désigneront trois jours au moins
par semaine, auxquels ils vaqueront à l'expédition et au jugement
des affaires contentieuses; et cependant ils seront tenus d'entendre
tous les autres jours celles qui exigeront une plus grande célérité, et
celles pour lesquelles les parties se présenteront volontairement sans
citations.

3. Ils pourront commettre un des huissiers ordinaires domiciliés

dans leur arrondissement, ou au moins dans la ville, pour être attaché au service de leur juridiction.

4. Le nombre des prud'hommes pourra être porté jusqu'à six dans l'arrondissement de chaque juge de paix; deux seront de service alternativement tous les deux mois, et pendant ce temps aucun des deux ne pourra s'absenter sans s'être assuré d'un de ses collègues pour le remplacer.

5. Les citations seront faites devant les juges de paix par le ministère de leur huissier, dans la forme ordinaire des exploits, sans qu'il soit nécessaire d'obtenir une cédule du juge de paix, et elles indiqueront le jour et l'heure de l'audience à laquelle les parties devront comparaître.

6. L'huissier rapportera à chaque audience les originaux des citations qu'il aura faites, sur lesquelles il appellera les causes par ordre de priorité, suivant les dates des citations; et s'il y a quelques affaires qui n'aient pas été en tour d'être appelées à la première audience, elles seront remises à la prochaine et appelées les premières.

☛ *Décret relatif à la Perception des droits connus en Bretagne sous le nom de* Devoirs *et* Droits y joints.

Du 30 Octobre — 10 Novembre 1790.

L'assemblée nationale, sur le rapport qui lui a été fait au nom de ses comités des finances et de constitution, voulant assurer la perception des droits connus en Bretagne sous le nom de *devoirs et droits y joints,* jusqu'à ce que la nouvelle organisation des contributions ait été décrétée et mise à exécution, décrète :

Que les commis à la perception des *devoirs* en Bretagne pourront se pourvoir devant les juges de paix, et, en cas de besoin, devant les prud'hommes assesseurs, ainsi que les requérir dans tous les cas où ils pouvaient, aux termes du bail des devoirs, se pourvoir devant les juges des anciennes hautes-justices seigneuriales : attribue en conséquence aux juges de paix toute compétence à ce nécessaire. J. F.

☛ *Décret relatif au Traitement des Juges de paix de Paris et de leurs greffiers.*

Du 3 — 5 Novembre 1790.

Art. 1er. Chacun des juges de paix de la ville de Paris aura un traitement fixe de 2,400 livres, et en outre le produit du tarif modéré qui sera fait pour ses vacations à l'apposition, à la reconnaissance et à la levée des scellés.

2. Les greffiers des juges de paix de la ville de Paris auront chacun un traitement fixe de 800 livres, et en outre le produit du tarif modéré qui sera fait pour leurs vacations à l'apposition, à la reconnaissance et à la levée des scellés.   J. F.

Extrait de l'Instruction sur la forme de procéder dans les Justices de paix, vue et approuvée au comité de constitution, et annexée à la loi du 14 octobre 1790, pour lui servir de complément.

18 Novembre 1790.

« Le but que l'assemblée nationale s'est proposé par son décret du 14 octobre 1790, contenant règlement pour la procédure en la justice de paix, ne serait qu'en partie rempli, si, en se conformant à la procédure simple qu'il prescrit, on suivait, dans la rédaction des actes, le style barbare et inintelligible observé dans les anciens tribunaux. Il faut que tous les actes qui se feront dans ces justices soient conçus dans un langage si simple et si clair, que l'habitant des campagnes puisse le comprendre aussi facilement que l'homme de loi : il faut que le cultivateur, lorsqu'il recevra une cédule de citation, sache au moins ce qu'on lui demande, afin qu'il sache aussi ce qu'il doit répondre ; il faut que l'artisan, que le simple journalier, lorsque le juge de paix prononcera son jugement, entende s'il a perdu ou s'il a gagné son procès.

». Pour tâcher d'introduire, dans les justices de paix, cette uniformité et cette clarté si désirables dans le style des actes qui en composeront la procédure, on va proposer ici des modèles de tous ceux auxquels l'affaire la plus compliquée puisse donner lieu. Pour cela, on va supposer l'espèce d'une cause dans laquelle on fera naître successivement tous les incidens possibles.

« On suppose que deux particuliers, l'un, appelé Pierre Gérard, demeurant au village de Longchamps ; l'autre, Antoine Leroux, demeurant au village de Montreuil, possèdent deux pièces de terres contiguës et situées dans le même canton, dit de Villiers.

» On suppose qu'Antoine Leroux, en labourant sa pièce au mois de mars, a anticipé de plusieurs raies sur celle de Pierre Gérard, ensemencée en blé au mois d'octobre précédent. Pierre Gérard va trouver le juge de paix du canton de Villiers, lui expose le fait, et lui demande de condamner Antoine Leroux à lui rendre les raies de terres qu'il lui a prises, et à lui payer 100 francs pour le dommage causé à son blé.

» Le jugement qui interviendra sera sujet à l'appel ; mais, si le dommage causé à la propriété de Pierre Gérard n'avait pas excédé la valeur de 50 livres, et qu'il n'eût conclu qu'à cette somme, le juge de paix en aurait connu en dernier ressort, aux termes de l'article 10 titre III du décret du 16 août ; et dans ce cas il n'aurait pas été besoin de dresser procès-verbal par écrit de la visite des lieux, ni des dépositions des témoins. Voici la formule à suivre dans ce cas pour le jugement.

Jugement en dernier ressort, après visite et enquête.

« Et le....., etc....., nous nous sommes transporté sur le terrain
» en litige entre Pierre Gérard et Antoine Leroux, fermiers à..... ;
» et après avoir examiné ledit terrain et entendu les témoins présen-
» tés par chacune des parties ;

» Attendu, etc., nous, juge de paix, autorisons Pierre Gérard à
» reprendre la possession et jouissance de la portion de terrain
» usurpée sur lui, et condamnons Antoine Leroux, par jugement en
» dernier ressort, à lui payer la somme de 50 francs, à laquelle il a
» évalué le dommage, etc. (1) » J. F.

Décret portant Institution d'un Tribunal de Cassation, et réglant sa composition, son organisation et ses attributions.

Du 27 Novembre — 1er Décembre 1790.

Art. 1er. Il y aura un tribunal de cassation établi auprès du corps-législatif.

2. Les fonctions du tribunal de cassation seront de prononcer sur toutes les demandes en cassation contre les jugemens rendus en dernier ressort, de juger les demandes de renvoi d'un tribunal à un autre, pour cause de suspicion légitime, les conflits de juridiction et les réglemens de juges, les demandes de prise à partie contre un tribunal entier.

3. Il annulera toutes procédures dans lesquelles les formes auront été violées, et tout jugement qui contiendra une contravention expresse au texte de la loi.

Et jusqu'à la formation d'un Code unique des lois civiles, la violation des formes de procédure prescrites sous peine de nullité, et la contravention aux lois particulières aux différentes parties de l'empire, donneront ouverture à la cassation.

Sous aucun prétexte et en aucun cas, le tribunal ne pourra connaître du fond des affaires : après avoir cassé les procédures ou le jugement, il renverra le fond des affaires aux tribunaux qui devront en connaître, ainsi qu'il sera fixé ci-après.

4. On ne pourra pas former la demande de cassation contre les jugemens rendus en dernier ressort par les juges de paix; il est interdit au tribunal de cassation d'admettre de pareilles demandes.

5. Avant que la demande en cassation ou en prise à partie soit mise en jugement, il sera préalablement examiné et décidé si la requête doit être admise, et la permission d'assigner accordée.

6. A cet effet, tous les six mois, le tribunal de cassation nommera vingt de ses membres pour former un bureau qui, sous le titre de *bureau des requêtes*, aura pour fonctions d'examiner et de juger si les requêtes en cassation ou en prise à partie doivent être admises ou rejetées; ce bureau ne pourra juger qu'au nombre de douze juges au moins.

7. Si, dans ce bureau, les trois quarts des voix se réunissent pour rejeter une requête en cassation ou en prise à partie, elle sera définitivement rejetée : si les trois quarts des voix se réunissent

---

(1) Nous regrettons que les bornes de ce manuel ne permettent pas d'y insérer en entier cette instruction du comité de constitution, chef-d'œuvre de clarté et de simplicité, dont on s'est trop écarté dans la pratique et dans la législation subséquente.   J. F.

pour admettre la requête, elle sera définitivement admise; l'affaire sera mise en jugement, et le demandeur en cassation ou en prise à partie sera autorisé à assigner.

8. Lorsque les trois quarts des voix ne se réuniront pas pour rejeter ou admettre une requête en cassation ou en prise à partie, la question sera portée à tout le tribunal rassemblé, et la simple majorité des voix fera décision.

9. Les demandes de renvoi d'un tribunal a un autre, pour cause de suspicion légitime, les conflits de juridiction et règlemens de juges, seront portés devant le bureau des requêtes et jugés définitivement par lui sans frais, sur simples mémoires, par forme d'administration et à la pluralité des voix.

10. La section de cassation seule, et sans la réunion des membres du bureau des requêtes, prononcera sur toutes les demandes en cassation, lorsque la requête aura été admise. La section de cassation ne pourra juger qu'au nombre de quinze juges au moins : la simple majorité des voix suffira pour former la décision.

11. Les sections du tribunal de cassation, soit qu'elles jugent séparément, soit qu'elles se réunissent, suivant les cas spécifiés, tiendront toujours leurs séances publiquement.

12. En toute affaire, les parties pourront par elles-mêmes ou par leurs défenseurs, plaider et faire les observations qu'elles jugeront nécessaires à leur cause ou à leur demande.

13. Dans les procès qui seront jugés sur rapport, la discussion sera précédée du rapport par un des juges, sans qu'il énonce son opinion. Les parties ou leurs défenseurs ne pourront être entendus qu'après ce rapport terminé. Il sera libre aux juges de se retirer en particulier pour recueillir les opinions; ils rentreront dans la salle d'audience pour prononcer leur jugement en public.

Cette forme sera celle de tous les autres tribunaux du royaume, dans toutes les affaires qui y seront jugées sur rapport.

14. En matière civile, le délai pour se pourvoir en cassation ne sera que de trois mois, du jour de la signification du jugement à personne ou à domicile, pour tous ceux qui habitent en France, sans aucune distinction quelconque, et sans que, sous aucun prétexte, il puisse être donné des lettres de relief de laps de temps pour se pourvoir en cassation.

15. Le délai de trois mois ne commencera à courir que du jour de l'installation du tribunal de cassation, pour tous les jugemens antérieurs à la publication du présent décret, et à l'égard desquels les délais pour se pouvoir, d'après les anciennes ordonnances, ne seraient pas actuellement expirés.

16. En matière civile, la demande en cassation n'arrêtera pas l'exécution du jugement; et dans aucun cas et sous aucun prétexte, il ne pourra être accordé de surséance.

17. L'intitulé du jugement de cassation portera toujours, avec les noms des parties, l'objet de leurs demandes, et le dispositif contiendra le texte de la loi ou des lois sur lesquelles la décision sera appuyée.

18. Aucune qualification ne sera donnée aux plaideurs dans l'in-

titulé des jugemens ; on n'y inscrira que leurs noms patronimiques et de famille, et celui de leurs fonctions ou de leur profession.

19. Lorsque la cassation aura été prononcée, les parties se retireront au greffe du tribunal dont le jugement aura été cassé, pour y déterminer, dans les mêmes formes qui ont été prescrites à l'égard des appels, le nouveau tribunal auquel elles devront comparaître, et procéderont, savoir, les parties qui auront obtenu la cassation, comme il est prescrit à l'égard de l'appelant ; et les autres, comme il est disposé à l'égard des intimés.

20. Dans le cas où la procédure aura été cassée, elle sera recommencée à partir du premier acte où les formes n'auront pas été observées ; l'affaire sera plaidée de nouveau dans son entier, et il pourra encore y avoir lieu à la demande en cassation contre le second jugement.

21. Dans le cas où le jugement seul aura été cassé, l'affaire sera aussitôt portée à l'audience dans le tribunal ordinaire qui avait d'abord connu en dernier ressort ; elle y sera plaidée sur les moyens de droit, sans aucune forme de procédure, et sans que les parties ou leurs défenseurs puissent plaider sur le point réglé par un premier jugement ; et si le nouveau jugement est conforme à celui qui a été cassé, il pourra encore y avoir lieu à la demande en cassation.

Mais lorsque le jugement aura été cassé deux fois, et qu'un troisième tribunal aura jugé en dernier ressort, de la même manière que les deux premiers, la question ne pourra plus être agitée au tribunal de cassation, qu'elle n'ait été soumise au corps législatif, qui, en ce cas, portera un décret déclaratoire de la loi ; et lorsque ce décret aura été sanctionné par le roi, le tribunal de cassation s'y conformera dans son jugement.

22. Tout jugement du tribunal de cassation sera imprimé et inscrit sur les registres du tribunal dont la décision aura été cassée.

23. Il y aura près du tribunal de cassation un commissaire du roi qui sera nommé par le roi, comme commissaire auprès des tribunaux de district, et qui aura des fonctions du même genre.

24. Chaque année, le tribunal de cassation sera tenu d'envoyer à la barre de l'assemblée du corps législatif une députation de huit de ses membres, qui lui présenteront l'état des jugemens rendus, à côté de chacun desquels sera la notice abrégée de l'affaire, et le texte de la loi qui aura décidé la cassation.

25. Si le commissaire du roi auprès du tribunal de cassation apprend qu'il ait été rendu un jugement en dernier ressort directement contraire aux lois ou aux formes de procéder, et contre lequel cependant aucune des parties n'aurait réclamé dans le délai fixé, après ce délai expiré, il en donnera connaissance au tribunal de cassation ; et s'il est prouvé que les formes ou les lois ont été violées, le jugement sera cassé, sans que les parties puissent s'en prévaloir pour éluder les dispositions de ce jugement, lequel vaudra transaction pour elles.

26. Un greffier sera établi auprès du tribunal de cassation ; il sera âgé de vingt-cinq ans au moins : les membres du tribunal le nommeront au scrutin, et à la majorité absolue des voix. Le greffier choisira des commis qui feront le service auprès des deux sections, qui pré-

teront serment, et dont il sera civilement responsable. Le greffier
ne sera révocable que pour prévarication jugée.

27. Chacune des sections se nommera un président tous les six
mois ; celui qui l'aura été pourra être réélu. Lorsque les sections
seront réunies, elles seront présidées par le plus ancien d'âge des deux
présidens ; les autres membres du tribunal se placeront sans distinction et sans aucune préséance entre eux.

28. Provisoirement et jusqu'à ce qu'il en ait été autrement statué,
le règlement qui fixait la forme de procéder au conseil des parties
sera exécuté au tribunal de cassation, à l'exception des points auxquels il est dérogé par le présent décret.

29. L'installation du tribunal de cassation sera faite à chaque renouvellement par deux commissaires du corps législatif et deux commissaires du roi, qui recevront le serment individuel de tous les
membres du tribunal, d'être fidèles à la nation, à la loi et au roi, et
de remplir avec exactitude les fonctions qui leur sont confiées. Ce
serment sera lu par un des commissaires du corps législatif, et chacun des membres du tribunal de cassation, debout dans le parquet,
prononcera : *Je le jure.*

30. Le conseil des parties est supprimé, et il cessera ses fonctions
le jour que le tribunal de cassation aura été installé.

31. L'office de chancelier de France est supprimé.   J. F.

☞ *Décret relatif à l'Installation des Juges de Paix.*

Du 1er — 10 Décembre 1790.

L'assemblée nationale, après avoir entendu le rapport de son comité de constitution, décrète ce qui suit :

1° Dans les lieux où les juges de paix sont élus, et les tribunaux
non installés, les juges de paix commenceront leurs fonctions après
avoir prêté le serment prescrit, à la charge de faire déposer aux greffes des tribunaux de district le procès-verbal de leur nomination,
lorsque les tribunaux de district seront installés.

2° Dans les lieux où les tribunaux de district sont installés, et où
les juges de paix ne sont pas nommés, les tribunaux de district connaîtront des affaires de la compétence des juges de paix, tant que
ceux-ci ne seront point en activité.

☞ *Réponse du Comité de constitution sur une Pétition de plusieurs Juges de Paix du département de l'Aube, pour l'établissement d'un huissier auprès de leur tribunal.*

Du 16 Décembre 1790.

« Il faut bien se garder d'établir un huissier auprès de chaque juge
de paix. Le nom de tribunal ne convient pas à cette simple et naïve
justice. Lorsque le greffier de la municipalité refusera de porter la
cédule, les parties emploieront tel huissier qu'elles jugeront à propos. Notez qu'il n'y a point d'audience fixe des juges de paix de cantons ; leur audience est chez eux, à toute heure, dans les chemins,

au milieu des campagnes; et leur ministère est de porter toujours avec eux la justice et la paix. »   J. F.

☞ *Extrait du Décret relatif au droit d'Enregistrement des Actes civils et judiciaires, et des Titres de propriété.*

Du 5 — 19 Décembre 1790.

Actes sujets au droit fixe de vingt sous.

7° Les expéditions des jugemens et autres actes judiciaires, passés aux greffes et à l'audience, qui sont simplement préparatoires, de formalité ou d'instruction, excepté ceux des juges de paix, qui sont déclarés exempts de tous droits d'enregistrement, et ceux des tribunaux de district en matière de contribution, qui sont désignés dans la seconde section.

Actes sujets au droit fixe de trois livres.

3° Les significations et déclarations d'appel au tribunal de district des sentences rendues par les juges de paix.   J. F.

☞ *Extrait du Décret concernant la Poursuite des Délits commis dans les Bois.*

Du 19 — 25 Décembre 1790.

L'assemblée nationale voulant pourvoir à ce que les délits qui se sont commis et se commettront dans les bois soient poursuivis avec la plus grande activité, décrète provisoirement ce qui suit, en attendant l'établissement du nouveau régime qu'elle se propose de former pour l'administration des forêts :

Art. 1ᵉʳ. Tous les gardes des bois et forêts reçus dans les maîtrises et gruries royales, dans les ci-devant juridictions des salines, et dans les ci-devant justices seigneuriales, sont tenus, sous les peines portées par les ordonnances, de faire, dans la forme qu'elles prescrivent, des rapports ou procès-verbaux de tous les délits et contraventions commis dans leurs arrondissemens respectifs. Les procès-verbaux seront rédigés en double minute, et seront affirmés dans le délai de vingt-quatre heures, soit devant le plus prochain juge de paix ou l'un de ses prud'hommes assesseurs ; et dans le cas où ils ne seraient point en fonctions, devant le maire ou autre officier de la municipalité la plus voisine du lieu du délit, soit devant un des juges du tribunal de district dans le ressort duquel le délit aura été commis.   J. F.

Décret concernant le Rapport des Gardes pour Délits commis dans les Bois.

Du 27 Décembre 1790 — 5 Janvier 1791.

L'assemblée nationale, après avoir entendu son comité des domaines, déclare que, par son décret du 19 de ce mois, elle n'a pas entendu déroger, quant à présent, à l'usage observé dans quelques départemens, de faire rédiger au greffe les rapports des gardes concernant les délits commis dans les bois : elle décrète, en conséquence, que, jusqu'à ce qu'il y ait été autrement pourvu, les rapports des gardes pourront, dans lesdits départemens, être reçus, rédigés et écrits par le greffier du juge de paix du canton où le délit aura été commis, dans la forme ci-devant usitée; qu'au surplus les formalités prescrites pour l'affirmation et le dépôt seront observées à l'égard desdits rapports, comme pour les procès-verbaux rédigés par les gardes.   J. F.

Décret relatif aux Auteurs de Découvertes utiles.

Du 31 Décembre 1790 — 7 Janvier 1791.

Art. 1er. Toute découverte ou nouvelle invention, dans tous les genres d'industrie, est la propriété de son auteur; en conséquence, la loi lui en garantit la pleine et entière jouissance, suivant le mode et pour le temps qui seront ci-après déterminés.

2. Tout moyen d'ajouter à quelque fabrication que ce puisse être un nouveau genre de perfection sera regardé comme une invention.

3. Quiconque apportera le premier en France une découverte étrangère jouira des mêmes avantages que s'il en était l'inventeur.

4. Celui qui voudra conserver ou s'assurer une propriété industrielle du genre de celles énoncées aux précédens articles sera tenu,

1° De s'adresser au secrétariat du directoire de son département, et d'y déclarer par écrit si l'objet qu'il présente est d'invention, de perfection, ou seulement d'importation;

2° De déposer sous cachet une description exacte des principes, moyens et procédés qui constituent la découverte, ainsi que les plans, coupes, dessins et modèles qui pourraient y être relatifs, pour ledit paquet être ouvert au moment où l'inventeur recevra son titre de propriété.

5. Quant aux objets d'une utilité générale, mais d'une exécution trop simple et d'une imitation trop facile pour établir aucune spéculation commerciale, et, dans tous les cas, lorsque l'inventeur aimera mieux traiter directement avec le gouvernement, il lui sera libre de s'adresser, soit aux assemblées administratives, soit au corps législatif, s'il y a lieu, pour confier sa découverte, en démontrer les avantages et solliciter une récompense.

6. Lorsqu'un inventeur aura préféré aux avantages personnels assurés par la loi l'honneur de faire jouir sur-le-champ la nation des fruits de sa découverte ou invention, et lorsqu'il prouvera par la notoriété publique et par des attestations légales, que cette découverte ou invention est d'une véritable utilité, il pourra lui être accordé une récompense sur les fonds destinés aux encouragemens de l'industrie.

7. Afin d'assurer à tout inventeur la propriété et jouissance temporaire de son invention, il lui sera délivré un *titre* ou *patente,*

selon la forme indiquée dans le règlement qui sera dressé pour l'exécution du présent décret.

8. Les patentes seront données pour cinq, dix ou quinze années, au choix de l'inventeur ; mais ce dernier terme ne pourra jamais être prolongé sans un décret particulier du corps législatif.

9. L'exercice des patentes accordées pour une découverte importée d'un pays étranger ne pourra s'étendre au-delà du terme fixé dans ce pays à l'exercice du premier inventeur.

10. Les patentes, expédiées en parchemin et scellées du sceau national, seront enregistrées dans les secrétariats des directoires de tous les départemens du royaume, et il suffira, pour les obtenir, de s'adresser à ces directoires, qui se chargeront de les procurer à l'inventeur.

11. Il sera libre à tout citoyen d'aller consulter au secrétariat de son département le catalogue des inventions nouvelles ; il sera libre de même à tout citoyen domicilié de consulter, au dépôt général établi à cet effet, les *spécifications* des différentes patentes actuellement en exercice : cependant les *descriptions* ne seront point communiquées, dans le cas où l'inventeur, ayant jugé que des raisons politiques ou commerciales exigent le secret de sa découverte, se serait présenté au corps législatif pour lui exposer ses motifs, et en aurait obtenu un décret particulier sur cet objet.

Dans le cas où il sera déclaré qu'une description demeurera secrète, il sera nommé des commissaires pour veiller à l'exactitude de la description, d'après la vue des moyens et procédés, sans que l'auteur cesse pour cela d'être responsable par la suite de cette exactitude.

12. Le propriétaire d'une patente jouira privativement de l'exercice et des fruits des découvertes, invention ou perfection pour lesquelles ladite patente aura été obtenue ; en conséquence, il pourra, en donnant bonne et suffisante caution, requérir la saisie des objets contrefaits, et traduire les contrefacteurs devant les tribunaux. Lorsque les contrefacteurs seront convaincus, ils seront condamnés, en sus de la confiscation, à payer à l'inventeur des dommages-intérêts proportionnés à l'importance de la contrefaçon, et en outre à verser dans la caisse des pauvres du district une amende fixée au quart du montant desdits dommages-intérêts, sans toutefois que ladite amende puisse excéder la somme de trois mille livres, et au double, en cas de récidive.

13. Dans le cas où la dénonciation pour contrefaçon, d'après laquelle la saisie aurait eu lieu, se trouverait dénuée de preuves, l'inventeur sera condamné envers sa partie adverse à des dommages et intérêts proportionnés au trouble et au préjudice qu'elle aura pu en éprouver, et en outre à verser dans la caisse des pauvres du district une amende fixée au quart du montant desdits dommages et intérêts, sans toutefois que ladite amende puisse excéder la somme de trois mille livres, et au double, en cas de récidive.

14. Tout propriétaire de patente aura droit de former des établissemens dans toute l'étendue du royaume, et même d'autoriser d'autres particuliers à faire l'application et l'usage de ses moyens et

procédés; et dans tous les cas, il pourra disposer de sa patente comme d'une propriété mobilière.

15. A l'expiration de chaque patente, la découverte ou invention devant appartenir à la société, la description en sera rendue publique, et l'usage en deviendra permis dans tout le royaume, afin que tout citoyen puisse librement l'exercer et en jouir, à moins qu'un décret du corps législatif n'ait prorogé l'exercice de la patente, ou n'en ait ordonné le secret dans les cas prévus par l'article 11.

16. La description de la découverte énoncée dans une patente sera de même rendue publique, et l'usage des moyens et procédés relatifs à cette découverte sera aussi déclaré libre dans tout le royaume, lorsque le propriétaire de la patente en sera déchu; ce qui n'aura lieu que dans les cas ci-après déterminés.

1° Tout inventeur convaincu d'avoir, en donnant sa description, recelé ses véritables moyens d'exécution, sera déchu de sa patente.

2° Tout inventeur convaincu de s'être servi, dans sa fabrication, de moyens secrets qui n'auraient point été détaillés dans sa description, ou dont il n'aurait pas donné sa déclaration pour les faire ajouter à ceux énoncés dans sa description, sera déchu de sa patente.

3° Tout inventeur ou se disant tel, qui sera convaincu d'avoir obtenu une patente, pour des découvertes déjà consignées et décrites dans des ouvrages imprimés et publiés, sera déchu de sa patente.

4° Tout inventeur qui, dans l'espace de deux ans, à compter de la date de sa patente, n'aura point mis sa découverte en activité, et qui n'aura point justifié les raisons de son inaction, sera déchu de sa patente.

5° Tout inventeur qui, après avoir obtenu une patente en France, sera convaincu d'en avoir pris une pour le même objet en pays étranger, sera déchu de sa patente.

6° Enfin, tout acquéreur du droit d'exercer une découverte énoncée dans une patente sera soumis aux mêmes obligations que l'inventeur; et s'il y contrevient, la patente sera révoquée, la découverte publiée, et l'usage en deviendra libre dans tout le royaume.

17. N'entend, l'assemblée nationale, porter aucune atteinte aux priviléges exclusifs ci-devant accordés pour *inventions et découvertes*, lorsque toutes les formes légales auront été observées pour ces priviléges, lesquels auront leur plein et entier effet; et seront, au surplus, les possesseurs de ces anciens priviléges, assujettis aux dispositions du présent décret.

Les autres priviléges, fondés sur de simples arrêts du conseil, ou sur des lettres-patentes non enregistrées, seront convertis, sans frais, *en patentes*, mais seulement pour le temps qui leur reste à courir, en justifiant que lesdits priviléges ont été obtenus pour découvertes et inventions du genre de celles énoncées aux précédens articles.

Pourront les propriétaires desdits anciens priviléges enregistrés, et de ceux convertis en patentes, en disposer à leur gré, conformément à l'article 14.

18. Le comité d'agriculture et de commerce, réuni au comité des impositions, présentera à l'assemblée nationale un projet de

règlement qui fixera les taxes des patentes d'inventeurs, suivant la durée de leur exercice, et qui embrassera tous les détails relatifs à l'exécution des divers articles contenus au présent décret.   J. F.

☞ Décret portant que les fonctions de Maire, d'officier municipal et de Procureur de la commune sont incompatibles avec celles de Juge de paix et de Greffier de paix.

Du 25—30 Janvier 1791.

L'assemblée nationale décrète que les fonctions de maire, officiers municipaux et procureurs de la commune, sont incompatibles avec celles des juges de paix et de leurs greffiers; et que ceux qui auraient été élus à ces places seront tenus d'opter dans les trois jours de la publication du présent décret.   J. F.

☞ Décret relatif au respect dû aux Juges et à leurs jugemens.

Du 28 Février—17 avril 1791.

2. Les citoyens qui assisteront aux audiences des juges de paix, à celles des tribunaux de district, des tribunaux criminels, de ceux de police et de commerce, se tiendront découverts, dans le respect et le silence. Tout ce que les juges ordonneront pour le maintien de l'ordre sera exécuté ponctuellement à l'instant même.

3. Si un ou plusieurs des assistans interrompent le silence, donnent des signes publics d'approbation ou de désapprobation, soit à la défense des parties, soit au jugement, causent ou excitent du tumulte de quelque manière que ce soit, et si, après l'avertissement des huissiers, ils ne rentrent pas dans l'ordre sur-le-champ, il leur sera enjoint de se retirer; et dans le cas où quelqu'un opposerait à cette injonction la moindre résistance, les réfractaires seront saisis aussitôt et déposés dans la maison d'arrêt, où ils demeureront vingt-quatre heures.

4. Si quelques mauvais citoyens osaient outrager ou menacer les juges ou les officiers de justice dans l'exercice de leurs fonctions, les juges feront saisir à l'instant les coupables, qui de suite seront déposés dans la maison d'arrêt. Les juges les interrogeront publiquement dans les vingt-quatre heures, et pourront les condamner, par voie de police correctionnelle, jusqu'à huit jours de détention, selon la nature des circonstances.

5. Si les outrages étaient d'une telle gravité qu'ils méritassent une peine afflictive ou infamante, les coupables, saisis et interrogés dans les vingt-quatre heures, seront renvoyés dans la maison d'arrêt, pour subir les épreuves de l'instruction criminelle; et s'ils sont convaincus, ils seront punis selon toute la rigueur des lois.   J. F.

Décret relatif au nouvel Ordre judiciaire.

Du 6—27 mars 1791.

Art. 1er. Nul ne pourra être juge de paix, et en même temps officier municipal, membre d'un directoire, greffier, avoué, huissier, juge de district, juge de commerce, percepteur d'impôts indirects.

2. Les assesseurs des juges de paix sont exclus des mêmes fonctions, si ce n'est que, dans les bourgs et villages au-dessous de quatre mille âmes, il leur sera permis d'être officiers municipaux. Ils ne peuvent être parens du juge de paix au degré de cousins germains inclusivement; et, s'ils sont parens entre eux à ce degré, ils ne jugeront point ensemble sans le consentement de toutes les parties.

3. La première fois que les assesseurs assisteront le juge de paix, ils prêteront dans ses mains le même serment prêté par lui devant le conseil général de la commune, et il en sera dressé acte.

4. Le juge de paix sera tenu de nommer un greffier, lequel ne pourra être son parent jusqu'au troisième degré, selon la supputation civile, c'est-à-dire jusqu'au troisième degré d'oncle et de neveu inclusivement.

5. Les greffiers des juges de paix ne pourront être en même temps officiers municipaux, membres d'un directoire, greffiers, avoués, huissiers, juges de district, juges de commerce, percepteurs d'impôts indirects. Il en sera de même des greffiers des tribunaux de districts ou de commerce, qui, en outre, ne pourront pas être notaires.

6. Si le greffier de la municipalité de campagne refuse de signifier les citations, actes et jugemens du juge de paix, il sera destitué de sa place; et l'huissier qui le remplacera pour les significations ne recevra, à peine de concussion, que les droits attribués au greffier, si la signification est faite dans la municipalité du domicile de l'huissier; mais en outre, en cas de transport, il recevra douze sous par lieue, sans qu'il puisse jamais être mis à la charge de la partie condamnée plus que les frais de deux lieues de transport, le retour compris.

7. Les juges de paix procéderont d'office à l'apposition des scellés, après l'ouverture des successions, lorsque les héritiers seront absens et non représentés, ou mineurs non émancipés, ou n'ayant pas de tuteurs; et ils passeront outre, nonobstant les oppositions, dont ils renverront le jugement au tribunal du district. Chaque juge de paix apposera les scellés dans l'étendue de son territoire, et ne pourra pas, par suite, les apposer dans un autre territoire.

8. L'apposition des scellés étant un acte purement ministériel et conservatoire, il sera alloué au juge de paix deux livres pour une vacation de trois heures, et vingt sous pour toutes les vacations suivantes, de manière qu'une apposition de scellés ne coûte pas plus de trois livres. Le greffier aura les deux tiers de la somme attribuée au juge. Les droits seront d'une moitié en sus dans les

villes au-dessus de vingt-cinq mille âmes, et du double pour Paris. Il en sera de même pour les vacations de reconnaissance et levée de scellés, et pour celles employées aux avis de parens : le tout indépendamment des droits d'expédition du greffe.

9. Dans les cas qui n'excéderont pas sa compétence, le juge de paix connaîtra des contestations qui pourront s'élever entre père et fils, grand-père et petit-fils, frères et sœurs, neveux et oncles, ou entre alliés aux degrés ci-dessus, sans que les parties soient tenues de se pourvoir suivant les formes prescrites par l'article 12 du titre X du décret du 16 août 1790, sur l'organisation judiciaire.

10. La confection des inventaires, procès-verbaux de description et de carence à l'ouverture des successions, n'appartiendra point au juge de paix, mais aux notaires, mêmes dans les lieux où elle était attribuée aux juges ou aux greffiers.

11. La légalisation des actes ne sera point faite, les certificats de vie ne seront point donnés par les juges de paix ; la légalisation sera faite, les certificats seront donnés gratuitement par les présidens des tribunaux de district, ou ceux des juges qui en feront les fonctions. Dans les chefs-lieux où sont établis, soit les tribunaux, soit les administrations de district, les maires feront les légalisations, et donneront les certificats de vie concurremment avec les présidens des tribunaux, mais seulement sur les actes des officiers publics, ou pour les citoyens qui seront domiciliés dans l'étendue de la commune.

12. Les juges de paix pourront porter, attaché au côté gauche de l'habit, un médaillon ovale en étoffe, bordure rouge, fond bleu, sur lequel seront écrits en lettres blanches ces mots : *La loi et la paix*.

13. Les huissiers des juges de paix, dans les villes, lorsqu'ils seront en fonctions, porteront à la main une canne blanche. Les citations et jugemens des juges de paix seront signifiés par eux, et non par autres huissiers, à peine d'amende de six livres, qui sera prononcée par le juge de paix, dont moitié sera applicable à son huissier, l'autre moitié sera versée dans la caisse du receveur des amendes du district.

14. Si le juge paix est pendant plus de huit jours consécutifs sans remplir ses fonctions, il sera tenu de remettre à l'assesseur qui l'aura remplacé la portion proportionnelle du salaire qui lui est attribué ; et dans tous les cas où l'assesseur remplacera le juge de paix pour les commissions et les actes auxquels des vacations sont attachées, l'assesseur recevra lesdites vacations.

15. Les juges de paix ne pourront connaître de l'inscription de faux ou dénégation d'écriture ; et lorsqu'une des parties déclarera vouloir s'inscrire en faux, ils lui en donneront acte, et renverront la cause au tribunal de district.

Des Bureaux de paix.

16. Aucuns avoués, greffiers, huissiers et ci-devant hommes de loi ou procureurs, ne pourront représenter les parties aux bureaux de paix ; les autres citoyens ne seront admis à les représenter que lorsqu'ils seront revêtus de pouvoirs suffisans pour transiger.

17. Les affaires commencées avant l'installation des tribunaux seront portées à ceux qui en doivent connaître, par simple assignation de la partie la plus diligente, sans autres procédures et sans avoir passé au bureau de paix.

18. Toutes saisies, oppositions et autres actes conservatoires, pourront être faits avant de donner la citation devant le bureau de paix. Les affaires qui intéressent la nation, les communes et l'ordre public, seront portées aux tribunaux, sans qu'il soit besoin de comparution préalable devant ce bureau. Il en sera de même des affaires de la compétence des juges de commerce, quand même les affaires seraient portées au tribunal de district, au cas de l'article 13 du titre XII du décret du 16 août 1790, sur l'organisation judiciaire.

19. Les officiers municipaux sont autorisés à pourvoir économiquement aux menus frais de bois, lumières, papiers et secrétaire du bureau de paix, qui seront à prendre sur le produit des amendes prononcées sur les appels.

20. Les bureaux de paix exerceront leurs fonctions sans qu'il soit besoin d'aucune installation, et les citations pourront être notifiées par les greffiers des municipalités dans lesquelles les personnes citées auront leur domicile.

21. L'appel des jugemens des juges de paix, lorsqu'ils seront sujets à l'appel, ne sera pas reçu par les tribunaux de district, si l'appelant n'a pas signifié copie du certificat du bureau de paix du district, constatant que la partie adverse a été inutilement appelée devant ce bureau, pour être conciliée sur l'appel, ou qu'il a employé sans fruit sa médiation.

22. Si la partie ajournée en première instance devant un tribunal de district n'a pas comparu au bureau de paix et vient à perdre sa cause, elle sera condamnée par le même jugement à une amende de trente livres, au paiement de laquelle elle sera contrainte, soit qu'elle exécute le jugement, soit qu'elle en appelle, et sans restitution ; en ce dernier cas, quel que soit l'événement de l'appel, la même amende sera prononcée contre le demandeur qui, s'étant pourvu au tribunal de district sans avoir fait citer son adversaire devant le bureau de paix, sera par cette raison déclaré non recevable.

23. Lorsqu'une partie citée devant le bureau de paix sera exposée à l'exécution d'une contrainte par corps prononcée pour cause civile, le bureau de paix pourra lui accorder un sauf-conduit ; et elle ne pourra être arrêtée ni le jour fixé pour sa comparution, ni pendant son voyage pour aller au bureau de paix et pour en revenir.

24. Si un débiteur, après avoir obtenu de son créancier, devant le bureau de paix, un terme de paiement, manque de payer à l'échéance de ce terme, le créancier pourra l'ajourner directement au tribunal de district, sans le citer de nouveau devant le bureau de paix, et le délai de l'ajournement ne sera en ce cas que de cinq jours, et d'un jour en outre pour dix lieues.

25. Lorsque les deux parties présentes devant le bureau de paix, l'une déclarera s'en rapporter au serment de l'autre partie sur la vérité d'une dette méconnue, ou d'une convention contestée, ou de tout autre fait décisif, le bureau de paix recevra le serment, ou fera mention dans son procès-verbal du refus de le prêter.

26. Le bureau de paix, après avoir concilié les parties, constatera dans le procès-verbal les points de conciliation dont elles sont tombées d'accord. Ce procès-verbal sera signé des parties, ou contiendra mention de la déclaration qu'elles auront faite de ne savoir signer.

Des Juges de district, Suppléans et Greffiers.

27. Les fonctions mentionnées en l'art. 1er sont interdites aux juges et aux commissaires du roi, ainsi que celles de notaires et de défenseurs officieux, même hors de leur tribunal.

28. Les Suppléans ne pourront être greffiers, huissiers, ni percepteurs des impôts indirects ; mais ils pourront exercer le ministère de défenseurs officieux, d'avoués, de juges de paix, ainsi que les fonctions municipales, à la charge d'opter au moment où ils auront des provisions de juges.

Décret portant Règlement sur la Propriété des auteurs d'Inventions et Découvertes en tout genre.

Du 14 mai 19, (31 mars, 7 avril et) — 25 mai 1791.

TITRE Ier.

Art. 1er. En conformité des trois premiers articles du décret du 31 décembre 1790 — 7 janvier 1791, relatif aux nouvelles découvertes et inventions en tout genre d'industrie, il sera délivré, sur une simple requête au roi et sans examen préalable, des *patentes nationales* sous la dénomination de *brevets d'invention* (dont le modèle est annexé au présent règlement, sous le n° 2), à toutes personnes qui voudront exécuter ou faire exécuter dans le royaume des objets d'industrie jusqu'alors inconnus.

2. Il sera établi à Paris, conformément à l'article 11 du décret, sous la surveillance et l'autorité du ministre de l'intérieur chargé de délivrer lesdits brevets, un dépôt général sous le nom de *directoire des brevets d'invention,* où ces brevets seront expédiés en suite des formalités préalables, et selon le mode ci-après déterminé.

3. Le directoire des brevets d'invention expédiera lesdits brevets sur les demandes qui lui parviendront des secrétariats des départemens. Ces demandes contiendront le nom du demandeur, sa proposition et sa requête au roi ; il y sera joint un paquet renfermant la description exacte de tous les moyens qu'on se propose d'employer, et à ce paquet seront ajoutés les dessins, modèles et autres pièces jugées nécessaires pour l'explication et l'énoncé de la demande, le tout avec la signature et sous le cachet du demandeur. Au dos de l'enveloppe de ce paquet sera inscrit un procès-verbal (dans la forme jointe au présent règlement, sous le n° 1er), signé par le secrétariat du département et par le demandeur, auquel il sera délivré un double dudit procès-verbal, afin de constater l'objet de la demande, la remise des pièces, la date du dépôt, l'acquit de la taxe, ou la soumission de la payer suivant le prix et dans le délai qui seront fixés au présent règlement.

4. Les directoires des départemens, non plus que le directoire des brevets d'invention, ne recevront aucune demande qui contienne plus d'un objet principal, avec les objets de détail qui pourront y être relatifs.

5. Les directoires des départemens seront tenus d'adresser au directoire des brevets d'invention les paquets des demandeurs, revêtus des formes ci-dessus prescrites, dans la semaine même où la demande aura été présentée.

6. A l'arrivée de la dépêche du secrétariat du département au directoire des brevets d'invention, le procès-verbal inscrit au dos du paquet sera enregistré, le paquet sera ouvert, et le brevet sera sur-le-champ dressé, d'après le modèle annexé au présent règlement (sous le n° 2). Ce brevet renfermera une copie exacte de la description, ainsi que des dessins et modèles annexés au procès-verbal, ensuite de quoi ledit brevet sera scellé et envoyé au département, sous le cachet du directoire des brevets d'invention. Il sera en même temps adressé à tous les tribunaux et départemens du royaume une *proclamation du roi* relative au brevet d'invention (et dans la forme ci-jointe n° 3), et ces proclamations seront enregistrées par ordre de dates, et affichées dans lesdits tribunaux et départemens.

7. Les descriptions des objets dont le corps législatif, dans les cas prévus par l'article 11 du décret du 31 décembre 1790—7 janvier 1791, aura ordonné le secret, seront ouvertes et inscrites par numéros au directoire des inventions, dans un registre particulier, en présence des commissaires nommés à cet effet, conformément audit article du décret; ensuite ces descriptions seront cachetées de nouveau, et procès-verbal en sera dressé par lesdits commissaires. Le décret qui aura ordonné de les tenir secrètes sera transcrit au dos du paquet; il en sera fait mention dans la proclamation du roi, et le paquet demeurera cacheté jusqu'à la fin de l'exercice du brevet, à moins qu'un décret du corps-législatif n'en ordonne l'ouverture.

8. Les prolongations des brevets qui, dans des cas très rares et pour des raisons majeures, pourront être accordées par le corps législatif, seulement pendant la durée de la législature, seront enregistrées dans un registre particulier au directoire des inventions, qui sera tenu de donner connaissance de cet enregistrement aux différens départemens et tribunaux du royaume.

9. Les arrêts du conseil, lettres-patentes, mémoires descriptifs, tous documens et pièces relatives à des privilèges d'inventions, ci-devant accordés pour des objets d'industrie, dans quelque dépôt qu'ils se trouvent, seront réunis incessamment au directoire des brevets d'invention.

10. Les frais de l'établissement ne seront point à la charge du trésor public; ils seront pris uniquement sur le produit de la taxe des brevets d'invention, et le surplus employé à l'avantage de l'industrie nationale.

TITRE II.

Art. 1er. Celui qui voudra obtenir un brevet d'invention sera tenu, conformément à l'art. 4 du décret du 31 décembre 1790—7 janvier 1791, de s'adresser au secrétariat du directoire de son département, pour y remettre sa requête au roi, avec la description de ses moyens, ainsi que les dessins et modèles relatifs à l'objet de sa demande, conformément à l'art. 3 du titre Ier; il y joindra un état double et signé par lui de toutes les pièces contenues dans le paquet : un de ces doubles devra être renvoyé au secrétariat du département par le directeur des brevets d'invention, qui se chargera de toutes les pièces par son *récépissé* au pied dudit état.

2. Le demandeur aura le droit, avant de signer le procès-verbal, de se faire donner communication du catalogue de tous les objets pour lesquels il aura été expédié des brevets, afin de juger s'il doit ou non persister dans sa demande.

3. Le demandeur sera tenu, conformément à l'art. 3 du titre Ier, d'acquitter au secrétariat du département la taxe du brevet suivant le tarif annexé au présent règlement (sous le n° 4); mais il lui sera libre de ne payer que la moitié de cette taxe en présentant sa requête, et de déposer sa soumission d'acquitter le reste dans le délai de six mois.

4. Si la soumission du breveté n'est point remplie au terme prescrit, le brevet qui lui aura été délivré sera de nul effet; l'exercice de son droit deviendra libre, et il en sera donné avis à tous les départemens par le directoire des brevets d'invention.

5. Toute personne pourvue d'un brevet d'invention sera tenue d'acquitter, en sus de la taxe dudit brevet, la taxe des patentes annuelles imposées à toutes les professions d'arts et de métiers, par le décret du 2—17 mars 1791.

6. Tout propriétaire de brevet qui voudra faire des changemens à l'objet énoncé dans sa première demande sera obligé d'en faire sa déclaration, et de remettre la description de ses nouveaux moyens au secrétariat du département, dans la forme et de la manière prescrites par l'article 1er du présent titre; et il sera observé à cet égard les mêmes formalités entre les directoires des départemens et celui des brevets d'invention.

7. Si ce breveté ne veut jouir privativement de l'exercice de ses nouveaux moyens que pendant la durée de son brevet, il lui sera expédié par le directoire des brevets d'invention un certificat dans lequel sa nouvelle déclaration sera mentionnée, ainsi que la remise du paquet contenant la description de ses nouveaux moyens.

Il lui sera libre aussi de prendre successivement de nouveaux brevets pour lesdits changemens, à mesure qu'il en voudra faire, ou de les faire réunir dans un seul brevet quand il les présentera collectivement.

Ces nouveaux brevets seront expédiés de la même manière et dans la même forme que les brevets d'invention, et ils auront les mêmes effets.

8. Si quelque personne annonce un moyen de perfection pour une invention déjà brevetée, elle obtiendra, sur sa demande, un brevet pour l'exercice privatif dudit moyen de perfection, sans qu'il lui soit permis, sous aucun prétexte, d'exécuter ou de faire exécuter l'invention principale; et réciproquement, sans que l'in-

venteur puisse faire exécuter par lui-même le nouveau moyen de perfection.

Ne seront point mis au rang des *perfections industrielles* les changemens de formes ou de proportions, non plus que les ornemens, de quelque genre que ce puisse être.

9. Tout cessionnaire de brevet obtenu pour un objet que les tribunaux auront jugé contraire aux lois du royaume, à la sûreté publique ou aux règlemens de police, sera déchu de son droit sans pouvoir prétendre d'indemnité, sauf au ministère public à prendre, suivant l'importance du cas, telles conclusions qu'il appartiendra.

10. Lorsque le propriétaire d'un brevet sera troublé dans l'exercice de son droit privatif, il se pourvoiera, dans les formes prescrites pour les autres procédures civiles, devant le juge de paix, pour faire condamner le contrefacteur aux peines prononcées par la loi.

11. Le juge de paix entendra les parties et leurs témoins, ordonnera les vérifications qui pourront être nécessaires; et le jugement qu'il prononcera sera exécuté provisoirement, nonobstant l'appel.

12. Dans le cas où une saisie juridique n'aurait pu faire découvrir aucun objet fabriqué ou débité en fraude, le dénonciateur supportera les peines énoncées dans l'article 13 de la loi, à moins qu'il ne légitime sa dénonciation par des preuves légales, auquel cas il sera exempt desdites peines, sans pouvoir néanmoins prétendre aucuns dommages intérêts.

13. Il sera procédé de même, en cas de contestation entre deux brevetés pour le même objet : si la ressemblance est déclarée absolue, le brevet de date antérieure demeurera seul valide; s'il y a dissemblance en quelques parties, le brevet de date postérieure pourra être converti, sans payer de taxe, en brevet de perfection, pour les moyens qui ne seraient point énoncés dans le brevet de date antérieure.

14. Le propriétaire d'un brevet pourra contracter telle société qu'il lui plaira pour l'exercice de son droit, en se conformant aux usages du commerce; mais il lui sera interdit d'établir son entreprise par *actions*, à peine de déchéance de l'exercice de son brevet.

15. Lorsque le propriétaire d'un brevet aura cédé son droit en tout ou en partie (ce qu'il ne pourra faire que par un acte notarié), les deux parties contractantes seront tenues, à peine de nullité, de faire enregistrer ce transport au secrétariat de leurs départemens respectifs, lesquels en informeront aussitôt le directoire des brevets d'invention, afin que celui-ci en instruise les autres départemens.

16. En exécution de l'article 17 du décret du 31 décembre 1790 —7 janvier 1791, tous les paiemens de priviléges exclusifs, maintenus par ledit article, seront tenus, dans le délai de six mois après la publication du présent règlement, de faire enregistrer au directoire d'invention les titres de leurs priviléges, et d'y déposer les descriptions des objets privilégiés, conformément à l'article 1er du présent titre, le tout à peine de déchéance.

TITRE III.

L'assemblée nationale renvoie au ministère de l'intérieur les mesures à prendre pour l'exécution du règlement sur la loi des brevets d'invention ; et le charge de présenter incessamment à l'assemblée les dispositions qu'il jugera nécessaires pour assurer cette partie du service public. J. F.

Décret relatif aux Domaines congéables.

Des 7 juin (30 mai, 1er et) — 6 août 1791.

Art. 1er. Les concessions ci-devant faites, dans les départemens du Finistère, du Morbihan et des Côtes-du-Nord, par les propriétaires fonciers aux domaniers, sous les titres de baux à convenant ou domaine congéable, et de baillées ou renouvellement d'iceux, continueront d'être exécutées entre les parties qui ont contracté sous cette forme, leurs représentans ou ayant-cause, mais seulement sous les modifications et conditions ci-après exprimées, et ce, nonobstant les usemens de Rohan, Cornouailles, Brouerce, Tréguier et Gouelle, et tous autres qui seraient contraires aux règles ci-après exprimées, lesquels usemens sont à cet effet et demeurent abolis, à compter du jour de la publication du présent décret.

17. Après l'expiration des baux ou des baillées actuellement existans, et lorsqu'il s'agira de procéder au remboursement des édifices et superficies, il sera procédé au prisage à l'amiable entre les parties, ou à dire d'experts convenus ou nommés d'office par le juge de paix du canton dans le ressort duquel les tenues seront situées ; sauf aux parties, en cas de contestation sur l'estimation, à se pourvoir devant le tribunal du district.

Il en sera usé de même pour les baux à convenant qui pourraient être passés à l'avenir, lorsque, d'après les conventions des parties, il y aura lieu à un remboursement et à une estimation. J. F.

Décret relatif à la compétence des Juges de paix en matière de police, et à l'établissement d'un Tribunal de police correctionnelle à Paris.

Des 11 (6 et) — 18 juillet 1791.

L'assemblée nationale décrète ce qui suit :

1° Tout juge de paix d'une ville, dans quelque quartier qu'il se trouve établi, sera compétent pour prononcer, soit la liberté des personnes amenées, soit le renvoi à la police municipale, soit le mandat d'amener, ou devant lui, ou devant un autre juge de paix, soit enfin le mandat d'arrêt, tant en matière de police correctionnelle qu'en matière criminelle.

2° Néanmoins, pour assurer le service de la ville de Paris, il sera déterminé par la municipalité un lieu vers le centre de la ville, où se trouveront toujours deux juges de paix, lesquels pourront donner, chacun séparément, les ordonnances nécessaires. Les juges de paix rempliront tour à tour ce service pendant vingt-quatre heures.

3° A Paris, le tribunal d'appel en matière de police correctionnelle sera composé de neuf juges de paix servant par tour ; il tiendra une audience tous les jours, et pourra se diviser en trois chambres.

Durant le service des neuf juges de paix à ce tribunal, et pareillement durant la journée où les juges de paix de la ville de Paris seront occupés au service alternatif établi dans le lieu central, toutes les fonctions qui leur sont attribuées par la loi pourront être exercées, dans l'étendue de leur section, par les juges de paix des sections voisines, au choix des parties. J. F.

☞ *Loi relative aux Mines.*

Du 12 juillet (27 mars, 15 juin et) — 28 juillet 1791.

27. Toutes contestations relatives aux mines, demandes en règlement d'indemnité, et toutes autres sur l'exécution du présent décret, seront portées par-devant les juges de paix ou les tribunaux de district, suivant l'ordre de compétence, et d'après les formalités prescrites par les décrets sur l'ordre judiciaire, sans que cependant il puisse être donné aucune suite aux procédures criminelles commencées depuis le 14 juillet 1789, contre les auteurs des dégâts commis dans des concessions de mines, lesquelles procédures seront civilisées, et les informations converties en requêtes, à l'effet, par les entrepreneurs, de poursuivre, par la voie civile, la réparation des dommages faits à leur concession, et la réintégration en icelle, s'il y a lieu, aux termes des articles 4 et 6 du présent décret. J. F.

☞ *Décret relatif à l'organisation d'une Police municipale et correctionnelle.*

Du 19 — 22 juillet 1791.

TITRE Iᵉʳ.

POLICE MUNICIPALE.

Dispositions générales d'ordre public.

Art. 1ᵉʳ. Dans les villes et dans les campagnes, les corps municipaux feront constater l'état des habitans, soit par des officiers municipaux, soit par des commissaires de police, s'il y en a, soit par des citoyens commis à cet effet. Chaque année, dans le courant des mois de novembre et de décembre, cet état sera vérifié de nouveau, et on y fera les changemens nécessaires : l'état des habitans de campagne sera recensé au chef-lieu du canton, par des commissaires que nommeront les officiers municipaux de chaque communauté particulière.

2. Le registre contiendra mention des déclarations que chacun aura faites de ses noms, âge, lieu de naissance, dernier domicile, profession, métier et autres moyens de subsistance. Le déclarant qui n'aurait à indiquer aucun moyen de subsistance désignera les citoyens

domiciliés dans la municipalité dont il sera connu et qui pourront rendre bon témoignage de sa conduite.

3. Ceux qui, étant en état de travailler, n'auront ni moyens de subsistance, ni métier, ni répondans, seront inscrits avec la note de *gens sans aveu*.

4. Ceux qui refuseront toute déclaration seront inscrits sous leur signalement et demeure, avec la note de *gens suspects*.

Ceux qui seront convaincus d'avoir fait de fausses déclarations seront inscrits avec la note de *gens malintentionnés*.

Il sera donné communication de ces registres aux officiers et sous-officiers de la gendarmerie nationale, dans le cours de leurs tournées.

Ceux des trois classes qui viennent d'être énoncées, s'ils prennent part à une rixe, à un attroupement séditieux, à un acte de voie de fait ou de violence, seront soumis, dès la première fois, aux peines de la police correctionnelle, comme il sera dit ci-après.

5. Dans les villes et dans les campagnes, les aubergistes, maîtres d'hôtels garnis et logeurs, seront tenus d'inscrire de suite et sans aucun blanc, sur un registre en papier timbré et paraphé par un officier municipal ou un commissaire de police, les noms, qualités, domicile habituel, dates d'entrée et de sortie de tous ceux qui coucheront chez eux, même une seule nuit ; de représenter ce registre tous les quinze jours, et en outre toutes les fois qu'ils en seront requis, soit aux officiers municipaux, soit aux officiers de police, ou aux citoyens commis par la municipalité.

6. Faute de se conformer aux dispositions du précédent article, ils seront condamnés à une amende du quart de leur droit de patente, sans que cette amende puisse être au-dessous de trois livres, et ils demeureront civilement responsables des désordres et des délits commis par ceux qui logeront dans leurs maisons.

7. Les jeux de hasard où l'on admet soit le public, soit des affiliés, sont défendus sous les peines qui seront désignées ci-après.

Les propriétaires ou principaux locataires des maisons et appartemens où le public serait admis à jouer des jeux de hasard seront, s'ils demeurent dans ces maisons et s'ils n'ont pas averti la police, condamnés, pour la première fois, à 300 livres, et pour la seconde, à 1000 livres d'amende, solidairement avec ceux qui occuperont les appartemens employés à cet usage.

Règles à suivre par les officiers municipaux ou les citoyens commis par la municipalité pour constater les contraventions de police.

8. Nul officier municipal, commissaire ou officier de police municipale, ne pourra entrer dans les maisons des citoyens, si ce n'est pour la confection des états ordonnés par les art. 1er, 2 et 3, et la vérification des registres des logeurs ; pour l'exécution des lois sur les contributions directes, ou en vertu des ordonnances, contraintes et jugemens dont ils seront porteurs, ou enfin sur le cri des citoyens, invoquant de l'intérieur d'une maison le secours de la force publique.

9. A l'égard des lieux où tout le monde est admis indistincte-

ment, tels que cafés, cabarets, boutiques et autres, les officiers de police pourront toujours y entrer, soit pour prendre connaissance des désordres ou contraventions aux règlemens, soit pour vérifier les poids et mesures, le titre des matières d'or et d'argent, la salubrité des comestibles et médicamens.

10. Ils pourront aussi entrer en tout temps dans les maisons où l'on donne habituellement à jouer des jeux de hasard, mais seulement sur la désignation qui leur en aurait été donnée par deux citoyens domiciliés.

Ils pourront également entrer en tout temps dans les lieux livrés notoirement à la débauche.

11. Hors les cas mentionnés aux articles 8, 9 et 10, les officiers de police qui, sans autorisation spéciale de justice ou de police de sûreté, feront des visites ou recherches dans les maisons des citoyens, seront condamnés par le tribunal de police, et, en cas d'appel, par celui de district, à des dommages et intérêts qui ne pourront être au-dessous de 100 livres, sans préjudice des peines prononcées par la loi, dans le cas de voies de fait, de violences et autres délits.

12. Les commissaires de police, dans les lieux où il y en a, les appariteurs et autres agens assermentés, dresseront dans leurs visites et tournées le procès-verbal des contraventions, en présence de deux des plus proches voisins, qui apposeront leurs signatures, et des experts en chaque partie d'art, lorsque la municipalité, soit par voie d'administration, soit comme tribunal de police, aura jugé à propos d'en indiquer.

13. La municipalité, soit par voie d'administration, soit comme tribunal de police, pourra, dans les lieux où la loi n'y aura pas pourvu, commettre à l'inspection du titre des matières d'or ou d'argent, à celle de la salubrité des comestibles et médicamens, un nombre suffisant de gens de l'art, lesquels, après avoir prêté serment, rempliront, à cet égard seulement, les fonctions de commissaire de police.

Délits de police municipale, et peines qui seront prononcées.

14. Ceux qui voudront former des sociétés ou clubs seront tenus, à peine de 200 livres d'amende, de faire préalablement au greffe de la municipalité la déclaration des lieux et jours de leur réunion ; et, en cas de récidive, ils seront condamnés à 500 livres d'amende. L'amende sera poursuivie contre les présidens, secrétaires ou commissaires de ces clubs ou sociétés.

15. Ceux qui négligeront d'éclairer et de nettoyer les rues devant leurs maisons, dans les lieux où ce soin est laissé à la charge des citoyens ;

Ceux qui embarrasseront ou dégraderont les voies publiques ;

Ceux qui contreviendront à la défense de rien exposer sur les fenêtres ou au-devant de leur maison sur la voie publique, de rien jeter qui puisse nuire ou endommager par sa chute, ou causer des exhalaisons nuisibles ;

Ceux qui laisseront divaguer des insensés ou furieux, ou des animaux malfaisans ou féroces,

Seront, indépendamment des réparations ou indemnités envers les parties lésées, condamnés à une amende qui ne pourra être au-dessous de 40 sous, ni excéder 40 livres ; et si le fait est grave, à la détention de police municipale : la peine sera double en cas de récidive.

16. Ceux qui, par imprudence ou par la rapidité de leurs chevaux, auront blessé quelqu'un dans les rues ou voies publiques, seront, indépendamment des indemnités, condamnés à huit jours de détention, et à une amende égale à la totalité de leur contribution mobilière, sans que l'amende puisse être au-dessous de 3oo livres. S'il y a eu fracture de membres, ou si, d'après les certificats des gens de l'art, la blessure est telle qu'elle ne puisse se guérir en moins de quinze jours, les délinquans seront renvoyés à la police correctionnelle.

17. Le refus des secours et services requis par la police en cas d'incendie ou autres fléaux calamiteux sera puni par une amende du quart de la contribution mobilière, sans que l'amende puisse être au-dessous de 3 livres.

18. Le refus ou la négligence d'exécuter les règlemens de voirie, ou d'obéir à la sommation de réparer ou démolir les édifices menaçant ruine sur la voie publique, seront, outre les frais de la démolition ou de la réparation de ces édifices, punis d'une amende de la moitié de la contribution mobilière, laquelle amende ne pourra être au-dessous de 6 livres.

19. En cas de rixe ou dispute avec ameutement du peuple ;

En cas de voies de fait ou violences légères, dans les assemblées et les lieux publics ; en cas de bruit ou attroupemens nocturnes ;

Ceux des trois premières classes mentionnés en l'article 3 seront, dès la première fois, punis ainsi qu'il sera dit au titre de la police correctionnelle.

Les autres seront condamnés à une amende du tiers de leur contribution mobilière, laquelle ne sera pas au-dessous de 12 livres ; et pourront l'être, suivant la gravité du cas, à une détention de trois jours dans les campagnes, et de huit jours dans les villes.

Tous ceux qui, après une première condamnation prononcée par la police municpale, se rendraient encore coupables de l'un des délits ci-dessus, seront renvoyés à la police correctionnelle.

20. En cas d'exposition en vente de comestibles gâtés, corrompus ou nuisibles, ils seront confisqués et détruits, et le délinquant condamné à une amende du tiers de sa contribution mobilière, laquelle amende ne pourra être au-dessous de 3 livres.

21. En cas de vente de médicamens gâtés, le délinquant sera renvoyé à la police correctionnelle, et puni de 100 livres d'amende et d'un emprisonnement qui ne pourra excéder six mois.

La vente de boissons falsifiées sera punie ainsi qu'il sera dit au titre de la police correctionnelle.

22. En cas d'infidélité des poids et mesures dans la vente des denrées et autres objets qui se débitent à la mesure, au poids ou à l'aune, les faux poids et fausses mesures seront confisqués et brisés, et l'amende sera, pour la première fois, de cent livres au

moins, et de la quotité du droit de patente du vendeur, si ce droit est de plus de 100 liv.

23. Les délinquans, aux termes de l'article précédent, seront en outre condamnés à la détention de la police municipale ; et en cas de récidive, les prévenus seront renvoyés à la police correctionnelle.

24. Les vendeurs convaincus d'avoir trompé, soit sur le titre des matières d'or ou d'argent, soit sur la qualité d'une pierre fausse vendue pour fine, seront renvoyés à la police correctionnelle.

25. Quant à ceux qui seraient prévenus d'avoir fabriqué, fait fabriquer ou employé de faux poinçons, marqué ou fait marquer des matières d'or ou d'argent au-dessous du titre annoncé par la marque, ils seront, dès la première fois, renvoyés par un mandat du juge de paix devant le juri d'accusation, jugés, s'il y a lieu, selon la forme établie pour l'instruction criminelle, et, s'ils sont convaincus, punis des peines établies par le Code pénal.

26. Ceux qui ne paieront pas, dans les trois jours à dater de la signification du jugement, l'amende prononcée contre eux, y seront contraints par les voies de droit ; néanmoins la contrainte ne pourra entraîner qu'une détention d'un mois à l'égard de ceux qui sont insolvables.

27. En cas de récidive, toutes les amendes établies par le présent décret seront doubles, et tous les jugemens seront affichés aux dépens des condamnés.

28. Pourront être saisis ou retenus jusqu'au jugement tous ceux qui, par imprudence ou la rapidité de leurs chevaux, auront fait quelques blessures dans la rue ou voie publique, ainsi que ceux qui seraient prévenus des délits mentionnés aux articles 19, 21 et 22 ; ils seront contraignables par corps au paiement des dommages et intérêts, ainsi que des amendes.

Confirmation de divers Règlemens et Dispositions contre l'abus de la taxe des Denrées.

29. Les règlemens actuellement existans sur le titre des matières d'or et d'argent, sur la vérification de la qualité des pierres fines ou fausses, la salubrité des comestibles et des médicamens, sur les objets de serrurerie, continueront d'être exécutés jusqu'à ce qu'il en ait été autrement ordonné. Il en sera de même de ceux qui établissent des dispositions de sûreté, tant pour l'achat et la vente des matières d'or et d'argent, des drogues, médicamens et poisons, que pour la présentation, le dépôt et adjudication des effets précieux dans les monts-de-piété, lombards ou autres maisons de ce genre.

Sont également confirmés provisoirement les règlemens qui subsistent touchant la voirie, ainsi que ceux actuellement existans à l'égard de la construction des bâtimens, et relatifs à leur solidité et sûreté, sans que de la présente disposition il puisse résulter la conservation des attributions ci-devant faites sur cet objet à des tribunaux particuliers.

30. La taxe des subsistances ne pourra provisoirement avoir lieu

dans aucune ville ou commune du royaume, que sur le pain et la viande de boucherie, sans qu'il soit permis en aucun cas de l'étendre sur le vin, sur le blé, les autres grains, ni autre espèce de denrées; et ce, sous peine de destitution des officiers municipaux.

51. Les réclamations élevées par les marchands, relativement aux taxes, ne seront en aucun cas du ressort des tribunaux de district; elles seront portées devant le directoire du département, qui prononcera sans appel. Les réclamations des particuliers contre les marchands qui vendraient au-dessus de la taxe seront portées et jugées au tribunal de police, sauf l'appel au tribunal de district.

Formes de procéder et règles à observer par le Tribunal de la Police municipale.

52. Tous ceux qui, dans les villes et dans les campagnes, auront été arrêtés, seront conduits directement chez le juge de paix, lequel renverra pardevant le commissaire de police ou l'officier municipal chargé de l'administration de cette partie, lorsque l'affaire sera de la compétence de la police municipale.

53. Tout juge de paix d'une ville, dans quelque quartier qu'il se trouve établi, sera compétent pour prononcer, soit la liberté des personnes amenées, soit le renvoi à la police municipale, soit le mandat d'amener ou devant lui ou devant un autre juge de paix, soit enfin le mandat d'arrêt, tant en matière de police correctionnelle qu'en matière criminelle.

54. Néanmoins, pour assurer le service de la ville de Paris, il sera déterminé par la municipalité un lieu vers le centre de la ville où se trouveront toujours deux juges de paix, lesquels pourront chacun donner séparément les ordonnances nécessaires.

Les juges de paix rempliront tour à tour ce service pendant vingt-quatre heures.

35. Les personnes prévenues de contravention aux lois et règlemens de police, soit qu'il y ait un procès-verbal ou non, seront citées devant le tribunal par les appariteurs, ou par tous autres huissiers, à la requête du procureur de la commune ou des particuliers qui croiront avoir à se plaindre. Les parties pourront comparaître volontairement, ou sur un simple avertissement, sans qu'il soit besoin de citation.

36. Les citations seront données à trois jours ou à l'audience la plus prochaine.

37. Les défauts seront signifiés par un huissier commis par le tribunal de police municipale; ils ne pourront être rabattus qu'autant que la personne citée comparaîtra dans la huitaine après la signification du jugement, et demandera à être entendue sans délai : si elle ne comparaît pas, le jugement demeurera définitif, et ne pourra être attaqué que par la voie d'appel.

38. Les personnes citées comparaîtront par elles-mêmes ou par des fondés de procuration spéciale : il n'y aura point d'avoués aux tribunaux de police municipale.

39. Les procès-verbaux, s'il y en a, seront lus; les témoins, s'il faut en appeler, seront entendus; la défense sera proposée; les con-

clusions seront données par le procureur de la commune ou son substitut; le jugement préparatoire ou définitif sera rendu avec expression de motifs, dans la même audience ou au plus tard dans la suivante.

40. L'appel des jugemens ne sera pas reçu s'il est interjeté après huit jours depuis la signification des jugemens à la partie condamnée.

41. La forme de procéder sur l'appel en matière de police sera la même qu'en première instance.

42. Le tribunal de police sera composé de trois membres que les officiers municipaux choisiront parmi eux; de cinq dans les villes où il y a soixante mille âmes ou davantage; de neuf à Paris.

43. Aucun jugement ne pourra être rendu que par trois juges, et sur les conclusions du procureur de la commune ou de son substitut.

44. Le nombre des audiences sera réglé d'après le nombre des affaires, qui seront toutes terminées au plus tard dans la quinzaine.

45. Extrait des jugemens rendus par la police municipale sera déposé, soit dans un lieu central, soit au greffe du tribunal de police correctionnelle, dans tous les cas où le présent décret aura renvoyé à la police correctionnelle les délinquans en récidive.

46. Aucun tribunal de police municipale, ni aucun corps municipal, ne pourra faire de règlemens : le corps municipal néanmoins pourra, sous le nom et l'intitulé de *délibération*, et sauf la réformation, s'il y a lieu, par l'administration du département, sur l'avis de celle du district, faire des arrêtés sur les objets qui suivent :

1°. Lorsqu'il s'agira d'ordonner les précautions locales sur les objets confiés à sa vigilance et à son autorité, par les articles 3 et 4 du titre XI du décret du 16 août sur l'*organisation judiciaire*.

2°. De publier de nouveau des lois et règlemens de police, ou de rappeler les citoyens à leur observation.

47. Les objets confisqués resteront au greffe du tribunal de police, mais seront vendus au plus tard dans la quinzaine, au plus offrant et dernier enchérisseur, selon les formes ordinaires. Le prix de cette vente, et les amendes versées dans les mains du receveur du droit d'enregistrement, seront employés, sur les mandats du procureur-syndic du district, visés par le procureur-général-syndic du département, un quart aux menus frais du tribunal, un quart aux frais des bureaux de paix et de jurisprudence charitable, un quart aux dépenses de la municipalité, et un quart au soulagement des pauvres de la commune.

48. Les commissaires de police, dans les lieux où il y en a, porteront, dans l'exercice de leurs fonctions, un chaperon aux trois couleurs de la nation, placé sur l'épaule gauche. Les appariteurs chargés d'une exécution de police présenteront, comme les autres huissiers, une baguette blanche aux citoyens qu'ils sommeront d'obéir à la loi. Les dispositions du décret sur le respect dû aux juges et aux jugemens s'appliqueront aux tribunaux de police municipale et correctionnelle et à leurs officiers.

TITRE II.

POLICE CORRECTIONNELLE.

Dispositions générales sur les peines de la Police correctionnelle et les Maisons de Correction.

Art. 1er. Les peines correctionnelles seront :

1° L'amende ; 2° la confiscation, en certains cas, de la matière du délit ; 3° l'emprisonnement.

2. Il y aura des maisons de correction destinées 1° aux jeunes gens au-dessous de vingt-un ans, qui devront y être enfermés conformément aux articles 15, 16 et 17 du titre X du décret du 16 août sur *l'organisation judiciaire* ; 2° aux personnes condamnées par voie de police correctionnelle.

3. Si la maison de correction est dans le même local que la maison destinée aux personnes condamnées par jugemens des tribunaux criminels, le quartier de la correction sera entièrement séparé.

4. Les jeunes gens détenus d'après l'arrêté des familles seront séparés de ceux qui auront été condamnés par la police correctionnelle.

5. Toute maison de correction sera maison de travail. Il sera établi par les conseils ou directoires de département divers genres de travaux communs ou particuliers, convenables aux personnes des deux sexes : les hommes et les femmes seront séparés.

6. La maison fournira le pain, l'eau et le coucher. Sur le produit du travail du détenu, un tiers sera appliqué à la dépense commune de la maison.

Sur une partie des deux autres tiers, il lui sera permis de se procurer une nourriture meilleure et plus abondante.

Le surplus sera réservé pour lui être remis après que le temps de sa détention sera expiré.

Il lui sera également permis de se procurer une nourriture meilleure et plus abondante, sur sa fortune particulière, à moins que le jugement de condamnation n'en ait ordonné autrement.

Classification des Délits, et peines qui seront prononcées.

7. Les délits punissables par la voie de la police correctionnelle seront :

1° Les délits contre les bonnes mœurs ;

2° Les troubles apportés publiquement à l'exercice d'un culte religieux quelconque ;

3° Les insultes et les violences graves envers les personnes ;

4° Les troubles apportés à l'ordre social et à la tranquillité publique par la mendicité, par les tumultes, par les attroupemens ou autres délits ;

5° Les atteintes portées à la propriété des citoyens par dégâts, larcins ou simples vols, escroqueries, ouverture de maisons de jeux où le public est admis.

2° *Partie.* 4

Premier genre de Délits.

8. Ceux qui seraient prévenus d'avoir attenté publiquement aux mœurs par outrage à la pudeur des femmes, par actions déshonnêtes, par exposition ou vente d'images obscènes, d'avoir favorisé la débauche ou corrompu des jeunes gens de l'un ou de l'autre sexe, pourront être saisis sur-le-champ et conduits devant le juge de paix, lequel est autorisé à les faire retenir jusqu'à la prochaine audience de la police correctionnelle.

9. Si le délit est prouvé, les coupables seront condamnés, selon la gravité des faits, à une amende de cinquante à cinq cents livres, et à un emprisonnement qui ne pourra excéder six mois, s'il s'agit d'images obscènes. Les estampes et les planches seront, en outre, confisquées et brisées.

Quant aux personnes qui auraient favorisé la débauche ou corrompu des jeunes gens de l'un ou de l'autre sexe, elles seront, outre l'amende, condamnées à une année de prison.

10. Les peines portées en l'article précédent seront doubles en cas de récidive.

Deuxième genre de Délits.

11. Ceux qui auraient outragé les objets d'un culte quelconque, soit dans un lieu public, soit dans des lieux destinés à l'exercice de ce culte, ou ses ministres en fonctions, ou interrompu par un trouble public les cérémonies religieuses de quelque culte que ce soit, seront condamnés à une amende qui ne pourra excéder cinq cents livres, et à un emprisonnement qui ne pourra excéder un an. L'amende sera toujours de cinq cents livres, et l'emprisonnement de deux ans, en cas de récidive.

12. Les auteurs de ces délits pourront être saisis sur-le-champ et conduits devant le juge de paix.

Troisième genre de Délits.

13. Ceux qui, hors le cas de légitime défense et sans excuse suffisante, auraient blessé ou même frappé des citoyens, si le délit n'est pas de la nature de ceux qui sont punis des peines portées au Code pénal, seront jugés par la police correctionnelle, et, en cas de conviction, condamnés, selon la gravité des faits, à une amende qui ne pourra excéder cinq cents livres, et, s'il y a lieu, à un emprisonnement qui ne pourra excéder six mois.

14. La peine sera plus forte si les violences ont été commises envers des femmes ou des personnes de soixante-dix ans et au-dessus, ou des enfans de seize ans et au-dessous, ou par des apprentis, compagnons ou domestiques à l'égard de leurs maîtres ; enfin, s'il y a eu effusion de sang, et en outre dans le cas de récidive ; mais elle ne pourra excéder 1000 livres d'amende et une année d'emprisonnement.

15. En cas d'homicide dénoncé comme involontaire, ou reconnu tel par la déclaration du jury, s'il est la suite de l'imprudence ou

de la négligence de son auteur, celui-ci sera condamné à une amende qui ne pourra excéder le double de sa contribution mobilière, et, s'il y a lieu, à un emprisonnement qui ne pourra excéder un an.

16. Si quelqu'un ayant blessé un citoyen dans les rues ou voies publiques par l'effet de son imprudence ou de sa négligence, soit par la rapidité de ses chevaux, soit de toute autre manière, il en est résulté fracture de membres; ou si, d'après le certificat des gens de l'art, la blessure est telle qu'elle exige un traitement de quinze jours, le délinquant sera condamné à une amende qui ne pourra excéder 500 livres, et à un emprisonnement qui ne pourra excéder six mois. Le maître sera civilement responsable des condamnations pécuniaires prononcées contre le cocher ou conducteur des chevaux, ou les autres domestiques.

17. Toutes les peines ci-dessus seront prononcées indépendamment des dommages et intérêts des parties.

18. Quant aux simples injures verbales, si elles ne sont pas adressées à un fonctionnaire public en exercice de ses fonctions, elles seront jugées dans la forme établie en l'article 10 du titre III du décret sur l'organisation judiciaire.

19. Les outrages ou menaces par paroles ou par gestes, faits aux fonctionnaires publics dans l'exercice de leurs fonctions, seront punis d'une amende qui ne pourra excéder dix fois la contribution mobilière, et d'un emprisonnement qui ne pourra excéder deux années.

La peine sera double en cas de récidive.

20. Les mêmes peines seront infligées à ceux qui outrageraient ou menaceraient par paroles ou par gestes, soit les gardes nationales, soit la gendarmerie nationale, soit les troupes de ligne se trouvant ou sous les armes ou au corps de garde ou dans un poste de service, sans préjudice de peines plus fortes, s'il y a lieu, contre ceux qui les frapperaient, et sans préjudice également de la défense et de la résistance légitimes, conformément aux lois militaires.

21. Les coupables des délits mentionnés aux articles 13, 14, 15, 16, 19 et 20 du présent décret, seront saisis sur-le-champ, et conduits devant le juge de paix.

Quatrième genre de Délits.

22. Les mendians valides pourront être saisis et conduits devant le juge de paix pour être statué à leur égard conformément aux lois sur la répression de la mendicité.

23. Les circonstances aggravantes seront :

1° De mendier avec menaces et violences ;

2° De mendier avec armes;

3° De s'introduire dans l'intérieur des maisons, ou de mendier la nuit;

4° De mendier deux ou plusieurs ensemble;

5° De mendier avec faux certificats ou congés, infirmités supposées ou déguisement;

6° De mendier après avoir été repris de justice;

7° Et deux mois après la publication du présent décret, de mendier hors du canton de son domicile.

24. Les mendians contre lesquels il se réunira une ou plusieurs de ces circonstances aggravantes pourront être condamnés à un emprisonnement qui n'excédera pas une année.

La peine sera double en cas de récidive.

25. L'insubordination, accompagnée de violences ou de menaces dans les ateliers publics ou dans les ateliers de charité, sera punie d'un emprisonnement qui ne pourra excéder deux années.

La peine sera double en cas de récidive.

26. Les peines portées dans la loi sur les associations et attroupemens des ouvriers et gens du même état seront prononcées par le tribunal de la police correctionnelle.

27. Tous ceux qui, dans l'adjudication de la propriété ou de la location, soit des domaines nationaux, soit de tous autres domaines appartenans à des communautés ou à des particuliers, troubleraient la liberté des enchères, ou empêcheraient que les adjudications ne s'élevassent à leur véritable valeur, soit par offre d'argent, soit par des conventions frauduleuses, soit par des violences ou voies de fait exercées avant ou pendant les enchères, seront punis d'une amende qui ne pourra excéder cinq cents livres, et d'un emprisonnement qui ne pourra excéder une année.

La peine sera double en cas de récidive.

28. Les personnes comprises dans les trois classes mentionnées en l'art. 3 du titre Ier, qui seront surprises dans une rixe, attroupement, ou un acte quelconque de simple violence, seront punies par un emprisonnement qui ne pourra excéder trois mois. En cas de récidive, la détention sera d'une année.

29. Les citoyens domiciliés qui, après avoir été réprimés une fois par la police municipale pour rixes, tumultes, attroupemens nocturnes ou désordres en assemblées publiques, commettraient pour la deuxième fois le même genre de délit, seront condamnés par la police correctionnelle à une amende qui ne pourra excéder trois cents livres, et à un emprisonnement qui ne pourra excéder quatre mois.

30. Ceux qui se rendraient coupables des délits mentionnés dans les six articles précédens seront saisis sur-le-champ et conduits devant le juge de paix.

Cinquième genre de Délits.

31. Tous dégâts commis dans les bois, toutes violations de clôtures, de murs, haies et fossés, quoique non suivis de vol, les larcins de fruits et de productions de terrain cultivé, autres que ceux mentionnés dans le Code pénal, seront punis ainsi qu'il sera dit à l'égard de la police rurale.

32. Les larcins, filouteries et simples vols, qui n'appartiennent ni à la police rurale ni au Code pénal, seront, outre les restitutions, dommages et intérêts, punis d'un emprisonnement qui ne pourra excéder deux ans. La peine sera double en cas de récidive.

33. Le vol de deniers ou d'effets mobiliers appartenant à l'État,

et dont la valeur sera au-dessous de dix livres, sera puni d'une amende du double de la valeur et d'un emprisonnement d'une année. La peine sera double en cas de récidive.

54. Les coupables des délits mentionnés aux trois précédens articles pourront être saisis sur-le-champ et conduits devant le juge de paix.

35. Ceux qui par dol ou à l'aide de faux noms ou de fausses entreprises, ou d'un crédit imaginaire, ou d'espérances et de craintes chimériques, auraient abusé de la crédulité de quelques personnes, et escroqué la totalité ou partie de leurs fortunes, seront poursuivis devant les tribunaux de district ; et si l'escroquerie est prouvée, le tribunal de district, après avoir prononcé les restitutions et dommages-intérêts, est autorisé à condamner, par voie de police correctionnelle, à une amende qui ne pourra excéder 5,000 livres, et à un emprisonnement qui ne pourra excéder deux ans. En cas d'appel, le condamné gardera prison, à moins que les juges ne trouvent convenable de le mettre en liberté sur une caution triple de l'amende et des dommages et intérêts prononcés. En cas de récidive, la peine sera double.

Tous les jugemens de condamnation à la suite des délits mentionnés au présent article seront imprimés et affichés.

36. Ceux qui tiendront des maisons de jeux de hasard où le public serait admis, soit librement, soit sur la présentation des affiliés, seront punis d'une amende de 1,000 à 3,000 livres, avec confiscation des fonds trouvés au jeu, et d'un emprisonnement qui ne pourra excéder un an. L'amende, en cas de récidive, sera de 5,000 à 10,000 livres, et l'emprisonnement ne pourra excéder deux ans, sans préjudice de la solidarité pour les amendes qui auraient été prononcées par la police municipale contre les propriétaires et principaux locataires dans le cas et aux termes de l'art. 7 du titre Ier du présent décret.

37. Ceux qui tiendront des maisons de jeux de hasard, s'ils sont pris en flagrant délit, pourront être saisis et conduits devant le juge de paix.

58. Toute personne convaincue d'avoir vendu des boissons falsifiées par des mixtions nuisibles sera condamnée à une amende qui ne pourra excéder 1,000 livres, et à un emprisonnement qui ne pourra excéder une année. Le jugement sera imprimé et affiché.

La peine sera double en cas de récidive.

39. Les marchands ou tous autres vendeurs, convaincus d'avoir trompé, soit sur le titre des matières d'or ou d'argent, soit sur la qualité d'une pierre fausse vendue pour fine, seront, outre la confiscation des marchandises en délit et la restitution envers l'acheteur, condamnés à une amende de 1,000 à 3,000 livres, et à un emprisonnement qui ne pourra excéder deux années. La peine sera double en cas de récidive.

Tout jugement de condamnation à la suite des délits mentionnés au présent article sera imprimé et affiché.

4° Ceux qui, condamnés une fois par la police municipale pour infidélités sur les poids et mesures, commettraient de nouveau le même délit, seront condamnés par la police correctionnelle à la confiscation des marchandises fausses, ainsi que des faux poids et mesures, lesquels seront brisés, à une amende qui ne pourra excéder 1,000 livres, et à un emprisonnement qui ne pourra excéder une année. Tout jugement à la suite des délits mentionnés au présent article sera imprimé et affiché; à la seconde récidive, ils seront poursuivis criminellement et condamnés aux peines portées au Code pénal.

41. Les dommages et intérêts, ainsi que la restitution et les amendes qui seront prononcées en matière de police correctionnelle, emporteront la contrainte par corps.

42. Les amendes de la police correctionnelle et municipale seront solidaires entre les complices : celles qui ont la contribution mobilière pour base seront exigées d'après la cote entière de cette contribution, sans déduction de ce qu'on aurait payé pour la contribution foncière.

Forme de procéder et composition des Tribunaux en matière de police correctionnelle.

43. Dans le cas où un prévenu surpris en flagrant délit serait amené devant le juge de paix, conformément aux dispositions ci-dessus, le juge, après l'avoir interrogé, après avoir entendu les témoins, s'il y a lieu, dressé procès-verbal sommaire, le renverra en liberté s'il le trouve innocent; le renverra à la police municipale, si l'affaire est de sa compétence; donnera le mandat d'arrêt, s'il est justement suspect d'un crime; enfin, s'il s'agit des délits ci-dessus mentionnés au présent titre depuis l'article 7, le fera retenir pour être jugé par le tribunal de la police correctionnelle, ou l'admettra sous caution de se présenter. La caution ne pourra être moindre de 3,000 livres, ni excéder 20,000 livres.

44. La poursuite de ces délits sera faite, soit par les citoyens lésés, soit par le procureur de la commune ou ses substituts, s'il y en a, soit par des hommes de loi commis à cet effet par la municipalité.

45. Sur la dénonciation des citoyens, ou du procureur de la commune ou de ses substituts, le juge de paix pourra donner un mandat d'amener, et, d'après les éclaircissemens nécessaires, prononcera selon qu'il est dit en l'article 43.

46. Dans les lieux où il n'y a qu'un juge de paix, le tribunal de police corrcetionnelle sera composé du juge de paix et de deux assesseurs : s'il n'y a que deux juges de paix, il sera composé de ces deux juges de paix et d'un assesseur.

47. Dans les villes où il y a trois juges de paix, le tribunal de police correctionnelle sera composé de ces trois juges; et en cas d'absence de l'un d'eux, il sera remplacé par un des assesseurs.

48. Dans les villes qui ont plus de trois juges de paix et moins de six, le tribunal sera de trois, qui siégeront de manière qu'il en sorte un chaque mois.

49. Dans les villes de plus de soixante mille âmes, le tribunal de police correctionnelle sera composé de six juges de paix, ou, à leur

défaut, d'assesseurs; ils serviront par tour, et pourront se diviser en deux chambres.

50. A Paris, il sera composé de neuf juges de paix, servant par tour : il tiendra une audience tous les jours, et pourra se diviser en trois chambres.

Durant le service des neuf juges de paix à ce tribunal, et pareillement durant la journée où les juges de paix de la ville de Paris seront occupés au service alternatif établi dans le lieu central par l'article 34 du titre Ier du présent décret, toutes les fonctions qui leur sont attribuées par la loi pourront être exercées dans l'étendue de leur section par les juges de paix des sections voisines, au choix des parties.

51. Le greffier du juge de paix servira auprès du tribunal de police correctionnelle, dans les lieux où ce tribunal sera tenu par le juge de paix et deux assesseurs.

52. Dans les villes où le tribunal de police correctionnelle sera composé de deux ou trois juges de paix, le corps municipal nommera un greffier.

53. Dans toutes les villes où le tribunal de police correctionnelle sera composé de plusieurs chambres, le greffier présentera autant de commis-greffiers qu'il y aura de chambres.

54. Les greffiers nommés par le corps municipal pour servir près le tribunal de police correctionnelle seront à vie : leur traitement sera de 1,000 liv. dans les lieux où le tribunal ne formera qu'une chambre ; de 1,800 liv. dans les lieux où il en formera deux, et de 3,000 liv. dans les lieux où il en formera trois. Le traitement des commis-greffiers sera, pour chacun, la moitié de celui du greffier.

55. Les huissiers des juges de paix qui seront de service feront celui de l'audience.

56. Les audiences de chaque tribunal seront publiques, et se tiendront dans le lieu qui sera choisi par la municipalité.

57. L'audience sera donnée sur chaque fait, trois jours au plus tard après le renvoi prononcé par le juge de paix.

58. L'instruction se fera à l'audience; le prévenu y sera interrogé ; les témoins pour et contre entendus en sa présence ; les reproches et défenses proposés ; les pièces lues, s'il y en a, et le jugement prononcé de suite, ou au plus tard à l'audience suivante.

59. Les témoins prêteront serment à l'audience. Le greffier tiendra note du nom, de l'âge, des qualités des témoins, ainsi que de leurs principales déclarations et des principaux moyens de défense. Les conclusions des parties et celles de la partie publique seront fixées par écrit, et les jugemens seront motivés.

60. Il ne sera fait aucune autre procédure, sans préjudice du droit qui appartient à chacun d'employer le ministère d'un défenseur officieux.

61. Les jugemens en matière de police correctionnelle pourront être attaqués par la voie de l'appel.

L'appel sera porté au tribunal de district ; il ne pourra être reçu après les quinze jours du jugement signifié à la personne du condamné, ou à son dernier domicile.

62. Le tribunal de district jugera en dernier ressort.

63. Le département de Paris n'aura qu'un tribunal d'appel, composé de six juges ou suppléans tirés des six tribunaux d'arrondissement; il pourra se diviser en deux chambres, qui jugeront au nombre de trois juges.

64. Les six premiers juges ou suppléans qui composeront le tribunal d'appel seront pris, par la voie du sort, dans les six tribunaux, les présidens exceptés : de mois en mois il en sortira deux, lesquels seront remplacés par deux autres, que choisiront les deux tribunaux de district auxquels les deux sortans appartiendront ; et ainsi de suite par ordre d'arrondissement.

65. L'audience du tribunal d'appel, ou des deux chambres dans lesquelles il sera divisé, sera ouverte tous les jours, si le nombre des affaires l'exige, sans que le tribunal puisse jamais vaquer.

66. Les six premiers juges qui composeront ce tribunal nommeront un greffier, lequel sera à vie, et présentera un commis-greffier pour chacune des deux chambres.

67. Les plus âgés présideront les deux chambres du tribunal d'appel ci-dessus; et il en sera de même dans toute l'étendue du royaume, pour ceux des tribunaux de première instance qui seront composés de deux ou trois juges de paix.

68. Dans toute l'étendue du royaume, l'instruction sur l'appel se fera à l'audience et dans la forme déterminée ci-dessus : les témoins, s'il est jugé nécessaire, y seront de nouveau entendus, et l'appelant, s'il succombe, sera condamné en l'amende ordinaire.

69. En cas d'appel des jugemens rendus par le tribunal de police correctionnelle, les conclusions seront données par le commissaire du roi. Dans la ville de Paris, il sera nommé par le roi un commissaire pour servir auprès du tribunal d'appel de police correctionnelle.

Application des Confiscations et Amendes.

70. Les produits des confiscations et des amendes prononcées en police correctionnelle seront perçus par le receveur du droit d'enregistrement, et, après la déduction de la remise accordée aux percepteurs, appliqués, savoir :

Un tiers aux menus frais de la municipalité et du tribunal de première instance, un tiers à ceux des bureaux de paix et jurisprudence charitable, et un tiers au soulagement des pauvres de la commune.

La justification de cet emploi sera faite au corps municipal et surveillée par le directoire des assemblées administratives.

71. Les peines prononcées au présent décret ne seront applicables qu'aux délits commis postérieurement à sa publication. J. F.

Extrait du décret pour l'exécution du Tarif des Droits d'entrée et de sortie dans les relations du royaume avec l'étranger.

Des 6 août (28 juillet, 2 et) — 22 août 1791.

7. Ceux qui seront trouvés par les préposés de la régie saisis de

marchandises naufragées, enlevées sans être porteur d'une permission, seront par eux arrêtés et conduits à la maison d'arrestation, et lesdits préposés remettront, dans le jour, leur procès-verbal au juge de paix le plus prochain, sans que les frais, en aucun cas, puissent être à la charge de la régie ; et seront lesdites marchandises remises dans un dépôt ou magasin, pour être statué sur la propriété de ceux qui les réclameront, et en être usé comme pour le surplus du chargement.

18. Le procès-verbal sera affirmé véritable devant le président du tribunal du district, ou, en son absence, devant l'un des autres juges du même tribunal, dans les vingt-quatre heures, à compter de celle à laquelle il aura été clos : pourront aussi les procès-verbaux être affirmés devant les juges de paix, et, à défaut, devant le maire ou l'un des officiers municipaux des villes, bourgs et communautés, à l'ordre de la nomination. Il est enjoint auxdits juges, maires et officiers municipaux, de recevoir les affirmations à l'instant et au lieu où les procès-verbaux leur seront présentés, à peine de répondre, en leur propre et privé nom des condamnations qui pourraient en résulter, sur le procès-verbal de refus qui sera rédigé par les préposés.

19. Avant de recevoir l'affirmation, le juge ou l'officier donnera lecture du procès-verbal aux préposés de la régie ; il signera avec eux l'acte d'affirmation, qui sera inscrit à la suite du procès-verbal.

20. Lorsque les saisies seront faites par les gardes nationales, troupes de ligne ou gendarmerie nationale, sans le concours des préposés de la régie, les marchandises seront transportées au plus prochain bureau, où il en sera fait description par les préposés dudit bureau ; et ceux qui auront procédé à la saisie se rendront devant l'un des juges du tribunal du district, avec la partie saisie, ou elle interpellée : ils demanderont audit juge acte de leur rapport, qui sera rédigé par lui ou par le greffier du tribunal, et ensuite affirmé par les saisissans. A défaut de tribunal de district dans le lieu, le rapport et l'affirmation se feront devant le juge de paix, ou, à défaut, devant l'un des officiers municipaux dudit lieu, à l'ordre de la nomination.

27. Lesdits registres seront reliés, les feuillets, par premier et dernier, cotés et paraphés sans frais par l'un des juges du district ou par le juge de paix.

28. Les receveurs principaux des droits seront en outre tenus d'avoir un registre-journal, sur lequel ils porteront de suite et sans aucune transposition, surcharge ni rature, toutes les parties tant de recettes que de dépenses qu'ils feront. Ledit registre-journal, pareillement relié, sera coté et paraphé par premier et dernier feuillet, par l'un des juges du tribunal du district, ou par le juge de paix, et par le directeur de l'arrondissement. J. F.

Décret relatif à la Police de la Navigation et des Ports de commerce.

Du 9 — 13 août 1791.

TITRE Ier.

De la Compétence des Affaires maritimes.

Art. 1er. Les tribunaux de commerce connaîtront, dans l'étendue de leurs districts respectifs ou dans l'arrondissement prescrit, de toutes affaires de commerce de terre et de mer, en matière civile seulement, sous les modifications ci-après, et sans y comprendre, quant à présent, la compétence pour les prises.

2. Dans tous les cantons où ne sera pas situé le tribunal de commerce, les juges de paix connaîtront sans appel des demandes de salaires d'ouvriers et gens de mer, de la remise des marchandises, et de l'exécution des actes de voiture, des contrats d'affrètement et autres objets de commerce, pourvu que la demande n'excède pas leur compétence.

3. Les juges de paix du canton, le maire ou le premier officier municipal du lieu, et le syndic des gens de mer, seront tenus de se rendre au premier avertissement de quelque échouement, bris ou naufrage, pour procurer les secours nécessaires.

4. Les ordres seront donnés par le juge de paix dès qu'il sera présent; à son défaut, par l'officier municipal; et à leur défaut, par le syndic des gens de mer.

5. Dans tous les cas de bris et naufrage, il en sera donné avis de suite au chef des classes le plus prochain, et au juge de paix du canton, qui, avec le greffier du tribunal de paix, seront tenus de se transporter sur les lieux, et d'y pourvoir au sauvement des navires et effets, dont ils rapporteront état et procès-verbal.

6. Le juge de paix pourra faire vendre de suite, sur la réquisition du chef des classes, les effets qui ne seront pas susceptibles d'être conservés; et s'il ne se présente point de réclamations dans le mois, il procédera, en présence du même chef, à la vente des marchandises les plus périssables; et sur les deniers en provenant, seront payés les salaires des ouvriers, suivant le règlement qu'il en aura fait provisoirement et sans frais.

7. En cas de contestation ou refus d'exécuter ce règlement, de la part de quelqu'une des parties intéressées, il sera porté, pour servir d'instruction seulement, au tribunal de commerce, qui procédera de nouveau au règlement contesté.

8. Les règlemens d'avarie et les autres demandes et actions civiles des intéressés au navire et marchandises, seront de la compétence du tribunal de commerce : le juge de paix pourra cependant ordonner que la remise des effets sauvés soit faite aux réclamans, après l'examen des preuves de leur propriété, et avec le consentement du chef des classes; à défaut de ce consentement, il renverra au tribunal de commerce la demande en réclamation.

9. Dans le cas de bris et naufrage des bâtimens espagnols, les juges

de paix se retireront à la première réquisition des consuls d'Espagne, auxquels ils abandonneront les soins du sauvetage, en conformité des traités.

10. S'il se commet des vols, pillages ou autres délits, le juge de paix y pourvoira provisoirement; il en rapportera procès-verbal, qu'il adressera au tribunal de district, sur lequel le commissaire du roi et l'accusateur public seront tenus de faire poursuivre les coupables.

11. Lorsque des cadavres seront trouvés, soit dans les ports, soit sur les rivages, il en sera donné avis au juge de paix du lieu, qui fera les diligences et poursuites nécessaires. J. F.

Décret interprétatif de celui du 3 août 1790, relatif aux Pensions.

Du 18 — 22 août 1791, n°

2. La disposition de l'article 11 du même titre de la loi du 3 août 1790, qui porte qu'il ne pourra être accordé de pensions à ceux qui jouissent d'appointemens, gages ou honoraires, ne s'applique pas aux juges de paix ni aux membres des corps administratifs, lesquels jouiront des pensions qu'ils auront méritées, quoiqu'ils reçoivent l'indemnité attribuée à leurs fonctions.

Décret sur l'Administration forestière.

Des 15 (20 août, 2, 3, 4, et) — 29 septembre 1791,

7. Les gardes champêtres signeront leurs procès-verbaux, et les affirmeront dans les vingt-quatre heures, par-devant le juge de paix du canton de leur domicile, et à son défaut par-devant l'un de ses assesseurs. J. F.

Décret concernant la Police de sûreté, la Justice criminelle et l'établissement des Jurés.

Du 16 — 29 septembre 1791.

L'assemblée nationale décrète ce qui suit :

DE LA POLICE DE SURETÉ.

TITRE Ier.

De l'Institution des Officiers de police de sûreté.

Art. 1er. Le juge de paix de chaque canton sera chargé des fonctions de la police de sûreté, ainsi qu'elles seront ci-après détaillées.

2. Il y aura de plus un ou plusieurs fonctionnaires publics chargés d'exercer, concurremment avec les juges de paix des divers cantons, les fonctions de la police de sûreté.

3. Cette concurrence sera exercée par les capitaines et lieutenant de la gendarmerie nationale, sous l'exception portée en l'article 14 du titre V; néanmoins, dans les villes où il y a plus d'un juge de paix établi, les officiers de gendarmerie ne pourront remplir les

fonctions d'officiers de police, mais seulement celles qui sont attribuées à la gendarmerie par l'article 1er de la seconde section du décret du 16 janvier 1791.

4. Les officiers de police auront le droit de faire agir la force publique pour l'exécution de leurs mandats.

TITRE II.

Du Mandat d'amener et du Mandat d'arrêt.

Art. 1er. L'ordre d'un officier de police de sûreté pour faire comparaître les prévenus de crime ou délit s'appellera *mandat d'amener*.

2. Le *mandat d'amener* sera signé de l'officier de police, et scellé de son sceau : le prévenu y sera nommé ou désigné le plus clairement qu'il sera possible ; il sera exécutoire par tout le royaume, et copie en sera laissée à celui qui est désigné dans le mandat, etc., etc.

TITRE XII.

6. S'il est nécessaire de déplacer une pièce authentique, il en sera donné une copie collationnée, laquelle sera signée par le juge de paix du lieu.

TITRE XIV.

3. Quiconque aura connaissance qu'un homme est détenu illégalement dans un lieu, est tenu d'en donner avis à un des officiers municipaux, ou au juge de paix du canton ; il pourra aussi en faire sa déclaration, signée de lui, au greffe de la municipalité ou du juge de paix. J. F.

Extrait du Décret relatif à l'Établissement de commissaires de Police dans les différentes villes du Royaume où ils seront jugés nécessaires.

Du 21.—26 septembre 1791.

Art. 1er. Il sera établi par le corps législatif des commissaires de police dans toutes les villes du royaume où on les jugera nécessaires, d'après l'avis de l'administration du département.

2. Ces commissaires veilleront au maintien et à l'exécution des lois de police municipale et correctionnelle, et ils pourront dresser les procès-verbaux en matière criminelle, conformément à ce qui sera dit ci-après. Les municipalités détermineront, selon les localités, et avec l'autorisation de l'administration du département, sur l'avis de celle du district, le détail des fonctions qui pourront leur être attribuées dans l'ordre des pouvoirs propres ou délégués aux corps municipaux.

5. Les commissaires de police, lorsqu'ils en auront été requis, ou même d'office lorsqu'ils seront informés du délit, seront tenus de dresser les procès-verbaux tendant à constater le flagrant délit ou le corps de délit, encore qu'il n'y ait point eu de plainte rendue.

6. Ils pourront aussi être commis, soit en matière de police municipale, par les municipalités, soit en conséquence d'une plainte, par les officiers de police de sûreté, ou par les juges, pour dresser les procès-verbaux qui seront jugés nécessaires.

7. En cas d'effraction, assassinat, incendie, blessures ou autres délits laissant des traces après eux, les commissaires de police feront tenus de dresser les procès-verbaux du corps du délit en présence des personnes saisies, lesquelles seront ensuite conduites chez le juge de paix, sans néanmoins que les commissaires de police puissent procéder aux informations.

8. Tous les commissaires de police pourront dresser des procès-verbaux lors de l'étendue de leur territoire, pourvu que ce soit dans le territoire de la municipalité.

9. Dans le cas où il y aura procès-verbal dressé par les commissaires de police, ils en tiendront note sommaire sur un registre coté et paraphé par un des officiers municipaux. Ils transmettront au juge de paix la minute même du procès-verbal, avec les objets volés, les pièces de conviction et la personne saisie. Les greffiers des juges de paix donneront décharge du procès-verbal et des pièces.   J. F.

Décret relatif aux Citations faites devant les Bureaux de conciliation de la ville de Paris.

Du 21 septembre 1791—8 novembre 1791.

L'assemblée nationale décrète que les citations devant les bureaux de conciliation de la ville de Paris ne pourront, à peine de nullité, être faites que par les huissiers attachés aux juges de paix établis dans cette ville.   J. F.

Décret concernant les Biens et Usages ruraux de la Police rurale.

Du 28 septembre —6 octobre 1791.

TITRE Ier.

Des Biens et Usages ruraux.

SECTION Ire.

Des principes généraux sur la propriété territoriale.

Art. 1er. Le territoire de la France, dans toute son étendue, est libre comme les personnes qui l'habitent : ainsi toute propriété territoriale ne peut être sujette envers les particuliers qu'aux redevances et aux charges dont la convention n'est pas défendue par la loi ; et envers la nation, qu'aux contributions publiques établies par le corps législatif, et aux sacrifices que peut exiger le bien général, sous la condition d'une juste et préalable indemnité.

2. Les propriétaires sont libres de varier à leur gré la culture et

l'exploitation de leurs terres, de conserver à leur gré leurs récoltes, et de disposer de toutes les productions de leur propriété dans l'intérieur du royaume et au dehors, sans préjudicier au droit d'autrui et en se conformant aux lois.

3. Tout propriétaire peut obliger son voisin au bornage de leurs propriétés contiguës, à moitié frais.

4. Nul ne peut se prétendre propriétaire exclusif des eaux d'un fleuve ou d'une rivière navigable ou flottable ; en conséquence, tout propriétaire riverain peut, en vertu du droit commun, y faire des prises d'eau, sans néanmoins en détourner ni embarrasser le cours d'une manière nuisible au bien général et à la navigation établie.

SECTION II.

Des Baux des Biens de campagne.

Art. 1er. La durée et les clauses des baux des biens de campagne seront purement conventionnelles.

2. Dans un bail de six années et au-dessous, fait après la publication du présent décret, quand il n'y aura pas de clause sur le droit du nouvel acquéreur à titre singulier, la résiliation du bail, en cas de vente du fonds, n'aura lieu que de gré à gré.

3. Quand il n'y aura pas de clause sur ce droit dans les baux de plus de six années, en cas de vente du fonds, le nouvel acquéreur à titre singulier pourra exiger la résiliation, sous la condition de cultiver lui-même sa propriété ; mais en signifiant le congé au fermier au moins un an à l'avance, pour qu'il sorte à pareil mois et jour que ceux auxquels le bail aurait fini, et en dédommageant au préalable ce fermier, à dire d'experts, des avantages qu'il aurait retirés de son exploitation ou culture continuée jusqu'à la fin de son bail, d'après le prix de la ferme, et d'après les avances et les améliorations qu'il aura faites à l'époque de la résiliation.

4. La tacite reconduction n'aura plus lieu à l'avenir en bail à ferme ou à loyer des biens ruraux.

5. A l'avenir il ne sera payé aucun droit de quint, treizième, lods et ventes, et autres précédemment connus sous le titre de droits de vente, à raison des baux à ferme ou à loyer faits pour un temps certain et limité, encore qu'ils excèdent le terme de neuf années, soit que le bail soit fait moyennant une redevance annuelle, soit pour une somme une fois payée, nonobstant toutes lois, coutumes, statuts ou jurisprudence à ce contraires ; sans préjudice de l'exécution des lois, coutumes ou statuts qui assujettissent les baux à vie et les aliénations d'usufruits à des droits de vente ou autres droits seigneuriaux.

SECTION III.

De diverses Propriétés rurales.

Art. 1er. Nul agent de l'agriculture, employé avec des bestiaux au labourage, ou à quelque travail que ce soit, occupé à la garde des troupeaux, ne pourra être arrêté, sinon pour crime, avant qu'il ait été pourvu à la sûreté desdits animaux: et en cas de poursuite criminelle, il y sera également pourvu immédiatement après l'arrestation, et sous la responsabilité de ceux qui l'auront exercée.

2. Aucun engrais ni ustensile, ni autre meuble utile à l'exploitation des terres, et aucuns bestiaux servant au labourage, ne pourront être saisis ni vendus pour contributions publiques, et ils ne pourront l'être pour aucune cause de dettes, si ce n'est au profit de la personne qui aura fourni lesdits effets ou bestiaux, ou pour l'acquittement de la créance du propriétaire envers son fermier; et ce seront toujours les derniers objets saisis, en cas d'insuffisance d'autres objets mobiliers.

3. La même règle aura lieu pour les ruches; et pour aucune raison il ne sera permis de troubler les abeilles dans leurs courses et leurs travaux; en conséquence, même en cas de saisie légitime, une ruche ne pourra être déplacée que dans les mois de décembre, janvier et février.

4. Les vers à soie sont de même insaisissables pendant leur travail, ainsi que la feuille de mûrier qui leur est nécessaire pendant leur éducation.

5. Le propriétaire d'un essaim a le droit de le réclamer et de s'en ressaisir, tant qu'il n'a point cessé de le suivre; autrement l'essaim appartient au propriétaire du terrain sur lequel il s'est fixé.

SECTION IV.

Des Troupeaux, des Clôtures, du Parcours et de la vaine Pâture.

Art. 1er. Tout propriétaire est libre d'avoir chez lui telle quantité et telle espèce de troupeaux qu'il croit utiles à la culture et à l'exploitation de ses terres, et de les y faire pâturer exclusivement, sauf ce qui sera réglé ci-après relativement au parcours et à la vaine pâture.

2. La servitude réciproque de paroisse à paroisse, connue sous le nom de *parcours*, et qui entraîne avec elle le droit de vaine pâture, continuera provisoirement d'avoir lieu avec les restrictions déterminées à la présente section, lorsque cette servitude sera fondée sur un titre ou sur une possession autorisée par les lois et les coutumes : à tous autres égards, elle est abolie.

3. Le droit de vaine pâture dans une paroisse, accompagné ou non de la servitude du parcours, ne pourra exister que dans les lieux où il est fondé sur un titre particulier, ou autorisé par la loi ou par un usage local immémorial, et à la charge que la vaine pâture n'y sera exercée que conformément aux règles et usages locaux qui ne contrarieront point les réserves portées dans les articles suivans de la présente section.

4. Le droit de clorre et de déclorre ses héritages résulte essentiellement de celui de propriété, et ne peut être contesté à aucun propriétaire. L'assemblée nationale abroge toutes lois et coutumes qui peuvent contrarier ce droit.

5. Le droit de parcours et le droit simple de vaine pâture ne pourront, en aucun cas, empêcher les propriétaires de clorre leurs héritages; et tout le temps qu'un héritage sera clos de la manière qui sera déterminée par l'article suivant, il ne pourra être assujetti ni à l'un ni à l'autre droit ci-dessus.

6. L'héritage sera réputé clos, lorsqu'il sera entouré d'un mur de quatre pieds de hauteur avec barrière ou porte, ou lorsqu'il sera exactement fermé et entouré de palissades ou de treillages, ou d'une haie vive, ou d'une haie sèche, faite avec des pieux ou cordelée avec des branches, ou de toute autre manière de faire les haies en usage dans chaque localité, ou enfin d'un fossé de quatre pieds de large au moins à l'ouverture, et de deux pieds de profondeur.

7. La clôture affranchira de même du droit de vaine pâture réciproque ou non réciproque entre particuliers, si ce droit n'est pas fondé sur un titre. Toutes lois et tous usages contraires sont abolis.

8. Entre particuliers, tout droit de vaine pâture fondé sur un titre, même dans les bois, sera rachetable à dire d'experts, suivant l'avantage que pourrait en retirer celui qui avait ce droit s'il n'était pas réciproque, ou eu égard au désavantage qu'un des propriétaires aurait à perdre la réciprocité si elle existait; le tout sans préjudice au droit de cantonnement, tant pour les particuliers que pour les communautés, confirmé par l'article 8 du décret des 17, 19 et 20 septembre 1790.

9. Dans aucun cas et dans aucun temps, le droit de parcours, ni celui de vaine pâture, ne pourront s'exercer sur les prairies artificielles, et ne pourront avoir lieu sur aucune terre ensemencée ou couverte de quelques productions que ce soit, qu'après la récolte.

10. Partout où les prairies naturelles sont sujettes au parcours ou à la vaine pâture, ils n'auront lieu provisoirement que dans le temps autorisé par les lois et coutumes, et jamais tant que la première herbe ne sera pas récoltée.

11. Le droit dont jouit tout propriétaire de clorre ses héritages a lieu, même par rapport aux prairies, dans les paroisses où, sans titre de propriété et seulement par l'usage, elles deviennent communes à tous les habitans, soit immédiatement après la récolte de la première herbe, soit dans tout autre temps déterminé.

12. Dans les pays de parcours ou de vaine pâture soumis à l'usage du troupeau en commun, tout propriétaire ou fermier pourra renoncer à cette communauté, et faire garder, par troupeau séparé, un nombre de têtes de bétail proportionné à l'étendue des terres qu'il exploitera dans la paroisse.

13. La quantité de bétail, proportionnellement à l'étendue du terrain, sera fixée dans chaque paroisse à tant de bêtes par arpent, d'après les règlemens et usages locaux; et à défaut de documens positifs à cet égard, il y sera pourvu par le conseil général de la commune.

14. Néanmoins, tout chef de famille domicilié qui ne sera ni propriétaire, ni fermier d'aucun des terrains sujets au parcours ou à la vaine pâture, et le propriétaire ou fermier à qui la modicité de son exploitation n'assurerait pas l'avantage qui va être déterminé, pourront mettre sur lesdits terrains, soit par troupeau séparé, soit en

troupeau commun, jusqu'au nombre de six bêtes à laine, et d'une vache avec son veau, sans préjudicier aux droits desdites personnes sur les terres communales, s'il y en a dans la paroisse, et sans entendre rien innover aux lois, coutumes ou usages locaux et de temps immémorial, qui leur accorderaient un plus grand avantage.

15. Les propriétaires ou fermiers exploitant des terres sur les paroisses sujettes au parcours ou à la vaine pâture, et dans lesquelles ils ne seraient pas domiciliés, auront le même droit de mettre dans le troupeau commun, ou de faire garder par troupeau séparé, une quantité de têtes de bétail proportionnée à l'étendue de leur exploitation, et suivant les dispositions de l'art. 12 de la présente section ; mais, dans aucun cas, ces propriétaires ou fermiers ne pourront céder leurs droits à d'autres.

16. Quand un propriétaire d'un pays de parcours ou de vaine pâture aura clos une partie de sa propriété, le nombre de têtes de bétail qu'il pourra continuer d'envoyer dans le troupeau commun, ou par troupeau séparé, sur les terres particulières des habitans de la communauté, sera restreint proportionnellement et suivant les dispositions de l'art. 13 de la présente section.

17. La commune dont le droit de parcours sur une paroisse voisine sera restreint par des clôtures faites de la manière déterminée à l'art. 6 de cette section ne pourra prétendre à cet égard à aucune espèce d'indemnité, même dans le cas où son droit serait fondé sur un titre ; mais cette communauté aura le droit de renoncer à la faculté réciproque qui résultait de celui de parcours entre elle et la paroisse voisine : ce qui aura également lieu si le droit de parcours s'exerçait sur la propriété d'un particulier.

18. Par la nouvelle division du royaume, si quelques sections de paroisse se trouvent réunies à des paroisses soumises à des usages différens des leurs, soit relativement au parcours ou à la vaine pâture, soit relativement au troupeau en commun, la plus petite partie dans la réunion suivra la loi de la plus grande, et les corps administratifs décideront des contestations qui naîtraient à ce sujet. Cependant, si une propriété n'était point enclavée dans les autres, et qu'elle ne gênât point le droit provisoire de parcours ou de vaine pâture auquel elle n'était point soumise, elle serait exceptée de cette règle.

19. Aussitôt qu'un propriétaire aura un troupeau malade, il sera tenu d'en faire la déclaration à la municipalité : elle assignera sur le terrain du parcours ou de la vaine pâture, si l'un ou l'autre existe dans la paroisse, un espace où le troupeau malade pourra pâturer exclusivement, et le chemin qu'il devra suivre pour se rendre au pâturage. Si ce n'est point un pays de parcours ou de vaine pâture, le propriétaire sera tenu de ne point faire sortir de ses héritages son troupeau malade.

20. Les corps administratifs emploieront constamment les moyens de protection et d'encouragement qui sont en leur pouvoir pour la multiplication des chevaux, des troupeaux, et de tous bestiaux de race étrangère qui seront utiles à l'amélioration de nos espèces, et pour le soutien de tous les établissemens de ce genre.

Ils encourageront les habitans des campagnes par des récom-

penses, et suivant les localités, à la destruction des animaux malfaisans qui peuvent ravager les troupeaux, ainsi qu'à la destruction
des animaux et des insectes qui peuvent nuire aux récoltes.

Ils emploieront particulièrement tous les moyens de prévenir et
d'arrêter les épizooties et la contagion de la morve des chevaux.

SECTION V.

Des Récoltes.

Art. 1er. La municipalité pourvoiera à faire serrer la récolte d'un
cultivateur absent, infirme, ou accidentellement hors d'état de la
faire lui-même, et qui réclamera ce secours ; elle aura soin que cet
acte de fraternité et de protection de la loi soit exécuté aux moindres
frais. Les ouvriers seront payés sur la récolte de ce cultivateur.

Chaque propriétaire sera libre de faire sa récolte, de quelque
nature qu'elle soit, avec tout instrument et au moment qui lui con-
viendra, pourvu qu'il ne cause aucun dommage aux propriétaires
voisins.

Cependant, dans les pays où le ban des vendanges est en usage,
il pourra être fait à cet égard un règlement chaque année par le
conseil général de la commune, mais seulement pour les vignes
non closes. Les réclamations qui pourraient être faites contre le
règlement seront portées au directoire du département, qui y statuera sur l'avis du directoire de district.

2. Nulle autorité ne pourra suspendre ou intervertir les travaux
de la campagne dans les opérations de la semence et des récoltes.

SECTION VI.

Des Chemins.

Art. 1er. Les agens de l'administration ne pourront fouiller dans
un champ pour y chercher des pierres, de la terre ou du sable,
nécessaires à l'entretien des grandes routes ou autres ouvrages publics, qu'au préalable ils n'aient averti le propriétaire, et qu'il ne
soit justement indemnisé à l'amiable ou à dire d'experts, conformément à l'art. 1er du présent décret.

2. Les chemins reconnus par le directoire de district pour être
nécessaires à la communication des paroisses seront rendus prati-
cables et entretenus aux dépens des communautés sur le territoire
desquelles ils sont établis ; il pourra y avoir, à cet effet, une imposition au marc la livre de la contribution foncière.

3. Sur la réclamation d'une des communautés, ou sur celle des
particuliers, le directoire de département, après avoir pris l'avis de
celui du district, ordonnera l'amélioration d'un mauvais chemin,
afin que la communication ne soit interrompue dans aucune saison,
et il en déterminera la largeur.

SECTION VI.

Des Gardes-Champêtres.

Art. 1er. Pour assurer les propriétés et conserver les récoltes, il pourra être établi des gardes-champêtres dans les municipalités, sous la juridiction des juges de paix, et sous la surveillance des officiers municipaux. Ils seront nommés par le conseil-général de la commune, et ne pourront être changés ou destitués que dans la même forme.

2. Plusieurs municipalités pourront choisir et payer le même garde-champêtre, et une municipalité pourra en avoir plusieurs. Dans les municipalités où il y a des gardes établis pour la conservation des bois, ils pourront remplir les deux fonctions.

3. Les gardes champêtres seront payés par la communauté ou les communautés, suivant le prix déterminé par le conseil général; les gages seront prélevés sur les amendes qui appartiendront en entier à la communauté. Dans le cas où elles ne suffiraient pas au salaire des gardes, la somme qui manquerait serait répartie au marc la livre de la contribution foncière, mais serait à la charge de l'exploitant : toutefois les gages des gardes des bois communaux seront prélevés sur le produit de ces bois, et séparés des gages de ceux qui concernent les autres propriétés rurales.

4. Dans l'exercice de leurs fonctions, les gardes champêtres pourront porter toutes sortes d'armes qui seront jugées leur être nécessaires par le directoire du département. Ils auront sur le bras une plaque de métal ou d'étoffe, où seront inscrits ces mots, LA LOI, le nom de la municipalité, celui du garde.

5. Les gardes champêtres seront âgés au moins de vingt-cinq ans; ils seront reconnus pour gens de bonnes mœurs, et ils seront reçus par le juge de paix; il leur fera prêter le serment de veiller à la conservation de toutes les propriétés qui sont sous la foi publique, et de toutes celles dont la garde leur aura été confiée par l'acte de leur nomination.

6. Ils feront, affirmeront et déposeront leurs rapports devant le juge de paix de leur canton, ou l'un de ses assesseurs, ou feront devant l'un ou l'autre leurs déclarations. Leurs rapports ainsi que leurs déclarations, lorsqu'ils ne donneront lieu qu'à des réclamations pécuniaires, feront foi en justice pour tous les délits mentionnés dans la police rurale, sauf la preuve contraire.

7. Ils seront responsables des dommages, dans le cas où ils négligeront de faire dans les vingt-quatre heures les rapports des délits.

8. La poursuite des délits ruraux sera faite au plus tard dans le délai d'un mois, soit par les parties lésées, soit par le procureur de la commune ou ses substituts, s'il y en a, soit par des hommes de loi commis à cet effet par la municipalité, faute de quoi il n'y aura plus lieu à la poursuite. J. F.

TITRE II.

De la Police rurale.

Art. 1er. La police des campagnes est spécialement sous la juridiction des juges de paix et des officiers municipaux, et sous la surveillance des gardes champêtres et de la gendarmerie nationale.

2. Tous les délits ci-après mentionnés sont, suivant leur nature, de la compétence du juge de paix ou de la municipalité du lieu où ils auront été commis.

3. Tout délit rural ci-après mentionné sera punissable d'une amende ou d'une détention, soit municipale, soit correctionnelle, ou de détention et d'amendes réunies, suivant les circonstances et la gravité du délit, sans préjudice de l'indemnité qui pourra être due à celui qui aura souffert le dommage. Dans tous les cas, cette indemnité sera payable par préférence à l'amende. L'indemnité et l'amende sont dues solidairement par les délinquans.

4. Les moindres amendes seront de la valeur d'une journée de travail, au taux du pays, déterminée par le directoire de département. Toutes les amendes ordinaires, qui n'excéderont pas la somme de trois journées de travail, seront doubles en cas de récidive dans l'espace d'une année, ou si le délit a été commis avant le lever ou après le coucher du soleil; elles seront triples quand les deux circonstances précédentes se trouveront réunies; elles seront versées dans la caisse de la municipalité du lieu.

5. Le défaut de paiement des amendes et des dédommagemens ou indemnités n'entraînera la contrainte par corps que vingt-quatre heures après le commandement. La détention remplacera l'amende à l'égard des insolvables; mais sa durée en commutation de peine ne pourra excéder un mois. Dans les délits pour lesquels cette peine n'est point prononcée, et dans les cas graves où la détention est jointe à l'amende, elle pourra être prolongée du quart du temps prescrit par la loi.

6. Les délits mentionnés au présent décret, qui entraîneraient une détention de plus de trois jours dans les campagnes, et de plus de huit jours dans les villes, seront jugés par voie de police correctionnelle; les autres le seront par voie de police municipale.

7. Les maris, pères, mères, tuteurs, maîtres, entrepreneurs de toute espèce, seront civilement responsables des délits commis par leurs femmes et enfans, pupilles, mineurs n'ayant pas plus de vingt ans et non mariés, domestiques, ouvriers, voituriers et autres subordonnés. L'estimation du dommage sera toujours faite par le juge de paix ou ses assesseurs, ou par des experts par eux nommés.

8. Les domestiques, ouvriers, voituriers, ou autres subordonnés, seront à leur tour responsables de leurs délits envers ceux qui les emploient.

9. Les officiers municipaux veilleront généralement à la tranquillité, à la salubrité et à la sûreté des campagnes; ils seront tenus particulièrement de faire, au moins une fois par an, la visite des fours et cheminées de toutes maisons et de tous bâtimens éloignés de moins de cent toises d'autres habitations: ces visites seront préalablement annoncées huit jours d'avance.

Après la visite, ils ordonneront la réparation ou la démolition des fours et cheminées qui se trouveront dans un état de délabrement qui pourrait occasioner un incendie ou d'autres accidens; il pourra y avoir lieu à une amende au moins de six livres, et au plus de 24 livres.

10. Toute personne qui aura allumé du feu dans les champs

plus près que cinquante toises des maisons, bois, bruyères, vergers, haies, meules de grains, de paille ou de foin, sera condamné à une amende égale à la valeur de douze journées de travail, et paiera en outre le dommage que le feu aura occasioné. Le délinquant pourra de plus, suivant les circonstances, être condamné à la détention de la police municipale.

11. Celui qui achetera des bestiaux hors des foires et marchés sera tenu de les restituer gratuitement au propriétaire, en l'état où ils se trouveront, dans le cas où ils auraient été volés.

12. Les dégâts que les bestiaux de toute espèce laissés à l'abandon feront sur les propriétés d'autrui, soit dans l'enceinte des habitations, soit dant un enclos rural, soit dans les champs ouverts, seront payés par les personnes qui ont la jouissance des bestiaux : si elles sont insolvables, ces dégâts seront payés par celles qui en ont la propriété. Le propriétaire qui éprouvera les dommages aura le droit de saisir les bestiaux, sous l'obligation de les faire conduire, dans les vingt-quatre heures, au lieu du dépôt qui sera désigné à cet effet par la municipalité.

Il sera satisfait aux dégâts par la vente des bestiaux, s'ils ne sont pas réclamés, ou si le dommage n'a point été payé dans la huitaine du jour du délit.

Si ce sont des volailles, de quelque espèce que ce soit, qui causent le dommage, le propriétaire, le détenteur ou le fermier qui l'éprouvera, pourra les tuer, mais seulement sur le lieu, au moment du dégât.

13. Les bestiaux morts seront enfouis dans la journée, à quatre pieds de profondeur, par le propriétraire, et dans son terrain, ou voiturés à l'endroit désigné par la municipalité, pour y être également enfouis, sous peine par le délinquant de payer une amende de la valeur d'une journée de travail, et les frais de transport et d'enfouissement.

14. Ceux qui détruiront les greffes des arbres fruitiers ou autres, et ceux qui écorceront ou couperont en tout ou en partie des arbres sur pied qui ne leur appartiendront pas, seront condamnés à une amende double du dédommagement dû au propriétaire, et à une détention de police correctionnelle qui ne pourra excéder six mois.

15. Personne ne pourra inonder l'héritage de son voisin, ni lui transmettre volontairement les eaux d'une manière nuisible, sous peine de payer le dommage et une amende qui ne pourra excéder la somme du dédommagement.

16. Les propriétaires ou fermiers des moulins et usines construits ou à construire seront garans de tous dommages que les eaux pourraient causer aux chemins ou aux propriétés voisines, par la trop grande élévation du déversoir, ou autrement. Ils seront forcés de tenir les eaux à une hauteur qui ne nuise à personne, et qui sera fixée par le directoire du département, d'après l'avis du directoire de district. En cas de contravention, la peine sera une amende qui ne pourra excéder la somme du dédommagement.

17. Il est défendu à toute personne de recombler les fossés, de dégrader les clôtures, de couper des branches de haies vives, d'en-

lever des bois secs des haies, sous peine d'une amende de la valeur de trois journées de travail. Le dédommagement sera payé au propriétaire; et, suivant la gravité des circonstances, la détention pourra avoir lieu, mais au plus pour un mois.

18. Dans les lieux qui ne sont sujets ni aux parcours, ni à la vaine pâture, pour toute chèvre qui sera trouvée sur l'héritage d'autrui, contre le gré du propriétaire de l'héritage, il sera payé une amende de la valeur d'une journée de travail par le propriétaire de la chèvre.

Dans les pays de parcours ou de vaine pâture, où les chèvres ne sont pas rassemblées et conduites en troupeau commun, celui qui aura des animaux de cette espèce ne pourra les mener aux champs qu'attachées, sous peine d'une amende de la valeur d'une journée de travail par tête d'animal.

En quelque circonstance que ce soit, lorsqu'elles auront fait du dommage aux arbres fruitiers ou autres, haies, vignes, jardins, l'amende sera double, sans préjudice du dédommagement dû au propriétaire.

19. Les propriétaires ou les fermiers d'un même canton ne pourront se coaliser pour faire baisser ou fixer à vil prix la journée des ouvriers ou les gages des domestiques, sous peine d'une amende du quart de la contribution mobilière des délinquans, et même de la détention de police municipale, s'il y a lieu.

20. Les moissonneurs, domestiques et ouvriers de la campagne, ne pourront se liguer entre eux pour faire hausser et déterminer le prix des gages ou les salaires, sous peine d'une amende qui ne pourra excéder la valeur de douze journées de travail, et en outre de la détention de police municipale.

21. Les glaneurs, les râteleurs et les grapilleurs, dans les lieux où les usages de glaner, de râteler ou de grapiller sont reçus, n'entreront dans les champs, prés et vignes récoltés et ouverts, qu'après l'enlèvement entier des fruits. En cas de contravention, les produits du glanage, du râtelage et du grapillage seront confisqués, et, suivant les circonstances, il pourra y avoir lieu à la détention de police municipale. Le glanage, le râtelage et le grapillage sont interdits dans tout enclos rural, tel qu'il est défini à l'article 6 de la section IV du titre Ier du présent décret.

22. Dans les lieux de parcours ou de vaine pâture, comme dans ceux où ces usages ne sont point établis, les pâtres et les bergers ne pourront mener les troupeaux d'aucune espèce dans les champs moissonnés et ouverts, que deux jours après la récolte entière, sous peine d'une amende de la valeur d'une journée de travail : l'amende sera double, si les bestiaux d'autrui ont pénétré dans un enclos rural.

23. Un troupeau atteint de maladie contagieuse, qui sera rencontré au pâturage sur les terres du parcours ou de la vaine pâture, autres que celles qui auront été désignées pour lui seul, pourra être saisi par les gardes champêtres, et même par toute autre personne; il sera ensuite mené au lieu du dépôt qui sera indiqué à cet effet par la municipalité.

Le maître de ce troupeau sera condamné à une amende de la valeur d'une journée de travail par tête de bête à laine, et à une amende triple par tête d'autre bétail.

Il pourra en outre, suivant la gravité des circonstances, être responsable du dommage que son troupeau aurait occasioné, sans que cette responsabilité puisse s'étendre au-delà des limites de la municipalité.

A plus forte raison cette amende et cette responsabilité auront lieu si ce troupeau a été saisi sur les terres qui ne sont point sujettes au parcours ou à la vaine pâture.

24. Il est défendu de mener sur le terrain d'autrui des bestiaux d'aucune espèce, et en aucun temps, dans les prairies artificielles, dans les vignes, oseraies, dans les plans de câpriers, dans ceux d'oliviers, de mûriers, de grenadiers, d'orangers et arbres du même genre, dans tous les plans ou pépinières d'arbres fruitiers ou autres, faits de main d'homme.

L'amende encourue pour le délit sera une somme de la valeur du dédommagement dû au propriétaire : l'amende sera double si le dommage a été fait dans un enclos rural; et, suivant les circonstances, il pourra y avoir lieu à la détention de police municipale.

25. Les conducteurs de bestiaux revenant de foire ou les menant d'un lieu à un autre, même dans les pays de parcours ou de vaine pâture, ne pourront les laisser pacager sur les terres des particuliers, ni sur les communaux, sous peine d'une amende de deux journées de travail, en outre du dédommagement. L'amende sera égale à la somme du dédommagement, si le dommage est fait sur un terrain ensemencé, ou qui n'a pas été dépouillé de sa récolte, ou dans un enclos rural.

A défaut de paiement, les bestiaux pourront être saisis et vendus jusqu'à concurrence de ce qui sera dû pour l'indemnité, l'amende et autres frais relatifs; il pourra même y avoir lieu, envers les conducteurs, à la détention de police municipale, suivant les circonstances.

26. Quiconque sera trouvé gardant à vue ses bestiaux dans les récoltes d'autrui sera condamné, en outre du paiement du dommage, à une amende égale à la somme du dédommagement, et pourra l'être, suivant les circonstances, à une détention qui n'excédera pas une année.

27. Celui qui entrera à cheval dans les champs ensemencés, si ce n'est le propriétaire ou ses agens, paiera le dommage et une amende de la valeur d'une journée de travail : l'amende sera double si le délinquant y est entré en voiture. Si les blés sont en tuyau, et que quelqu'un y entre même à pied, ainsi que dans toute autre récolte pendante, l'amende sera au moins de la valeur d'une journée de travail, et pourra être d'une somme égale à celle due pour dédommagement au propriétaire.

28. Si quelqu'un, avant leur maturité, coupe ou détruit de petites parties de blé en vert, ou d'autres productions de la terre, sans intention manifeste de les voler, il paiera en dédommagement au propriétaire une somme égale à la valeur que l'objet aurait eu dans sa maturité; il sera condamné à une amende égale à la somme du dédommagement, et il pourra l'être à la détention de police municipale.

29. Quiconque sera convaincu d'avoir dévasté des récoltes sur pied, ou abattu des plants venus naturellement ou faits de main d'homme, sera puni d'une amende double du dédommagement dû au propriétaire, et d'une détention qui ne pourra excéder deux années.

30. Toute personne convaincue d'avoir, de dessein prémédité, méchamment, sur le territoire d'autrui, blessé ou tué des bestiaux ou chiens de garde, sera condamnée à une amende double de la somme du dédommagement. Le délinquant pourra être détenu un mois, si l'animal n'a été que blessé, et six mois si l'animal est mort de sa blessure ou en est resté estropié : la détention pourra être du double si le délit a été commis la nuit, ou dans une étable, ou dans un enclos rural.

31. Toute rupture ou destruction d'instrumens de l'exploitation des terres, qui aura été commise dans les champs ouverts, sera punie d'une amende égale à la somme du dédommagement dû au cultivateur, et d'une détention qui ne sera jamais de moins d'un mois, et qui pourra être prolongée jusqu'à six mois, suivant la gravité des circonstances.

32. Quiconque aura déplacé ou supprimé des bornes, ou pieds corniers, ou autres arbres plantés ou reconnus pour établir les limites entre différens héritages, pourra, en outre du paiement du dommage et des frais de replacement des bornes, être condamné à une amende de la valeur de douze journées de travail, et sera puni par une détention dont la durée, proportionnée à la gravité des circonstances, n'excédera pas une année. La détention cependant pourra être de deux années, s'il y a transposition de bornes à fin d'usurpation.

33. Celui qui, sans la permission du propriétaire ou fermier, enlèvera des fumiers, de la marne, ou tous autres engrais portés sur les terres, sera condamné à une amende qui n'excédera pas la valeur de six journées de travail, en outre du dédommagement, et pourra l'être à la détention de police municipale. L'amende sera de douze journées et la détention pourra être de trois mois, si le délinquant a fait tourner à son profit lesdits engrais.

34. Quiconque maraudera, dérobera des productions de la terre qui peuvent servir à la nourriture des hommes, ou d'autres productions utiles, sera condamné à une amende égale au dédommagement dû au propriétaire ou fermier ; il pourra aussi, suivant les circonstances du délit, être condamné à la détention de police municipale.

35. Pour tout vol de récolte fait avec des paniers ou des sacs, ou à l'aide des animaux de charge, l'amende sera du double du dédommagement, et la détention, qui aura toujours lieu, pourra être de trois mois, suivant la gravité des circonstances.

36. Le maraudage ou enlèvement de bois, fait à dos d'hommes dans les bois taillis ou futaies ou autres plantations d'arbres des particuliers ou communautés, sera puni d'une amende double du dédommagement dû au propriétaire. La peine de la détention pourra être la même que celle portée en l'article précédent.

37. Le vol dans les bois taillis, futaies et autres plantations d'ar-

bres des partisans ou communautés, exécuté à charge de bête de somme ou de charrette, sera puni par une détention qui ne pourra être moindre de trois jours, ni excéder six mois. Le coupable paiera en outre une amende triple de la valeur du dédommagement dû au propriétaire.

38. Les dégâts faits dans les bois taillis des particuliers ou des communautés par des bestiaux ou troupeaux seront punis de la manière suivante :

Il sera payé d'amende pour une bête à l'aine, 1 livre; pour un cochon, 1 livre; pour une chèvre, 2 livres; pour un cheval ou autre bête de somme, 2 livres; pour un bœuf, une vache ou un veau, 3 livres.

Si les bois taillis sont dans les six premières années de leur croissance, l'amende sera double.

Si les dégâts sont commis en présence du pâtre et dans les bois taillis de moins de six années, l'amende sera triple.

S'il y a récidive dans l'année, l'amende sera double, et s'il y a réunion des deux circonstances précédentes, ou récidive avec une des deux circonstances, l'amende sera quadruple.

Le dédommagement dû au propriétaire sera estimé de gré à gré ou à dire d'experts.

39. Conformément au décret sur les fonctions de la gendarmerie nationale, tout dévastateur des bois, des récoltes, ou chasseur masqué, pris sur le fait, pourra être saisi par tout gendarme national, sans aucune réquisition d'officier civil.

40. Les cultivateurs ou tous autres qui auront dégradé ou détérioré, de quelque manière que ce soit, des chemins publics, ou usurpé sur leur largeur, seront condamnés à la réparation ou à la restitution, et à une amende qui ne pourra être moindre de 3 livres ni excéder 24 livres.

41. Tout voyageur qui déclorra un champ pour se faire un passage dans sa route paiera le dommage fait au propriétaire, et, de plus, une amende de la valeur de trois journées de travail, à moins que le juge de paix du canton ne décide que le chemin public était impraticable, et alors les dommages et les frais de clôture seront à la charge de la communauté.

42. Le voyageur qui, par la rapidité de sa voiture ou de sa monture, tuera ou blessera des bestiaux sur les chemins, sera condamné à une amende égale à la somme du dédommagement dû au propriétaire des bestiaux.

43. Quiconque aura coupé ou détérioré des arbres plantés sur les routes sera condamné à une amende du triple de la valeur des arbres, et à une détention qui ne pourra excéder six mois.

44. Les gazons, les terres ou les pierres des chemins publics, ne pourront être enlevés en aucun cas sans l'autorisation du directoire du département. Les terres ou matériaux appartenans aux communautés ne pourront également être enlevés, si ce n'est par suite d'un usage général établi dans la commune pour les besoins de l'agriculture, et non aboli par une délibération du conseil général.

Celui qui commettra l'un de ces délits sera, en outre de la réparation du dommage, condamné, suivant la gravité des circonstances, à une amende qui ne pourra excéder 24 livres, ni être moindre de 3 livres; il pourra, de plus, être condamné à la détention de police municipale.

45. Les peines et les amendes déterminées par le présent décret ne seront encourues que du jour de sa publication.

Extrait du décret contenant des Articles additionnels aux Décrets des 5 décembre 1790, 18 mai et 10 juin 1791, sur le Timbre et l'Enregistrement.

Du 29 septembre — 9 octobre 1791.

5. — *Addition à larticle* 10. Toutes citations faites devant les juges de paix, sans dictinction de celles faites par les huissiers ou par les greffiers, ne seront assujetties ni à la formalité, ni au droit d'enregistrement.

6. — *Addition à l'article* 10. Les jugemens des juges de paix seront enregistrés sur les minutes, lorsqu'ils contiendront transmission des biens immeubles, réels ou fictifs; les appositions des scellés, les inventaires, les émancipations, les actes de tutelle, faits par les juges de paix, seront aussi enregistrés. Les jugemens et expéditions des jugemens préparatoires des juges de paix ne seront assujettis à aucune formalité. Les expéditions des jugemens définitifs et l'exploit de notification de ces jugemens seront enregistrés et assujettis au seul droit de cinq sous.

8. *Addition à l'article* 10. Les certificats des bureaux de paix ne seront pas sujets à l'enregistrement.   J. F.

Extrait du décret en forme d'Instruction pour la Procédure criminelle.

Du 29 septembre. —21 octobre 1791.

De la Police.

L'assemblée nationale n'a point créé de nouveaux mandataires pour exercer la police de sûreté; elle l'a confiée à des agens déjà honorés par la constitution du dépôt d'une grande confiance : c'est principalement aux juges de paix qu'elle en a conféré la plénitude; et en ajoutant ce nouveau pouvoir à celui dont les juges de paix jouissaient antérieurement, elle a pensé que ces diverses attributions se prêteraient dans leurs mains une force mutuelle.

Les fonctions de la police sont délicates. Si les principes en sont constans, leur application du moins est modifiée par mille circonstances qui échappent à la prévoyance des lois, et ces fonctions ont besoin, pour s'exercer, d'une sorte de latitude de confiance qui ne peut se reposer que sur des mandataires infiniment purs. Les juges de paix élus par le peuple pour exercer le plus doux et le plus consolant de tous les ministères politiques, dans un cercle peu étendu, dont ils connaissent tous les individus, et où ils sont connus de tous, ne semblaient-ils pas désignés pour accumuler sur leurs personnes tout ce ce qui peut rendre la police tranquillisante pour ceux qu'elle protége, respectable pour ceux qu'elle surveille, et rassurante pour ceux mêmes qu'elle soumet à son action ?   J. F.

Décret qui réduit à vingt-cinq ans l'âge de trente ans exigé pour être juge de paix.

Du 16 — 16 Septembre 1792.

Sur la motion d'un de ses membres, l'assemblée nationale, considérant qu'il est important de mettre promptement les justiciables à portée de choisir leurs juges de paix parmi les citoyens les plus dignes de leur confiance, et qu'à l'âge de vingt-cinq ans on peu avoir acquis des titres suffisans à cette confiance, décrète que l'âge de trente ans exigé jusqu'à présent pour être juge de paix est réduit à vingt-cinq ans.

Extrait du décret qui détermine les Causes, le Mode et et les Effets du Divorce.

Du 20 — 25 Septembre 1792.

9. En cas d'exposition d'enfant, le juge de paix ou l'officier de police qui en aura été instruit sera tenu de se rendre sur le lieu de l'exposition, de dresser procès-verbal de l'état de l'enfant, de son âge apparent, des marques extérieures, vêtemens et autres indices qui peuvent éclairer sur sa naissance ; il recevra aussi les déclarations de ceux qui auraient quelques connaissances relatives à l'exposition de l'enfant.

10. Le juge de paix ou l'officier de police sera tenu de remettre, dans les vingt-quatre heures, à l'officier public, une expédition de ce procès-verbal, qui sera transcrit sur le registre double des actes de naissance.   J. F.

Décret relatif à la Résidence des Huissiers des Juges de paix des villes divisées en plusieurs sections.

Du 9 Février 1793.

La convention nationale, après avoir entendu le rapport de son comité de législation, décrète que les huissiers des juges de paix des villes divisées en plusieurs sections seront tenus de résider dans l'arrondissement de leur section.   J. F.

Extrait du Décret relatif au Jugement des Contestations qui pourront s'élever sur les prises faites par les Vaisseaux de l'État ou par les Corsaires.

Du 14 Février 1793.

4. Les juges de paix rempliront provisoirement, et à la réquisi-

tion de l'officier préposé ou syndic des classes du lieu, les fonctions précédemment attribuées aux amirautés; ils feront la procédure d'instruction nécessaire pour parvenir au jugement de bonne prise, et la feront passer, dans le plus bref délai, au greffe du tribunal de commerce ou de district qui devra en connaître.   J. F.

Extrait du décret qui fixe le Prix des chevaux de poste, à compter du 1er Avril 1793.

Du 29 Mars 1793.

4. Ceux qui auront exigé des voyageurs au-delà du prix fixé seront tenus de restituer le trop perçu. La connaissance en est attribuée aux municipalités et aux juges de paix concurremment.

Extrait du Décret relatif aux Droits de propriété des Auteurs, Compositeurs de musique, Peintres et Dessinateurs.

Du 19 Juillet 1793.

3. Les officiers de paix (1) seront tenus de faire confisquer, à la réquisition et au profit des auteurs, compositeurs, peintres ou dessinateurs et autres, leurs héritiers ou cessionnaires, tous les exemplaires des éditions imprimées ou gravées sans la permission formelle et par écrit des auteurs.

Extrait du Décret relatif aux Congés des Bâtimens sous pavillon Français.

Du 21 Septembre 1793.

2. Tout armateur, en présentant congé et titres de propriété du bâtiment, sera tenu de déclarer en présence d'un juge de paix, et signer sur le registre des bâtimens français, qu'il est propriétaire du bâtiment, qu'aucun étranger n'y est intéressé directement ni indirectement, et que sa dernière cargaison d'arrivée des colonies ou comptoirs des Français, ou sa cargaison actuelle de sortie pour les colonies ou comptoirs des Français, n'est point un armement en commission, ni propriété étrangère.   J. F.

Extrait du Décret relatif aux Domaines nationaux engagés ou aliénés.

Du 30 Novembre 1793 [10 Frimaire an II].

25. Les arbitres qui seront nommés pour décider les contestations qui pourront s'élever entre la régie des domaines et les détenteurs seront nommés, l'un par le directoire du district, à la diligence de la régie nationale du droit d'enregistrement et des

---

(1) Pour dire juges de paix. Voyez ci-après loi du 13 juin 1795.

domaines, l'autre par le détenteur, et à son défaut, dans la décade de la sommation qui lui en sera faite de suite par ladite régie, par le juge de paix du canton où les biens sont situés ; et en cas de partage, le tiers-arbitre sera nommé, dans les trois jours, par ledit juge de paix.

Décret relatif aux Scellés apposés après le décès des Citoyens dont les Défenseurs de la Patrie sont héritiers.

Du 1er Mars 1794 [11 Ventôse an II].

Art. 1er. Immédiatement après l'apposition des scellés sur les effets et papiers délaissés par les pères et mères des défenseurs de la patrie, et autres parens dont ils sont héritiers, le juge de paix qui les a apposés en avertira ses héritiers, s'il sait à quel corps ou armée ils sont attachés ; il en instruira pareillement le ministre de la guerre, et le double de ses lettres sera copié à la suite de son procès-verbal, avant de le présenter à l'enregistrement, sans augmentation de droits.

2. Le délai d'un mois expiré, si l'héritier ne donne pas de ses nouvelles et n'envoie pas de procuration, l'agent national de la commune dans laquelle les père et mère seront décédés, convoquera sans frais, devant le juge de paix, la famille, et à son défaut, les voisins et amis, à l'effet de nommer un curateur à l'absent.

3. Ce curateur provoquera la levée des scellés, assistera à leur reconnaissance, pourra faire procéder à l'inventaire et vente des meubles, en recevoir le prix, à la charge d'en rendre compte, soit au militaire absent, soit à son fondé de pouvoir.

4. Il administrera les immeubles en bon père de famille. J. F.

Extrait du Décret relatif au Commerce maritime et aux Douanes.

Du 24 Mars 1794 [4 Germinal an II].

TITRE II.

Bâtimens en fraude dans les quatre lieues des côtes ; Manifeste des cargaisons ; Visite des bâtimens ; Relâches forcées ; Marchandises naufragées ; Vivres et Provisions des bâtimens.

Art. 1er. Aucune marchandise ne sera importée par mer, soit d'un port étranger, soit d'un port français, sans un manifeste signé du capitaine, qui exprimera la nature de la cargaison, avec les marques et numéros en toutes lettres des caisses, balles, barils, boucauts, etc.

2. Si le manifeste n'est pas exhibé, si quelques marchandises n'y sont pas comprises, ou s'il y a différence entre les marchandises et le manifeste, le capitaine sera personnellement condamné à une somme égale à la valeur des marchandises omises ou différentes, et à une amende de 1,000 livres.

3. Le capitaine, arrivé dans les quatre lieues de la côte, remettra, lorsqu'il en sera requis, une copie du manifeste au préposé qui viendra à son bord, et qui en visera l'original.

4. Trois jours après l'arrivée du bâtiment, l'armateur ou consignataire donnera par écrit et signera l'état des marchandises qui lui appartiennent ou qui lui seront consignées, en spécifiant les marques, nombre et contenu des balles, caisses, etc., les quantités et qualités, avec évaluation des objets sur lesquels le droit est perceptible à la valeur.

5. Les préposés pour la vérification des bâtimens et cargaisons pourront, au coucher du soleil, fermer les écoutilles, pour n'être ouvertes qu'en leur présence. Les rapports faits par eux seront comparés avec les manifestes et déclarations des capitaines propriétaires ou consignataires : la différence ou non-différence sera mentionnée sur le registre.

6. Si un bâtiment entre par détresse dans un port qui n'est pas celui de sa destination, le préposé de la douane permettra la décharge du bâtiment, la vente des objets de nature périssable, ou qu'il sera nécessaire de vendre pour payer les frais de radoub, conformément aux lois et tarifs : le surplus pourra être rechargé, et le bâtiment partir pour le port de sa destination, en payant le droit de tonnage, et un demi pour cent de la valeur des objets non vendus, pour frais de magasin.

7. Les capitaines et autres officiers et préposés sur les bâtimens du service des douanes, ceux du commerce ou de marine militaire, pourront visiter tous bâtimens au-dessous de cent tonneaux, étant à l'ancre ou louvoyant dans les quatre lieues des côtes de France, hors le cas de force majeure. Si ces bâtimens ont à bord des marchandises dont l'entrée ou la sortie est prohibée en France, ils seront confisqués, ainsi que les cargaisons, avec amende de 5oo livres contre les capitaines des bâtimens.

8. Les préposés des douanes pourront aller à bord de tout bâtiment, même de ceux de guerre, entrant dans les ports ou rades ou en sortant, montant ou descendant les rivières, y demeurer jusqu'au déchargement ou sortie, ouvrir les écoutilles, chambres, armoires, caisses, balles, ballots, tonneaux et autres enveloppes.

9. Si, outre les manifestes donnés par les capitaines des bâtimens, et les déclarations sommaires faites par les conducteurs par terre, des déclarations en détail ne sont pas présentées, les marchandises seront retenues ou déposées dans le magasin de la douane pendant deux mois, et les propriétaires tenus de payer un pour cent pour droit de magasinage en sus des droits. S'il n'y a pas réclamation et déclaration en détail après ce délai, les marchandises seront vendues au profit de la république, à la charge de réexporter à l'étranger celles dont l'entrée est prohibée.

10. Si des marchandises dont l'entrée ou la sortie est prohibée sont importées ou exportées par mer ou par terre, elles seront confisquées, ainsi que les bâtimens, voitures et animaux servant au transport.

11. Les marchandises naufragées, ou chargées sur des bâtimens en relâche forcée et constatée par les préposés des douanes, pour-

ront être importées ou devront être renvoyées à l'étranger, conformément aux lois et tarifs du Code général des douanes, ou concernant leurs différentes espèces.

12. Les vivres et provisions d'un bâtiment venant de l'étranger seront soumis aux lois et tarifs d'entrée pour toute quantité qui excédera le nécessaire.

13. Les vivres et provisions embarqués sur bâtimens expédiés pour l'étranger seront soumis aux lois et tarifs de sortie pour toute quantité qui excédera le nécessaire. En cas de contestations, elles seront jugées dans les formes prescrites par le présent décret.

TITRE III.

Déclarations, Visites, Paiement des droits.

Art. 1er. Dans les lieux où il y aura deux lignes de bureaux sur les côtes ou frontières, les droits d'entrée seront acquittés dans les bureaux extérieurs, et ceux de sortie dans les bureaux intérieurs.

2. Les marchandises seront, après le permis, transportées à bord des bâtimens, ou conduites par terre à l'étranger, ou introduites dans l'intérieur immédiatement et sans délai, sans emmagasinage ni transport rétrograde.

3. Les marchandises pourront être visitées dans chaque bureau d'entrée ou de sortie sur la route.

4. Toutes marchandises importées par terre en France seront conduites au premier bureau d'entrée, à peine de confiscation et de 200 livres d'amende; sous les mêmes peines, les marchandises qui doivent être exportées seront conduites au premier bureau de sortie par la route la plus directe.

5. Il y aura lieu aux mêmes condamnations pour les objets saisis après avoir dépassé le bureau sans permis.

6. Les déclarations, faites dans les bureaux sur les côtes et frontières, seront enregistrées par les préposés et signées par les déclarans; si le conducteur ne sait pas signer, il en sera fait mention.

7. Les courriers des malles seront soumis aux visites de chaque bureau; ils ne se chargeront d'aucune marchandise, à peine de confiscation, de 300 livres d'amende, et d'être exclus de tout emploi dans les postes.

8. Les conducteurs des messageries et voitures publiques seront soumis aux lois des douanes; si des objets ne sont pas portés sur la feuille de voyage, ils seront personnellement condamnés à une amende de 300 livres; les marchandises en contravention seront confisquées, de même les voitures et chevaux, et les fermiers ou régisseurs intéressés seront solidaires avec le conducteur pour l'amende de 300 livres.

9. Les transports, déballage, remballage et pesage des marchandises seront aux frais des propriétaires.

10. Les droits ne seront payés que sur les quantités constatées par la vérification.

11. Les droits seront payés comptant et sans délai.

12. Le droit de tonnage sera payé dans les vingt jours de l'arrivée, et avant le départ du bâtiment.

TITRE IV.

Fidélité des Préposés des Douanes ; Peines contre ceux qui s'opposent à l'exercice de leurs fonctions.

Art. 1er. Tous les préposés des douanes recevront une commission du conseil exécutif, et en seront toujours porteurs, ainsi que du Code.

2. Toute personne qui s'opposera à l'exercice des préposés des douanes sera condamnée à une amende de 5oo livres ; dans le cas où il y aurait voies de fait, il en sera dressé procès-verbal, qui sera envoyé au directeur du jury d'accusation, pour en poursuivre les auteurs et leur infliger les peines portées par le Code pénal contre ceux qui s'opposent avec violence à l'exercice des fonctions publiques.

3. Si les préposés des douanes reçoivent directement ou indirectement quelque récompense, gratification ou présent, ils seront condamnés aux peines portées dans le Code pénal contre les fonctionnaires publics qui se laissent corrompre.

4. Si un des coupables dénonce la corruption, il sera absous des peines, amendes et confiscations.

TITRE V.

Droit de Préemption.

Art. 1er. Les préposés pourront, en offrant et en payant la valeur déclarée au lieu d'importation ou d'exportation des marchandises dont les droits sont perceptibles sur la valeur, et le dixième en sus, les retenir par droit de préemption au compte de la république.

2. Dans les cas de préemption exercée sur des marchandises importées, les préposés du bureau auront, sur le produit de la vente qui sera faite à l'enchère, moitié de la somme qui excédera l'évaluation, le dixième en sus et les droits d'entrée.

3. Si la préemption a lieu sur des marchandises déclarées pour exportation, les préposés du bureau auront également moitié du produit de vente excédant l'évaluation, et le dixième en sus.

4. Dans les deux cas de préemption, les préposés du bureau feront raison à l'Etat du déficit du produit de vente au montant de l'évaluation, du dixième en sus et des droits.

5. La retenue ne sera soumise à aucune autre formalité qu'à celle de l'offre signifiée, qui constatera l'engagement d'en payer la valeur déclarée et le dixième en sus, dans un mois, sur quittance du propriétaire ou de son fondé de pouvoir.

TITRE VI.

Contraventions, Saisies, Condamnations, Partage du produit des Amendes et Confiscations.

Art. 1er. Aucune marchandise ne pourra être embarquée ou déchargée qu'en plein jour, entre le lever et le coucher du soleil, et après un permis du préposé des douanes.

2. Quiconque cachera ou achètera des objets saisissables, ou participera à une contravention aux lois des douanes, sera condamné à une amende de dix fois la valeur des objets cachés ou achetés en fraude.

3. Les objets qui doivent être pesés ou jaugés ne pourront être déplacés du quai et autre lieu de décharge qu'après avoir été pesés ou jaugés, avec le permis des préposés.

4. La république est préférée à tous créanciers pour droits, confiscation, amende, restitution, et avec la contrainte par corps.

5. La facture faite au lieu de l'exportation sera jointe à l'évaluation donnée au lieu d'importation.

6. Toute personne a droit de saisir et arrêter pour contravention aux lois sur la navigation et le commerce. Tout saisissant, préposé des douanes ou non, aura une moitié du produit des amendes et confiscations ; l'autre moitié sera au profit de la république.

7. Dans toute action sur une saisie, les preuves de non-contravention sont à la charge du saisi.

8. Un ou plusieurs préposés des douanes, saisissant bâtimens ou marchandises, feront, dans les vingt-quatre heures, un rapport énonciatif du fait de contravention, et descriptif de l'objet saisi.

9. Les rapports de saisie seront soumis à l'enregistrement.

10. Le lendemain du jour de la saisie, le rapport sera transcrit sur le registre du bureau des douanes le plus prochain.

11. Les expéditions et toutes pièces relatives aux bâtimens, cargaisons et voitures de la saisie. seront déposées au même bureau.

12. Ce rapport sera affiché à la porte du bureau, dans le jour du dépôt, et contiendra sommation à la partie saisie, nommée ou inconnue, de comparaître dans trois jours devant le juge de paix du lieu le plus prochain.

13. Le rapport et les pièces jointes seront présentés au juge de paix, qui recevra l'affirmation du saisissant et l'entendra sur le fait de la saisie.

14. Si la saisie est jugée bonne, et qu'il n'y ait pas d'appel dans les trois jours suivans, le quatrième jour le préposé du bureau indiquera la vente des objets confisqués, par affiche mise à la porte du bureau et à celle de l'auditoire, et procédera à la vente cinq jours après.

15. Les délais d'appel et de vente expirés, toutes répétitions et actions seront non recevables.

16. S'il y a appel, le tribunal du district de la situation du bureau prononcera en dernier ressort.

17. En première instance et sur l'appel, l'instruction sera verbale, sur simple mémoire, et sans frais de justice à répéter de part ni d'autre.

18. Le préposé du bureau interjettera appel du jugement du juge de paix, si la saisie n'est pas déclarée valable.

19. Si le tribunal d'appel déclare qu'il n'y avait pas une probabilité fondée de contravention, les objets saisis seront rendus au propriétaire, et les préposés des douanes ou autres saisissans seront

condamnés personnellement envers lui en un intérêt d'indemnité pour le temps écoulé depuis la saisie jusqu'à la restitution, à raison de dix pour cent d'intérêt par an de la valeur des objets saisis.

20. S'il y a lieu à procédure criminelle, on suivra les règles prescrites par le Code pénal et les lois sur la justice criminelle.

21. Toutes transactions, compositions, départs et remises avant ou après le jugement sont prohibés et déclarés nuls.

22. Tous les condamnés sur une saisie sont solidaires pour la confiscation et l'amende.

23. Aucun juge ne modérera ni les droits, ni la confiscation, ni l'amende, sous peine d'en répondre personnellement.   J. F.

Décret du 16 fructidor an II.

Du 2 septembre 1794 [16 fructidor an II].

La Convention nationale, etc., décrète additionnellement à la loi du 11 ventôse dernier, relative aux scellés apposés sur les effets et papiers des défenseurs de la patrie :

Art. 1er. Les dispositions de la loi du 11 ventôse concernant les défenseurs de la patrie sont communes aux officiers de santé et à tous autres citoyens attachés au service des armées de la république.

2. Lorsque les citoyens compris dans l'art. 1er et dans la loi précitée se trouveront, soit en pays ennemi, soit au bivouac, n'ayant point de notaire pour recevoir leur procuration, ils pourront s'adresser au conseil d'administration du corps auquel ils appartiennent.

3. Cette procuration sera signée et certifiée par les membres du conseil; elle sera scellée du sceau de l'administration.

4. Le fondé de pouvoir sera tenu de soumettre à la formalité de l'enregistrement l'acte de procuration qui lui aura été adressé, avant d'en faire usage, à peine de nullité.

5. Les procurations données antérieurement à la présente loi, dans la forme prescrite par les articles précédens, sont valables.

Extrait de la Loi sur l'incompatibilité des Fonctions administratives et judiciaires.

Du 15 octobre 1794 [24 vendémiaire an III].

TITRE Ier.

Incompatibilité des fonctions administratives et judiciaires.

Art. 1er. Les membres du tribunal de cassation, les juges des tribunaux criminels de département, les accusateurs publics de ces tribunaux et leurs substituts, les juges des tribunaux de district, les commissaires nationaux auprès de ces tribunaux, les juges des tribunaux de commerce, les juges de paix et leurs assesseurs, les membres des bureaux de paix et de conciliation, les greffiers de ces divers établissemens et tribunaux, ne pourront être membres des directoires de département et de district, officiers municipaux, présidens, agens nationaux, ou greffiers de ces diverses administrations.

2. Ils ne pourront non plus être notaires publics, membres des administrations forestières, receveurs de district ou de l'enregistrement, employés dans le service des douanes, postes et messageries, ni remplir des fonctions publiques sujettes à comptabilité pécuniaire.

3. Cette incompatibilité cessera néanmoins pour les assesseurs des juges de paix, quant aux places d'officiers municipaux, dans les communes dont la population est au-dessous de quatre mille âmes.

TITRE III.

De l'incompatibilité des diverses Fonctions judiciaires entre elles.

Les membres du tribunal de cassation, les juges et accusateurs publics des tribunaux criminels des départemens, les juges et commissaires nationaux des tribunaux de district, les juges des tribunaux de commerce, les juges de paix et leurs assesseurs, les greffiers de ces divers tribunaux et leurs commis salariés par la république, ne pourront cumuler avec leurs fonctions celles attachées à quelques unes des autres places énoncées dans le présent article.

TITRE IV.

Dispositions générales.

Art. 1er. Les instituteurs salariés par la nation et les membres des comités révolutionnaires ne pourront cumuler avec ces fonctions aucune autre fonction publique.

2. Les fonctionnaires publics qui réuniraient actuellement des fonctions incompatibles seront tenus de faire leur option dans le délai d'une décade après la publication de la présente loi par la voie du bulletin, à peine d'être destitués des unes et des autres après ce délai expiré.

4. Les suppléans des tribunaux ne seront néanmoins tenus de faire leur option entre les autres fonctions qu'ils pourraient remplir et celles de juges que lorsqu'ils seront appelés définitivement aux fonctions de juges par la mort ou la destitution de ceux qu'ils étaient appelés à remplacer.

5. Il est dérogé, par le présent décret, aux dispositions contraires des lois précédentes sur les incompatibilités.

Loi interprétative de celle du 19 juillet 1793 qui assure aux Auteurs et Artistes la propriété de leurs Ouvrages.

Du 13 Juin 1795 [25 Prairial an III].

Art. 1er. Les fonctions attribuées aux officiers de paix, par l'article 3 de la loi du 17 juillet 1793, seront à l'avenir exercées par les commissaires de police, et par les juges de paix dans les lieux où il n'y a pas de commissaires de police.

☞ *Loi qui ordonne l'Etablissement des Gardes-Champêtres dans toutes les Communes rurales.*

Du 8 Juillet 1795 [20 Messidor an III].

Art. 1er. Il sera établi, immédiatement après la promulgation du présent décret, des gardes-champêtres dans toutes les communes rurales de la république ; les gardes déjà nommés, dans celles où il y en a, pourront être réélus d'après le mode suivant :

2. Les gardes-champêtres ne pourront être choisis que parmi les citoyens dont la probité, le zèle et le patriotisme seront généralement reconnus ; ils seront nommés par l'administration du district, sur la présentation des conseils généraux des communes ; leur traitement sera aussi fixé par le district, d'après l'avis du conseil général, et réparti au marc la livre de l'imposition foncière.

3. Il y aura au moins un garde par commune, et la municipalité jugera de la nécessité d'y en établir davantage.

4. Tout propriétaire aura le droit d'avoir pour ses domaines un garde-champêtre ; il sera tenu de le faire agréer par le conseil général de la commune, et confirmer par le district : ce droit ne pourra l'exempter néanmoins de contribuer au traitement du garde de la commune.

5. La police rurale sera exercée provisoirement par le juge de paix.

6. Les gardes-champêtres seront tenus de citer devant lui les citoyens pris en flagrant délit : si le délinquant n'est pas domicilié et refuse de se rendre à la citation, le garde pourra requérir de la municipalité main forte, et les citoyens requis ne pourront se refuser d'obéir aux ordres qui leur seront donnés.

7. Sur les indications administrées par les gardes-champêtres, le juge de paix pourra autoriser des recherches chez les personnes soupçonnées de vols, en présence de deux officiers municipaux.

8. Le juge de paix prononcera sans délai contre les prévenus, et jugera d'après les dispositions de la loi du 28 septembre — 6 octobre 1791. La peine sera pécuniaire, et ne pourra être moindre de la valeur de cinq journées de travail, outre la restitution de la valeur du dégât ou du vol qui aura été fait, sans préjudice des peines portées par le Code pénal lorsque la nature du fait y donnera lieu, et, en ce cas, le juge de paix renverra au directeur du jury.

9. Les jugemens prononcés seront exécutés dans la huitaine, à peine de détention jusqu'au paiement, sans que la détention puisse excéder un mois, nonobstant l'appel.

10. A l'égard des délits commis dans les forêts nationales et particulières, le prix de la restitution et de l'amende sera provisoirement déterminé par les tribunaux, d'après la valeur actuelle des bois.

11. La conservation des récoltes est mise sous la surveillance et la garde de tous les bons citoyens.

12. Il sera placé à la sortie principale de chaque commune l'inscription suivante : *Citoyen, respecte les propriétés et les productions d'autrui : elles sont le fruit de son travail et de son industrie.*

13. La Convention nationale décrète que le titre II de la loi du 28 septembre—6 octobre 1791, sur la police rurale, sera imprimée de nouveau, et placardée dans toutes les communes à la suite du présent décret.

14. Les juges de paix, les municipalités, les corps administratifs, les procureurs des communes, sont responsables de l'exécution de la présente loi.   J. F.

⟿ *Extrait de la Loi portant Établissement de Patentes pour l'exercice de toute espèce de Commerce.*

Du 22 Juillet 1795. [4 Thermidor an III].

7. Tous ceux qui sont assujettis aux patentes ne pourront former aucune demande, fournir aucune exception ou défense en justice, passer aucun acte ou transaction authentique, dans tout ce qui peut être relatif au commerce, sans produire leur patente en original ou en expédition, le tout à peine d'une amende du quadruple du prix de la patente.

Ladite patente sera rappelée en tête des actes ou exploits, à peine de 500 livres d'amende contre les huissiers ou notaires.

18. Les contraventions qui ne seront pas dans le cas d'être constatées par la saisie pourront l'être par le procès-verbal des officiers chargés de la police, ou par la voie ordinaire de la preuve testimoniale.

Ledit procès-verbal sera remis dans les vingt-quatre heures au juge de paix, et dans les trois jours de la remise, le procureur de la commune sera tenu d'intenter les poursuites.   J. F.

⟿ *Extrait de la Constitution de la République française.*

Du 22 Août 1795 [5 Fructidor an III].

Proclamée loi fondamentale de la République, en vertu de l'acceptation du Peuple, le 23 Septembre 1795 [1er Vendémiaire an IV].

209. Nul citoyen, s'il n'a l'âge de trente ans accomplis, ne peut être élu juge d'un tribunal de département, ni juge de paix, ni assesseur de juge de paix, ni juge d'un tribunal de commerce, ni membre du tribunal de cassation, ni juré, ni commissaire du directoire exécutif près les tribunaux.

212. Il y a, dans chaque arrondissement déterminé par la loi, un juge de paix et ses assesseurs.

Ils sont tous élus pour deux ans, et peuvent être immédiatement et indéfiniment réélus.

213. La loi détermine les objets dont les juges de paix et leurs assesseurs connaissent en dernier ressort.

Elle leur en attribue d'autres qu'ils jugent à la charge de l'appel.

215. Les affaires dont le jugement n'appartient ni aux juges de paix ni aux tribunaux de commerce, soit en dernier ressort, soit à la charge d'appel, sont portées immédiatement devant le juge de paix et ses assesseurs, pour être conciliées.

Si le juge de paix ne peut les concilier, il les renvoie devant le tribunal civil.

233. Il y a dans chaque département, pour le jugement des délits dont la peine n'est ni afflictive ni infamante, trois tribunaux correctionnels au moins, et six au plus.

Ces tribunaux ne pourront prononcer de peines plus graves que l'emprisonnement pour deux années.

La connaissance des délits dont la peine n'excède pas, soit la valeur de trois journées de travail, soit un emprisonnement de trois jours, est déléguée au juge de paix, qui prononce en dernier ressort.

234. Chaque tribunal correctionnel est composé d'un président, de deux juges de paix ou assesseurs de juges de paix de la commune où il est établi, d'un commissaire du pouvoir exécutif, nommé et destituable par le directoire exécutif et d'un greffier.   J. F.

Loi qui modifie plusieurs Dispositions de celle du 4 Germinal an ii relative aux Douanes.

Du 31 Août 1795 (14 Fructidor an iii).

Art. 1er. Les rapports pour contraventions aux lois relatives aux importations et aux exportations, tant sur mer que sur terre, seront signés au moins par deux préposés aux douanes ou autres citoyens français.

2. Ceux qui procéderont aux saisies feront conduire dans un bureau de douane, et, autant que les circonstances pourront le permettre, au plus prochain du lieu de l'arrestation, les marchandises, les voitures et chevaux servant au transport; ils y rédigeront de suite leur rapport, dans lequel ils seront seulement tenus d'énoncer la date et la cause de la saisie, les noms, qualités et demeures des saisissans et du préposé des douanes, ainsi que la description des objets saisis.

3. Si la partie trouvée en contravention est au bureau lors de la clôture du rapport, il lui en sera donné copie à l'instant même, et mention en sera faite sur l'original, sinon cette copie sera affichée, dans le jour, à la porte du bureau. Dans l'un et l'autre cas, le rapport contiendra sommation à la partie nommée ou inconnue de comparaître le lendemain matin devant le juge de paix de l'arrondissement.

4. Lors de la comparution devant le juge de paix, ou, à son défaut, devant ses assesseurs, le rapport sera présenté; le juge recevra l'affirmation des saisissans, entendra la partie si elle est présente, et sera tenu de rendre sans délai son jugement. L'amende

sera toujours de 5o livres lorsqu'il s'agira d'importations ou d'exportations prohibées.

5. Dans le cas où, la saisie n'étant pas déclarée valable, l'agence des douanes interjetterait appel du jugement, les bâtimens, voitures et chevaux saisis, même les marchandises sujettes à dépérissement, seront remis sous caution solvable, après estimation de leur valeur. Si la remise, aux conditions ci-dessus, n'est pas demandée dans les huit jours de la date du jugement, l'agence des douanes pourra faire procéder à la vente dans les trois jours de l'annonce qui en aura été faite à la partie, soit a son domicile, ou par affiche à la porte de la maison commune et à celle du bureau : cette vente aura lieu, soit que la partie comparaisse ou non ; toute opposition est non recevable.

6. L'appel devra être notifié dans la huitaine de la signification du jugement, sans citation préalable au bureau de paix et de conciliation ; après ce délai, il ne sera point recevable, et le jugement sera exécuté purement et simplement. La déclaration d'appel contiendra assignation à trois jours devant le tribunal civil dans le ressort duquel se trouvera le juge de paix qui aura rendu le jugement, et le tribunal sera tenu de prononcer dans les délais fixés par la loi pour les appels des jugemens du juge de paix.

7. Si la saisie est jugée bonne, et qu'il n'y ait pas d'appel dans la huitaine de la signification, le neuvième jour, le préposé du bureau indiquera la vente des objets confisqués, par une affiche signée de lui, et apposée tant à la porte du bureau qu'à celle de l'auditoire du juge de paix, et procédera à la vente cinq jours après.

8. Les objets saisis qui auront été confisqués seront vendus publiquement et après l'apposition d'affiches, dans la forme prescrite par l'article 7.

9. Si la saisie n'est pas fondée, et qu'il y ait lieu d'en donner main-levée, le propriétaire des marchandises aura droit à un intérêt d'indemnité, à raison d'un pour cent par mois de la valeur des objets saisis, depuis l'époque de la retenue jusqu'à celle de la remise ou de l'offre qui lui en aura été faite.

10. Les tribunaux de paix qui connaissent en première instance des saisies jugeront également en première instance les contestations concernant le refus de payer les droits, le non-rapport des acquits-à-caution, et les autres affaires relatives aux douanes.

11. Tous jugemens rendus sur une saisie seront signifiés, soit à la partie saisie, soit au préposé indiqué par le rapport. Les significations à la partie seront faites à son domicile, si elle en a un réel ou élu dans le lieu de l'établissement du bureau, sinon à celui de l'agent national de la commune. Les significations à l'agence des douanes seront faites au préposé.

12. Au moyen des dispositions du présent décret, le titre VI de la loi du 4 germinal est rapporté en tout ce qui pourrait y être contraire.

Extrait de la loi qui détermine un Mode pour l'envoi et la publication des Lois.

Du 4 Octobre 1795 (12 Vendémiaire an IV).

Art. 1er. Aussitôt qu'une loi ou un acte du corps législatif sera revêtu des formes de publication prescrites par la constitution, le ministre de la justice, par ordre du directoire exécutif, le fera imprimer et publier, sans retard, dans un bulletin officiel. Ce bulletin sera intitulé *Bulletin des Lois.*

4. Immédiatement après l'impression, le bulletin sera adressé, par le ministre de la justice, aux juges de paix.

12. Néanmoins les lois et actes du corps législatif obligeront, dans l'étendue de chaque département, du jour auquel le bulletin officiel où ils seront contenus sera distribué au chef-lieu du département.

Ce jour sera constaté par un registre où les administrateurs de chaque département certifieront l'arrivée de chaque numéro. J. F.

Extrait du Code des Délits et des Peines.

Du 25 octobre 1795 (3 brumaire an IV).

DISPOSITIONS PRÉLIMINAIRES.

Art. 1er. Faire ce que défendent, ne pas faire ce qu'ordonnent les lois qui ont pour objet le maintien de l'ordre social et la tranquillité publique, est un délit.

2. Aucun acte, aucune omission ne peut être réputé délit, s'il n'y a contravention à une loi promulguée antérieurement.

3. Nul délit ne peut être puni de peines qui n'étaient pas prononcées par la loi avant qu'il fût commis.

4. Tout délit donne essentiellement lieu à une action publique.

Il peut aussi en résulter une action privée ou civile.

5. L'action publique a pour objet de punir les atteintes portées à l'ordre social.

Elle appartient essentiellement au peuple.

Elle est exercée en son nom par des fonctionnaires spécialement établis à cet effet.

6. L'action civile a pour objet la réparation du dommage que le délit a causé.

Elle appartient à ceux qui ont souffert ce dommage.

7. L'action publique s'éteint par la mort du coupable.

L'action civile peut être exercée contre ses héritiers.

8. L'action civile peut être poursuivie en même temps et devant les mêmes juges que l'action publique.

Elle peut aussi l'être séparément; mais, dans ce cas, l'exercice en est suspendu tant qu'il n'a pas été prononcé définitivement sur l'action publique intentée avant ou pendant la poursuite de l'action civile.

9. Il ne peut être intenté aucune action publique ni civile, pour

raison d'un délit, après trois années révolues, à compter du jour où l'existence en a été connue et légalement constatée, lorsque, dans cet intervalle, il n'a été fait aucune poursuite.

10. Si, dans les trois ans, il a été commencé des poursuites, soit criminelles, soit civiles, à raison d'un délit, l'une et l'autre action durent six ans, même contre ceux qui ne seraient pas impliqués dans ces poursuites.

Les six ans se comptent pareillement du jour où l'existence du délit a été connue et légalement constatée.

Après ce terme, nul ne peut être recherché, soit au criminel, soit au civil, si, dans l'intervalle, il n'a pas été condamné par défaut ou contumace.

11. Tout Français qui s'est rendu coupable, hors du territoire de la république, d'un délit auquel les lois françaises infligent une peine afflictive ou infamante, est jugé et puni en France, lorsqu'il y est arrêté.

12. Sont, dans les mêmes cas, jugés et punis en France, les étrangers qui ont contrefait, altéré ou falsifié, hors du territoire de la république, soit la monnaie nationale, soit des papiers nationaux ayant cours de monnaie, ou qui ont exposé sciemment, hors du territoire de la république, soit des monnaies nationales contrefaites ou altérées, soit des papiers nationaux ayant cours de monnaie, contrefaits ou falsifiés.

13. A l'égard des délits de toute autre nature, les étrangers qui sont prévenus de les avoir commis hors du territoire de la république ne pourront être jugés ni punis en France.

Mais, sur la preuve des poursuites faites contre eux dans les pays où ils les ont commis, si ces délits sont du nombre de ceux qui attentent aux personnes ou aux propriétés, et qui, d'après les lois françaises, emportent peine afflictive ou infamante, ils sont condamnés par les tribunaux correctionnels à sortir du territoire français, avec défense d'y rentrer, jusqu'à ce qu'ils se soient justifiés devant les tribunaux compétens.

14. *Les délits qui se commettent dans l'armée de terre et de mer sont soumis à des lois particulières pour la forme des procédures et des jugemens, et pour la nature des peines.* (Art. 290 de l'acte constitutionnel.)

15. La répression des délits exige l'action de deux autorités distinctes et incompatibles, celle de la *police* et celle de la *justice*.

L'action de la police précède essentiellement celle de la justice.

LIVRE PREMIER.

DE LA POLICE.

16. La police est instituée pour maintenir l'ordre public, la liberté, la propriété, la sûreté individuelle.

17. Son caractère principal est la vigilance.

La société, considérée en masse, est l'objet de sa sollicitude.

18. Elle se divise en *police administrative* et en *police judiciaire.*

19. La *police administrative* a pour objet le maintien habituel de l'ordre public dans chaque lieu et dans chaque partie de l'administration générale.

Elle tend principalement à prévenir les délits.

Les lois qui la concernent font partie du Code des administrations civiles.

20. La *police judiciaire* recherche les délits que la police administrative n'a pas pu empêcher de commettre, en rassemble les preuves, et en livre les auteurs aux tribunaux chargés par loi de les punir.

TITRE Ier.

De la Police judiciaire.

21. La police judiciaire est exercée suivant les distinctions qui vont être établies :

Par les commissaires de police,

Par les gardes champêtres et forestiers,

Par les juges de paix,

Par les directeurs des jurys d'accusation,

Par les capitaines et lieutenans de la gendarmerie nationale.

TITRE IV.

Des Juges de paix.

48. Les juges de paix, considérés comme officiers de police judiciaire, sont chargés :

1° De recevoir les dénonciations et plaintes relatives à tous les délits qui sont de nature à être punis, soit d'une amende au-dessus de la valeur de trois journées de travail, soit d'un emprisonnement de plus de trois jours, soit d'une peine infamante ou afflictive ;

2° De constater par des procès-verbaux les traces des délits qui en laissent quelques uns après eux ;

3° De distinguer les hommes justement prévenus de ceux qui sont faussement inculpés ;

4° De recueillir les indices et les preuves qui existent sur les prévenus ;

5° De les faire traduire devant le directeur du jury.

49. Ils ont le droit de faire agir la force publique pour l'exécution de leurs mandats.

50. Ils ne peuvent exercer leurs fonctions que dans leurs cantons respectifs, et pour raison des délits qui y sont commis, ou dont les auteurs y ont leur résidence habituelle ou momentanée.

51. Néanmoins, en cas d'empêchement d'un juge de paix du canton, celui du canton le plus voisin doit le suppléer, sur la réquisition du directeur du jury.

52. Dans les cantons où il existe plusieurs juges de paix, l'administration d'un département assigne à chacun d'eux un arrondissement particulier.

53. Ces arrondissemens, en ce qui concerne la police judiciaire,

ne limitent ni ne circonscrivent leurs pouvoirs respectifs, mais indiquent seulement les termes dans lesquels chacun d'eux est plus spécialement astreint à un exercice constant et régulier de ses fonctions.

54. Lorsque, entre plusieurs juges de paix d'un même canton, il s'en trouve un légitimement empêché, celui de l'arrondissement le plus voisin est personnellement tenu de le suppléer.

Le directeur du jury lui adresse, au besoin, tous les ordres nécessaires à cet effet, et il est tenu d'y déférer.

55. En cas de difficulté sur la nature de l'empêchement ou sur la désignation du suppléant, le tribunal criminel du département en décide ; mais l'ordre du directeur du jury s'exécute provisoirement.

TITRE V.

Mode de procéder par les Juges de paix dans l'exercice des fonctions de la Police judiciaire, etc., etc. (1).

LIVRE II.

DE LA JUSTICE.

150. La justice, pour la répression des délits, est administrée :

1° Par les tribunaux de police, relativement aux délits dont la peine n'est portée par la loi ni au-dessus de la valeur de trois journées de travail, ni au-delà de trois jours d'emprisonnement ;

2° Par les tribunaux correctionnels, relativement aux délits dont la peine excède ou trois journées de travail, ou trois jours d'emprisonnement, et n'est néanmoins ni afflictive ni infamante ;

3° Par les directeurs du jury d'accusation et les tribunaux criminels, relativement aux délits qui emportent peine afflictive ou infamante.

TITRE Ier.

Des Tribunaux de police.

151. Il y a un tribunal de police dans l'arrondissement de chaque administration municipale.

Ce tribunal est composé du juge de paix et de deux de ses assesseurs.

152. S'il y a plusieurs juges de paix dans l'arrondissement de l'administration municipale, chacun d'eux y fait le service par tour pendant un mois, à commencer par le plus âgé.

153. Toute personne prévenue d'un délit dont la peine n'excède ni la valeur de trois journées de travail, ni trois jours d'emprisonnement, est citée devant le tribunal de police de l'arrondissement dans lequel le délit a été commis, pour y être entendue et jugée en

---

(1) Ce chapitre et beaucoup des dispositions précédentes ne sont plus en vigueur ; mais nous avons cru devoir les conserver, comme contenant des principes généraux utiles.   J. F.

dernier ressort, conformément à la troisième partie de l'article 253 de l'acte constitutionnel, sauf le recours au tribunal de cassation.

La citation est donnée à la requête du commissaire du pouvoir exécutif près l'administration municipale.

Elle peut aussi l'être à la requête des particuliers qui se prétendent lésés par le délit.

154. Dans ce dernier cas et dans celui où les personnes lésées par le délit interviennent comme parties civiles sur la citation donnée à la requête du commissaire du pouvoir exécutif, le tribunal de police prononce en dernier ressort, par le même jugement, sur les dommages-intérêts prétendus pour raison du délit, et sur la peine infligée par la loi.

155. La citation est notifiée par un huissier, qui en laisse une copie au prévenu.

156. Néanmoins les parties peuvent comparaître volontairement, ou sur un simple avertissement, sans qu'il soit besoin de citation.

157. La citation est donnée à jour et heure fixes.

Il ne peut y avoir entre la citation et la comparution un intervalle moindre de vingt-quatre heures.

158. Si la personne citée ne comparaît pas au jour et à l'heure fixés par la citation, elle sera jugée par défaut.

159. La condamnation par défaut est comme non avenue, si, dans les dix jours de la signification qui en a été faite à la personne citée, celle-ci se présente et demande à être entendue.

Néanmoins, les frais de la signification du jugement par défaut demeurent à sa charge.

160. Si la personne citée ne comparaît pas dans les dix jours de la signification du jugement par défaut, ce jugement demeure définitif.

161. La personne citée comparaît par elle-même ou par un fondé de procuration spéciale, sans pouvoir être assistée d'un défenseur officieux ou conseil.

162. L'instruction de chaque affaire est publique, et se fait dans l'ordre suivant :

Les procès-verbaux, s'il y en a, sont lus par le greffier.

Les témoins, s'il en a été appelé par la commission du pouvoir exécutif, sont entendus ;

La personne citée propose sa défense, et fait citer ses témoins, si elle en a amené ou fait citer ;

Le commissaire du pouvoir exécutif résume l'affaire et donne ses conclusions ;

Le tribunal prononce ensuite dans la même audience, ou au plus tard dans la suivante ;

Il motive son jugement, et y insère les termes de la loi qu'il applique ;

Le tout à peine de nullité.

163. Les dispositions des articles 440, 441, 442, 443, 447, 448, 449, 450, 451, 452, 455, 456 et 457, relatives au recours en cassation contre les jugemens des tribunaux criminels, sont communes au recours en cassation contre les jugemens des tribunaux de police.

164. Le juge de paix règle le nombre et les jours des audiences

du tribunal de police d'après celui des affaires, en observant que toute affaire de nature à être jugée d'après les dispositions du présent titre doit l'être au plus tard dans les quinze jours qui suivent la remise que le commissaire de police a faite des pièces au commissaire du pouvoir exécutif, en exécution de l'article 29.

165. Le 1er et le 16 de chaque mois, le juge de paix envoie au directeur du jury l'extrait des jugemens que le tribunal de police a rendus dans les quinze jours précédens.

Le directeur du jury le dépose au greffe du tribunal correctionnel pour servir de renseignemens sur les délinquans, en cas de récidive.

Il en rend un compte sommaire à l'accusateur public.

166. Le greffier et les huissiers du juge de paix servent auprès du tribunal de police.

LIVRE III.

DES PEINES.

Dispositions générales.

599. Les peines sont,
Ou de simple police,
Ou correctionnelles,
Ou infamantes,
Ou afflictives.

600. Les peines de simple police sont celles qui consistent dans une amende de la valeur de trois journées de travail ou au-dessous, ou dans un emprisonnement qui n'excède pas trois jours.

Elles se prononcent par les tribunaux de police.

601. Les peines correctionnelles sont celles qui consistent, ou dans une amende au-dessus de la valeur de trois journées de travail, ou dans un emprisonnement de plus de trois jours.

Elles se prononcent par les tribunaux correctionnels.

602. Les peines infamantes sont la dégradation civique et le carcan.

603. Les peines afflictives sont la mort, la déportation, les fers, la réclusion dans les maisons de force, la gêne, la détention.

Elles ne peuvent être prononcées que par les tribunaux criminels.

604. Toute peine afflictive est en même temps infamante.

TITRE Ier.

Des Peines de simple police.

605. Sont punis des peines de simple police,

1º Ceux qui négligent d'éclairer ou nettoyer les rues devant leurs maisons, dans les lieux où ce soin est à la charge des habitans :

2º Ceux qui embarrassent ou dégradent les voies publiques ;

3º Ceux qui contreviennent à la défense de rien exposer sur les fenêtres ou au-devant de leurs maisons sur la voie publique, de rien jeter qui puisse nuire ou endommager par sa chute, ou causer des exhalaisons nuisibles ;

4° Ceux qui laissent divaguer des insensés ou furieux, ou des animaux malfaisans ou féroces;

5° Ceux qui exposent en vente des comestibles gâtés, corrompus ou nuisibles;

6° Les boulangers et bouchers qui vendent le pain ou la viande au-delà du prix fixé par la taxe légalement faite et publiée;

7° Les auteurs d'injures verbales, dont il n'y a pas de poursuite par la voie criminelle;

8° Les auteurs de rixes, attroupemens injurieux ou nocturnes, voies de fait et violences légères, pourvu qu'ils n'aient blessé ni frappé personne, et qu'ils ne soient pas notés, d'après les dispositions de la loi du 19 juillet 1791, comme *gens sans aveu, suspects ou mal intentionnés*, auxquels cas ils ne peuvent être jugés que par le tribunal correctionnel;

9° Les personnes coupables des délits mentionnés dans le titre II de la loi du 28 septembre 1791, sur la police rurale, lesquelles, d'après ses dispositions, étaient dans le cas d'être jugées par voie de police municipale;

606. Le tribunal de police gradue, selon les circonstances, et le plus ou moins de gravité du délit, les peines qu'il est chargé de prononcer, sans néanmoins qu'elles puissent, en aucun cas, ni être au-dessous d'une amende de la valeur d'une journée de travail ou d'un jour d'emprisonnement, ni s'élever au-dessus de la valeur de trois journées de travail ou de trois jours d'emprisonnement.

607. En cas de récidive, les peines suivent la proportion réglée par les lois des 19 juillet et 28 septembre 1791, et ne peuvent, en conséquence, être prononcées par le tribunal correctionnel.

608. Pour qu'il y ait lieu à une augmentation de peines pour cause de récidive, il faut qu'il y ait eu un premier jugement rendu contre le prévenu pour pareil délit, dans les douze mois précédens, et dans le ressort du même tribunal de police.   J. F.

Extrait de l'Arrêté du Directoire exécutif relatif aux Dépenses de l'Ordre judiciaire, des Prisons, etc., qui doivent être ordonnancées par les Ministres de la justice et de l'intérieur.

Du 14 novembre 1795 (3 Brumaire an IV).

Le directoire exécutif, en conséquence de son arrêté du 16 brumaire présent mois, par lequel, d'après la loi du 10 vendémiaire dernier, il a placé les dépenses de l'ordre judiciaire parmi les attributions du ministre de la justice,

Arrête que ce ministre ordonnancera les dépenses ci-après, savoir:

1° Les traitemens des membres des tribunaux civils, des tribunaux criminels, des tribunaux correctionnels;

2° Les menues dépenses de ces tribunaux et les gages des concierges et portiers;

3° Les traitemens des juges et greffiers de paix;

4° Les menues dépenses des tribunaux de police;

5° Les traitemens des greffiers des tribunaux de commerce. J. F.

Loi qui détermine le lieu où seront déposées les Minutes des Actes des Juges de paix.

Du 17 décembre 1795 (26 frimaire an IV).

Art. 1er. Toutes les minutes des actes, procès-verbaux et jugemens faits et rendus par les juges de paix, qui ont été déposées dans les greffes des tribunaux de district, en seront retirées et remises aux greffiers des juges de paix, sur inventaires sommaires qu'ils signeront pour valoir décharge, et desquels il leur sera délivré une expédition.

2. Néanmoins les minutes des actes des juges de paix, procès-verbaux et jugemens, dans les départemens infestés de rebelles et de chouans, seront transférées et déposées dans les greffes des tribunaux civils de département, et ce provisoirement et jusqu'à ce que l'ordre et la tranquillité publiques aient été rétablis dans ce département.

3. Les greffiers des juges de paix tiendront des répertoires qui seront cotés et paraphés par les juges de paix, sur lesquels ils inscriront jour par jour les dates des actes, leur nature, celles des procès-verbaux et des jugemens par eux faits et rendus, avec les noms des citoyens qui y sont parties.

4. Les minutes des actes des juges de paix, en matière civile, seront déposées, tous les ans, dans un local de la maison de l'administration municipale, et les expéditions en seront délivrées par les greffiers de ces juges.

Loi qui ordonne l'Échenillage des arbres.

Du 16 mars 1796 (26 ventose an IV).

Art. 1er. Dans la décade de la publication de la présente loi, tous propriétaires, fermiers, locataires ou autres faisant valoir leurs propres héritages ou ceux d'autrui, seront tenus, chacun endroit soi, d'écheniller les arbres étant sur lesdits héritages, à peine d'amende qui ne pourra être moindre de trois journées de travail, et plus forte de dix.

2. Ils sont tenus sous les mêmes peines de brûler sur-le-champ les bourses et toiles qui sont tirées des arbres, haies ou buissons, et ce dans un lieu où il n'y aura aucun danger de communication de feu, soit pour les bois, arbres et bruyères, soit pour les maisons et bâtimens.

3. Les administrateurs de département feront écheniller, dans le même délai, les arbres étant sur les domaines nationaux non affermés.

4. Les agens et adjoins des communes sont tenus de surveiller l'exécution de la présente loi dans leurs arrondissemens respectifs, ils sont responsables des négligences qui y sont découvertes.

5. Les commissaires du Directoire exécutif près les municipalités sont tenus, dans la deuxième décade de la publication, de visiter tous les terrains garnis d'arbres, d'arbustes, haies ou buissons, pour s'as-

surer que l'échenillage aura été fait exactement, et d'en rendre compte au ministre chargé de cette partie.

6. Dans les années suivantes, l'échenillage sera fait, sous les peines portés par les articles ci-dessus, avant le 1er ventôse.

7. Dans le cas où quelques propriétaires ou fermiers auraient négligé de le faire pour cette époque, les agens et adjoins le feront faire, aux dépens de ceux qui l'auront négligé, par des ouvriers qu'ils choisiront; l'exécutoire des dépenses leur sera délivré par le juge de paix, sur les quittances des ouvriers, contre lesdits propriétaires et locataires, et sans que ce paiement puisse les dispenser de l'amende.

La présente loi sera publiée le 1er pluviôse (20 janvier) de chaque année, à la diligence des agens des communes, sur le réquisitoire du commissaire du directoire exécutif.   J F.

Loi contenant Règlement sur la manière de procéder en conciliation.

Du 16 mars 1796 (26 ventôse an IV).

Le Conseil...., considérant que les affaires dont le jugement n'appartient ni au juge de paix, ni aux tribunaux de commerce, soit en dernier ressort, soit à la charge d'appel, doivent être portées, aux termes de l'article 215 de la constitution, immédiatement devant le juge de paix et ses assesseurs, pour être conciliées;

Qu'il est instant de déterminer un mode uniforme pour procéder à cet égard, et de régler d'une manière précise la marche à suivre en conciliation....

Prend la résolution suivante :

Art. 1er. En matière purement personnelle ou mobilière, le bureau de conciliation sera formé du juge de paix et de deux assesseurs, dans le canton où est situé le domicile du défendeur.

2. Il sera formé, lorsqu'il y aura plusieurs défendeurs co-obligés solidaires, dans le canton où est situé le domicile de celui d'entre eux que le demandeur aura préféré citer.

3. Dans les affaires, soit réelles, soit mixtes, le demandeur aura le choix de citer en conciliation, ou devant le juge de paix du domicile du défendeur, ou devant celui du canton où les biens sont situés.

Néanmoins, en matière de succession, toutes contestations entre les co-héritiers ou autres parties intéressées, jusqu'au partage, seront portées pour la conciliation par-devant le juge de paix du lieu où la succession est ouverte.

4. Toute citation devant le bureau de conciliation sera faite en vertu d'une cédule qui sera délivrée par le juge de paix au demandeur ou à son fondé de pouvoir; elle énoncera sommairement l'objet de la demande, et désignera le jour, le lieu et l'heure de la comparution.

5. Les cédules de citation et les certificats des bureaux de conciliation seront délivrés sur du papier timbré. Les exploits de leur notification seront faits par des huissiers, en conformité de l'ar-

ticle 27 du titre III de la loi du 19 vendémiaire an IV, et ils seront assujettis aux droits d'enregistrement.

6. Il y aura trois jours francs au moins entre celui de la notification de la cédule de citation et le jour de la comparution, si la partie citée est domiciliée dans le canton, ou dans la distance de cinq myriamètres (dix lieux moyennes de deux mille cinq cent soixante-six toises chacune); au-delà de cette distance, il sera ajouté un jour pour cinq myriamètres.

7. L'huissier remettra au greffier du juge de paix les originaux des citations qu'il aura faites, et les affaires seront expédiées, suivant les dates, par ordre de priorité.

8. Le demandeur principal qui se sera pourvu au tribunal civil, et dont l'action n'aura pas été reçue pour n'avoir point cité son adversaire en conciliation, sera recevable à l'exercer de nouveau, en rapportant la quittance de l'amende de 30 livres par lui encourue, et le certificat du bureau de conciliation qui constatera que sa partie a été inutilement appelée à ce bureau, ou qu'il a employé sans fruit sa médiation.

9. Le défendeur qui, suivant la loi du 21 germinal an II, n'aura pas été entendu dans ses défenses pour n'avoir pas justifié de la quittance de l'amende de 30 livres encourue par sa non-comparution au bureau de conciliation, et qui aura été condamné, sera reçu opposant au jugement rendu contre lui, dans les dix jours de sa signification, s'il rapporte la quittance de ladite amende.

10. Les contestations sur l'appel des jugemens rendus seront portées devant le tribunal civil qui en doit connaître, pour y être jugées sans qu'il soit besoin de citer préalablement en conciliation.

11. Les dispositions du titre X de la loi du 16—24 août 1790, et de celle du 6—27 mars 1791, relatives aux bureaux de paix et de conciliation, continueront d'avoir leur effet en tout ce qui n'est point contraire à la présente résolution.

Arrêté du Directoire exécutif qui interprète celui du 23 germinal relatif aux Instances en matière de Douanes.

Du 17 mai 1796 (28 floréal an IV).

Le Directoire exécutif, vu son arrêté du 23 germinal dernier, inséré au bulletin des lois sous le n° 323, et portant que « les lois des »4 germinal de l'an II et 14 fructidor de l'an III, concernant l'in-»struction et le jugement des instances en matière de douanes, se-»ront exécutées dans les pays réunis par la loi du 9 vendémiaire »dernier, comme dans les autres départemens de la république ; »qu'en conséquence, les administrations départementales de ces »pays réunis, auxquelles le jugement de ces instances avait été »provisoirement attribué, cesseront d'en connaître; qu'elles seront »portées devant les juges de paix, et par appel aux tribunaux civils »des départemens; »

Considérant que cette dernière disposition, conçue aussi indéfiniment qu'elle l'est, pourrait donner lieu de croire que, dans tous les cas, les juges de paix, en première instance, et les tribunaux civils, par appel, doivent connaître des affaires relatives aux douanes, ainsi qu'ils y étaient en effet autorisés par la loi du 14 fructidor de l'an 3; tandis que cette loi ne peut plus avoir son exécution, d'après les articles 233 de l'acte constitutionnel, 69, 72, 600 et 601 du Code des délits et des peines, que dans celles des instances relatives aux douanes où il n'est question de prononcer ni peines de simple police, ni peines correctionnelles;

Considérant qu'il importe d'écarter, sur cette matière, toute espèce de raison de douter que les départemens réunis doivent se conformer à la législation générale de la république,

Arrête ce qui suit :

Art. 1er. La disposition de l'arrêté du 23 germinal dernier, ci-dessus mentionnée, est restreinte aux instances en matière de douanes où il ne peut échoir ni amende ni aucune autre peine.

2. Dans les affaires relatives aux douanes, où il y aura prévention ou dénonciation de délit emportant amende ou autre peine, il sera procédé, tant par les officiers de police judiciaire que par les tribunaux correctionnels et criminels, conformément aux dispositions du Code des délits et des peines.　　J. F.

Loi relative à la Prestation du serment des employés de la Régie de l'enregistrement, des Gardes forestiers, des Experts, etc.

Du 3 août 1796 (16 thermidor an IV).

Art. 1er. Les employés à la régie de l'enregistrement, les gardes forestiers, les experts, et tous autres qui, à raison de leurs emplois ou fonctions, sont assujettis par les lois à une prestation préalable de serment, sont autorisés, lorsqu'ils ne résident pas dans la commune où le tribunal civil du département est établi, à prêter leur serment devant le juge de paix de l'arrondissement dans lequel ils sont pour leurs fonctions ou pour leur commission.

2. Il sera dressé acte de prestation : les employés de la régie, les gardes forestiers, et tous autres employés et fonctionnaires, en enverront tout de suite l'extrait au greffe du tribunal civil du département, pour y être enregistré. Pourront néanmoins les experts se dispenser de cet envoi, à la charge de joindre extrait de leur prestation de serment à leur rapport, lorsqu'ils le remettent au greffe.

Lettre du Ministre de la justice aux Juges de paix, etc., sur leur Compétence en matière des Congés de location.

Paris, 10 août 1796 (23 thermidor an IV).

A l'époque prochaine des congés de location, il s'élève la question de savoir si les juges de paix sont compétens pour connaître des demandes en congé de location, en dernier ressort, quand le prix d'un terme n'excède point cinquante francs, et à la charge d'appel, quand le prix n'excède pas cent francs.

La compétence des juges de paix, à cet égard, est également assurée par les principes et par la loi.

En effet, le droit de propriété serait illusoire s'il fallait, pour une location de deux cents francs par an, accumuler délai sur délai lors de l'échéance du temps des congés, citer devant les tribunaux de conciliation, lever des procès-verbaux, réitérer ensuite les citations devant le tribunal civil, payer à grands frais des défenseurs officieux, être privé, en attendant, de la faculté de louer ; enfin, dépenser infiniment au-delà du prix du loyer.

Une loi positive appuie ces justes considérations. Celle du 16 août 1790, article 9, porte : « Le juge de paix, assisté de deux assesseurs, » connaîtra avec eux de toutes les causes purement personnelles et » mobilières, sans appel, jusqu'à la valeur de cinquante francs, et, » à la charge de l'appel, jusqu'à la valeur de cent francs. »

Salut et fraternité.   *Signé* MERLIN.

Lettre du Ministre de la justice sur la Compétence des Tribunaux de simple police.

Vous demandez, citoyen, par votre lettre du 21 fructidor, quelles mesures le bureau central doit prendre relativement aux nombreux délits de police non prévus par les lois nouvelles, et devant quels juges ceux qui en sont prévenus doivent être traduits.

Chez un peuple libre, c'est la loi seule qui règne : en matière de délits, c'est elle qui condamne, et le juge prononce. Il ne doit rien y avoir d'arbitraire dans les jugemens : tous les délits, par conséquent, doivent être classés, dans le livre de la loi, avec des peines proportionnées au genre de trouble qu'ils apportent à l'ordre social. Pour remplir cet objet important, il faut que la sagesse fasse des méditations profondes sur la perversité.

Ce n'est pas dans les premières années d'un gouvernement nouveau que le législateur peut se flatter de ne rien laisser à désirer sur cette matière ; et, dans la nécessité de punir tous les genres de délits, même ceux non prévus par la législation nouvelle, il faut recourir aux réglemens ou ordonnances anciennes, dans tout ce qui ne contrarie pas les principes et les bases posés par les lois nouvelles.

Ainsi, quand un délit de police ne se trouve point énoncé dans l'article 605 du Code du 3 brumaire, dans les lois des 19 juillet et 28 septembre 1791, dans celles du 20 messidor an III, et quelques autres, il faut recourir aux anciennes ordonnances qui statuent sur ces délits. C'est d'après la nécessité d'une pareille mesure que la loi du 19 juillet 1791 ordonne l'exécution d'anciens réglemens dans certaines parties de police dont elle ne contient pas les délits, et que le Code du 3 brumaire renvoie à l'ordonnance de 1669 pour les peines encourues par les délits forestiers.

Il existe d'ailleurs, sur cette matière, une disposition plus générale dans le deuxième des décrets rendus le 21 septembre 1792. Il porte que, jusqu'à ce qu'il en ait été autrement ordonné, les lois non abrogées seront provisoirement exécutées.

Il faut, dans la poursuite des délits non prévus par les lois nouvelles, se conformer aux règles établies pour l'ordre judiciaire actuel.

Or une de ces règles, qui est infiniment sage, est de déterminer compétence du tribunal par la nature de la peine, d'attribuer aux tribunaux de simple police la connaissance des délits dont la peine n'excède pas une amende de la valeur de trois journées de travail ou trois jours d'emprisonnement, et aux tribunaux correctionnels celle des délits qui excèdent cette peine, sans être néanmoins afflictive ou infamante.

Il résulte de là que, si le délit non prévu par la loi nouvelle est puni, par un certain règlement, d'une peine qui n'excède pas la valeur de trois journées de travail ou un emprisonnement de trois jours, il suffit qu'il soit constaté par le procès-verbal d'un commissaire de police. Le commissaire de police remettra son procès-verbal au commissaire du pouvoir exécutif, qui fera citer le délinquant devant le tribunal de police, et poursuivra contre lui la peine portée par l'ancien règlement.

Mais si le délit dont il s'agit est puni par cet ancien règlement d'une peine qui soit de la compétence du tribunal correctionnel, comme l'objet a plus de gravité, c'est au juge de paix du lieu du délit qu'il appartient de faire l'instruction préparatoire, et de procéder d'après la voie tracée par le nouveau Code.

Le ministre de la justice,

Signé MERLIN.

Loi relative aux Procès-verbaux des Gardes-champêtres.

Du 10 août 1796 (23 thermidor an IV).

Art. 1er. Les procès-verbaux des gardes-champêtres et forestiers ne seront pas soumis à la formalité de l'enregistrement : les gardes-champêtres seront seulement tenus d'en affirmer la sincérité, dans les vingt-quatre heures, devant le juge de paix ou l'un de ses assesseurs.

2° La peine d'une amende de la valeur d'une journée de travail ou d'un jour d'emprisonnement, fixée comme la moindre par l'article 606 du Code des délits et des peines, ne pourra, pour tout délit rural et forestier, être au-dessous de trois journées de travail ou de trois jours d'emprisonnement.

3. Les lois rendues sur la police rurale seront, au surplus, exécutées.

Arrêté du Directoire exécutif qui rapporte celui du 28 floréal an IV, concernant les Instances en matière de Douanes dans les neuf départemens réunis.

Du 14 août 1796 (27 thermidor an IV).

Le Directoire exécutif, vu les observations du ministre des finances sur l'arrêté du 28 floréal dernier, inséré au 48e Bulletin des lois, 2e série, sous le n° 407, interprétatif de celui du 23 germinal précédent, relatif aux instances en matière de douanes dans les départemens réunis par la loi du 9 vendémiaire an IV ;

Considérant qu'il ne paraît pas que l'article 233 de la constitution, qui attribue aux tribunanx correctionnels le jugement des délits dont la peine n'est ni afflictive ni infamante, soit applicable aux amendes et confiscations résultant des contraventions aux lois sur les douanes et autres droits de perception ; qu'en effet, d'une part, la constitution est du 5 fructidor an III, et l'attribution des matières de douanes aux juges de paix et aux tribunaux civils a été prononcée par une loi du 14 du même mois ; que, d'autre part, l'article 213 de la constitution porte que la loi détermine les objets dont les juges de paix connaissent en dernier ressort, et leur en attribue d'autres qu'ils jugent à la charge de l'appel ;

Qu'ainsi, puisque les auteurs de la constitution ont accordé, neuf jours après sa rédaction, la connaissance des matières de douanes aux juges de paix, il en résulte que les législateurs n'ont pas considéré l'article 233 comme un empêchement à ce que cette attribution eût lieu, et qu'elle est, au contraire, une application toute naturelle de la faculté exprimée par l'article 213.

Considérant qu'il ne paraît point non plus que les dispositions du Code des délits et des peines, décrété le 3 brumaire suivant, puissent s'appliquer aux amendes et confiscations dont il il s'agit; qu'en effet, ce serait donner une grande extension à l'article 1er de ce Code, que de considérer les contraventions aux droits sur les douanes comme des délits attentoires *aux lois qui ont pour objet le maintien de l'ordre social et de la tranquillité publique ;* qu'admettre en principe qu'une amende ou confiscation quelconque, dès qu'elle excède la valeur de trois journées de travail, ne peut être prononcée que par les tribunaux correctionnels, ce serait vouloir aussi que ces tribunaux fussent seuls compétens pour prononcer les amendes encourues par les infractions aux lois sur l'enregistrement, le timbre et toutes les contributions directes et indirectes; que cependant le Code des délits et des peines ne contient rien qui puisse mener à cette conséquence; que bien loin de là, ni l'article 21 de ce Code, indicatif des agens de la police judiciaire, ni les articles 22 et 23, dans lesquels il est question de la surveillance sur ces agens, ne font mention des employés des douanes, de l'enregistrement, du timbre, etc.; que l'article 609, relatif aux peines correctionnelles, porte qu'elles seront prononcées conformément à l'ordonnance des eaux et forêts de 1669, aux lois des 19—22 juillet et 28 septembre—6 octobre 1791, à celle du 20 messidor an III, et aux autres concernant la police municipale, correctionnelle, rurale et forestière, mais qu'il ne fait aucune mention des lois sur les douanes, ni de celles sur l'enregistrement, le timbre et les autres contributions;

Considérant que la législation sur les douanes n'est évidemment que politique et commerciale ; que les peines à prononcer contre les contrevenans en cette partie ne sont pas de la même nature que celles à prononcer contre les délinquans qui troublent l'ordre social, et ne doivent être envisagées que comme des mesures propres à assurer la prépondérance du commerce et des manufactures nationales sur le commerce et les manufactures de l'étranger ;

Considérant que si, de l'examen attentif du Code des délits et des peines, il resulte qu'il n'attribue ni directement, ni indirectement, les matières de douanes aux tribunaux correctionnels, et que les amendes de cette partie ne sont point des peines de la nature de celles qu'il embrasse, il est également constant qu'il y aurait de très grands inconvéniens à donner une pareille attribution à ces tribunaux; que la compétence des juges de paix donne aux affaires des douanes toute la célérité qu'elles exigent et qu'on ne trouverait point dans les tribunaux correctionnels, dont le nombre est bien moins considérable; que d'ailleurs l'attribution à ces tribunaux entraînerait, pour les préposés, des déplacemens journaliers qui laisseraient les postes à découvert, et qui souvent même seraient impossibles, à raison de l'éloignement et de l'obligation de faire prononcer le matin sur une contravention arrivée la veille au soir, ainsi que l'ordonne l'article 2 de la loi du 14 fructidor an III; que cette attribution entraînerait aussi la nécessité de suivre les formes établies par le Code des délits et des peines; qu'ainsi il faudrait se conformer à l'article 182, qui exige que la citation qui saisit le tribunal soit visée par le directeur du jury pour assurer la compétence, et à l'article 183, qui veut que cette citation soit signifiée avec assignation pour comparaître dans les dix jours au plus tard, et à l'article 184, qui permet l'audition des témoins pour et contre, et le renvoi à une autre audience (toutes formalités qui peuvent d'autant moins être admises dans les affaires des douanes, qu'elles doivent être jugées au plus tard dans les vingt-quatre heures, et que les témoins ne peuvent y être entendus que dans le cas d'inscription de faux) et enfin à l'article 190, suivant lequel le recouvrement des amendes prononcées par le tribunal correctionnel doit être poursuivi par le directeur de la régie de l'enregistrement, tandis que celles concernant les douanes doivent être recouvrées à la diligence des préposés de cette régie, sans le concours de celle de l'enregistrement;

Considérant enfin que l'exécution de l'arrêté du directoire exécutif, du 28 floréal dernier, désorganiserait le régime des douanes, donnerait à la fraude le plus libre cours, et amènerait la ruine du commerce et des manufactures nationales;

Après avoir entendu le ministre de la justice, arrête ce qui suit :

Art. 1er. L'arrêté du 28 floréal dernier, concernant les instances en matière de douanes dans les départemens, réunis par la loi du 9 vendémiaire précédent, est rapporté.

2. Celui du 23 germinal an IV, qui ordonne l'exécution des lois des 4 germinal an II et 14 fructidor an III, dans les mêmes départemens, continuera d'être exécuté selon sa forme et teneur. J. F.

Extrait de la loi portant Établissement d'un Droit de Patentes pour l'an IV.

Du 23 août 1795 (6 fructidor an IV).

17. Ceux qui seront convaincus, soit par le fait, soit par pièces écrites, soit par le témoignage de deux personnes jouissant de leurs

droits civils, d'avoir exercé, après le 1er vendémiaire prochain, une profession, un commerce ou une industrie, sans s'être pourvus d'une patente y relative, seront poursuivis, à la requête du commissaire du Directoire exécutif près l'administration municipale du canton où la contravention aura été constatée, devant le juge de paix, et condamnés au paiement du quadruple droit, indépendamment de celui de la patente.

En cas d'appel, on sera tenu de se pourvoir, dans les trois jours, devant le tribunal civil du département, qui prononcera sans délai sur simples mémoires des parties.

Les officiers de police et les préposés de la régie de l'enregistrement dresseront des procès verbaux des contraventions dont la connaissance sera acquise, et remettront leurs procès-verbaux et les pièces qu'ils pourront avoir à l'appui, dans les trois jours, au commissaire du Directoire exécutif, qui leur en fournira récépissé.

Les juges de paix et le tribunal civil du département pourront ordonner l'impression des jugemens et l'affiche aux frais des contrevenans.

Les greffiers remettront aussi, dans les trois jours, **un extrait de** chaque jugement au receveur de l'enregistrement, **qui sera tenu** d'en suivre l'exécution par les voies de droit, aux frais des condamnés. **J. F.**

Extrait de l'arrêté du Directoire exécutif, contenant Règlement pour la police des papeteries.

Du 2 septembre 1796 (16 fructidor an IV).

7. Nul ouvrier papetier ne pourra quitter l'atelier dans lequel il travaille pour aller dans un autre sans avoir prévenu l'entrepreneur, devant deux témoins, quatre décades d'avance, à peine de 100 liv. d'amende, payables par corps contre l'ouvrier, et de 300 liv. contre l'entrepreneur qui recevrait dans son atelier et engagerait un ouvrier qu'il ne lui ait représenté le congé par écrit du dernier fabricant chez lequel il aura travaillé, ou du juge de paix des lieux, en cas de refus mal fondé de la part du fabricant. Ces amendes seront appliquées, moitié à la république, l'autre moitié au profit des fabricans que les ouvriers auront quittés sans congé.

18. Toutes les contestations qui pourraient s'élever dans les manufactures entre les entrepreneurs ou fabricans et leurs ouvriers, relativement aux salaires de ceux-ci et à leurs engagemens respectifs, seront portées devant le juge de paix du canton, qui y statuera en dernier ressort, ou à la charge de l'appel, suivant les distinctions établies par l'art. 10 du titre III de la loi du 16—24 août 1790 sur l'organisation judiciaire. **J. F.**

Loi qui autorise la perception d'un Droit de navigation sur le Canal du Midi.

Du 12 octobre 1796 (21 vendémiaire an V).

23. Les gardes du canal prêteront serment devant le tribunal

civil du département, ou devant le juge de paix de l'arrondissement où ils exerceront leurs fonctions ; dans le dernier cas, ils enverront, sans délai, extrait de l'acte dressé par le juge de paix,
au greffe du tribunal civil du département, pour y être enregistré
conformément à la loi du 16 de ce mois.   J. F.

25. Les contestations qui pourront survenir, soit sur l'exécution
du règlement de police de navigation, soit relativement aux entreprises des riverains du canal, seront portées devant les juges de
paix et tribunaux de l'arrondissement.

Circulaire du Ministre de la Justice aux Juges de paix, etc., sur les Bureaux de conciliation.

Du 19 novembre 1796 (29 brumaire au v).

Une des plus salutaires du nouvel ordre judiciaire est, sans con-
tredit, l'établissement des bureaux de conciliation. Les lois ont
déterminé leurs fonctions avec autant de clarté que de précision,
et les dispositions de ces lois sont trop connues pour qu'il soit nécessaire de les rappeler ici.

Leur vœu ne pouvait d'ailleurs être mieux prononcé ; le législa-
lateur, en ménageant aux parties prêtes à entrer en contestation
une dernière entrevue, une conférence définitive en présence
d'hommes recommandables et dignes de leur confiance, a conçu
l'espoir de rétablir souvent la concorde, qui, à défaut de ces explications fraternelles, aurait été bannie sans retour.

Les membres des bureaux de conciliation ne doivent pas perdre
de vue leur institution primitive et la nature de leurs attributions.
Ce sont de simples médiateurs qui n'ont d'autre mission que celle
d'étouffer dès le principe, à l'aide de leurs lumières et de leurs
conseils, les procès dont les parties sont menacées. Leurs fonctions, purement conciliatives, font entièrement disparaître le caractère de juge, dont ils se trouvent investis pour d'autres circonstances. Ce n'est que par les armes de la raison et de la conviction
que les hommes de paix et de conciliation peuvent combattre l'o-
piniâtreté du plaideur prévenu. Qu'ils se gardent donc de substituer
le poids, toujours dangereux, de leur propre opinion à la volonté
libre de l'une ou l'autre des parties, qu'ils se confient de l'ascendant
de leurs talens et de leur autorité pour obtenir d'elles des sacrifices
désavoués à l'instant par la volonté intime de celui qui les aurait
faits ; qu'ils ne s'érigent point en arbitres du différend, si les parties
elles-mêmes ne les constituent tels. En évitant ces divers écueils,
les parties, loin de regretter des consentemens quelquefois prêtés
trop légèrement, béniront des accommodemens qui seront le fruit
de la réflexion, de l'équité et de la raison.

Ces premiers devoirs sont dictés aux membres des bureaux de
conciliation par leur propre délicatesse ; mais il en est d'autres sur
lesquels j'insisterai davantage, en ce qu'ils tiennent à l'harmonie
des autorités judiciaires.

L'ordre judiciaire serait imparfait si les bornes de chaque autorité n'avaient été circonscrites, si les fonctions des divers officiers

publics avaient été confondues. Les lois ont limité les attributions des bureaux de paix et de conciliation aux affaires de nature contentieuse; les seules transactions sur procès sont de leur ressort. Les parties amenées, en vertu d'une citation, devant des citoyens chargés de les concilier, peuvent, à raison de leur futur litige, faire entre elles tel accord que bon leur semble, et l'acte en est rédigé sur-le-champ. La faveur due à ces sortes d'actes est telle, qu'ils sont exempts des droits d'enregistrement. Ce n'est que dans le cas où ils contiennent transmission de propriété qu'ils ont été soumis à ces droits.

Ce serait donc un grand abus si, sous prétexte de conciliation, les bureaux de conciliation pouvaient recevoir indistinctement d'autres conventions; des actes, en un mot, qui ne seraient pas la suite d'une conciliation ou le terme d'un procès. Ce serait, de leur part, envahir des fonctions qui leur sont étrangères et qui ont été départies à d'autres fonctionnaires, aux seuls notaires. Ce serait devenir les instrumens d'une fraude pratiquée par ceux qui imaginent se soustraire ainsi aux droits de timbre et d'enregistrement. Ce serait enfin compromettre la plus belle des institutions, si jamais il était permis d'en abuser au point de blesser les intérêts de la nation.

Tous ces désordres existent cependant. Dans divers cantons ruraux, des juges de paix méconnaissent leurs devoirs et confondent toutes les attributions. Couverts du masque de médiateurs, et sous la forme de conciliation, ils reçoivent habituellement les conventions ordinaires des parties, telles que ventes, baux, obligations, quittances, etc. Il n'est pas jusqu'aux inventaires dans lesquels ils ne s'entremettent, quoique la conciliation ne puisse leur servir de prétexte, et que l'article 10 de la loi du 6—27 mars 1791 le défende expressément aux juges de paix. Leur auditoire est transformé, en quelque sorte, en une étude de notaire. Les citoyens, à leur insu, se trouvent ainsi privés de l'hypothèque, ce gage sacré de nos conventions; la nation est frustrée d'une partie de ses revenus; les notaires font entendre les réclamations les plus légitimes.

D'après ces motifs ainsi puissans, j'ai dû rappeler les bureaux de conciliation à l'unité et à la simplicité de leur institution. Mieux éclairés dorénavant, les juges de paix s'empresseront de rendre hommage aux lois qui fixent leurs attributions conciliatives, et ils ne les exécuteront pas avec moins de fidélité et de respect que celles qui assurent leur compétence en matière judiciaire.

Je charge les commissaires du Directoire exécutif près les tribunaux civils de leur transmettre le présent avertissement, de les surveiller, de faire poursuivre les contrevenans, et de me rendre compte de leur diligence ainsi que du résultat qu'ils en auront obtenu.

Loi qui autorise les Juges de paix à nommer et destituer leurs Greffiers.

Du 18 décembre 1796 (28 frimaire an v).

A l'avenir, les juges de paix seuls nommeront et destitueront leurs greffiers.

Toute loi à ce contraire est rapportée.

Arrêté du Directoire exécutif qui prescrit des Mesures pour assurer la Perception des Amendes et Confiscations prononcées par les Tribunaux.

Du 21 décembre 1796 (1er nivôse an v).

Art. 1er. Les commissaires du Directoire exécutif près les tribunaux sont tenus, dans les trois jours qui suivent la prononciation d'un jugement portant peine d'amende ou de confiscation, de remettre un extrait de ce jugement aux receveurs des droits d'enregistrement établis dans l'arrondissement.

2. Les receveurs des droits d'enregistrement feront sur-le-champ les diligences nécessaires pour opérer le recouvrement des condamnations prononcées.

3. Tous les décadis, les receveurs des droits d'enregistrement adresseront aux commissaires du Directoire exécutif un état des recouvremens faits et des recouvremens à faire, correspondant aux états indicatifs des condamnations prononcées que ceux-ci leur auront fait parvenir.

4. Les commissaires du Directoire exécutif tiendront la main à ce qu'aucun détenu, dans les cas indiqués par l'article 41 du titre II de la loi du 19 juillet 1791, sur la police correctionnelle, par l'article 5 du titre II de la loi du 28 septembre — 6 octobre 1791 sur la police rurale, et qui ne sera point dans le cas prévu par la loi du 5 octobre 1793, ne soit mis en liberté, s'il n'a produit la quittance du receveur des droits d'enregistrement, constatant qu'il a satisfait aux condamnations pécuniaires prononcées contre lui (1).

---

(1) Ici se trouvent dans les éditions qui précèdent la nôtre dix ou douze pages de lois, circulaires, arrêtés totalement surannés et inutiles aujourd'hui et que nous supprimons. On pourra trouver que nous-mêmes avons imprimé ci-dessus un assez grand nombre de lois surannées aussi et tombées en désuétude, ou rapportées. Nous en convenons ; nous aurions peut-être dû élaguer de ce recueil beaucoup de dispositions que nous y avons laissées, notamment les lois des 14—26 octobre 1790 et 27 mars 1791 sur la procédure, qui sont fort longues et annulées... Mais d'abord elles étaient dans les éditions précédentes de ce manuel ; 2° plusieurs personnes ont désiré quelles fussent conservées comme points de comparaison et déclarations des principes qui ont servi de base à l'institution. J. F.

Arrêté du Directoire exécutif en interprétation de celui du 1er nivôse concernant la Remise aux Receveurs des droits d'enregistrement, d'un extrait des Jugemens portant Peine d'amende et de confiscation.

Du 5 janvier 1797 (16 nivôse an v).

Art. 1er. Le délai de trois jours, dans lequel l'article 1er de l'arrêté du Directoire exécutif, du 1er nivôse présent mois, oblige ses commissaires près les tribunaux de remettre aux receveurs du droit d'enregistrement un extrait des jugemens portant peine d'amende ou de confiscation, n'est applicable qu'aux jugemens rendus par les tribunaux de police contre lesquels il n'y a point de déclaration de recours en cassation.

2. A l'égard des jugemens de ces tribunaux contre lesquels il a été fait, dans les trois jours, une déclaration de recours à cassation, les extraits n'en seront remis aux receveurs du droit d'enregistrement que dans les trois jours qui suivront, soit la réception du jugement confirmatif du tribunal de cassation, soit la déchéance du recours à cassation, par l'effet du défaut de consignation d'amende dans les dix jours fixés par l'article 449 du Code des délits et des peines, pour la remise au greffe de la requête en cassation, à laquelle la quittance de consignation d'amende doit être jointe, aux termes de l'article 17 de la loi du 2 brumaire an IV.

3. Quant aux jugemens des tribunaux correctionnels, les extraits n'en seront remis aux receveurs du droit d'enregistrement que dans les trois jours qui suivront, soit l'expiration du délai fixé pour l'appel de ces jugemens, et ce dans le cas seulement où il n'en aura pas été appelé, soit la réception des jugemens confirmatifs rendus par les tribunaux criminels, lesquels, suivant l'esprit des articles 205, 440 et 443 du Code des délits et des peines, ne doivent, en cas de déclaration de recours à cassation, être adressés aux commissaires du Directoire exécutif près les tribunaux correctionnels, pour être mis à exécution, qu'après avoir été eux-mêmes confirmés par le tribunal de cassation, ou après que la déchéance du recours à cassation est encourue par le défaut de consignation d'amende, ainsi qu'il est dit à l'article précédent.

4. Les commissaires du Directoire exécutif près les tribunaux de police et correctionnels ne pourront, au surplus, se prévaloir de l'article 4 de son arrêté du 1er de ce mois, pour empêcher qu'un condamné insolvable qui se trouvera dans le cas prévu par l'art. 5 du titre II de la loi du 28 septembre — 6 octobre 1791, sur la police rurale, ne soit mis en liberté après le terme pendant lequel cette loi autorise la continuation de sa détention pour cause d'insolvabilité.

☛ *Extrait de la loi concernant les Pensionnaires et In-valides de la marine.*

4 Avril 1797 (15 germinal an v .)

Art. 6. Toutes les pensions de 200 francs et au-dessous, ainsi que les demi-soldes, continueront d'être payées sans autres formalités que celles d'un simple certificat de vie, non sujet à l'enregistrement, qui sera délivré *gratis*, par les juges de paix ou municipalités.   J. F.

☛ *Extrait de la Loi relative au Droit de Timbre.*

Du 24 avril 1797 (5 floréal an v).

2. Seront assujettis au timbre de dimension, indépendamment, des actes compris dans les précédentes lois sous les peines y portées savoir :

Tous les actes et procès-verbaux faits par les juges, ou au greffe, ou devant les secrétaires des administations, qui sont susceptibles de l'enregistrement, ou dont il résulte des vacations ou émolumens au profit des juges ou des greffiers et secrétaires, ou des perceptions de droits de greffe, à l'exception des actes et expéditions délivrées par ces greffiers et secrétaires aux autorités constituées, sur lesquels cette destinaton aura été mentionnée;

Les citations devant les juges de paix.   J. F.

☛ *Arrêté du Directoire exécutif concernant les Avis à donner de la mort des Personnes qui laissent pour Héritiers des Pupilles, des Mineurs ou des Absens.*

Du 10 juin 1797 (22 prairial an v).

Art. 1er. Dans chaque commune où ne réside pas un juge de paix, l'agent municipal, et, à son défaut, son adjoint, sont tenus de donner avis, sans aucun délai, au juge de paix résidant dans le canton, ou, à son défaut, à son assesseur le plus voisin, de la mort de toute personne de son arrondissement qui laisse pour héritiers des pupilles, des mineurs ou des absens.

2. Les agens et adjoints municipaux qui négligeront cette partie importante de leurs devoirs seront dénoncés à l'administration centrale de leur département, pour être procédé, à leur égard, conformément à l'art. 193 de l'acte constitutionnel.   J. F.

☛ *Extrait de la Loi relative à l'Eploitation, à la Fabrication et à la Vente des Poudres et Salpêtres.*

Du 30 août 1797 (13 fructidor an v).

10. Si le citoyen chez lequel on aura fouillé a quelque plainte à porter contre le salpêtrier, pour cause de dégradation ou autres

abus, il s'adressera au juge de paix, qui connaîtra des contestations, et ordonnera les réparations et indemnités convenables, sauf le recours de droit aux tribunaux supérieurs.

Dans ce cas, le salpêtrier fournira une caution suffisante, à défaut de laquelle ses meubles et ustensiles pourront être saisis pour répondre de sa solvabilité ; et au besoin, il sera fait opposition au paiement de ce qui lui serait dû par l'administration des poudres. J.F.

Extrait de la Loi relative aux Fonds nécessaires pour les Dépenses générales, ordinaires et extraordinaires de l'an VI.

Du 3o septembre 1797. (9 vendémiaire an VI).

37. Les jugemens préparatoires ou définitifs rendus par les juges de paix, les tribunaux civils, ceux de commerce et le tribunal de cassation, et tous actes généralement quelconques faits par les juges ou reçus aux greffes, même les actes et les certificats des bureaux de paix, de quelque nature qu'ils soient, seront enregistrés, soit sur les minutes, soit sur les expéditions, d'après les distinctions contenues dans les articles 38 et 41 suivans. Il est en conséquence dérogé à toutes les lois portant que quelques uns de ces jugemens ou actes sont exempts de la formalité de l'enregistrement.

38. Les actes judiciaires soumis à l'enregistrement sur la minute sont tous ceux qui contiennent transmission d'immeubles réels ou fictifs ; les cautionnemens, les actes d'opposition de scellés ; ceux de reconnaissance et ceux de levé de scellés ; les inventaires, les nomminations de tuteurs ou curateurs, les émancipations, les procès-verbaux de nomminations d'experts ou arbitres ; les certificats, de quelque nature qu'ils soient, même ceux de non comparution ; les affirmations de voyage, les procès-verbaux d'assemblées de famille, les actes de dépôt et consignation ; les entérinemens de procès-verbaux et rapports; et enfin, les procès-verbaux contenant autorisation, opposition, acquiescement, acceptation ou répudiation.

Cet enregistrement sera fait dans le délai de deux décades, à compter de la date des actes, et ce à la diligence des greffiers ; après ce délai, la formalité ne pourra plus être donnée qu'en acquittant un droit en sus.

39. Les greffiers qui n'auraient pas reçus des parties ou de leurs défenseurs le montant des droits des actes rappelés dans l'article précédent ne seront cependant pas tenus d'en faire l'avance ; mais ils ne pourront délivrer aucune expédition ni extrait desdits actes et jugemens, même par simple copie ou *duplicata*, avant qu'ils aient été enregistrés, à peine d'une amende de cinquante francs pour chaque contravention, et d'être contraints personnellement au paiement du droit.

40. Lorsque les greffiers n'auront pas reçu la somme nécessaire pour acquitter les droits, et qu'ils ne présenteront pas les actes à la formalité dans les deux décades, à compter de leur date, il seront tenus, sous les mêmes peines, de remettre aux receveurs de l'enre-

gistrement, dans la décade suivante, un extrait certifié des actes
et jugemens; sur cet extrait, les parties à la poursuite desquelles
lesdits actes judiciaires auront été faits seront contraintes au paiement des droits.

41. Les jugemens et tous autres actes judiciaires, non rappelés dans
l'article 38 ci-dessus et dans le quarante-sixième ci-après, ne seront sujets à l'enregistrement que sur les expéditions qui en seront demandées par les parties ; mais il est défendu aux greffiers d'en délivrer
aucune, même par simple note ou extrait, avant qu'elle ait été enregistrée, à peine d'une amende de cinquante francs pour chaque
contravention, et d'être personnellement contraints au paiement
du droit.

42. Les expéditions des jugemens des tribunaux de police ordinaire ou correctionnelle, et de ceux des tribunaux criminels, seront aussi soumises à la formalité de l'enregistrement, sous les
peines portées par l'article précédent, lorsqu'elles seront requises
par les parties : il n'y aura d'exemptes que celles qui seront délivrées aux accusateurs publics et aux commissaires du Directoire
exécutif; et, à cet effet, il y sera fait mention de cette destination.

44. Les droits proportionnels réglés par la première section de la
première classe du tarif du 5 — 19 décembre 1790, pour les expéditions des jugemens portant condamnation, liquidation ou collocation, et les droits fixes énoncés aux quatrième et cinquième sections de la troisième classe, pour les autres actes judiciaires, seront
perçus, pour les actes et jugemens des juges de paix et des bureaux
de paix, comme aussi pour ceux des tribunaux de police ordinaire
ou correctionnelle et des tribunaux criminels, sur le pied des fixations portées auxdites sections.

La perception sera doublée pour les jugemens et actes de même
nature émanés des tribunaux civils de commerce.

Le droit sera de 24 francs pour les expéditions des jugemens du
tribunal de cassation.

45. Lorsque le droit proportionnel aura été perçu sur un jugement *par défaut*, la perception sur le jugement *contradictoire* qui
pourra suivre n'aura lieu que pour le supplément, s'il y a augmentation de condamnation; et dans le cas contraire, il ne sera payé
que le droit *fixe*.

46. Dans le cas où les actes et jugemens des juges de paix et bureaux de paix, des tribunaux civils et de commerce, contiendraient
obligation de l'une des parties à l'égard de l'autre, ou une condamnation quelconque, non fondée sur un titre enregistré et susceptible de l'être, il sera perçu les mêmes droits que ceux auxquels
seraient soumises les obligations des parties ou les conventions de
toute nature que les condamnations supposent, si elles étaient contenues dans les actes notariés.

Cette perception aura lieu sur la minute des actes ou jugemens,
dans les deux décades de leur date.

47. Toutes les fois qu'une condamnation sera rendue sur un
acte enregistré, le jugement en fera mention, et énoncera le montant du droit payé, la date du paiement et le nom du bureau où
il aura été acquitté. En cas d'omission, le percepteur exigera le

droit, sauf la restitution dans le délai prescrit, s'il est ensuite justifié de l'enregistrement de l'acte sur lequel aura été prononcé le jugement.

48. Les parties ne pourront agir, ni les huissiers, notaires, greffiers et secrétaires des administrations rédiger aucun acte en vertu de ceux judiciaires non enregistrés, sous peine de cinquante francs d'amende et du paiement du droit, sauf le recours des huissiers, notaires, greffiers et secrétaires contre la partie, pour le remboursement du droit seulement.

49. Les secrétaires des administrations municipales et départementales, qui auront négligé de faire enregistrer dans le délai d'un mois, fixé par l'article 13 de la loi du 5 — 19 décembre 1790, les actes émanés desdites administrations qui sont assujetties à cette formalité, seront soumis à la même peine que celle qui est prononcée contre les notaires par l'article 9 de la même loi, pour les actes passés devant eux.

50. L'amende de cinquante francs, prononcée par l'article 14 de la loi du 5 — 19 décembre 1790, contre les notaires, greffiers et huissiers pour chaque omission d'inscrire jour par jour sur leurs répertoires les actes qu'ils reçoivent, sera aussi par eux encourue pour le refus de communiquer, soit leurs répertoires, soit leurs minutes de l'année, aux préposés de l'enregistrement, à la première réquisition qui leur en sera faite.   J. F.

Arrêté du Directoire exécutif concernant la tenue des Répertoires et la remise annuelle des Minutes des Justices de paix.

Du 18 novembre 1797 (28 brumaire an VI).

Art. 1er. Les juges de paix veilleront, sous leur propre responsabilité, à ce que les minutes de leurs actes en matière civile soient déposés, dans la première décade du mois de vendémiaire de chaque année, dans le local de la maison de l'administration municipale, qui sera désigné par ladite administration.

2. Ils prendront un reçu de l'administration municipale, visé par le commissaire du Directoire exécutif près cette administration, qu'ils feront passer, dans le cours de la deuxième décade du même mois, au commissaire du directoire exécutif près des tribunaux civil et criminel du département.

3. Le commissaire du Directoire exécutif près les tribunaux dénoncera à l'accusateur public, dans la dernière décade de vendémiaire, tous les juges de paix de son arrondissement qui n'auront point rempli les dispositions du présent arrêté.

4. Il en rendra compte au ministre de la justice, dans la première décade du mois de brumaire.

5. Les commissaires du Directoire exécutif près les tribunaux correctionnels veilleront à ce que les répertoires, que les greffiers des justices de paix doivent tenir conformément à l'article 3 de la loi du 26 frimaire an IV, soient cotés et paraphés par les juges de paix, et clos par ces mêmes juges, dans la première décade de

vendémiaire; ils y mettront en conséquence leur *visa* après la clôture faite par ce juge.

6. Dans la deuxième décade du même mois, ils rendront compte au commissaire du pouvoir exécutif près les tribunaux civil et criminel du département, des greffiers et des juges de paix qui auront ou n'auront pas accompli à cet égard les dispositions de la loi.

7. Le commissaire près des tribunaux dénoncera, dans la troisième décade de vendémiaire, les juges de paix ou les greffiers en retard, à l'accusateur public.

8. Il en rendra compte au ministre de la justice, dans la première décade de brumaire.

9. Il lui transmettra aussi les noms des commissaires près les tribunaux correctionnels qui ne lui auront point fait passer à temps l'état prescrit par l'article 6.

Extrait de la loi relative à la contrainte par corps.

Du 4 avril 1798 (15 germinal an IV).

TITRE III.

3. Nulle contrainte par corps ne pourra être exercée contre aucun individu, qu'elle n'ait été précédée de la notification au contraignable, visée par le juge de paix du canton où s'exerce la contrainte, 1° du titre qui a servi de base à la condamnation, s'il en existe un; 2° des jugemens prononcés contre le contraignable, s'il en est intervenu plusieurs contre lui pour le fait de la contrainte; 3° d'un commandement au contraignable de satisfaire à l'objet de la contrainte.

Extrait de la Loi relative aux Baux à Cheptel.

Du 20 juillet 1798 (2 thermidor an IV).

3. Dans le cas de l'article précédent, le propriétaire et le cheptelier auront réciproquement, en le signifiant quinze jours au moins avant l'échéance, ou dans les quinze jours qui suivront la première demande du propriétaire, s'il s'agit d'un bail déjà expiré, le droit d'exiger ou d'offrir la remise desdits bestiaux, tête pour tête, en même nombre, espèce et qualité qu'ils auront été donnés; auquel cas celui qui fera l'option sera tenu d'en établir le nombre, l'espèce et la qualité, soit par son bail, soit par tous autres documens écrits qui pourront les faire connaître; et à leur défaut, ou en cas d'insuffisance, par voie d'enquête devant le juge de paix du lieu.

L'enquête sera sommaire; elle devra être terminée dans la quinzaine de la demande, et sera aux frais de celui qui l'aura provoquée.   J. F.

Extrait de la loi relative au Mode de formation de l'Armée de terre.

Du 5 septembre 1798 (19 fructidor an VI).

TITRE II.

Des Enrôlemens volontaires.

6. Les Français qui , depuis l'âge de dix-huit ans accomplis jusqu'à ce qu'ils aient trente ans révolus, désirent s'enrôler volontairement pour servir dans l'armée de terre, se font inscrire sur un registre particulier tenu à cet effet par les administrations municipales ; qui dressent verbal de cette inscription : ce verbal indique les noms, prénoms, l'âge, la taille, le domicile des enrôlés, et contient leur signalement.

Ces administrations n'inscrivent que les citoyens porteurs d'un certificat de bonne conduite, signé de l'agent municipal de leur commune et du juge de paix de leur canton, ou de l'administration municipale et du juge de paix de leur commune.　　　J. F.

Loi qui ordonne la Perception d'un Octroi pour l'acquit des Dépenses locales de la commune de Paris.

Du 18 octobre 1798 (27 vendémiaire an VII).

Art. 1ᵉʳ. Il sera perçu, par la commune de Paris, un octroi municipal et de bienfaisance , conformément au tarif annexé à la présente loi, spécialement destiné à l'acquit de ses dépenses locales, et de préférence à celles de ses hospices et des secours à domicile.

2. Le Directoire exécutif est chargé de faire des réglemens généraux et locaux nécessaires pour l'exécution de la perception de l'octroi de bienfaisance établi par l'article 1ᵉʳ.

3. Dans aucun cas, les citoyens entrant dans la commune de Paris à pied , à cheval ou en voiture de voyage, ne pourront, sous le prétexte de la perception de la taxe municipale, être arrêtés, questionnés ou visités sur leurs personnes, ni à raison des malles et valises qui les accompagnent. Tous actes contraires à la présente disposition seront réputés actes de violence : les délinquans seront poursuivis par la voie de police correctionnelle ; ils seront condamnés à 50 francs d'amende et à six mois de prison.

4. Il sera établi le nombre de bureaux de recette qui sera jugé nécessaire ; le Directoire déterminera le nombre des employés, les nommera, réglera leurs traitemens, de manière cependant que les frais de perception n'excèdent pas 8 centimes par franc de la recette totale présentée par le tarif.

5. Il sera fourni aux préposés des registres à talon, sur lesquels ils seront tenus de porter, jour par jour, article par article, les recettes qu'ils feront.

6. Tous les employés à la perception de l'octroi recevront une

2ᵉ *Partie.*　　　　　　　　　　　　　　　　8

commission du directoire exécutif, et en seront toujours porteurs ainsi que du tarif et du règlement fait pour assurer son exécution. La présente loi et le tarif qui y est annexé seront affichés en placard à la porte de chaque bureau et dans son intérieur.

7. L'administration centrale du département pourra destituer provisoirement les receveurs, si le cas l'exige, les dénoncer aux tribunaux et les y poursuivre à la requête des commissaires du pouvoir exécutif.

8. L'administration de l'octroi de bienfaisance fait partie des attributions des administrations municipales de Paris, chacune dans son arrondissement, sous la surveillance de l'administration centrale du département.

9. Les contestations qui pourraient s'élever sur l'application du tarif et sur la quotité du droit exigé par le receveur seront portées devant le tribunal de police, et par lui jugées sommairement et sans frais.

10. Tout porteur ou conducteur d'objets de consommation, compris dans le tarif annexé à la présente loi, sera tenu d'en faire la déclaration au bureau de la recette et d'en acquitter le droit, avant de pouvoir les faire entrer dans la commune de Paris : toute contravention à cet égard sera punie d'une amende du double droit.

11. Les amendes prononcées en exécution de l'article 10 seront acquittées sur-le-champ entre les mains du receveur du bureau où la contravention aura été commise : moitié appartiendra aux employés dudit bureau, et moitié sera versée par ledit receveur dans la caisse du comité de bienfaisance de la municipalité.

12. Toute personne qui s'opposera à l'exercice des préposés à la perception de l'octroi sera condamnée à une amende de 50 francs. Dans le cas où il y aurait voies de fait, il en sera dressé procès-verbal, qui sera envoyé au directeur du jury d'accusation, pour en poursuivre les auteurs et leur faire infliger les peines portées par le Code pénal contre ceux qui s'opposent avec violence à l'exercice des fonctions publiques.

13. Si les préposés à la perception de l'octroi reçoivent directement ou indirectement quelque gratification ou présent, ils seront condamnés aux peines portées dans le Code pénal contre les fonctionnaires publics prévaricateurs.

14. Les administrations municipales vérifieront et arrêteront, au moins une fois par mois, les registres de recette des receveurs de leur arrondissement ; elles dresseront procès-verbal de cette vérification, et l'adresseront avec leurs observations à l'administration centrale.

15. Les receveurs verseront, au moins une fois par décade, le montant de leurs recettes à la caisse du receveur général du département.

16. Il est alloué au receveur général du département, pour toute indemnité et frais de bureau, un dixième de centime par franc de recette brute, conformément à la loi du 17 fructidor an vi.

17. Le receveur général du département remettra, chaque mois, à l'administration centrale du département, et enverra au ministre

de l'intérieur, le bordereau des versemens qui lui auront été faits, sans préjudice du bordereau général de ses recettes, qu'il est tenu de fournir à la trésorerie nationale.

18. Chaque administration municipale du canton de **Paris** dressera et enverra à l'administration centrale du département,

1° L'état des dépenses administratives ;

2° L'état des dépenses communales particulières à son arrondissement, telles que les frais de la justice de paix, de l'état civil, des cimetières, des écoles primaires, des commissaires de police.

19. Le bureau central adressera également à l'administration centrale l'état,

1° De ses dépenses administratives ;

2° De celles des hospices et secours à domicile ;

3° Des dépenses communales qui intéressent tous les citoyens du canton de Paris.

20. Tous ces états seront examinés par l'administration départementale, discutés, réduits aux dépenses d'absolue nécessité, arrêtés et renvoyés aux autorités ci-dessus désignées, chacun en ce qui la concerne.

21. Lesdites autorités expédieront, mois par mois, les mandats nécessaires pour l'acquit de leurs dépenses, telles qu'elles auront été réglées par l'administration centrale du département : ces mandats, après avoir été visés par l'administration centrale, seront acquittés par le receveur général, tant sur le produit de l'octroi et autres revenus communaux que sur les centimes additionnels destinés par la loi au paiement des dépenses communales, en observant de donner toujours la priorité aux dépenses relatives aux hospices.

22. L'administration centrale du département de la Seine fera imprimer et rendra public, dans le mois de vendémiaire de chaque année, le compte des recettes et dépenses tant départementales que municipales et communales.   J. F.

Extrait de la Loi qui maintient la Contribution des Patentes et en règle la Perception pour l'an VII.

Du 22 octobre 1798 (1ᵉʳ brumaire an VII).

37. Nul ne pourra former de demande ni fournir aucune exception ou défense en justice, ni faire aucun acte ou signification par acte extrajudiciaire, pour tout ce qui serait relatif à son commerce, sa profession ou son industrie, sans qu'il soit fait mention, en tête des actes, de la patente prise avec désignation de la classe, de la date, du numéro et de la commune où elle aura été délivrée, à peine d'une amende de 500 francs, tant contre les particuliers sujets à la patente que contre les fonctionnaires publics qui auraient fait ou reçu lesdits actes sans mention de la patente. La condamnation à cette amende sera poursuivie au tribunal civil du département, à la requête du commissaire du pouvoir exécutif près ce tribunal. Le rapport de la patente ne pourra suppléer au défaut de l'énonciation, ni dispenser de l'amende prononcée ci-dessus.

38. Tout citoyen qui expose des marchandises en vente dans

quelque lieu que ce soit, est tenu d'exhiber sa patente toutes les fois qu'il en est requis par les juges de paix, commissaires de police, administrateurs, agens ou adjoints municipaux et commissaires du pouvoir exécutif.

Si celui qui n'est point pourvu de patente ou qui ne la représente point vend hors de son domicile, les objets exposés en vente seront saisis ou sequestrés aux frais du vendeur, jusqu'à la représentation d'une patente convenable. S'il vend à son domicile, il sera dressé un procès-verbal qui sera envoyé au commissaire du Directoire exécutif près l'administration municipale, pour faire poursuivre le contrevenant conformément à la présente loi.   J. F.

Extrait de la Loi sur le Régime hypothécaire.

Du 1er novembre 1798 (11 brumaire an VII).

CHAPITRE IV.

Des Priviléges dispensés de l'Inscription, et de ceux de bâtisse.

11. Il y a privilége sur les immeubles, sans qu'il soit nécessaire d'aucune inscription.

1° Pour frais de scellés et inventaire;

2° Pour une année échue et celle courante de la contribution foncière;

3° Pour frais de dernière maladie, et inhumation;

4° Pour une année d'arrérages et ce qu'il y a d'échu sur l'année courante des gages des domestiques.

Les priviléges pour frais des scellés et inventaires, pour ceux de dernière maladie et inhumation, et pour les gages des domestiques, ne seront exercés sur les immeubles que subsidiairement, et en cas d'insuffisance du mobilier pour acquitter ces créances : leur effet, dans les lieux où ils n'étaient point admis, ne pourra préjudicier aux hypothèques antérieures à la publication de la présente.

12. Il y a aussi privilége en faveur des ouvriers et de leurs cessionnaires, mais seulement jusqu'à concurrence de la plus-value existante au moment de l'aliénation d'un immeuble, quand cette plus-value a pour origine les constructions, réparations et autres impenses que les ouvriers y auraient faites, et lorsque, avant le commencement des travaux, il aura été dressé un procès-verbal qui constate l'état dudit immeuble, l'utilité de ces ouvrages, et qu'il aura été procédé à leur réception deux mois au plus tard après leur confection.

Ces procès-verbaux seront dressés par des experts nommés d'office par le juge de paix du canton où l'immeuble est situé; en présence du commissaire du Directoire exécutif près l'administration municipale du même arrondissement.   J. F.

Extrait de la Loi sur le Régime hypothécaire et les expropriations forcées.

Du 1er Novembre 1798 (11 Brumaire an VII).

CHAPITRE Ier.

De l'Expropriation forcée.

Art. 1er. Nul ne peut poursuivre la vente forcée d'un immeuble qu'en vertu d'un titre exécutoire, et après un intervalle de trente jours à partir de celui du commandement qu'il est tenu de faire à son débiteur.

2. Ce commandement pourra être fait sans l'assistance de témoins.

L'original sera visé dans les vingt-quatre heures, par le juge de paix du lieu où il aura été signifié, ou par l'un de ses assesseurs, et il en sera laissé une seconde copie à celui qui donnera le *visa*.

Chaque copie doit contenir en tête la transcription entière du titre et la désignation des immeubles, dont le créancier entend provoquer la vente.

6. L'apposition des affiches est constatée par procès-verbaux d'huissier, sans qu'il soit nécessaire de l'assistance de témoins. Ces procès-verbaux, ainsi que les affiches, seront notifiés, et copie en sera laissée tant au saisi qu'aux créanciers inscrits, aux domiciles par eux élus, dans le délai de cinq jours de la date du dernier procès-verbal d'affiches : il sera ajouté à ce délai un jour par cinq myriamètres (dix lieux communes) de distance du lieu de la situation des biens à celui du domicile du saisi.

Les originaux de ces procès-verbaux et des exploits de leur notification sont soumis au *visa* prescrit par l'article 2 ; ils doivent être inscrits au bureau des hypothèques de la situation des biens.

Extrait de la loi sur le Timbre.

Du 3 novembre 1798 (13 brumaire an VII).

TITRE Ier.

De l'Établissement et de la Fixation des Droits.

Art. 1er. La contribution du timbre est établie sur tous les papiers destinés aux actes civils et judiciaires, et aux écritures qui peuvent être produites en justice et y faire foi.

Il n'y a d'autres exceptions que celles *nommément* exprimées dans la présente.

2. Cette contribution est de deux sortes :

La première est le droit de timbre imposé et tarifé en raison de la dimension du papier dont il est fait usage ;

La seconde est le droit de timbre créé pour les effets négociables ou de commerce, et gradué en raison de sommes à y exprimer, sans egard à la dimension du papier.

TITRE II.

De l'Application des Droits.

12. Sont assujettis au droit de timbre établi à raison de la dimension tous les papiers à employer pour les actes et écritures, soit publics, soit privés, savoir:

1° Les actes des notaires, et les extraits, copies et expéditions qui en sont délivrés;

Ceux des huissiers, et les copies et expéditions qu'ils en délivrent;

Les actes et les procès-verbaux des gardes et de tous autres employés ou agens ayant droit de verbaliser, et les copies qui en sont délivrées;

Les actes et jugemens de la justice de paix, des bureaux de paix et de conciliation, de la police ordinaire, des tribunaux et des arbitres, et les extraits, copies et expéditions qui en sont délivrés;

Les actes particuliers des juges de paix et de leurs greffiers, ceux des autres juges et des commissaires du Directoire exécutif, et ceux reçus aux greffes ou par les greffiers, ainsi que les extraits, copies et expéditions qui s'en délivrent;

Les actes des avoués ou défenseurs officieux près les tribunaux, et les copies ou expéditions qui en sont faites ou signifiées;

Les consultations, mémoires, observations et précis signés des hommes de loi et défenseurs officieux;

Les actes des autorités constituées administratives, qui sont assujettis à l'enregistrement, ou qui se délivrent aux citoyens, et toutes les expéditions et extraits des actes, arrêtés et délibérations desdites autorités, qui sont délivrés aux citoyens;

Les pétitions et mémoires, même en forme de lettres, présentés au Directoire exécutif, aux ministres, à toutes autorités constituées, aux commissaires de la trésorerie nationale, à ceux de la comptabilité nationale, aux directeurs de la liquidation générale, et aux administrations ou établissemens publics;

Les actes entre particuliers sous signature privée, et le double des comptes de recettes ou gestion particulière;

Et généralement tous actes et écritures, extraits, copies et expéditions, soit publics soit privés, devant ou pouvant faire titre, ou être produits pour obligation, décharge, justification, demande ou défense;

2° Les registres de l'autorité judiciaire où s'écrivent des actes sujets à l'enregistrement sur les minutes, et les répertoires des greffiers;

Ceux des administrations centrales et municipales, tenus pour objets qui leur sont particuliers, et n'ayant point de rapport à l'administration générale, et les répertoires de leurs secrétaires;

Ceux des notaires, et autres officiers publics et ministériels, et leurs répertoires;

Ceux des receveurs des droits et des revenus de communes et des établissemens publics;

Ceux des fermiers des postes et messageries ;

Ceux des compagnies et société d'actionnaires ;

Ceux des établissemens particuliers et des maisons particulières d'éducation ;

Ceux des agens d'affaires, directeurs, régisseurs, syndics de créanciers et entrepreneurs de travaux et fournitures ;

Ceux des banquiers, négocians, armateurs, marchands, fabricans, commissionnaires ; agens de change, courtiers, ouvriers et artisans ;

Ceux des aubergistes, maîtres d'hôtels garnis et logeurs, sur lesquels ils doivent inscrire les noms des personnes qu'ils logent ; et généralement tous livres, registres et minutes de lettres qui sont de nature à être produits en justice et dans le cas d'y faire foi, ainsi que les extraits, copies et expéditions qui sont délivrés desdits livres et registres.

TITRE III.

Des Actes et Registres non soumis à la formalité du Timbre.

1°. Sont exceptés du droit et de la formalité du Timbre, savoir :

Les quittances des traitemens et émolumens des fonctionnaires et employés salariés par la république ;

Les certificats d'indigence ;

Les rôles qui sont fournis pour l'appel des causes ;

Les actes de police générale et de vindicte publique, et ceux des commisaires du Directoire exécutif non soumis à la formalité de l'enregistrement, et les copies des pièces de procédure criminelle qui doivent être délivrées sans frais ;

2° Les registres de toutes les administrations publiques et des établissemens publics pour ordre et administration générale ;

Ceux des tribunaux, des accusateurs publics, et des commissaires du Directoire exécutif, où il ne se transcrit aucune minute d'actes soumis à la formalité de l'enregistrement :

Ceux des receveurs des contributions publiques et autres préposés publics.

TITRE IV.

Des Obligations respectives des notaires , des huissiers , greffiers, secrétaires des Administrations, arbitres et experts , des diverses autorités publiques , des préposés de la Régie , et des citoyens ; et peines prononcées contre les contrevenans.

17. Les notaires, huissiers, secrétaires des administrations centrales et municipales, et autres officiers et fonctionnaires publics, les arbitres, et les avoués ou défenseurs officieux près les tribunaux, ne pourront employer, pour les actes qu'ils rédigeront et leurs copies et expéditions, d'autre papier que celui timbré du département où ils exercent leurs fonctions.

18. La faculté accordée par l'article 7 de la présente aux ci-

toyens qui voudront employer d'autre papier que celui fourni par la régie en le faisant timbrer avant d'en faire usage, est interdite aux notaires, huissiers, greffiers, arbitres, avoués ou défenseurs officieux, et à tous autres officiers ou fonctionnaires publics : ils seront tenus de se servir du papier timbré débité par la régie.

Les administrations publiques seulement conserveront cette faculté.

Les notaires et autres officiers publics pourront néanmoins faire timbrer, à l'extraordinaire, du parchemin, lorsqu'ils seront dans le cas d'en employer.

19. Les notaires, greffiers, arbitres, et secrétaires des administrations, ne pourront employer, pour les expéditions qu'ils délivreront des actes retenus en minute, et de ceux déposés ou annexés, de papier timbré d'un format inférieur à celui appelé *moyen papier*, et dont le prix est fixé à 75 centimes la feuille, par l'article 8 de la présente. Ce prix sera aussi celui du timbre du parchemin que l'on voudra employer pour expédition, sans égard à la dimension, si toutefois elle est au-dessous de celle de ce papier.

Les huissiers, et autres officiers publics ou ministériels, ne pourront non plus employer de papier timbré d'une dimension inférieure à celle du moyen papier, pour les expéditions des procès-verbaux de ventes de mobilier.

20. Les papiers employés à des expéditions ne pourront contenir, compensation faite d'une feuille à l'autre, savoir :

Plus de vingt-cinq lignes par page de moyen papier ;

Plus de trente lignes par page de grand papier ;

Et plus de trente-cinq lignes par page de grand registre.

21. L'empreinte du timbre ne pourra être couverte d'écriture, ni altérée.

22. Le papier timbré qui aura été employé à un acte quelconque ne pourra plus servir pour un autre acte ; quand même le premier n'aurait pas été achevé.

23. Il ne pourra être fait ni expédié deux actes à la suite l'un de l'autre sur la même feuille de papier timbré, nonobstant tout usage ou règlement contraire.

Sont exceptés les ratifications des actes passés en l'absence des parties, les quittances de prix de vente, et celles de remboursement de contrats de constitution ou obligation, les inventaires, procès-verbaux et autres actes qui ne peuvent être consommés dans un même jour et dans la même vacation, les procès-verbaux de reconnaissance et levée de scellés qu'on pourra faire à la suite du procès-verbal d'apposition, et les significations des huissiers, qui peuvent également être écrites à la suite des jugemens et autres pièces dont il est délivré copie.

Il pourra aussi être donné plusieurs quittances sur une même feuille de papier timbré, pour à-comptes d'une seule et même créance, ou d'un seul terme de fermage ou loyer.

Toutes autres quittances qui seront données sur une même feuille de papier timbré n'auront pas plus d'effet que si elles étaient sur papier non timbré.

24. Il est fait défense aux notaires, huissiers, greffiers, arbitres

et experts, d'agir, aux juges de prononcer aucun jugement, et aux administrations publiques de rendre aucun arrêté, sur un acte, registre ou effet de commerce non écrit sur papier timbré du timbre prescrit, ou non visé pour timbre.

Aucun juge ou officier public ne pourra non plus coter et parapher un registre assujetti au timbre, si les feuilles n'en sont timbrées.

25. Il est également fait défenses à tout receveur de l'enregistrement,

1° D'enregistrer aucun acte qui ne serait pas sur papier timbré du timbre prescrit, ou qui n'aurait pas été visé pour timbre;

2° D'admettre à la formalité de l'enregistrement des protêts d'effets négociables, sans se faire représenter ces effets en bonne forme;

3° De délivrer de patentes aux citoyens dont les registres doivent être tenus en papier timbré, si ces registres ne leur sont préalablement représentés aussi en bonne forme.

Les citoyens seront, en conséquence, tenus d'en justifier.

Circulaire du Ministre de la justice aux Juges de paix des cantons maritimes sur la Vente des effets naufragés.

5 Novembre 1798 (15 brumaire an VII).

Je suis informé que, dans quelques cantons maritimes, il s'est élevé des différens relativement à la destination et à l'emploi des deniers provenans de la vente des effets naufragés.

La loi du 3 août 1791, concernant la police de la navigation et des ports de commerce, titre Ier, charge le juge de paix, et à son défaut l'officier municipal ou le syndic des gens de mer, des mesures à prendre dans le cas de bris et naufrage.

L'article 6 porte que « le juge de paix pourra faire vendre de suite, sur la réquisition du chef des classes, les effets qui ne seront pas susceptibles d'être conservés; et que, s'il ne se présente pas de réclamations dans le mois, il procédera, en présence du même chef, à la vente des marchandises les plus périssables; et sur les deniers en provenant, seront payés les salaires des ouvriers, suivant le règlement qui en sera fait provisoirement et sans frais. »

Cette disposition de la loi a fait croire à quelques juges de paix que, puisqu'ils étaient chargés de régler les salaires des ouvriers employés en sauvetage, c'était à eux à les payer. En conséquence, ils se sont crus autorisés à retenir les deniers provenant de la vente, et à payer les salaires des ouvriers, suivant la taxe qu'ils avaient jugée convenable, sauf à remettre le surplus, s'il y en a, dans la caisse des invalides.

C'est une erreur qu'il importe de détruire.

La loi précitée porte titre IV, article 1er : « que pour la recette des droits sur la navigation, inventaire et dépôt.... des marchandises sauvées ou sequestrées, ou des deniers provenant de leur vente, autres que ceux qui doivent être versés à la caisse des invalides, il sera établi des receveurs dans les villes maritimes où il y aura des tribunaux de commerce. »

A ces receveurs particuliers qui étaient nommés par les tribunaux de commerce la loi du 30 décembre 1791 a substitué les receveurs des douanes nationales. C'est dans la caisse de ces derniers que doit être fait le dépôt des marchandises naufragées, ou des deniers provenant de leur vente.

Aussi il est à remarquer que la loi du 13 août 1791, après avoir dit que le juge de paix procédera à la vente des marchandises les plus périssables, ajoute ; « et sur les deniers en provenant seront payés les salaires des ouvriers, suivant le règlement que le juge de paix en aura fait. » Cet énoncé prouve évidemment que le règlement des salaires et leur paiement ne peuvent être effectués par une seule et même personne.

Le règlement sera fait par le juge de paix. Les salaires seront payés par le receveur dans la caisse duquel les deniers provenant de la vente auront été déposés.

S'il en était autrement, si le juge de paix réglait et payait les mémoires des ouvriers, il pourrait en résulter les plus grands inconvéniens. Le règlement du juge de paix n'est que provisoire ; s'il a accordé ce qui n'était point dû, ou au-delà de ce qui était dû, les parties intéressées peuvent se pourvoir devant le tribunal de commerce, qui procédera de nouveau au règlement contesté, aux termes de l'article 7 du titre Ier de la loi du 18 août 1791. Dans ce cas, si le tribunal jugeait *excessive* la taxe du juge de paix, quelles difficultés ne trouverait-on pas à faire restituer par les malheureux *journaliers* employés au sauvetage ce qu'ils auraient reçu de trop ?

Au reste, le mode indiqué par la loi de faire indiquer par le juge et payer par le receveur est bien plus convenable et plus conforme aux principes d'une sage administration que celui qui confondrait les deux opérations dans une seule main, et c'est la seule interprétation qu'on puisse raisonnablement donner au texte précis des dispositions de la loi du 13 août 1791.

Je vous invite à faire de ces observations la règle de votre conduite dans le cas de bris et naufrages où votre ministère pourra être requis.

Extrait de la Loi relative à la Répartition, à l'Assiette et au Recouvrement de la Contribution foncière.

Du 23 novembre 1798 (3 frimaire an VII).

21. Le Répartiteur qui ne se sera point présenté devant l'administration municipale sera en outre cité par le commissaire du Directoire exécutif près cette administration, devant le juge de paix de l'arrondissement dans lequel elle se trouve, qui, pour ce fait de désobéissance à la loi, le condamnera à une amende de la valeur locale de trois journées de travail agricole, et aux frais de l'affiche de l'extrait du procès-verbal de l'administration municipale, qui sont réglés à 3 francs, non compris le papier timbré, et seront payés au secrétaire de ladite administration, sans préjudice des

frais légitimement faits devant le juge de paix, et de ceux de signification et de mise à exécution du jugement, dont il sera pareillement tenu.   J. F.

Extrait de la Loi relative au Régime, à la Police et à l'Administration des Bacs et Bateaux sur les Fleuves, Rivières et Canaux navigables.

Du 25 novembre 1798 (6 frimaire an VII).

50. Ne seront point toutefois assujettis au paiement des droits compris auxdits tarifs les juges, les juges de paix, administrateurs, commissaires du Directoire, ingénieurs des ponts et chaussées, lorsqu'ils se transporteront pour raison de leurs fonctions respectives; les cavaliers et officiers de gendarmerie, les militaires en marche, les officiers lors de la durée et dans l'étendue de leur commandement.

§ VII. *Dispositions pénales.*

51. Il est enjoint aux adjudicataires, mariniers et autres personnes employées au service de bacs, de se conformer aux dispositions de police administrative et de sûreté contenues dans la présente loi, ou qui pourraient leur être imposées par le Directoire et les administrations pour son exécution, à peine d'être responsables, en leur propre et privé nom, des suites de leur négligence, et, en outre, être condamnés pour chaque contravention, en une amende de la valeur de trois journées de travail, le tout à la diligence des commissaires du Directoire exécutif près les administrations centrales et municipales.

52. Il est expressément défendu aux adjudicataires, mariniers et autres personnes employées au service des bacs et bateaux, d'exiger, dans aucuns temps, autres et plus fortes sommes que celles portées aux tarifs, à peine d'être condamnés par le juge de paix du canton, soit sur la réquisition des parties plaignantes, soit sur celle des commissaires du Directoire, à la restitution des sommes indûment perçues, et en outre, par forme de simple police, à une amende qui ne pourra être moindre de la valeur d'une journée de travail et d'un jour d'emprisonnement, ni excéder la valeur de trois journées de travail et trois jours d'emprisonnement; le jugement de condamnation sera imprimé et affiché aux frais du contrevenant.

En cas de récidive, la condamnation sera prononcée par le tribunal de police correctionnelle, conformément à l'article 607 du Code des délits et des peines.

53. Si l'exaction est accompagnée d'injures, menaces, violences ou voies de fait, les prévenus seront traduits devant le tribunal de police correctionnelle, et, en cas de conviction, condamnés, outre les réparations civiles et dommages et intérêts, à une amende qui pourra être de 100 francs, et un emprisonnement qui ne pourra excéder trois mois.

54. Les adjudicataires seront, dans tous les cas, civilement

responsables des restitutions, dommages et intérêts, amendes et condamnations pécuniaires, prononcées contre leurs préposés et mariniers.

55. Ils pourront même, dans le cas de récidive légalement prononcée par un jugement, être destitués par les administrations centrales, sur l'avis des administrations municipales; et alors leurs baux demeureront résiliés sans indemnité.

56. Toute personne qui se soustrairait au paiement des sommes portées auxdits tarifs sera condamnée par le juge de paix du canton, outre la restitution des droits, à une amende qui ne pourra être moindre de la valeur d'une journée de travail, ni excéder trois jours.

En cas de récidive, le juge de paix prononcera, outre l'amende, un emprisonnement qui ne pourra être moindre d'un jour, ni être de plus de trois; et l'affiche du jugement sera aux frais du contrevenant.

57. Si le refus de payer était accompagné d'injures, menaces, violences ou voies de fait, les coupables seront traduits devant le tribunal de police correctionelle, et condamnés, outre les réparations civiles et dommages et intérêts, en une amende qui pourra être de 100 francs, et un emprisonnement qui ne pourra excéder trois mois.

58. Toute personne qui aura aidé ou favorisé la fraude, ou concouru à des contraventions aux lois sur la police des bacs, sera condamnée aux mêmes peines que les auteurs des fraudes ou contraventions.

59. Toute personne qui aurait encouru quelques unes des condamnations prononcées par les articles précédens, sera tenue d'en consigner le montant au greffe du juge de paix du canton, ou de donner caution solvable, laquelle sera reçue par le juge de paix ou l'un de ses assesseurs.

Sinon, seront ses voitures et chevaux mis en fourrière, et les marchandises déposées à ses frais jusqu'au paiement, jusqu'à la consignation, ou jusqu'à la réception de la caution.

60. Toute consignation ou dépôt sera restitué immédiatemment après l'exécution du jugement qui aura prononcé sur le délit pour raison duquel les consignations ou dépôts auront été faits.

61. Les délits plus graves et non prévus par la présente, ou qui se compliqueraient avec ceux qui y sont énoncés, continueront d'être jugés suivant les dispositions des lois pénales existantes, auxquelles il n'est point dérogé.

71. Les dispositions de la présente loi ne sont point applicables au département de la Seine, dans lequel la loi du 16 brumaire an v, sur les bacs, bateaux et batelets, continuera d'être exécutée.

Cependant sont abrogées les dispositions pénales prononcées par ladite loi : celles énoncées en la présente seront appliquées aux contrevenans dans l'étendue du département de la Seine, comme dans toute l'étendue de la république.

Extrait de la Loi qui détermine le Mode administratif des Recettes et Dépenses départementales, municipales et communales.

Du 1er décembre 1798 (11 frimaire an VII).

§ III. *Recettes et Dépenses municipales quant aux Cantons composés de plusieurs Communes.*

8. Les dépenses municipales pour les cantons composés de plusieurs communes sont celles ,

1° Du traitement du juge de paix et de son greffier ;

5° Des frais de bureaux en papier, encre, plumes, chauffage, lumières, impressions et affiches.

9. Les recettes municipales, pour les cantons composés de plusieurs communes, se composent,

1° Du dixième du produit des patentes perçues dans l'arrondissement du canton ;

2° De la moitié des amendes de police recouvrées dans le même arrondissement;

3° De la quantité de centimes additionnels aux contributions foncière et personnelle qu'il sera jugé nécessaire d'établir pour compléter le fonds des dépenses municipales, lesquels ne pourront, dans aucun cas, excéder le *maximum* qui sera déterminé chaque année après la fixation de l'une et l'autre contribution.

Si ce *maximum* ne suffit pas, il sera pourvu au déficit sur le fonds de supplément dont il sera parlé ci-après.   J. F.

Extrait de la Loi sur l'Enregistrement.

Du 12 décembre 1798 (22 frimaire an VII).

TITRE Ier.

De l'Enregistrement, des Droits et de leur Application.

Art. 1er. Les droits d'enregistrement seront perçus d'après les bases et suivant les règles déterminées par la présente.

2. Les droits d'enregistrement sont *fixes* ou *proportionnels*, suivant la nature des actes et mutations qui y sont assujettis.

7. Les actes civils et extrajudiciaires sont enregistrés sur les minutes, brevets ou originaux.

Les actes judiciaires reçoivent cette formalité, soit sur les minutes, soit sur les expéditions, suivant les distinctions ci-après :

Ceux qui doivent être enregistrés sur les minutes sont les procès-verbaux d'apposition, de reconnaissance et de levée de scellés, et ceux de nomination de tuteurs et curateurs; les avis de parens, les émancipations, les actes de notoriété, les déclarations en matière civile, les adoptions; tous actes contenant autorisation, acceptation, abstention, renonciation ou répudiation; les nominations d'experts et arbitres, les oppositions à la levée des scellés par compa*ution personnelle, les cautionnemens de personnes à représenter à justice, ceux de sommes déterminées ou non déterminées, les ordonnances et mandemens d'assigner les opposans à scellés, tous procès-verbaux généralement quelconques des bureaux de paix, portant conciliation ou non-conciliation, défaut ou congé, remise ou ajournement; tous actes d'acquiescement, de dépôt et consignation, d'exclusion de tribunaux, d'affirmation de voyage, d'enchère et surenchère, de reprise d'instance, de communication de pièces avec ou sans déplacement, d'affirmation ou vérification de créances, d'opposition à délivrance de titres ou jugemens, de procès-verbaux et rapports, de dépôt de bilan et de décharges, les certificats de toute nature et ordonnances sur requête; les jugemens portant transmission d'immeubles, et ceux par lesquels il est prononcé des condamnations sur des conventions sujettes à l'enregistrement, sans énonciation de titres enregistrés.

Tous autres actes et jugemens, soit préparatoires ou d'instruction, soit définitifs, ne sont soumis à l'enregistrement que sur les expéditions.

Ceux des actes de l'état civil qui sont assujettis à l'enregistrement par la présente ne seront également enregistrés que sur les expéditions.

Les jugemens de la police ordinaire, des tribunaux de police correctionnelle et des tribunaux criminels, ne sont de même soumis à l'enregistrement que sur les expéditions, lorsqu'il y a partie civile, et seulement pour les expéditions requises par elle ou autres intéressés.

8. Il n'est dû aucun droit d'enregistrement pour les extraits, copies ou expéditions des actes qui doivent être enregistrés sur les minutes ou originaux.

Quant à ceux des actes judiciaires qui ne sont assujettis à l'enregistrement que sur les expéditions, chaque expédition doit être enregistrée, savoir: la première pour le droit proportionnel, s'il y a lieu, ou pour le droit fixe, si le jugement n'est pas passible du droit proportionnel; et chacune des autres, pour le droit fixe.

11. Mais lorsque, dans un acte quelconque, soit civil, soit judiciaire ou extrajudiciaire, il y a plusieurs dispositions indépendantes ou ne dérivant pas nécessairement les unes des autres, il est dû pour chacune d'elles, et selon son espèce, un droit particulier. La quotité en est déterminée par l'article de la présente, dans lequel la disposition se trouve classée, ou auquel elle se rapporte.

TITRE II.

Des valeurs sur lesquelles le Droit proportionnel est assis, et de l'Expertise.

14. La valeur de la propriété, de l'usufruit et de la jouissance des biens meubles, est déterminée, pour la liquidation et le paiement du droit proportionnel, ainsi qu'il suit, savoir:

1° Pour les baux et locations, *par le prix annuel exprimé, en y ajoutant les charges imposées au preneur;*

2° Pour les créances à termes, leurs cessions et transports et autres actes obligatoires, *par le capital exprimé dans l'acte, et qui en fait l'objet;*

3° Pour les quittances et tous autres actes de libération, *par le total des sommes ou capitaux dont le débiteur se trouve libéré;*

4° Pour les marchés et traités, *par le prix exprimé ou l'évaluation qui sera faite des objets qui en seront susceptibles;*

5° Pour les ventes et autres transmisssions à titre onéreux, *par le prix exprimé et le capital des charges qui peuvent ajouter au prix.*

6° Pour les créations de rentes, soit perpétuelles, soit viagères, ou de pensions, aussi à titre onéreux, *par le capital constitué et aliéné;*

7° Pour les cessions ou transports desdites rentes ou pensions, et pour leur amortissement ou rachat, *par le capital constitué, quel que soit le prix stipulé pour le transport ou l'amortissement;*

8° Pour les transmissions entre-vifs, à titre gratuit, et celles qui s'opèrent par décès, *par la déclaration estimative des parties, sans distraction des charges;*

9° Pour les rentes et pensions créées sans expression de capital, leurs transports et amortissement, *à raison d'un capital formé de vingt fois la rente perpétuelle, et de dix fois la rente viagère ou la pension, et quel que soit le prix stipulé pour le transport ou l'amortissement.*

Il ne sera fait aucune distinction entre les rentes viagères et pensions créées sur une tête et celles créées sur plusieurs têtes, quant à l'évaluation.

Les rentes et pensions stipulées payables en nature seront évaluées aux mêmes capitaux, estimation préalablement faite des objets, d'après les dernières mercuriales du canton de la situation des biens, à la date de l'acte, s'il s'agit d'une rente créée pour l'aliénation d'immeubles, ou dans tout autre cas, d'après les dernières mercuriales du canton où l'acte aura été passé.

Il sera rapporté à l'appui de l'acte un extrait certifié des mercuriales.

S'il est question d'objets dont les prix ne puissent être réglés par les mercuriales, les parties en feront une déclaration estimative;

10° Pour les actes et jugemens portant condamnation, collocation, liquidation ou transmission, *par le capital des sommes, et les intérêts et dépens liquidés;*

11° L'usufruit, transmis à titre gratuit, s'évalue à la moitié de la valeur entière de l'objet.

15. La valeur de la propriété, de l'usufruit et de la jouissance des immeubles, est déterminée pour la liquidation et le paiement du droit proportionnel, ainsi qu'il suit, savoir:

1° Pour les baux à ferme ou à loyer, les sous-baux, cessions et subrogations de baux, *par le prix annuel exprimé, en y ajoutant les charges imposées au preneur.*

Si le bail est stipulé payable en nature, il en sera fait une évaluation d'après les dernières mercuriales du canton de la situation des biens, à la date de l'acte, à l'appui duquel il sera rapporté un extrait certifié des mercuriales.

Il en sera de même des baux à portion de fruits, pour la part revenant au bailleur, dont la quotité sera préalablement déclarée, et sur la valeur de laquelle le droit d'enregistrement sera perçu.

S'il s'agit d'objets dont la valeur ne puisse être constatée par les mercuriales, les parties en feront une déclaration estimative.

2° Pour les baux à rentes perpétuelles et ceux dont la durée est illimitée, *par un capital formé de vingt fois la rente ou le prix annuel, et les charges aussi annuelles, en y ajoutant également les autres charges en capital, et les deniers d'entrées, s'il en est stipulé.*

Les objets en nature s'évaluent comme ci-dessus.

3° Pour les baux à vie, sans distinction de ceux faits sur une ou plusieurs têtes, *par un capital formé de dix fois le prix et les charges annuelles, en y ajoutant de même le montant des deniers d'entrée, et des autres charges, s'il s'en trouve d'exprimées. Les objets en nature s'évaluent pareillement comme il est prescrit ci-dessus;*

4° Pour les échanges, *par une évaluation qui doit être faite en capital, d'après le revenu annuel multiplié par vingt sans distraction des charges;*

5° Pour les engagemens, *par le prix et sommes pour lesquels ils sont faits;*

6° Pour les ventes, adjudications, cessions, rétrocessions, licitations, et tous autres actes civils ou judiciaires, portant translation de propriété ou d'usufruit, à titre onéreux, *par le prix exprimé, en y ajoutant toutes les charges en capital, ou par une estimation d'experts, dans les cas autorisés par la présente.*

Si l'usufruit est réservé par le vendeur, il sera évalué à la moitié de tout ce qui forme le prix du contrat, et le droit sera perçu sur le total; mais il ne sera dû aucun autre droit pour la réunion de l'usufruit à la propriété; cependant, si elle s'opère par un acte de cession, et que le prix soit supérieur à l'évaluation qui en aura été faite pour régler le droit de la translation de propriété, il est dû un droit, par supplément, sur ce qui se trouve excéder cette évaluation. Dans le cas contraire, l'acte de cession sera enregistré pour le droit fixe.

7° Pour les transmissions de propriété entre vifs, à titre gratuit, et celles qui s'effectuent par décès, *par l'évaluation qui sera faite et portée à vingt fois le produit des biens, ou le prix des baux courans, sans distraction des charges.*

Il ne sera rien dû pour la réunion de l'usufruit à la propriété, lorsque le droit d'enregistrement aura été acquitté sur la valeur entière de la propriété.

8° Pour les transmissions d'usufruit seulement, soit entre vifs, à titre gratuit, soit par décès, *par l'évaluation qui en sera portée à dix fois le produit des biens ou le prix des baux courans, aussi sans distraction des charges.*

Lorsque l'usufruitier qui aura acquitté le droit d'enregistrement pour son usufruit acquerra la nue propriété, il paiera le droit d'enregistrement sur sa valeur, sans qu'il y ait lieu de joindre celle de l'usufruit.

16. Si les sommes et valeurs ne sont pas déterminées dans un acte ou un jugement donnant lieu au droit proportionnel, les parties seront tenues d'y suppléer, avant l'enregistrement, par une déclaration estimative, certifiée et signée au pied de l'acte.

17. Si le prix énoncé dans un acte translatif de propriété ou d'usufruit de biens immeubles, à titre onéreux, paraît inférieur à leur valeur vénale à l'époque de l'aliénation, par comparaison avec les fonds voisins de même nature, la régie pourra requérir une expertise, pourvu qu'elle en fasse la demande dans l'année à compter du jour de l'enregistrement du contrat.

18. La demande en expertise sera faite au tribunal civil du département dans l'étendue duquel les biens sont situés, par une pétition portant nomination de l'expert de la nation.

L'expertise sera ordonnée dans la décade de la demande.

En cas de refus par la partie de nommer son expert, sur la sommation qui lui aura été faite d'y satisfaire dans les trois jours, il lui en sera nommé un d'office par le tribunal.

Les experts, en cas de partage, appelleront un tiers expert; s'ils ne peuvent en convenir, le juge de paix du canton de la situation des biens y pourvoira.

Le procès-verbal d'expertise sera rapporté, au plus tard, dans le mois qui suivra la remise qui aura été faite aux experts de l'ordonnance du tribunal, ou dans le mois après l'appel d'un tiers-expert.

Les frais de l'expertise seront à la charge de l'acquéreur, mais seulement lorsque l'estimation excédera d'un huitième au moins le prix énoncé au contrat.

L'acquéreur sera tenu, dans tous les cas, d'acquitter le droit sur le supplément d'estimation, s'il y a une plus-value constatée par le rapport des experts.

19. Il y aura également lieu à requérir l'expertise des revenus des immeubles transmis en propriété ou usufruit à tout autre titre qu'à titre onéreux, lorsque l'insuffisance dans l'évaluation ne pourra être établie par actes qui puissent faire connaître le véritable revenu des biens.

TITRE III.

Des délais pour l'enregistrement des Actes et Déclarations.

20. Les délais pour faire enregistrer les actes publics sont, savoir:

De quatre jours pour ceux des huissiers et autres ayant pouvoir de faire exploits et procès-verbaux;

De dix jours pour les actes des notaires qui résident dans la commune où le bureau de l'enregistrement est établi;

De quinze jours pour ceux des notaires qui n'y résident pas;

De vingt jours pour les actes judiciaires soumis à l'enregistrement sur les minutes, et pour ceux dont il ne reste pas de minute au greffe, ou qui se délivrent en brevet;

De vingt jours aussi pour les actes des administrations rurales et municipales assujetties à la formalité de l'enregistrement.

25. Dans les délais fixés par les articles précédens pour l'enregistrement des actes et des déclarations, le jour de la date de l'acte ou celui de l'ouverture de la succession ne sera point compté.

Si le dernier jour du délai se trouve être un décadi ou un jour de fête nationale, ou s'il tombe dans les jours complémentaires, ces jours-là ne sont point comptés non plus.

TITRE IV.

Des Bureaux où les Actes et Mutations doivent être enregistrés.

26. Les notaires ne pourront faire enregistrer leurs actes qu'aux bureaux dans l'arrondissement desquels ils résident.

Les huissiers et tous autres ayant pouvoir de faire des exploits, procès-verbaux ou rapports, feront enregistrer leurs actes, soit au bureau de leur résidence, soit au bureau du lieu où ils les auront faits.

Les greffiers et les secrétaires des administrations centrales et municipales feront enregistrer les actes, qu'ils seront tenus de soumettre à cette formalité, aux bureaux dans l'arrondissement desquels ils exercent leurs fonctions.

Les actes sous signature privée et ceux passés en pays étranger pourront être enregistrés dans tous les bureaux indistinctement.

TITRE V.

Du paiement des Droits, et de ceux qui doivent les acquitter.

28. Les droits des actes et ceux des mutations par décès seront payés avant l'enregistrement, aux taux et quotités réglés par la présente.

Nul ne pourra en atténuer ni différer le paiement, sous le prétexte de contestation sur la quotité, ni pour quelque autre motif que ce soit, sauf à se pourvoir en restitution, s'il y a lieu.

29. Les droits des actes à enregistrer seront acquittés, savoir :

Par les notaires, *pour les actes passés devant eux ;*

Par les huissiers et autres ayant pouvoir de faire des exploits et procès-verbaux, *pour ceux de leur ministère.*

Par les greffiers, *pour les actes et jugemens (sauf le cas prévu par l'article 37 ci-après) qui doivent être enregistrés sur les minutes, aux termes de l'article 7 de la présente, et ceux passés et reçus aux greffes, et pour les extraits, copies et expéditions qu'ils délivrent des jugemens qui ne sont pas soumis à l'enregistrement sur les minutes ;*

Par les secrétaires des administrations centrales et municipales, *pour les actes de ces administrations qui sont soumis à la formalité de l'enregistrement, sauf aussi le cas prévu par l'article 37.*

Par les parties, *pour les actes sous signature privée, et ceux passés en pays étranger qu'elles auront à faire enregistrer, pour les ordonnances sur requêtes ou mémoires, et les certificats qui leur sont immédiatement délivrés par les juges; et pour les actes et décisions qu'elles obtiennent des arbitres, si ceux-ci ne les ont pas fait enregistrer;*

Et par les héritiers, légataires et donataires, leurs tuteurs et curateurs, et les exécuteurs testamentaires, *pour les testamens et autres actes de libéralité à cause de mort.*

30. Les officiers publics qui, aux termes des dispositions précédentes, auraient fait, pour les parties, l'avance des droits d'enregistrement, pourront prendre exécutoire du juge de paix de leur canton pour leur remboursement.

L'opposition qui serait formée contre cet exécutoire, ainsi que toutes les contestations qui s'élèveraient à cet égard, seront jugées conformément aux dispositions portées par l'article 65 de la présente, relatif aux instances poursuivies au nom de la nation.

31. Les droits des actes civils et judiciaires emportant obligation, libération, ou translation de propriété, ou d'usufruit de meubles ou immeubles, seront supportés par les débiteurs et nouveaux possesseurs; et ceux de tous les autres actes le seront par les parties auxquelles les actes profiteront, lorsque, dans ces divers cas, il n'aura pas été stipulé de dispositions contraires dans les actes.

32. Les droits des déclarations des mutations par décès seront payés par les héritiers, donataires ou légataires.

Les cohéritiers seront solidaires.

La nation aura action sur les revenus des biens à déclarer, en quelques mains qu'ils se trouvent, pour le paiement des droits dont il faudrait poursuivre le recouvrement.

TITRE VI.

Des peines pour défaut d'enregistrement des Actes et Déclarations dans les délais; et de celles portées relativement aux omissions, aux fausses estimations et aux contre-lettres.

33. Les notaires qui n'auront pas fait enregistrer leurs actes dans les délais prescrits paieront personnellement, à titre d'amende et pour chaque contravention, une somme de 50 francs, s'il s'agit d'un acte sujet au droit fixe, ou une somme égale au montant du droit, s'il s'agit d'un acte sujet au droit proportionnel, sans que, dans ce dernier cas, la peine puisse être au-dessous de 50 francs.

Ils seront tenus, en outre, du paiement des droits, sauf leur recours contre les parties pour ces droits seulement.

34. La peine contre un huissier ou autre ayant pouvoir de faire des exploits ou procès-verbaux est, pour un exploit ou procès-verbal non présenté à l'enregistrement dans le délai, d'une somme de 25 francs, et de plus une somme équivalente au montant du droit de l'acte non enregistré. L'exploit ou procès-verbal non enregistré dans le délai est déclaré nul, et le contrevenant responsable de cette nullité envers la partie.

Ces dispositions, relativement aux exploits et procès-verbaux, ne s'étendent pas aux procès-verbaux de vente de meubles et autres objets mobiliers, ni à tout autre acte du ministère des huissiers sujet au droit proportionnel. La peine pour ceux-ci sera d'une somme égale au montant du droit sans qu'elle puisse être au-dessous de 5o fr. Le contrevenant paiera en outre le droit dû pour l'acte, sauf son recours contre la partie pour ce droit seulement.

35. Les greffiers qui auront négligé de soumettre à l'enregistrement, dans le délai fixé, les actes qu'ils sont tenus de présenter à cette formalité, paieront personnellement, à titre d'amende et pour chaque contravention, une somme égale au montant du droit.

Ils acquitteront en même temps le droit, sauf leur recours, pour ce droit seulement, contre la partie.

36. Les dispositions de l'article précédent s'appliquent également aux secrétaires des administrations centrales et municipales, pour chacun des actes qu'il leur est prescrit de faire enregistrer, s'ils ne les ont pas soumis à l'enregistrement dans le délai.

37. Il est néanmoins fait exception aux dispositions des deux articles précédens, quant aux jugemens rendus à l'audience, qui doivent être enregistrés sur les minutes, et aux actes d'adjudication passés en séance publique des administrations, lorsque les parties n'auront pas consigné aux mains des greffiers et des secrétaires, dans le délai prescrit pour l'enregistrement, le montant des droits fixés par la loi. Dans ce cas, le recouvrement en sera poursuivi contre les parties par les receveurs ; et elles supporteront en outre la peine du droit en sus.

Pour cet effet, les greffiers et les secrétaires fourniront aux receveurs de l'enregistrement, dans la décade qui suivra l'expiration du délai, des extraits par eux certifiés des actes et jugemens dont les droits ne leur auront pas été remis par les parties, à peine d'une amende de 1o francs pour chaque décade de retard, et pour chaque acte et jugement, et d'être en outre personnellement contraints au paiement des doubles droits.

38. Les actes sous signature privée, et ceux passés en pays étranger, dénommés dans l'article 22, qui n'auront pas été enregistrés dans les délais déterminés, seront soumis au double droit d'enregistrement.

Il en sera de même pour les testamens non enregistrés dans le délai.

TITRE VII.

Des Obligations des Notaires, Huissiers, Greffiers, Secrétaires, Juges-Arbitres, Administrateurs et autres Officiers ou Fonctionnaires publics, des Parties et des Receveurs, indépendamment de celles imposées sous les titres précédens.

41. Les notaires, huissiers, greffiers et les secrétaires des administrations centrales et municipales ne pourront délivrer en brevet, copie ou expédition, aucun acte soumis à l'enregistrement sur la minute ou l'original, ni faire aucun autre acte en conséquence,

avant qu'il ait été enregistré, quand même le délai pour l'enregistrement ne serait pas encore expiré, à peine de 5o francs d'amende, outre le paiement du droit.

Sont exceptés les exploits et autres actes de cette nature qui se signifient à parties ou par affiches et proclamations, et les effets négociables compris sous l'article 69, paragraphe II, nombre 6 de la présente.

A l'égard des jugemens qui ne sont assujettis à l'enregistrement que sur les expéditions, il est défendu aux greffiers, sous les mêmes peines, d'en délivrer aucune, même par simple note ou extrait, aux parties ou autres intéressés, sans l'avoir fait enregistrer.

42. Aucun notaire, huissier, greffier, secrétaire ou autre officier public ne pourra faire ou rédiger un acte en vertu d'un acte sous signature privée, ou passé en pays étranger, l'annexer à ses minutes, ni le recevoir en dépôt, ni en délivrer extrait, copie ou expédition, s'il n'a été préalablement enregistré, à peine de 5o francs d'amende, et de répondre personnellement du droit, sauf l'exception mentionnée dans l'article précédent.

43. Il est également défendu, sous la même peine de 5o francs d'amende, à tout notaire ou greffier, de recevoir aucun acte en dépôt, sans dresser acte du dépôt.

Sont exceptés les testamens déposés chez les notaires par les testateurs.

44. Il sera fait mention, dans toutes les expéditions des actes publics, civils ou judiciaires qui doivent être enregistrés sur les minutes, de la quittance des droits, par une transcription littérale et entière de cette quittance.

Pareille mention sera faite dans les minutes des actes publics, civils, judiciaires ou extrajudiciaires, qui se feront en vertu d'actes sous signature privée, ou passés en pays étranger, et qui sont soumis à l'enregistrement par la présente.

Chaque contravention sera punie par une amende de 10 francs.

45. Les greffiers qui délivreront des secondes et subséquentes expéditions des actes et jugemens assujettis au droit proportionnel, mais qui ne sont pas dans le cas d'être enregistrés sur les minutes, seront tenus de faire mention, dans chacune de ces expéditions, de la quittance du droit payé pour la première expédition, par une transcription littérale de cette quittance.

Ils feront également mention, sur la minute, de chaque expédition délivrée, de la date de l'enregistrement et du droit payé.

Toute contravention à ces dispositions sera punie par une amende de 10 francs.

46. Dans le cas de fausse mention d'enregistrement, soit dans une minute, soit dans une expédition, le délinquant sera poursuivi par la partie publique, sur la dénonciation du préposé de la régie, et condamné aux peines prononcées pour le faux.

47. Il est défendu aux juges et arbitres de rendre aucun jugement, et aux administrations centrales et municipales de prendre aucun arrêté, en faveur de particuliers, sur des actes non enregistrés, à peine d'être personnellement responsables des droits.

48. Toutes les fois qu'une condamnation sera rendue ou qu'un arrêté sera pris sur un acte enregistré, le jugement, la sentence arbitrale ou l'arrêté en fera mention et énoncera le montant du droit payé, la date du paiement et le nom du bureau où il aura été acquitté : en cas d'omission, le receveur exigera le droit, si l'acte n'a pas été enregistré dans son bureau ; sauf restitution dans le délai prescrit, s'il est ensuite justifié de l'enregistrement de l'acte sur lequel le jugement aura été prononcé ou l'arrêté pris.

49. Les notaires, huissiers, greffiers, et les secrétaires des administrations centrales et municipales tiendront des répertoires à colonnes, sur lesquels ils inscriront, jour par jour, sans blanc ni interligne, et par ordre de numéros, savoir :

1° Les notaires, tous les actes et contrats qu'ils recevront, même ceux qui seront passés en brevet, à peine de 10 francs d'amende pour chaque omission ;

2° Les huissiers, tous les actes et exploits de leur ministère, sous peine d'une amende de 5 francs pour chaque omission ;

3° Les greffiers, tous les actes et jugemens qui, aux termes de la présente, doivent être enregistrés sur les minutes, à peine d'une amende de 10 francs pour chaque omission ;

4° Et les secrétaires, tous les actes des administrations qui doivent aussi être enregistrés sur les minutes, à peine d'une amende de 10 francs pour chaque omission.

50. Chaque article du répertoire contiendra, 1° son numéro ; 2° la date de l'acte ; 3° sa nature ; 4° les noms et prénoms des parties et leur domicile ; 5° l'indication des biens, leur situation et le prix, lorsqu'il s'agira d'actes qui auront pour objet la propriété, l'usufruit ou la jouissance des biens-fonds ; 6° la relation de l'enregistrement.

51. Les notaires, huissiers, greffiers, et les secrétaires des administrations centrales et municipales présenteront, tous les trois mois, leurs répertoires aux receveurs de l'enregistrement de leur résidence, qui les viseront et qui énonceront dans leur *visa* le nombre des actes inscrits. Cette présentation aura lieu, chaque année, dans la première décade de chacun des mois de nivôse, germinal, messidor et vendémiaire, à peine d'une amende de dix francs pour chaque décade de retard.

52. Indépendamment de la représentation ordonnée par l'article précédent, les notaires, huissiers, greffiers et secrétaires seront tenus de communiquer leurs répertoires, à toute réquisition, aux préposés de l'enregistrement qui se présenteront chez eux pour les vérifier, à peine d'une amende de 50 francs en cas de refus.

Le préposé, dans ce cas, requerra l'assistance d'un officier municipal, ou de l'agent ou de l'adjoint de la commune du lieu, pour dresser, en sa présence, procès-verbal du refus qui lui a été fait.

53. Les répertoires seront cotés et paraphés, savoir : ceux des notaires, huissiers et greffiers de la justice de paix, par le juge de paix de leur domicile, ceux des greffiers des tribunaux, par le président ; et ceux des secrétaires des administrations, par le président de l'administration.

54. Les dépositaires des registres de l'état civil, ceux des rôles

des contributions, et tous autres chargés des archives et dépôts de titres publics, seront tenus de les communiquer, sans déplacer, aux préposés de l'enregistrement, à toute réquisition, et de leur laisser prendre, sans frais, les renseignemens, extraits et copies qui leur seront nécessaires pour les intérêts de la république, à peine de 50 francs d'amende pour refus constaté par procès-verbal du préposé, qui se fera accompagner, ainsi qu'il est prescrit par l'art. 52 ci-dessus, chez les détenteurs et dépositaires qui auront fait refus.

Ces dispositions s'appliquent aussi aux notaires, huissiers, greffiers et secrétaires d'administrations centrales et municipales, pour les actes dont ils sont dépositaires.

Sont exceptés les testamens et autres actes de libéralité à cause de mort, du vivant des testateurs.

Les communications ci-dessus ne pourront être exigées les jours de repos ; et les séances, dans chaque autre jour, ne pourront durer plus de quatre heures, de la part des préposés, dans les dépôts où ils feront leurs recherches.

55. Les notices des actes de décès, qui, aux termes de l'article 5 de la loi du 13 fructidor an VI, relative à la célébration des décadis, doivent être remises, pour chaque décade, au chef-lieu du canton, par les officiers publics ou les agens de communes faisant fonctions d'officiers publics, seront transcrites sur un registre particulier tenu par les secrétaires des administrations municipales.

Ces secrétaires fourniront, par quartier, aux receveurs de l'enregistrement de l'arrondissement, les relevés par eux certifiés desdits actes de décès. Ils seront délivrés sur papier non timbré, et remis dans les mois de nivôse, germinal, messidor et vendémiaire, à peine d'une amende de 30 francs pour chaque mois de retard. Ils en retireront *récépissé*, aussi sur un papier non timbré.

56. Les receveurs de l'enregistrement ne pourront, sous aucun prétexte, lors même qu'il y aurait lieu à l'expertise, différer l'enregistrement des actes et mutations dont les droits auront été payés aux taux réglés par la présente.

Ils ne pourront non plus suspendre ou arrêter le cours des procédures en retenant des actes ou exploits ; cependant, si un acte dont il n'y a pas de minute ou un exploit contient des renseignemens dont la trace puisse être utile pour la découverte des droits dus, le receveur aura la faculté d'en tirer copie et de la faire certifier conforme à l'original par l'officier qui l'aura présenté. En cas de refus, il pourra réserver l'acte pendant vingt-quatre heures seulement, pour s'en procurer une collation en forme, à ses frais, sauf répétition, s'il y a lieu.

Cette disposition est applicable aux actes sous signature privée qui seront présentés à l'enregistrement.

57. La quittance de l'enregistrement sera mise sur l'acte enregistré, ou sur l'extrait de la déclaration du nouveau possesseur.

Le receveur y exprimera en toutes lettres la date de l'enregistrement, le folio du registre, le numéro et la somme des droits perçus.

Lorsque l'acte renfermera plusieurs dispositions opérant chacune un droit particulier, le receveur les indiquera sommairement dans sa quittance, et y énoncera distinctement la quotité de chaque droit perçu, à peine d'une amende de dix francs pour chaque omission.

58. Les receveurs de l'enregistrement ne pourront délivrer d'extraits de leurs registres que sur une ordonnance du juge de paix, lorsque ces extraits ne seront pas demandés par quelqu'une des parties contractantes ou leurs ayant-cause.

Il leur sera payé un franc pour recherche de chaque année indiquée, et 5o centimes par chaque extrait, outre le papier timbré : ils ne pourront rien exiger au-delà.

59. Aucune autorité publique, ni la régie, ni ses préposés, ne peuvent accorder de remise ou modération des droits établis par la présente et des peines encourues, ni en suspendre ou faire suspendre le recouvrement, sans en devenir personnellement responsables.

TITRE IX.

Des Poursuites et Instances.

63. La solution des difficultés qui pourront s'élever relativement à la perception des droits d'enregistrement avant l'introduction des instances appartient à la régie.

64. Le premier acte de poursuite pour le recouvrement des droits d'enregistrement et le paiement des peines et amendes prononcées par la présente sera une contrainte ; elle sera décernée par le receveur ou préposé de la régie ; elle sera visée et déclarée exécutoire par le juge de paix du canton où le bureau est établi, et elle sera signifiée.

L'exécution de la contrainte ne pourra être interrompue que par une opposition formée par le redevable, et motivée avec assignation, à jour fixe, devant le tribunal civil du département. Dans ce cas, l'opposant sera tenu d'élire domicile dans la commune où siége le tribunal.

65. L'introduction et l'instruction des instances auront lieu devant les tribunaux civils de département ; la connaissance et la décision en sont interdites à toutes autres autorités constituées ou administratives.

L'instruction se fera par simples mémoires respectivement signifiés.

Il n'y aura d'autres frais à supporter pour la partie qui succombera que ceux du papier timbré, des significations et du droit d'enregistrement des jugemens.

Les tribunaux accorderont, soit aux parties, soit aux préposés de la régie qui suivront les instances, le délai qu'ils leur demanderont pour produire leurs défenses ; il ne pourra néanmoins être de plus de trois décades.

Les jugemens seront rendus dans les trois mois, au plus tard, à compter de l'introduction des instances, sur le rapport d'un juge, fait en audience publique, et sur les conclusions du commissaire du directoire exécutif ; ils seront sans appel, et ne pourront être attaqués que par voie de cassation.

66. Les frais de poursuite payés par les préposés de l'enregistrement, pour des articles tombés en non-valeur pour cause d'insolvabilité reconnue des parties condamnées, leur seront remboursés sur l'état qu'ils en rapporteront à l'appui de leurs comptes. L'état sera taxé sans frais par le tribunal civil du département, et appuyé des pièces justificatives.

TITRE X.

De la fixation des Droits.

67. Les droits à percevoir pour l'enregistrement des actes et mutations sont et demeurent fixés aux taux et quotités tarifés par les articles 68 et 69 suivans.

DROITS FIXES.

68. Les actes compris sous cet acticle seront enregistrés et les droits payés ainsi qu'il suit, savoir :

§ Ier. *Actes sujets à un droit fixe d'un franc.*

30° Les exploits, les significations, celles des cédules des juges de paix, les commandemens, demandes, notifications, citations, offres ne faisant pas titre au créancier et non acceptées, oppositions, sommations, procès-verbaux, assignations, protêts, interventions à protêt, protestations, publications et affiches, saisies, saisies-arrêts, séquestres, main-levées, et généralement tous actes extrajudiciaires des huissiers ou de leur ministère, qui ne peuvent donner lieu au droit proportionnel, sauf les exceptions mentionnées dans la présente.

Et aussi les exploits, significations, et tous autres actes extrajudiciaires faits pour le recouvrement des contributions directes et indirectes, et de toutes autres sommes dues à la nation, même des contributions locales, mais seulement lorsque la somme principale excède 25 francs.

Il sera dû un droit pour chaque demandeur ou défendeur, en quelque nombre qu'ils soient, dans le même acte, excepté les copropriétaires et cohéritiers, les parens réunis, les cointéressés, les débiteurs ou créanciers associés ou solidaires, les séquestres, les experts et les témoins, qui ne seront comptés que pour une seule et même personne, soit en demandant, soit en défendant, dans le même original d'acte, lorsque leurs qualités y seront exprimées.

31° Les lettres missives qui ne contiennent ni obligation, ni quittance, ni aucune autre convention donnant lieu au droit proportionnel.

32° Les nominations d'experts ou arbitres.

33° Les prises de possession en vertu d'actes enregistrés.

34° Les prisées de meubles.

35° Les procès-verbaux et rapports d'employés, gardes, commissaires, séquestres, experts, arpenteurs et agens forestiers ou ruraux.

36° Les procurations et pouvoirs pour agir, ne contenant aucune stipulation ni clause donnant lieu au droit proportionnel.

37° Les promesses d'indemnités indéterminées et non susceptibles d'estimation.

38° Les ratifications pures et simples d'actes en forme.

39° Les reconnaissances aussi pures et simples ne contenant aucune obligation ni quittance.

40° Les résiliemens purs et simples, faits par actes authentiques dans les vingt-quatre heures des actes résiliés.

41° Les rétractations et révocations.

42° Les réunions de l'usufruit à la propriété, lorsque la réunion s'opère par acte de cession, et qu'elle n'est pas faite pour un prix supérieur à celui sur lequel le droit a été perçu lors de l'aliénation de la propriété.

43° Les soumissions et enchères, hors celles faites en justice, sur des objets mis ou à mettre en adjudication ou en vente, ou sur des marchés à passer, lorsqu'elles seront faites par actes séparés de l'adjudication.

44° Les titres nouvels ou reconnaissances de rentes dont les contrats sont justifiés en forme.

45° Les transactions, en quelque matière que ce soit, qui ne contiennent aucune stipulation de somme et valeur, ni dispositions soumises par la présente à un plus fort droit d'enregistrement.

46° Les actes (les cédules exceptées) et jugemens préparatoires, interlocutoires ou d'instruction des juges de paix, certificats d'individualité, procès-verbaux d'avis de parens, *visa* de pièces et poursuites préalables à l'exercice de la contrainte par corps; les oppositions à la levée des scellés, par comparence personnelle dans le procès-verbal; les ordonnances et mandemens d'assigner les opposans à scellés; tous autres actes des juges de paix non classés dans les paragraphes et articles suivans, et leurs jugemens définitifs portant condamnation de sommes dont le droit proportionnel ne s'élèverait pas à un franc.

47° Tous les procès-verbaux des bureaux de paix desquels il ne résulte aucune disposition donnant lieu au droit proportionnel ou dont le droit proportionnel ne s'élèverait pas à un franc.

48° Les actes et jugemens de la police ordinaire et des tribunaux de police correctionnelle et criminels, soit entre parties, soit sur la poursuite du ministère public, avec partie civile, lorsqu'il n'y a pas condamnation de sommes et valeurs, ou dont le droit proportionnel ne s'élèverait pas à un franc; et les dépôts et décharges aux greffes desdits tribunaux, dans les mêmes cas où il y a partie civile.

49° Les jugemens qui seront rendus en matière de contributions, soit directes, soit indirectes, ou pour autres sommes dues à la nation, ou pour contributions locales, quel que soit le montant des condamnations, et de quelque autorité ou tribunal qu'émanent les jugemens.

50° Les procès-verbaux de délits et contraventions aux règlemens généraux de police ou d'impositions.

51° Et généralement tous actes civils, judiciaires ou extrajudiciaires, qui ne se trouvent dénommés dans aucun des paragraphes suivans, ni dans aucun autre article de la présente, et qui ne peuvent donner lieu au droit proportionnel.

§. II. *Actes sujets à un droit fixe de deux francs.*

1° Les inventaires de meubles, objets mobiliers, titres et papiers. *Il est dû un droit pour chaque vacation.*

2° Les clôtures d'inventaires.

3° Les procès-verbaux d'apposition et de reconnaissance et de levée de scellés.

Il est dû un droit pour chaque vacation.

4° Les procès-verbaux de nomination de tuteurs et curateurs.

5° Les jugemens de juges de paix portant renvoi ou décharge de demande déboutée d'opposition, validité de congé, expulsion, condamnation à réparation d'injures personnelles, et généralement tous ceux qui, contenant des dispositions définitives, ne donnent pas ouverture au droit proportionnel.

6° Les ordonnances des juges des tribunaux civils, rendues sur requêtes ou mémoires, celles de référé, de compulsoire et d'injonction, celles portant permission de saisir-gager, revendiquer ou vendre, et celles des commissaires du Directoire exécutif dans les cas où la loi les autorise à en rendre ;

Les actes et jugemens préparatoires ou d'instruction de ces tribunaux et des arbitres ;

Et les actes faits ou passés aux greffes des mêmes tribunaux, portant acquiescement, dépôt, décharge, désaveu, exclusion de tribunaux, affirmation de voyage, opposition à remises de pièces, enchères, surenchères, renonciation à communauté, succession ou legs (*il est dû un droit par chaque renonçant*), reprise d'instance, communication de pièces sans déplacement, affirmation et vérification de créance, opposition à délivrance de jugement.

§. IV. *Actes sujets à un droit de cinq francs.*

1° Les abandonnemens de biens, soit volontaires, soit forcés, pour être vendus en direction.

2° Les actes d'émancipation : *le droit est dû par chaque émancipé.*

3° Les déclarations et significations d'appel des jugemens des juges de paix aux tribunaux civils.

§. VI. *Actes sujets à un Droit fixe de quinze francs.*

1° Les actes de divorce.

2° Les jugemens des tribunaux civils portant interdiction, et ceux de séparation de biens entre mari et femme, lorsqu'ils ne portent point condamnation de sommes et valeurs, ou lorsque le droit proportionnel ne s'élèvera pas à quinze francs.

3° Le premier acte de recours au tribunal de cassation, soit par requête, mémoire ou déclaration, en matière civile, de police ou correctionnelle.

4° Les prestations de serment des notaires, des greffiers et huissiers des tribunaux civils, criminels, correctionnels et de commerce, et de tous employés salariés par la république, autres que ceux compris sous le §. III ci-dessus, nombre 3, pour entrer en fonctions.

DROITS PROPORTIONNELS.

69. Les actes et mutations compris sous cet article seront enregistrés, et les droits payés suivant les quotités ci-après, savoir :

§. II. *Cinquante centimes par cent francs.*

9° Les expéditions des jugemens contradictoires ou par défaut, des juges de paix, des tribunaux civils, de commerce et d'arbitrage, de la police ordinaire, de la police correctionnelle et des tribunaux criminels, portant condamnation, collocation ou liquidation de sommes et valeurs mobilières, intérêts et dépens entre particuliers, excepté les dommages-intérêts, dont le droit proportionnel est fixé à deux pour cent sous le §. V, nombre 8, ci-après :

Dans aucun cas, et pour aucun de ces jugemens, le droit proportionnel ne pourra être au-dessous du droit fixe, tel qu'il est réglé dans l'article précédent pour les jugemens des divers tribunaux.

Lorsque le droit proportionnel aura été acquitté sur un jugement rendu par défaut, la perception sur le jugement contradictoire qui pourra intervenir n'aura lieu que sur le supplément des condamnations ; il en sera de même des jugemens rendus sur appel et des exécutoires.

S'il n'y a pas de supplément de condamnation, l'expédition sera enregistrée pour le droit fixe, qui sera toujours le moindre droit à percevoir.

Lorsqu'une condamnation sera rendue sur une demande non établie par un titre enregistré et susceptible de l'être, le droit auquel l'objet de la demande aurait donné lieu, s'il avait été convenu par acte public, sera perçu indépendamment du droit dû pour l'acte ou le jugement qui aura prononcé la condamnation.

§. III. *Un franc par cent francs.*

3° Les contrats, transactions, promesses de payer, arrêtés de comptes, billets, mandats ; les transports, cessions et délégations de créances à terme ; les délégations de prix stipulées dans un contrat, pour acquitter des créances à terme envers un tiers, sans énonciation de titre enregistré, sauf, pour ce cas, la restitution dans le délai prescrit, s'il est justifié d'un titre précédemment enregistré ; les reconnaissances, celles de dépôts de sommes chez des particuliers, et tous autres actes ou écrits qui contiendront obligation de sommes, sans libéralité et sans que l'obligation soit le prix d'une transmission de meubles ou immeubles non enregistrée.

§. V. *Deux francs par cent francs.*

8° Les dommages-intérêts prononcés par les tribunaux criminels, correctionnels et de police.

§. VII. *Quatre francs par cent francs.*

Les adjudications, ventes, reventes, cessions, rétrocessions, et tous autres actes civils et judiciaires translatifs de propriété ou d'usufruit de biens immeubles, à titre onéreux.

TITRE XI.

Des Actes qui doivent être enregistrés en débet ou gratis, et de ceux qui sont exempts de cette formalité.

70. Seront soumis à la formalité de l'enregistrement, et enregistrés en débet ou gratis, ou exempts de cette formalité, les actes ci-après, savoir :

§. Ier. *A enregistrer en débet.*

1° Les actes et procès-verbaux des juges de paix pour faits de police.

2.° Ceux faits à la requête des commissaires du directoire exécutif près les tribunaux.

3° Ceux des commissaires de police.

4° Ceux des gardes établis par l'autorité publique pour délits ruraux et forestiers.

5° Les actes et jugemens qui interviennent sur ces actes et procès-verbaux.

Il y aura lieu de suivre la rentrée des droits de l'enregistrement de ces actes, procès-verbaux et jugemens, contre les parties condamnées, d'après les extraits des jugemens qui seront fournis aux préposés de la régie par les greffiers.

§. II. *A enregistrer gratis.*

5° Les actes des huissiers et gendarmes, dans les cas spécifiés par le paragraphe suivant, nombre 9.

§. III. *Exempts de la formalité de l'enregistrement.*

9° Tous les actes et procès-verbaux (excepté ceux des huissiers et gendarmes, qui doivent être enregistrés, ainsi qu'il est dit au paragraphe précédent, nombre 4), et jugemens concernant la police générale et de sûreté et la vindicte publique.

10° Les cédules pour appeler au bureau de conciliation, sauf le droit de la signification.

Loi qui prescrit des formalités pour les ventes d'objets mobiliers.

Du 10 février 1799 (22 pluviôse an VII).

Art. 1er. A compter du jour de la publication de la présente, les meubles, effets, marchandises, bois, fruits, récoltes et tous autres objets mobiliers, ne pourront être vendus publiquement et par enchères, qu'en présence et par le ministère d'officiers publics ayant qualité pour y procéder.

2. Aucun officier public ne pourra procéder à une vente publique et par enchères, d'objets mobiliers, qu'il n'en ait préalablement fait la déclaration au bureau de l'enregistrement dans l'arrondissement duquel la vente aura lieu.

La déclaration sera inscrite sur un registre qui sera tenu à cet effet, et elle sera datée. Elle contiendra les noms, qualité et domicile de l'officier, ceux du requérant, ceux de la personne dont le mobilier sera mis en vente, et l'indication de l'endroit où se fera la vente et du jour de son ouverture. Elle sera signée par l'officier public, et il lui en sera fourni une copie, sans autres frais que le prix du papier timbré sur lequel cette copie sera délivrée.

Elle ne pourra servir que pour le mobilier de celui qui y sera dénommé.

4. Le registre sera en papier non timbré; il sera coté et paraphé, sans frais, par le juge de paix dans l'arrondissement duquel sera le bureau d'enregistrement.   J. F.

Loi contenant *Fixation du traitement des juges de paix.*

Du 26 février 1799 (8 ventôse an VII).

Art. 1er. A compter du 1er vendémiaire de l'an VII, les traitemens des juges de paix sont fixés de la manière et dans la proportion suivante :

A Paris, 2400 francs; dans les communes dont la population excède cent mille âmes, 1,600 francs; dans celles de cinquante mille âmes et au-dessus, jusqu'à cent mille; 1,200 francs; dans celles de trente mille âmes et au-dessus, jusqu'à cinquante mille, 1,000 francs; et dans les communes au-dessous de trente mille âmes, 800 francs.

2. Quant aux menus frais des bureaux de conciliation et tribunaux de police judiciaire, il y sera pourvu par les administrations municipales, conformément à la loi du 2 nivôse an V, d'après les états par elles préalablement dressés, et approuvés par les administrations centrales de département; celles-ci transmettront ces états au ministre de la justice dans le courant de thermidor prochain au plus tard.

3. Il sera pourvu aux traitemens et salaires des greffiers des juges de paix, par une résolution, sur le rapport de la commission chargée de fixer et de régulariser les droits de greffe et d'expédition d'actes judiciaires.

Loi relative au remboursement des *Frais de justice en matière criminelle.*

Du 7 avril 1799 (18 germinal an VII).

Art. 1er. Tout jugement d'un tribunal criminel, correctionnel ou de police, portant condamnation à une peine quelconque, prononcera en même temps, au profit de la république, le remboursement des frais auxquels la poursuite et la punition des crimes et délits aura donné lieu.

2. Lorsqu'il y aura plusieurs accusés, auteurs ou complices du même fait, la condamnation au remboursement sera prononcée solidairement contre eux.

3. Les frais seront liquidés; et la liquidation rendue exécutoire par le président du tribunal. Le recouvrement sera poursuivi par les préposés à la régie de l'enregistrement et du domaine national.

4. Pour faciliter cette liquidation, les officiers de police judiciaire, les directeurs de jury ou présidens des tribunaux correctionnels, aussitôt qu'ils auront terminé leurs fonctions relativement à chaque affaire, joindront aux pièces l'état signé d'eux des frais et déboursés, dont la liquidation pourra avoir lieu lorsqu'il y aura condamnation exécutoire.

5. Les indemnités accordées à ceux qui auront souffert un dommage résultant du délit seront prises sur les biens des condamnés, avant les frais adjugés à la république.

Loi relative à la Nomination des Greffiers des Tribunaux et des Justices de paix.

Du 16 avril 1799 (27 germinal an VII).

Art. 1er. Nul ne peut être élu greffier ou commis-greffier assermenté d'un tribunal auquel la loi attribue la nomination du premier de ces fonctionnaires, s'il est parent ou allié jusqu'au troisième degré inclusivement, selon la supputation civile, de l'un des juges, quand même ce dernier se serait abstenu de voter dans cette élection.

Mais si un parent ou allié du greffier ou d'un commis-greffier vient à être nommé juge ou suppléant, ils peuvent simultanément exercer leurs fonctions respectives.

2. Les juges de paix, étant seuls chargés de la nomination de leurs greffiers, pourront les choisir parmi les parens ou alliés de leurs assesseurs.

Loi sur le Tarif des Douanes.

Du 28 avril 1798 (9 floréal an VII).

TITRE IV.

De la Législation.

Art. 1er. Deux préposés de l'administration des douanes, ou autres citoyens français, suffisent pour constater une contravention aux lois relatives aux importations, exportations et circulation.

2. Ceux qui procéderont aux saisies feront conduire dans un bureau de douane, et autant que les circonstances pourront le permettre, au plus prochain du lieu de l'arrestation, les marchandises, voitures, chevaux et bateaux servant aux transports; ils y rédigeront de suite leur rapport.

· 3. Les rapports énonceront la date et la cause de la saisie, la déclaration qui en aura été faite au prévenu; les noms, qualités et demeures des saisissans, et de celui chargé des poursuites; l'espèce, poids ou nombre des objets saisis; la présence de la partie à leur description, ou la sommation qui lui aura été faite d'y assister; le nom et la qualité du gardien, le lieu de la rédaction du rapport, et l'heure de sa clôture.

4. Dans le cas où le motif de la saisie portera sur le faux ou l'altération des expéditions, le rapport énoncera le genre de faux, les altérations ou surcharges.

Lesdites expéditions, signées et paraphées des saisissans, *ne varietur*, seront annexées au rapport, qui contiendra la sommation faite à la partie de les signer, et sa réponse.

5. Il sera offert main-levée, sous caution solvable, ou en consignant la valeur, des bâtimens, bateaux, voitures, chevaux et équipages saisis pour autre cause que pour prohibition de marchandises dont la consommation est défendue; et cette offre, ainsi que la réponse de la partie, sera mentionnée au rapport.

6. Si le prévenu est présent, le rapport énoncera qu'il lui en a été donné lecture, qu'il a été interpellé de le signer, et qu'il en a reçu de suite copie, avec citation à comparaître dans les vingt-quatre heures devant le juge de paix de l'arrondissement.

En cas d'absence du prévenu, la copie sera affichée dans le jour à la porte du bureau.

Ces rapports, citations et affiches, devront être faits tous les jours indistinctement.

7. Lorsqu'il y aura lieu de saisir dans une maison, la description y sera faite, et le rapport y sera rédigé. Les marchandises dont la consommation n'est pas prohibée ne seront pas déplacées, pourvu que la partie donne caution solvable pour leur valeur. Si la partie ne fournit pas caution, ou s'il s'agit d'objets prohibés, les marchandises seront transportées au plus prochain bureau.

8. A l'égard des saisies faites sur les bâtimens de mer pontés, lorsque le déchargement ne pourra pas avoir lieu de suite, les saisissans apposeront les scellés sur les fermans et écoutilles des bâtimens. Le procès-verbal, qui sera dressé à fur et mesure du déchargement, fera mention du nombre, des marques et des numéros des ballots, caisses et tonneaux. La description en détail ne sera faite qu'au bureau, en présence de la partie, ou après sommation d'y assister; il lui sera donné copie à chaque vacation.

L'apposition des scellés sur les portes, ou d'un plomb ou cachet sur les caisses ou ballots, aura lieu toutes les fois que la continuation de la description sera renvoyée à une autre séance ou vacation.

9. Les rapports ne sont dispensés de l'enregistrement qu'autant qu'il ne se trouvera pas de bureau dans la commune du dépôt de la marchandise, ni dans celle où est placé le tribunal qui doit connaître de l'affaire; auquel cas, le rapport sera visé le jour de sa clôture, ou le lendemain avant midi, par le juge de paix du lieu, ou, à son défaut, par l'agent municipal.

10. Les rapports seront affirmés au moins par deux des saisis-

sans, devant le juge de paix ou l'un de ses assesseurs, dans le délai donné pour comparaître ; l'affirmation énoncera qu'il en a été donné lecture aux affirmans.

11. Les rapports ainsi rédigés et affirmés seront crus jusqu'à inscription de faux.

Les tribunaux ne pourront admettre, contre lesdits rapports, d'autres nullités que celles résultant de l'omission des formalités prescrites par les dix articles précédens.

12. Celui qui voudra s'inscrire en faux contre un rapport sera tenu d'en faire la réclamation par écrit, en personne ou par un fondé de pouvoir spécial passé devant notaire, au plus tard à l'audience indiquée par la sommation de comparaître devant le tribunal qui doit connaître de la contravention ; il devra, dans les trois jours suivans, faire, au greffe dudit tribunal, le dépôt des moyens de faux, et des noms et qualités des témoins qu'il voudra faire entendre, le tout à peine de déchéance de l'inscription de faux.

Cette déclaration sera reçue et signée par le juge et le greffier, dans le cas où le déclarant ne saurait écrire ni signer.

13. Au jour indiqué pour la comparution, le juge entendra la partie, si elle est présente, et sera tenu de rendre de suite son jugement.

Si les circonstances de la saisie nécessitaient un délai, ce délai ne pourra excéder trois jours ; et, dans ce cas, le jugement de renvoi autorisera la vente provisoire des marchandises sujettes à dépérissement, et des chevaux saisis comme ayant servi au transport.

14. Le délai de l'assignation sur appel, fixé à trois jours par l'article 6 de la loi du 14 fructidor an III, sera augmenté d'un jour par chaque deux myriamètres de distance entre la commune où est établi le tribunal de paix et celle où siége le tribunal civil.

15. Lorsque la main-levée des objets saisis pour contravention aux lois dont l'exécution est confiée à l'administration des douanes sera accordée par jugemens contre lesquels il y aurait pourvoi en cassation, la remise n'en sera faite à ceux au profit desquels lesdits jugemens auront été rendus, qu'au préalable ils n'aient donné bonne et suffisante caution de leur valeur. La main-levée ne pourra jamais être accordée pour les marchandises dont l'entrée est prohibée.

16. Lorsque la saisie n'est pas fondée, le propriétaire des marchandises a droit à un intérêt d'indemnité, à raison d'un pour cent par mois de la valeur des objets saisis, depuis l'époque de la retenue jusqu'à celle de la remise ou de l'offre qui lui en aura été faite. Il est expressément défendu aux juges d'excuser les contrevenans sur l'intention.

17. Il est expressément défendu de faire aucune remise sur les confiscations et amendes pour contravention à la loi du 10 brumaire an V, ni pour celles encourues pour introduction de marchandises prohibées ou en fraude des droits, et dans les autres cas, la loi du 23 brumaire an III ne pourra être exécutée, lorsqu'il sera intervenu un jugement définitif.

18. Au moyen des dispositions énoncées dans le présent titre,

2ᵉ *Partie.*   10

le titre X de la loi du 16—22 août 1791, l'article 19 du titre VI de celle du 4 germinal an 11, et les articles 1er, 2, 3, 4 et 9 de celle du 14 fructidor an III, sont abrogés.

Arrêté du Directoire exécutif contenant une Instruction sur la Garde nationale sédentaire, et les Rapports de l'autorité civile avec la force publique.

Du 2 mai 1799 (13 floréal an VII).

CHAPITRE VIII.

De ceux qui sont exempts du Service de la Garde nationale.

On ne peut commander pour aucun service les juges des tribunaux et de paix.

Les assesseurs des juges de paix sont dispensés du service de la garde nationale pendant la durée de leurs fonctions. (Loi du 4e jour complémentaire an III.)   J. F.

Loi relative aux Transferts de la dette publique.

Du 17 mai 1799 (28 floréal an VII).

Art. 1er. A compter de la publication présente, les transferts des inscriptions de la dette publique seront faits à la trésorerie nationale, de la manière ci-après.

6. En cas de mutations autres que celles ci-dessus exprimées, le nouvel extrait d'inscription sera délivré à l'ayant-droit, sur le simple rapport de l'ancien extrait d'inscription, et d'un certificat de propriété ou acte de notoriété, contenant ses nom, prénoms et domicile, la qualité en laquelle il procède et possède, l'indication de sa portion dans la rente, et l'époque de sa jouissance.

Le certificat qui sera rapporté, après avoir été dûment légalisé, sera délivré par le notaire détenteur de la minute, lorsqu'il y aura eu inventaire ou partage, par acte public ou transmission gratuite, à titre entre vifs ou par testament.

Il le sera par le juge de paix du domicile du décédé, sur l'attestation de deux citoyens, lorsqu'il n'existera aucuns desdits actes en forme authentique.   J. F.

Loi relative au Traitement des Secrétaires-Greffiers des Juges de paix.

Du 9 juin 1799 (21 prairial an VII).

Art. 1er. A compter du 1er vendémiaire an VII, les traitemens des secrétaires-greffiers des juges de paix seront du tiers de celui fixé par la loi du 8 ventôse dernier pour les juges auprès desquels ils sont établis.

Ils sont, en conséquence, déterminés de la manière et dans les proportions suivantes:

A Paris, 800 francs; dans les communes dont la population excède cent mille habitans, 533 francs 33 centimes 1\3 ; dans celles de cinquante mille et au-dessus, jusqu'à cent mille, 400 francs; dans celles de trente mille et au-dessus, jusqu'à cinquante mille, 533 francs 33 centimes 1\3; et dans les communes au-dessous de trente mille habitans, 266 francs 66 centimes 2\3.

2. Indépendamment du traitement ci-dessus déterminé, les greffiers percevront les droits qui leur sont attribués, suivant le tarif modéré déterminé par les lois existantes.

3. Les expéditions des jugemens en matière de police et des procès-verbaux du bureau de paix et de conciliation leur seront payées 4 décimes le rôle, qui contiendra vingt lignes à la page et huit à dix syllabes à la ligne, compensation faite des unes avec les autres.

4. Ils mettront leur reçu au bas des expéditions qu'ils délivreront, et ne pourront percevoir d'autres et plus forts droits que ceux qui leur sont attribués par les lois, à peine de destitution et de restitution envers les parties, et sauf, en cas de fraude et de malversation évidente, a être poursuivis devant les tribunaux conformément aux lois.

5. Toutes dispositions de loi contraires à la présente sont abrogées.   J. F.

Loi qui exempte de l'Enregistrement les Cédules délivrées pour citer devant la Justice de paix ou le Bureau de conciliation.

Du 5 août 1799 (18 thermidor an VII).

Le conseil....., considérant qu'il s'est élevé des difficultés sur le sens des articles 68 et 70 de la loi du 22 frimaire an VII, et qu'il est instant de rectifier l'erreur qui s'est glissée dans l'exécution des articles de la susdite loi, approuve l'acte d'urgence et la résolution suivante :

Les cédules délivrées par les juges de paix, pour citer, soit devant la justice de paix, soit devant le bureau de conciliation, sont généralement exemptes de la formalité de l'enregistrement, sauf le droit sur la signification desdites cédules.   J. F.

Arrêté du Directoire qui prescrit des Mesures pour le sauvetage des bâtimens naufragés.

Du 14 août 1799 (27 thermidor an VII).

Le Directoire exécutif, sur le compte qui lui a été rendu que les bâtimens qui échouent ou se perdent sur les côtes sont souvent exposés à des violences, au pillage de la part de ceux mêmes qui devraient leur prêter assistance, et les garantir des suites d'un tel malheur, reconnaissant la nécessité d'assurer aux bâtimens naufragés les secours que leur position réclame, et de réprimer un genre de délits qui blesse toutes les lois de la société et de l'humanité,

Arrête :

Art. 1er. Tout individu qui sera témoin du naufrage ou de l'échouement d'un bâtiment sur les côtes en informera sur-le-champ le commissaire du directoire ou l'agent municipal le plus voisin des lieux ; et celui qui, par zèle, en cas d'éloignement, en portera la première nouvelle, sera inscrit honorablement sur les registres de l'administration municipale, et son nom sera proclamé dans la première fête publique du canton. Ceux qui auront négligé ou refusé de remplir ce devoir seront, en cas de pillage des objets naufragés, examinés par l'officier de police judiciaire compétent, afin de s'assurer s'ils ne sont pas complices du délit, suivant l'article 56 du Code des délits et des peines.

2. Le fonctionnaire public averti de l'événement par cette voie ou par toute autre, en donnera sur-le-champ connaissance au juge de paix, à l'administration municipale, à l'agent maritime et aux autres autorités civiles et militaires.

3. Le juge de paix, l'officier municipal, les syndics de gens de mer, ainsi que l'administration de la marine, étant rendus sur les lieux, celui d'entre eux qui est chargé, par l'article 4 de la loi du 9—13 août 1791, de donner les ordres, formera, s'il le juge nécessaire, une garde composée des citoyens présens ; et, en cas d'insuffisance ou de désobéissance, il sera appelé une force publique des environs. Devront alors les commandans militaires déférer à toute réquisition à cet égard, sous leur responsabilité.

4. Il sera enjoint par les autorités constituées, à tout individu, de se retirer du lieu de l'échouement, et de ne s'immiscer en aucune manière dans les opérations du sauvetage, à moins qu'il n'y soit expressément autorisé.

5. Conformément aux dispositions du titre V du livre Ier du Code des délits et des peines, le juge de paix dressera des procès-verbaux de tous les délits qui se commettraient. Les coupables seront arrêtés sur-le-champ, livrés ensuite aux tribunaux pour y être jugés suivant la rigueur des lois.

6. Dans le cas d'enlèvement furtif des objets naufragés, le juge de paix du lieu du délit, ou le fonctionnaire public qui le suppléera en cas d'absence, prendra sur-le-champ les renseignemens nécessaires, entendra les témoins qui lui seront indiqués, et fera des visites domiciliaires chez les personnes prévenues d'avoir soustrait ou recélé ces objets, en conformité de l'article 108 du Code des délits et des peines.

7. Si le pillage des effets naufragés se fait à force ouverte par attroupement, la commune du lieu du délit en sera civilement responsable, aux termes de la loi du 10 vendémiaire de l'an IV sur la police intérieure des communes. En conséquence, les procès-verbaux dressés par les agens municipaux, et tous les autres renseignemens recueillis, seront transmis au commissaire du pouvoir exécutif près le tribunal civil du département, qui provoquera l'application des condamnations prononcées par cette loi, indépendamment des poursuites criminelles ordinaires, suivant l'article 59 de la seconde section du titre II de la seconde partie du Code pénal.

Loi sur la Manière de juger les Contestations relatives au Paiement d'octrois municipaux.

Du 24 septembre 1799 (2 vendémiaire au VIII).

Art. 1er. Les contestations civiles qui pourront s'élever sur l'application du tarif ou sur la quotité des droits exigés par les receveurs des octrois municipaux et de bienfaisance créés par les lois existantes, ou qui pourront être créés dans les diverses communes de la république, pour l'acquit de leurs dépenses locales, celles des hospices civils et secours à domicile, seront portées devant le juge de paix de l'arrondissement, à quelque somme que le droit contesté puisse s'élever, pour être par lui jugées sommairement et sans frais, soit en dernier ressort, soit à la charge de l'appel, suivant la quotité de la somme.

2. Les amendes encourues en vertu desdites lois seront prononcées par les tribunaux de simple police ou de police correctionnelle, suivant la quotité de la somme.

3. Lorsqu'il y aura lieu à contestation sur l'application du tarif ou sur la quotité du droit exigé par le receveur, tout porteur ou conducteur d'objets compris dans le tarif sera tenu de consigner entre les mains du receveur le droit exigé; il ne pourra être entendu qu'en rapportant au juge qui devra en connaître la quittance de ladite consignation.

4. Toute disposition de lois antérieures, contraire à la présente, est rapportée.   J. F.

Extrait de la Loi portant Extension et Augmentation des droits d'Octrois établis dans la commune de Paris.

Du 10 décembre 1799 (19 frimaire an VIII).

3. Tous les objets soumis au droit d'octroi à leur entrée dans la commune de Paris, et qui ne seront pas déclarés avant leur introduction, seront saisis et mis en dépôt.

4. Les objets saisis et déposés en exécution de l'article précédent ne seront rendus aux propriétaires ou conducteurs qu'après qu'ils auront payé, par forme d'indemnité envers les pauvres, une somme égale à la valeur des objets saisis.

5. En cas de non paiement de l'indemnité dont il est fait mention dans l'article précédent, et après l'expiration d'une décade pour tout délai, les régisseurs de l'octroi feront vendre à l'enchère les objets saisis. Le prix provenant de cette vente, déduction faite des frais, sera partagé entre les hospices et les employés de l'octroi.   J. F.

Constitution de la République française.

Du 15 décembre 1799 (22 frimaire au VIII).

41. Le premier consul promulgue les lois; il nomme tous les juges

criminels et civils autres que les juges de paix et les juges de cassation, sans pouvoir les révoquer.

6o. Chaque arrondissement communal a un ou plusieurs juges de paix, élus immédiatement par les citoyens pour trois années.

Leur principale fonction consiste à concilier les parties, qu'ils invitent, dans le cas de non conciliation, à se faire juger par des arbitres.

68. Les juges, autres que les juges de paix, conservent leurs fonctions toute leur vie, à moins qu'ils ne soient condamnés pour forfaiture, ou qu'ils ne soient pas maintenus sur les listes d'éligibles.

Loi qui établit des Octrois municipaux dans les Communes de Courtrai, Reims, Metz, Lille, Calais, Fontenay-le-Peuple, Limoges et Épinal.

Du 18 décembre 1799 (27 frimaire an VIII).

2. Ces octrois, ainsi que ceux qui seront établis à l'avenir, seront organisés conformément aux dispositions suivantes.

3. Le gouvernement est chargé définitivement, et les administrations centrales de département par provision, de faire les règlemens généraux et locaux pour la perception desdits octrois, de déterminer le nombre nécessaire de bureaux de recette, ou de régler tout autre mode de surveillance et de perception, suivant les localités, et de fixer le nombre des employés, ainsi que le mode et le taux de leur traitement.

4. Dans les communes où il sera nécessaire d'établir un directeur ou préposé en chef à la direction de l'octroi, sa nomination sera faite par le gouvernement.

Les autres employés seront nommés par l'administration du département, sur une liste triple pour chaque employé, qui lui sera présentée par l'administration municipale.

5. Il sera fourni aux préposés aux recettes des registres à souche sur lesquels ils seront tenus de porter leurs recettes jour par jour, article par article, et de suite, sans y laisser aucun blanc.

6. Les employés à la perception des octrois recevront une commission, savoir: le préposé en chef, s'il y a lieu, de la part du gouvernement, et les autres employés de la part de l'administration de département.

Les uns et les autres en seront toujours porteurs, ainsi que du tarif, et du règlement fait pour en assurer l'exécution.

7. Avant d'entrer en exercice, ils prêteront serment devant le juge de paix dans l'arrondissement duquel siége l'administration municipale ; et il en sera fait mention au pied de leur commission ; le tout sans autres frais que les droits d'enregistrement.

8. Leurs procès-verbaux constatant la fraude seront affirmés devant le même juge de paix, dans les vingt-quatre heures de leur date, sous peine de nullité ; et ils feront foi en justice jusqu'à l'inscription de faux.

9. La perception de l'octroi fait partie des attributions de l'ad-

ministration municipale, sous la surveillance de l'administration centrale du département.

10. L'administration centrale du département pourra, si le cas l'exige, destituer les receveurs et autres préposés nommés par elle, les dénoncer aux tribunaux et les y faire poursuivre à la requête du commissaire du gouvernement.

À l'égard du directeur ou préposé en chef, sa destitution ne sera que provisoire et devra être confirmée par le gouvernement.

11. Tout porteur et conducteur d'objets de consommation compris au tarif de l'octroi, sera tenu de faire sa déclaration au bureau de recette le plus voisin et d'en acquitter les droits avant de les faire entrer dans la commune, sous peine d'une amende égale à la valeur de l'objet soumis au droit d'octroi.

La même amende sera encourue par les fabricans et autres débiteurs des droits d'octroi perceptibles dans l'intérieur de la commune, faute par eux d'avoir fait leur déclaration dans les délais ou à l'époque déterminés par les règlemens qui auront été faits en exécution de l'article 2 de la présente.

Ces amendes, après qu'elles auront été prononcées, seront acquittées entre les mains du receveur du bureau, et sur-le-champ, de la part du condamné; sinon, à l'égard des objets saisis, dans les vingt-quatre heures de leur vente. Une moitié appartiendra aux employés de l'octroi; l'autre sera versée par le receveur à la caisse des recettes municipales et communales.

12. Dans aucun cas, les citoyens entrant dans lesdites communes, à pied, à cheval, ou en voiture de voyage, ne pourront, sous prétexte de la perception de l'octroi, être arrêtés, questionnés ou visités sur leurs personnes, ni à raison des malles qui les accompagnent.

Tous actes contraires à la présente disposition seront réputés actes de violence; les délinquans poursuivis par voie de police correctionnelle, et condamnés à 50 francs d'amende et à six mois de détention.

13. Les contestations qui pourront s'élever sur l'application du tarif, ou sur la quotité des droits exigés par les receveurs d'octroi, seront portées devant le juge de paix dans l'arrondissement duquel siége l'administration municipale, à quelque somme que le droit contesté puisse s'élever, pour être par lui jugées sommairement et sans frais, soit en dernier ressort, soit à la charge de l'appel, suivant la quotité du droit réclamé.

14. En cas de contestation sur l'application du tarif, ou sur la quotité du droit, tout porteur ou conducteur d'objets compris au tarif sera tenu de consigner entre les mains du receveur le droit exigé; il ne pourra être entendu qu'en rapportant au jugé qui devra en connaître la quittance de ladite consignation.

15. Toute personne qui s'opposera à l'exercice des fonctions desdits préposés sera condamnée à une amende de 50 francs. En cas de voie de fait, il en sera dressé procès-verbal, qui sera envoyé au directeur du jury, pour en poursuivre les auteurs, et leur faire infliger les peines portées par le Code pénal contre ceux qui s'opposent avec violence à l'exercice des fonctions publiques.

16. Tout préposé à l'octroi qui favorisera la fraude, soit en rece-

vant des présens, soit tout autrement, sera condamné aux peines portées par le Code pénal contre les fonctionnaires prévaricateurs.

17. Les amendes encourues d'après les dispositions de la présente seront prononcées par les tribunaux de simple police ou de police correctionnelle, suivant la quotité de la somme.

18. Les receveurs particuliers de l'octroi verseront, au moins une fois par décade, le montant de leurs recettes à la caisse du préposé aux recettes municipales et communales.

19. Il est alloué à ce préposé un cinquième de centime pour franc de recette brute de l'octroi, outre le traitement qui lui est accordé pour les autres recettes, en exécution de la loi du 11 frimaire an VII.

20. L'administration municipale vérifiera et arrêtera, au moins une fois par mois, les registres des receveurs particuliers de l'octroi ainsi que l'état des versemens faits par eux à la caisse du préposé spécial aux recettes municipales et communales.

21. Le préposé aux recettes municipales et communales remettra, le 1er de chaque mois, à l'administration centrale, qui en enverra un double au ministre de l'intérieur, le bordereau vérifié et approuvé par l'administration municipale, des versemens qui lui auront été faits du produit de l'octroi pendant le mois précèdent.

22. Ne sont point sujets aux droits d'octroi les objets non destinés à la consommation desdites communes, et qui n'y entrent que par *transit*, ou pour y être entreposés jusqu'à leur sortie ultérieure.

Le gouvernement est chargé définitivement, et les administrations centrales provisoirement, de régler les formalités et le mode de surveillance auxquels seront assujettis les propriétaires ou conducteurs desdits objets ; et ils pourront, suivant les localités, ordonner la consignation du droit d'octroi, pour être restitué à la sortie des objets entreposés.

23. La présente loi et le tarif seront affichés en placard à la porte et dans l'intérieur de chaque bureau de l'octroi.   J. F.

Loi relative à l'*Établissement d'Octrois municipaux.*

Du 24 février 1800 (5 ventôse an VIII).

Art. 1er. Il sera établi des octrois municipaux et de bienfaisance sur les objets de consommation locale dans les villes dont les hospices civils n'ont pas de revenus suffisans pour leurs besoins.

2. Le conseil municipal de chacune de ces villes sera tenu de présenter, dans deux mois, les projets de tarifs et de règlemens convenables aux localités ; ils seront soumis à l'approbation du gouvernement, et par lui, s'il y a lieu, définitivement arrêtés.

3. La perception et l'emploi se feront conformément aux dispositions générales des lois des 19 et 27 frimaire dernier.   J. F.

☞ *Extrait de la loi sur l'Organisation des Tribunaux.*

Du 18 mars 1800 (27 ventôse an VIII).

TITRE Ier.

Dispositions générales.

Art. 1er. Les tribunaux civils et criminels de département et les tribunaux de police correctionnelle (1) sont supprimés; néanmoins ils continueront leurs fonctions jusqu'à l'installation des nouveaux tribunaux.

2. Il n'est rien innové d'ailleurs aux lois concernant les juges de paix et les juges de commerce, lesquels continueront à exercer leurs fonctions jusqu'à ce qu'il en ait été autrement ordonné.

3. Il n'est point dérogé au droit qu'ont les citoyens de faire juger leurs contestations par des arbitres de leur choix; la décision de ces arbitres ne sera point sujette à appel, s'il n'est expressément réservé.

4. Nul ne pourra être juge, suppléant, commissaire du gouvernement près les tribunaux, substitut, ni greffier, s'il n'est âgé de trente ans accomplis.

5. Les fonctionnaires désignés dans l'article précédent ne pourront être requis pour aucun autre service public; ils ne pourront s'absenter plus d'une décade sans congé du tribunal, et plus d'un mois sans congé du gouvernement, sous peine d'être privés de la totalité de leur traitement pendant la durée de leur absence, et si elle dure plus de six mois, d'être considérés comme démissionnaires..........

77. Il n'y a ouverture à cassation, ni contre les jugemens en dernier ressort des juges de paix, si ce n'est pour cause d'incompétence ou d'excès de pouvoir.

78. Lorsqu'après une cassation le second jugement sur le fond sera attaqué par les mêmes moyens que le premier, la question sera portée devant toutes les sections réunies du tribunal de cassation.

79. Lorsqu'il y aura lieu à renvoi d'un tribunal à un autre pour cause de sûreté publique, ce renvoi ne pourra être prononcé que sur la réquisition expresse du commissaire du gouvernement.

80. Le gouvernement, par la voie de son commissaire, et sans préjudice du droit des parties intéressées, dénoncera au tribunal de cassation, section des requêtes, les actes par lesquels les juges auront excédé leurs pouvoirs, ou les délits par eux commis relativement à leurs fonctions. La section des requêtes annullera ces actes, s'il y a lieu, et dénoncera les juges à la section civile, pour faire à leur égard les fonctions de jury d'accusation : dans ce cas, le président de la section civile remplira toutes celles d'officier de police judiciaire et de directeur de jury; il ne votera pas.

---

(1) C'est à compter de cette loi que les juges de paix ont cessé d'être juges de police correctionnelle, attribution qui leur avait été déléguée par les lois précédentes.   **J. F.**

Il pourra déléguer, sur les lieux, à un directeur du jury, l'audition des témoins, les interrogatoires, et autres actes d'instruction seulement.

81. Si la section civile déclare qu'il y a lieu à accusation contre les juges, elle les renverra, pour être jugés sur la déclaration d'un jury de jugement, devant l'un des tribunaux criminels les plus voisins de celui où les accusés exerçaient leurs fonctions. Ces deux tribunaux seront nommés dans l'acte qui prononce qu'il y a lieu à accusation, et le choix en sera laissé aux accusés.

82. Lorsque, dans l'examen d'une demande en cassation, soit la section civile soit la section criminelle, trouveront des actes emportant forfaiture, ou des délits commis par des juges, relatifs à leurs fonctions ; elles dénonceront les juges à la section des requêtes, laquelle remplira à leur égard les fonctions de jury d'accusation, et son président toutes celles d'officier de police judiciaire et de directeur du jury.

83. Si le juge renvoyé devant un tribunal criminel se pourvoit en cassation contre le jugement définitif qui y interviendra, la demande en sera portée à celle des sections qui n'aura pas connu de l'affaire, pour y être instruite et jugée selon les formes usitées à la section criminelle.

84. S'il se trouve, dans la section chargée de prononcer sur le recours, des juges qui aient connu de l'affaire dans l'une des deux autres sections, ils s'abstiendront sur la demande en cassation.

85. Les jugemens de cassation seront transcrits sur les registres des tribunaux dont les jugemens auront été cassés ; et la notice ainsi que le dispositif en seront insérés, chaque mois, dans un bulletin.

Cette notice, rédigée par le rapporteur dans la quinzaine du jugement, et visée par le président de section, sera par lui remise au commissaire du gouvernement.

86. Le tribunal de cassation enverra, chaque année, au gouvernement, une députation pour lui indiquer les points sur lesquels l'expérience lui aura fait connaître les vices ou l'insuffisance de la législation.

87. Si les jugemens cassés émanent des tribunaux de première instance, lorsqu'ils jugent en premier et dernier ressort, le tribunal renverra devant le tribunal de première instance le plus voisin : s'ils ont été rendus par les tribunaux criminels ou tribunaux d'appel, le renvoi sera fait devant le tribunal criminel ou d'appel le plus voisin.

88. Si le commissaire du gouvernement apprend qu'il ait été rendu en dernier ressort un jugement contraire aux lois ou aux formes de procéder, ou dans lequel un juge ait excédé ses pouvoirs, et contre lequel cependant aucune des parties n'ait réclamé dans le délai fixé, après ce délai expiré, il en donnera connaissance au tribunal de cassation ; et si les formes ou les lois ont été violées, le jugement sera cassé, sans que les parties puissent se prévaloir de la cassation pour éluder les dispositions de ce jugement, lequel vaudra transaction pour elle.

89. Le commissaire du gouvernement sera entendu dans toutes les affaires ; il est chargé de défendre celles qui intéressent la ré-

publique, d'après les mémoires qui lui seront fournis par les agens d'administration, régisseurs, préposés, etc.

90. Jusqu'à la formation du Code judiciaire, les lois et règlemens précédens seront suivis pour la forme de se pourvoir et celle de procéder au tribunal de cassation, pour la consignation d'amende, et autres objets non prévus par la présente loi.

91. Toutes dispositions des lois antérieures sont abrogées en ce qu'elles auraient de contraire à la présente.   J. F.

TITRE VII.

Des Greffiers et officiers ministériels.

92. Les greffiers de tous les tribunaux seront nommés par le premier consul, qui pourra les révoquer à volonté. Le gouvernement pourvoira à leur traitement, au moyen duquel ils seront chargés de payer leurs commis et expéditionnaires, ainsi que toutes les fournitures de leur greffe.

Loi relative aux Fonctions du Ministère public près les Tribunaux de Police.

Du 18 mars 1800 (27 ventôse an VIII).

Art. 1er. Les fonctions du ministère public près les tribunaux de police seront remplis par les commissaires de police, dans les lieux où il en est établi ; et, dans les autres, par les adjoints du maire.   J. F.

Extrait de la Loi relative au Mode de Nomination des Jurés.

Du 27 mars 1800 (6 germinal an VIII).

4. Pour la formation des listes de jurés spéciaux, soit d'accusation, soit de jugement, chaque juge de paix désignera de même dans son arrondissement, chaque trois mois, à compter du 1er. floréal prochain, les dix-huit citoyens qu'il croira les plus propres à en remplir les fonctions, et enverra cette liste de désignation au sous-préfet, qui, après l'avoir réduite aux deux tiers, la fera passer au préfet.   J. F.

Extrait de l'Arrêté qui détermine le Costume des Fonctionnaires publics de l'Ordre judiciaire.

Du 4 avril 1800 (24 germinal an VIII.)

Art. 1er. Les présidens, vice-présidens, juges de tous les tribunaux de la république, les commissaires du gouvernement et les greffiers seront vêtus de noir.

Tous, à l'exception des greffiers des tribunaux de première instance, porteront, dans les actes de cérémonies publiques, un man-

teau court, de soie noire, à collet rabattu ; une cravatte de batiste,
pendant sur la poitrine ; un chapeau à trois cornes, ayant les bords
rabattus sur la forme.   J. F.

☛ *Avis du Conseil d'Etat sur les Baux à complant.*

Du 23 juillet 1800 (4 thermidor an VIII).

Le conseil d'état qui, sur le renvoi des Consuls, et le rapport
de la section des finances, a discuté un rapport du ministre des finances sur la question de savoir s'il est nécessaire de proposer au
corps législatif une loi dont l'objet serait de déclarer que la loi du
18-29 décembre 1790, qui autorise le rachat des rentes foncières,
et celle du 17 juillet 1793, portant suppression, sans indemnité,
des redevances seigneuriales et féodales, ne sont pas applicables
aux baux *à complant* ou baux de vignes à portion de fruits, usités
dans le département de la Loire-Inférieure.

Après avoir vu quinze baux de vignes *à complant,* des années
1638 et suivantes jusques et compris l'an VI, ensemble un acte de
notoriété du tribunal civil du département de la Loire-Inférieure,
du 4 nivôse an VIII ;

Considérant que, d'après ces actes, il est évident que le bail *à
complant* ne transfère au preneur aucun droit sur la propriété des
biens qui en sont l'objet ; et que celui-ci, ses héritiers ou représentans, ne possèdent qu'au même titre et de la même manière
que les fermiers ordinaires, sauf la durée de la jouissance ; que la
contribution foncière est due et payée par le bailleur, circonstance
qui détermine avec encore plus de précision le caractère de cette
tenure ; et qu'on ne pourrait considérer les colons ou fermiers
comme propriétaires des biens qu'ils tiennent *à complant,* sans
rendre inutiles et sans valeur les bâtimens, celliers et pressoirs répandus sur la surface du territoire appartenant aux bailleurs, et
destinés par eux à l'exploitation des fruits dont leurs fermiers ou
colons sont redevables envers eux :

Considérant aussi que la tenure dont il s'agit rentre dans l'espèce
de celle connue sous le nom de *tenure convenancière* ou *à domaine congéable ,* usitée dans plusieurs des départemens formés
de la ci-devant Bretagne, et que les bailleurs des biens concédés à
ce titre ont été maintenus dans la propriété de ces biens par décrets de l'assemblée constituante des 10 mai, 1er, 6 et 7 juin —
6 août 1791, confirmés par la loi du 9 brumaire an VI,

Est d'avis qu'il n'est pas nécessaire de recourir au législateur
pour maintenir ou conserver dans la main des bailleurs ou de leurs
héritiers ou représentans la propriété des biens concédés sous le
titre de bail *à complant* dans le département de la Loire-Inférieure ; que la portion de fruits que s'y sont réservée les bailleurs
doit leur être payée sans difficulté par les preneurs, lesquels ne
peuvent forcer les bailleurs d'en recevoir le rachat ; et qu'enfin le
ministre des finances doit prescrire à la régie de l'enregistrement de
se conformer à ces principes relativement aux redevances de cette
nature qui appartiennent à la nation.   J. F.

☞ *Arrêté relatif au Mode d'approbation des Tarifs et Règlemens pour la Perception des Octrois municipaux.*

Du 1er août 1800 (13 thermidor an VIII).

Art. 1er. Le ministre de l'intérieur approuvera les tarifs et les règlemens présentés par les conseils municipaux, avec les modifications qu'il jugera convenables, conformément aux principes déterminés par les susdites lois.

2. Tous les mois, le ministre présentera aux Consuls, qui prononceront définitivement, les tarifs et les règlemens qu'il aura approuvés.

En attendant, et provisoirement, l'autorisation du ministre sera considérée comme décision du gouvernement, en tout ce qui concerne tant les octrois precédemment établis que ceux qui le seront par la suite.   J. F.

☞ *Extrait de l'arrêté contenant Règlement sur le Recouvrement des contributions directes et l'Exercice des Contraintes.*

Du 4 août 1800 (16 thermidor an VIII).

§ III. *Contraintes et poursuites à exercer contre les percepteurs.*

33. Aussitôt que le receveur particulier aura été informé d'un divertissement de deniers, il fera faire à l'instant toutes les saisies et actes conservatoires.

Il pourra, en outre, décerner une contrainte par corps contre le percepteur, laquelle ne pourra néanmoins être mise à exécution qu'avec le *visa* du juge de paix.   J. F.

☞ *Arrêté relatif au Mode de délivrance des Brevets d'invention.*

Du 27 septembre 1800 (5 vendémiaire an IX).

Art. 1er. A compter de ce jour, le certificat de demande d'un brevet d'invention sera délivré par le ministre de l'intérieur, et les brevets seront ensuite délivrés, tous les trois mois, par le premier Consul, et promulgués dans le bulletin des lois.

2. Pour prévenir l'abus que les brevetés peuvent faire de leurs titres, il sera inséré par annotation, au bas de chaque expédition, la déclaration suivante :

« Le gouvernement, en accordant un brevet d'invention sans » examen préalable, n'entend garantir en aucune manière, ni la » priorité, ni le mérite, ni le succès d'une invention. »   J. F.

☞ *Extrait de l'Arrêté relatif à la formation des listes des Jurés.*

Du 27 janvier 1801 (7 pluviôse an IX).

4. Les préfets sont spécialement chargés de veiller à la formation des listes, et à leur envoi en temps utile : ils seront responsables du retard, s'ils ne font pas connaître ceux des fonctionnaires de leurs départemens auxquels il doit être imputé.

5. Les juges de paix prévenus de négligence sur ce point seront déférés au tribunal de cassation, comme coupables de forfaiture, aux termes du paragraphe IV de l'article 644 de la loi du 3 brumaire an IV.

Les administrateurs négligens seront révoqués.   J. F.

☞ *Loi portant Réduction des Justices de Paix.*

Du 8 janvier 1800 (8 pluviôse an IX).

Art. 1er. Il y aura, pour tout le territoire européen de la république, trois mille justices de paix au moins, et trois mille six cents au plus.

2. Les arrondissemens des justices de paix se régleront, autant que les localités n'y apporteront pas d'obstacles, sur les bases combinées de la population et de l'étendue territoriale, et dans les proportions suivantes :

3. La population moyenne d'un arrondissement de justice de paix sera de dix mille habitans; l'arrondissement ne pourra en embrasser plus de quinze mille.

4. La moyenne étendue territoriale de l'arrondissement sera de deux cent cinquante kilomètres carrés; elle ne pourra en comprendre plus de trois cent soixante-quinze, ni moins de cent vingt-cinq.

5. Néanmoins, et lorsque dans une étendue territoriale moindre de cent vingt-cinq kilomètres carrés, il existera une population supérieure à quinze mille habitans, la composition des arrondissemens se fera d'après la seule base de la population.

6. Le territoire actuel des petites villes, bourgs et villages, ne pourra être scindé ni divisé de manière que partie en soit donnée à un arrondissement et partie à un autre.

Ce territoire sera conservé dans son intégrité et placé dans un seul et même arrondissement de justice de paix.

7. La règle énoncée dans le précédent article ne s'applique pas aux communes qui, par leur propre population, auront droit à l'établissement de plusieurs arrondissemens de justice de paix dans leur sein.

8. Dans chaque arrondissement de justices de paix, formé de la réunion de plusieurs communes, le gouvernement désignera celle qui, soit à raison de sa centralité, soit par rapport à ses relations avec les autres communes du même arrondissement, en sera le chef-lieu.

9. A l'égard des villes dont la population excède cent mille ha-

bitans, le gouvernement pourra, sans consulter les bases ci-dessu s posées, maintenir les arrondissemnes des justices de paix tels qu'ils existent, les modifier ou les réduire, selon qu'il le jugera convenable, pourvu qu'au cas de réduction le nombre des justices de paix n'y soit pas inférieur à celui des municipalités.

10. Jusqu'aux nouvelles démarcations de territoire et aux nominations constitutionnelles des juges de paix, ceux qui en remplissent aujourd'hui les fonctions continueront de les exercer dans les limites actuelles.

Loi qui détermine la portion saisissable sur les Traitemens des Fonctionnaires publics et des Employés civils.

Du 12 mars 1801 (21 ventôse an IX).

Les traitemens des fonctionnaires publics et employés civils seront saisissables jusqu'à concurrence du cinquième sur les premiers 1,000 francs et toutes les sommes au-dessous, du quart sur les 5,000 francs suivans, et du tiers sur la portion excédant 6,000 francs, à quelque somme qu'elle s'élève; et ce, jusqu'à l'entier acquittement des créances.　**J. F.**

Extrait de la loi qui autorise l'Établissement de trois Ponts à Paris.

Du 15 mars 1801 (24 ventôse an IX).

Art. 1er. Il sera établi trois ponts à Paris sur la Seine :
Le premier entre le Jardin des plantes et l'Arsenal ;
Le second, entre les îles de la Cité et de la Fraternité;
Le troisième, pour un passage à pied entre le Louvre et le quai des Quatre-Nations.

9. Les contestations qui pourront s'élever sur le paiement de la taxe seront jugées comme celles sur la perception de l'octroi de bienfaisance.

Loi qui détermine le Mode d'élection des Juges de paix.

Du 20 mars 1801 (29 ventôse an IX).

ju Art. 1er. Les citoyens composant l'arrondissement ou canton d'un ge de paix procéderont seuls à son élection.

2. Ils voteront par séries : à cet effet le sous-préfet fera le tableau particulier des séries du canton, conformément aux dispositions des articles 3 et 4 de la loi du 13 du présent mois sur les listes de notabilité. Ce tableau sera mis sous les yeux des votans.

3. Le scrutin sera formé et dépouillé conformément aux règles prescrites par la même loi pour la notabilité communale, sauf les modifications ci-après.

4. Le scrutin sera simple et individuel; quand il concourra avec celui qui aura lieu pour la notabilité communale, les bulletins se-

ront insérés dans une boîte particulière, sur laquelle seront inscrits ces mots; *suffrages donnés par les votans du canton de* (on mettra le nom du chef-lieu de canton) *pour l'élection d'un juge de paix.*

5. Si le scrutin relatif à l'élection du juge de paix ne se fait pas en même temps que celui de la notabilité communale, il ne sera ouvert que pendant cinq jours.

6. Dans tous les cas, si le premier scrutin relatif à l'élection du juge de paix ne donne à aucun citoyen la majorité absolue des votans du canton, il sera procédé à un second scrutin, qui ne durera que trois jours, et ne pourra porter que sur les six candidats à qui le premier aura donné le plus de voix.

7. Celui des citoyens qui, au premier scrutin, aura eu la majorité absolue, ou, en cas de deuxième scrutin, celui des six candidats qui aura obtenu la majorité relative, sera proclamé juge de paix du canton.

8. Il sera installé par le sous-préfet, après avoir prêté serment à l'audience publique du tribunal de l'arrondissement communal.

9. Il sera tenu de donner ses audiences au chef-lieu du canton.

Loi qui supprime les Assesseurs des Juges de paix, et donne deux Suppléans à chacun de ces Juges.

Du 20 mars 1801 (29 ventôse an IX).

Art. 1er. Les assesseurs des justices de paix sont supprimés; ils cesseront leurs fonctions du moment où les juges de paix des nouveaux cantons seront installés.

2. Chaque juge de paix remplira seul les fonctions, soit judiciaires, soit de conciliation, ou autres, qui sont attribuées aux justices de paix par les lois actuelles.

3. En cas de maladie, absence ou autre empêchement du juge de paix, ses fonctions seront remplies par un suppléant.

À cet effet, chaque juge de paix aura deux suppléans.

4. Ces deux suppléans, désignés par *premier* et *second*, seront les deux citoyens ayant réuni le plus grand nombre de suffrages, après le juge de paix, dans les élections du canton.

Extrait de l'Arrêté relatif au Sauvetage des bâtimens naufragés, et à la vente de ces bâtimens et des prises.

Du 7 mai 1801 (17 Floréal an IX).

Art. 1er. À défaut des armateurs, propriétaires, subrécargues ou correspondans, l'officier en chef d'administration de la marine, et, en son absence, celui qui le remplace dans l'ordre du service, sera chargé du sauvetage, et de tout ce qui concerne les naufrages, quelle que soit la qualité du navire; il sera également chargé de la vente des prises, ainsi que l'était le juge de paix, dont il remplit toutes les fonctions à cet égard.

Les dispositions précédentes seront également appliquées aux navires étrangers, à moins que les traités ou conventions ne contiennent des dispositions contraires. J. F.

Loi relative aux Justices de paix.

Du 18 mai 1802 (28 floréal an x).

Art. 1er. Lorsqu'il vaquera, par mort, démission, ou autrement, une place de juge de paix, le premier suppléant succédera à ce juge pour le temps d'exercice qui restait à ce dernier, si toutefois ce temps n'excède pas une année.

Au cas contraire, les citoyens du canton procéderont, selon les formes établies, à l'élection d'un juge de paix dont les fonctions finiront à l'époque où eussent dû se terminer celles du juge primitivement nommé.

2. Dans le cas où, soit par la promotion de droit exprimée en l'article précédent, soit de toute autre manière, une place de suppléant de juge de paix viendrait à vaquer, il sera pourvu au remplacement de la manière suivante :

Si le procès-verbal de la dernière élection triennale fait mention du citoyen qui avait le plus de voix après les deux suppléans élus, et s'il y est énoncé que le nombre des voix par lui obtenues s'élevait à vingt au moins, ce citoyen sera proclamé suppléant par le sous-préfet de l'arrondissement.

Au cas contraire, le premier consul nommera le suppléant, qui exercera jusqu'aux prochaines élections.

3. Tous les greffiers des juges de paix seront nommés par le premier consul.

Ils fourniront un cautionnement, savoir :

A Paris, de 4,800 fr.; à Bordeaux, Lyon et Marseille, de 3,600 fr.; dans les villes de cinquante à cent mille habitans, de 2,400 fr.; dans celles de trente à cinquante mille habitans, de 1,800 fr.; dans celles de dix à trente mille habitans, de 1,200 fr.; dans les villes ou bourgs au-dessus de trois mille jusqu'à dix mille habitans, de 800 fr.; et dans les autres lieux, de 400 fr.

4. Lorsque les greffiers des juges de paix auront un commis-greffier, le traitement de ce commis sera à leur charge.

5. Chaque juge de paix nommera un huissier au moins, et deux au plus.

La première nomination pourra porter sur ceux qui ont exercé ou exercent actuellement les fonctions simples d'huissiers près des justices de paix, ou sur les huissiers déjà reçus par les tribunaux d'appel, criminels ou de première instance, pourvu qu'ils résident dans le ressort de la justice de paix.

6. A l'avenir, les juges de paix ne pourront prendre leurs huissiers que dans cette dernière classe.

7. Si cependant il n'y a point d'huissiers de cette qualité résidant dans le canton, le juge de paix pourra nommer tous autres citoyens, lesquels n'entreront néanmoins en exercice qu'après que le tribunal de première instance, s'étant fait rendre compte de leurs mœurs et de leur capacité, aura confirmé leur nomination.

8. Tout juge de paix qui, après sa nomination, ne résidera point dans le canton, sera averti par le commissaire du gouvernement

près le tribunal de première instance d'y fixer son domicile dans le mois de l'avertissement; passé lequel délai, et après que le commissaire aura dénoncé la non-résidence au sous-préfet, il sera, à la diligence de ce dernier, pourvu, conformément à l'article 1er, au remplacement du juge de paix considéré comme démissionnaire.

Il en sera de même des suppléans.

9. On ne pourra considérer comme cessation de résidence d'un juge de paix les absences qui seront autorisées comme il suit :

Lorsqu'un juge de paix voudra s'absenter de son canton, il se munira d'une autorisation du commissaire du gouvernement près le tribunal civil de son arrondissement.

Lorsque son absence devra durer plus d'un mois, il s'adressera au ministre de la justice pour en obtenir un congé.

10. Dans tous les cas où un juge de paix demandera un congé, il devra justifier d'un certificat du premier suppléant, et, à son défaut, du second, constatant que le service public n'en souffrira point.

11. L'affirmation des procès-verbaux des gardes-champêtres et forestiers continuera d'être reçue par le juge de paix ; ses suppléans pourront néanmoins la recevoir pour les délits commis dans le territoire de la commune où ils résideront lorsqu'elle ne sera pas celle de la résidence du juge de paix.

Les maires, et, à défaut des maires, leurs adjoints, pourront recevoir cette affirmation, soit par rapport aux délits commis dans les autres communes de leurs résidences respectives, soit même par rapport à ceux commis dans les lieux où résident le juge de paix et ses suppléans, quand ceux-ci seront absens.

12. Dans les villes qui renferment plusieurs justices de paix, il n'y aura plus qu'un seul tribunal de police.

13. Chaque juge de paix y siégera tour-à-tour pendant trois mois.

Dans les villes où les arrondissemens sont par ordre numérique, on suivra l'ordre des numéros; dans les autres villes, on suivra l'ordre qu'occupent les justices de paix dans l'arrêté relatif à leur fixation.

14. Il y aura pour ce tribunal de police un greffier particulier, à la nomination du premier consul; ce greffier fournira un cautionnement supérieur, du quart en sus, à celui que devront fournir les greffiers de justice de paix établis dans la même ville.

Il pourra s'adjoindre un commis-greffier qui sera tenu de prêter serment, et dont le traitement sera à sa charge.

15. Les huissiers des diverses justices de paix, composant le ressort d'un même tribunal de police, exerceront concurremment leur ministère près ce même tribunal.

16. Dans le cas où le tribunal de police embrasserait plus de quatre justices de paix, le gouvernement pourra diviser ce tribunal en deux sections, dans chacune desquelles siégera un juge de paix, toujours alternativement et pendant trois mois.

Le greffier sera, dans ce cas, tenu d'avoir un commis assermenté pour le service de la seconde section.

17. Les lois relatives, soit à l'organisation, soit aux attributions

des justices de paix, continueront d'être exécutées dans toutes les dispositions auxquelles il n'est point dérogé par la présente. J. F.

☞ *Arrêté relatif au mode de versement des Cautionnemens à fournir par les Greffiers des Juges de paix et des Tribunaux de police.*

Du 16 juin 1802 (27 prairial an x).

Art. 1er. Les cautionnemens à fournir par les greffiers des juges de paix et ceux des tribunaux de police, conformément à la loi du 28 floréal, seront versés au trésor public en quatre termes, savoir : le premier quart avant l'installation, et les trois autres quarts successivement de deux en deux mois, à compter de cette époque.

2. Ces versemens auront lieu dans la caisse du receveur général ou du receveur particulier de l'arrondissement.

3. En cas de non-paiement de tout ou partie desdits cautionnemens aux époques fixées par l'article 1er ci-dessus, le commissaire du Gouvernement près le tribunal de première instance de l'arrondissement sera tenu de provoquer la déchéance des greffiers en retard. J. F.

Sénatus-consulte organique de la Constitution.

Du 4 août 1802 (16 thermidor an x).

TITRE Ier.

Art. 1er. Chaque ressort de justice de paix a une assemblée de canton.

8. L'assemblée de canton désigne deux citoyens sur lesquels le premier consul choisit le juge de paix du canton.

Elle désigne pareillement deux citoyens pour chaque place vacante du suppléant du juge de paix.

9. Les juges de paix et leurs suppléans sont nommés pour dix ans.

☞ TITRE IX.

De la Justice et des Tribunaux.

78. Il y a un grand-juge ministre de la justice.

79. Il a une place distinguée au sénat et au conseil d'état.

80. Il préside le tribunal de cassation et les tribunaux d'appel, quand le gouvernement le juge convenable.

81. Il a sur les tribunaux, les justices de paix et les membres qui les composent, le droit de les surveiller et de les reprendre.

82. Le tribunal de cassation, présidé par lui, a droit de censure et de discipline sur les tribunaux d'appel et les tribunaux criminels : il peut, pour cause grave, suspendre les juges de leurs fonctions, les mander près du grand-juge, pour y rendre compte de leur conduite.

. 83. Les tribunaux d'appel ont droit de surveillance sur les tribunaux civils de leur ressort, et les tribunaux civils sur les juges de paix de leur arrondissement.   J. F.

Arrêté qui règle le traitement fixe des Greffiers des tribunaux de police dans les Villes où il y a plusieurs Justices de paix.

Du 17 septembre 1802 (30 fructidor an x).

Art. 1er. Indépendamment des droits d'expédition attribués en matière de police, les greffiers particuliers des tribunaux de police établis dans les villes où il y a plusieurs justices de paix auront, tant pour traitement fixe que pour subvenir aux frais d'entretien de leurs greffes et aux salaires des commis dont ils auraient besoin, les sommes portées dans l'état ci-annexé.

2. Les traitemens seront acquittés sur les centimes additionnels destinés aux traitemens et dépenses fixes.

3. Il sera payé annuellement, pour menues dépenses de ces tribunaux, les sommes portées en l'état ci-annexé, et sur les fonds réservés aux dépenses variables.

4. Les administrations municipales de chacune de ces villes pourvoiront aux frais de premier établisssement, et fourniront un local distinct pour la tenue des audiences et du greffe de ces tribunaux, de manière que leurs minutes ne soient, en aucun cas, confondues avec celles des justices de paix et bureaux de conciliation.

État des sommes à payer pour les tribunaux de police particuliers établis dans les Villes où il y a plusieurs justices de paix.

TRAITEMENS DES GREFFIERS.		MENUES DÉPENSES.	
	fr.		fr.
A Paris, ci..................	1,800	....	900
A Lyon, Bordeaux et Marseille, chacun 1200 francs, ci................	3,600	Pour chaq. trib.al, 400, ci,	1,200
A Bruxelles, Gand, Toulouse, Nantes, Anvers, Lille, Liége et Rouen, chacun 900 fr., ci......	7,200	.... 200, ci,	1,600
A Caen, Nîmes, Montpellier, Rennes, Orléans, Bruges, Angers, Reims, Metz, Clermont, Strasbourg, Versailles et Amiens, chacun 600 f., ci....................	7,800	.... 100, ci,	1,300
Et dans les autres villes, au nombre de cent trois, chacun à raison de 500 fr., ci...........	51,500	.... 50, ci,	5,150
Total..........	71,900	Total..........	10,150

Arrêté qui annulle un Jugement rendu par un Juge de paix en matière de grande Voirie.

Du 25 octobre 1802 (3 brumaire an XI).

Les consuls, sur le rapport du ministre de l'intérieur, vu les pièces relatives au conflit d'attribution qui s'est élevé entre le préfet du département de la Sarre et le tribunal de paix de la ville de Trèves, à l'occasion d'un jugement rendu par ce tribunal, le 24 thermidor an x, sur une matière de grande voirie ;

Considérant que la contestation qui s'était élevée entre le citoyen Zinck, homme de loi à Trèves et le citoyen Geyer, commissaire de police de cette ville, chargé par le maire de surveiller les travaux des réparations des grandes routes, était purement administrative, puisqu'il s'agissait d'un objet de voirie ;

Considérant que le tribunal de paix de Trèves, qui avait reconnu son incompétence relativement à la connaissance du fond, devait également la reconnaître à l'égard des frais, qui n'étaient que l'accessoire ; le conseil d'état entendu, arrêtent :

Art. 1er. Le jugement rendu le 24 thermidor dernier, entre les citoyens Zinck et Geyer, par le tribunal de paix de la ville de Trèves, est déclaré non avenu.

2. Les difficultés survenues entre ces deux citoyens seront portées, instruites et jugées au conseil de préfecture du département de la Sarre.

Arrêté du Gouvernement qui règle le costume des Juges de paix et Greffiers.

Du....... janvier 1803 (2 nivôse an XI.)

Art. 4 et 7. Les juges de paix et leurs greffiers porteront dans l'exercice de leurs fonctions le même costume que les juges et greffiers des tribunaux de première instance, savoir : aux audiences ordinaires simarre et toge de laine noire à grandes manches, ceinture de laine noire pendante, toque de laine noire unie, bordée de velours noir, cheveux longs, ou ronds.

Et aux audiences solennelles et cérémonies publiques ils porteront le même costume avec les modifications suivantes : une simarre de soie noire, une ceinture de soie couleur bleu-clair, à franges de soie, un galon d'argent au bas de la toque. Les greffiers porteront le même costume, mais sans bord à la toque.

Loi qui fixe l'Age auquel on peut être Juge, Commissaire du Gouvernement, Substitut du Commissaire ou Greffier dans les Tribunaux.

Du 7 mars 1803 (16 ventôse an XI).

Art. 1er. Il suffit d'être âgé de vingt-cinq ans pour être juge ou suppléant dans un tribunal de première instance, pour être commissaire du gouvernement dans un tribunal de première instance, et pour être greffier, soit d'un tribunal d'appel, soit d'un tribunal de première instance, soit d'un juge de paix.

2. On peut être, à vingt-cinq ans, substitut du commissaire du gouvernement près d'un tribunal d'appel; et à vingt-deux ans, substitut du commissaire du gouvernement près d'un tribunal d'arrondissement.

3. L'article 4 de la loi du 27 ventôse an VIII est rapporté en ce qu'il a de contraire aux dispositions de la présente loi.   J. F.

Extrait de l'Arrêté concernant l'Amende à consigner pour Appel des Jugemens rendus par les juges de paix.

Du 30 avril 1803 (10 floréal an XI).

3. L'amende de neuf francs, pour appel des jugemens des juges de paix, continuera d'être consignée en totalité.

4. La consignation, prescrite par les deux articles précédens, sera toujours faite avant les jugemens, même par défaut, qui interviendront sur l'appel; et les greffiers ne pourront délivrer d'expéditions ou extraits de ces jugemens avant qu'il leur ait été justifié de la consignation d'amende.

5. Faute par l'appelant de faire cette consignation, l'intimé sera tenu de l'effectuer, sauf la répétition en définitif contre l'appelant, si celui-ci succombe.

Loi relative au Remplacement des Juges de paix et de leurs Suppléans en cas d'empêchement légitime.

Du 7 mars 1804 (16 ventôse an XII).

Art. 1er. En cas d'empêchement légitime d'un juge de paix et de ses suppléans, le tribunal de première instance dans l'arrondissement duquel est situé la justice de paix renverra les parties devant le juge de paix du canton le plus voisin.

2. Ce jugement de renvoi sera rendu à la demande de la partie la plus diligente, sur simple requête, et d'après les conclusions du commissaire du gouvernement, parties présentes ou dûment appelées.

3. La distance d'une justice de paix à l'autre est réglée d'après celle de leurs chefs-lieux entre eux.

Avis du Conseil d'état sur la Police des Rivières non navigables.

Du 19 mars 1804 (28 ventôse an XII).

(Tiré du *Recueil des lois* de M. Isambert, année 1816, Appendice, page 626).

Le conseil d'état qui, d'après le renvoi du gouvernement, a entendu le rapport de la section de l'intérieur, sur celui du ministre de l'intérieur, tendant à rendre communes à la police des rivières non navigables les dispositions de la loi du 29 floréal an x,

Est d'avis que la loi proposée ne peut être adoptée, et que les contraventions aux réglemens de police sur les rivières non navigables, canaux et autres petits canaux d'eau, doivent, selon les dispositions du Code civil et les lois existantes, être portées, suivant leur nature, devant les tribunaux de police municipale ou correctionnelle, et les contestations qui intéressent les propriétaires, devant les tribunaux civils.   J. F.

Décret sur le mode de prestation du serment des Juges de paix, des Membres des Tribunaux de première instance, de commerce, etc.

Du 13 juillet 1804 (24 messidor an xii).

Art. 1er. A l'avenir, la prestation du serment de chacun des membres des tribunaux ci-après désignés, lors de sa réception, sera faite de la manière suivante.

2. Le tribunal de première instance recevra le serment des juges de paix de son arrondissement et de leurs suppléans.

Décret relatif aux Cérémonies publiques, Préséances, Honneurs civils et militaires.

Du 13 juillet 1804 (24 messidor an xii).

SECTION III.

De l'ordre suivant lequel les Autorités marcheront dans les Cérémonies publiques.

7. Les autorités appelées aux cérémonies publiques se réuniront chez la personne qui doit y occuper le premier rang.

8. Les princes, les grands dignitaires de l'empire, et les autres personnes désignées en l'article 1er de la section 1re du présent titre marcheront dans les cérémonies suivant l'ordre des préséances indiquées audit article; de sorte que la personne à laquelle la préséance sera due ait toujours à sa droite celle qui doit occuper le second rang, à sa gauche celle qui doit occuper le troisième, et ainsi de suite.

Ces trois personnes forment la première ligne du cortége;

Les trois personnes suivantes, la deuxième ligne.

Les corps marcheront dans l'ordre suivant :

Les membres des cours d'appel;

Les officiers de l'état major de la division, non compris deux aides-de-camp du général, qui le suivront immédiatement;

Les membres des cours criminelles;

Les conseils de préfecture, non compris le secrétaire général, qui accompagnera le préfet;

Les membres des tribunaux de première instance;

Le corps municipal;

Les officiers de l'état-major de la place ;
Les membres du tribunal de commerce ;
Les juges de paix ;
Les commissaires de police.

Loi relative à la Diminution des Frais de justice en matière criminelle ou de police correctionnelle.

Du 25 janvier 1805 (5 pluviôse an XIII).

Art. 1er. Les citations, notifications, et généralement toutes significations à la requête de la partie publique, en matière criminelle ou de police correctionnelle, seront faites par les huissiers audienciers des tribunaux établis dans les lieux où elles seront données, ou par les huissiers des tribunaux de paix : en conséquence il ne sera jamais alloué de frais de transport aux huissiers, à moins toutefois qu'ils n'aient été chargés, par un mandement exprès du procureur général ou du procureur impérial ou du directeur du jury, chacun en ce qui le concerne, de porter, hors du lieu de leur résidence, lesdites citations, notifications ou significations ; elles pourront aussi être données par les gendarmes.

2. Les citations et significations faites à la requête des prévenus ou accusés seront à leurs frais, ainsi que les salaires des témoins qu'ils feront entendre, sauf à la partie publique à faire citer, à sa requête, les témoins qui lui seraient indiqués par les prévenus ou accusés, dans les cas où elle jugerait que leur déclaration pût être nécessaire pour la découverte de la vérité, sans préjudice encore du droit de la cour de justice criminelle d'ordonner, dans le cours des débats, lorsqu'elle le jugera utile, que de nouveaux témoins seront entendus.

3. Il ne sera délivré gratuitement aux accusés, en quelque nombre qu'ils puissent être, et, dans tous les cas, qu'une seule copie des procès-verbaux constatant le délit, et des déclarations écrites des témoins. Les accusés ne pourront requérir d'autres copies de ces actes ou des copies des autres pièces de la procédure qu'à leurs frais.

4. En matière de police correctionnelle, ceux qui se constitueront parties civiles seront personnellement chargés des frais de poursuite, instruction et signification des jugemens.

En toute affaire criminelle, la partie publique sera seule chargée des frais d'exécution ; elle fera l'avance des frais d'instruction, expédition et signification des jugemens, du remboursement desquels ceux qui se seront constitués parties civiles seront personnellement tenus, sauf, dans tous les cas, le recours des parties civiles contre les prévenus ou accusés qui auront été condamnés.   J. F.

Extrait de la Loi relative à la Tutelle des Enfans admis dans les Hospices.

Du 4 février 1805 (15 pluviôse an XIII).

4. Les commissions administratives des hospices jouiront, rela-

tivement à l'émancipation des mineurs qui sont sous leur tutelle, des droits attribués aux pères et mères par le Code civil.

L'émancipation sera faite, sur l'avis des membres de la commission administrative, par celui d'entre eux qui aura été désigné tuteur, et qui seul sera tenu de comparaître à cet effet, devant le juge de paix.

L'acte d'émancipation sera délivré sans autres frais que ceux d'enregistrement et de papier timbré.   J. F.

Extrait de la Loi relative aux finances de l'an XIII.

Du 21 février 1805 (2 ventôse an XIII).

TITRE VII.

Des Cautionnemens.

22. Les cautionnemens fournis par les avocats en cour de cassation, les greffiers, avoués et huissiers des tribunaux, ainsi que par les greffiers des justices de paix, en exécution des lois des 27 ventôse an VII et 28 floréal an X, sont pareillement portés au tiers en sus de la fixation actuelle.   J. F.

Avis du Conseil d'État sur la nature des fonctions des Huissiers et sur les cas où ils sont exempts des Droits de péage.

Du 24 février 1805 (5 ventôse an XIII).

Le conseil d'état, qui, d'après le renvoi de sa majesté l'empereur, a entendu le rapport de la section de l'intérieur sur celui du grand-juge, ministre de la justice, relativement à une lettre à lui adressée par le juge de paix du canton de Duffel, département des Deux-Nèthes, en date du 26 frimaire an XIII, sur cette double question, 1° si les huissiers sont fonctionnaires publics ; et 2° dans quels cas ils doivent ou ne doivent point être astreints à payer le droit de passage établi sur le pont de Duffel, sur la Nèthe :

Vu l'arrêté du 14 fructidor an X, qui exempte du droit de péage sur le pont de Duffel les fonctionnaires publics dans l'exercice de leurs fonctions,

Considérant que l'exercice des fonctions d'huissiers ne commencent qu'au domicile des particuliers auxquels ils ont à notifier quelque acte de leur ministère, et non au moment où ils sortent de leurs maisons pour s'y rendre ou pour aller vaquer à leurs propres affaires ;

Est d'avis que les huissiers doivent, à la vérité, être regardés comme fonctionnaires publics, mais que l'exercice de leurs fonctions n'étant manifeste que lorsqu'ils accompagnent quelque prévenu ou condamné, le corps entier, ou quelque membre du tribunal auquel ils sont attachés, marchant pour leur service, ils doivent, dans tout autre cas, être assujettis, comme les simples particuliers, au droit de péage.   J. F.

☞ *Extrait du décret concernant les Droits réunis, la manière de procéder sur les Contraventions, etc.*

Du 22 mars 1805 (1er germinal an XIII).

Des Commis et des Procès-Verbaux.

20. Les préposés de la régie seront âgés au moins de vingt-un ans accomplis ; ils seront tenus, avant d'entrer en fonctions, de prêter serment devant le juge de paix ou le tribunal civil de l'arrondissement dans lequel ils exercent ; ce serment sera enregistré au greffe, et transcrit sur leur commission, sans autres frais que ceux d'enregistrement et de greffe, et sans qu'il soit nécessaire d'employer le ministère d'avoué.

25. Les procès-verbaux seront affirmés au moins par deux des saisissans, dans les trois jours, devant le juge de paix ou l'un de ses suppléans ; l'affirmation énoncera qu'il en a été donné lecture aux affirmans.

26. Les procès-verbaux, ainsi rédigés et affirmés, seront crus jusqu'à inscription de faux.

Les tribunaux ne pourront admettre contre lesdits procès-verbaux d'autres nullités que celles résultant de l'omission des formalités prescrites par les articles précédens.

CHAPITRE IX.

Des Contraintes.

43. La régie pourra employer contre les redevables en retard la voie de la contrainte.

44. La contrainte sera décernée par le directeur ou receveur de la régie ; elle sera visée et déclarée exécutoire, sans frais, par le juge de paix du canton où le bureau de perception est établi, et pourra être notifiée par les préposés de la régie.

Le juge de paix ne pourra refuser de viser la contrainte pour être exécutée, à peine de répondre des valeurs pour lesquelles la contrainte aura été décernée.

49. Dans le cas d'apposition des scellés sur les effets et papiers des comptables, les registres de recette et autres de l'année courante ne seront pas renfermés sous les scellés : lesdits registres seront seulement arrêtés et paraphés par le juge, qui les remettra au préposé chargé de la recette par *interim*, lequel en demeurera garant, comme dépositaire de justice ; et il en sera fait mention dans le procès-verbal d'apposition des scellés.   J. F.

☞ *Décret qui prescrit des Formalités pour le Paiement des arrérages de Rentes et Pensions non réclamées, pour les deux années qui précéderont le dernier sémestre.*

Du 13 septembre 1805 (26 fructidor an XIII).

Art. 1er. Les arrérages des rentes et pensions dues par le trésor

public, qui n'auront point été réclamés pendant les deux années qui
précéderont le dernier sémestre en paiement, ne seront payés que
sur la quittance des propriétaires, ou sur celle d'un fondé de pouvoir spécial.

2. Les propriétaires desdites rentes ou pensions, qui en recevront
eux-mêmes les arrérages, seront tenus de justifier d'un certificat
d'individualité, conforme au modèle annexé au présent décret; ce
certificat, expédié sur papier au timbre de vingt-cinq centimes, sera
délivré sans frais par les maires des communes ou les juges de paix
du canton, dont les signatures seront dûment légalisées.

3. L'exécution des dispositions ci-dessus commencera à dater du
1er vendémiaire an XIV pour ce qui concerne les cinq pour cent
consolidés, et du 1er nivôse suivant pour la dette viagère et les
pensions.

Modèle du Certificat d'individualité.

Je soussigné, maire de la commune de　　　　　　département
de　　　　　　(ou juge de paix du canton de　　　　　　département de　　　　　　) certifie que　　　　　　(mettre les nom, pré-
nom) ici présent, demeurant à　　　　　　canton de　　　　, est porteur
d'un extrait d'inscription, cinq pour cent consolidés (ou extrait
d'inscription viagère, ou d'un certificat d'inscription de pension),
délivré en son nom pour la somme de　　　　　　sous le n°
est véritablement l'individu ci-dessus dénommé, pour m'être par-
faitement connu, et a signé avec moi.　　　J. F.

Décret qui annule, pour excès de pouvoirs, un Jugement rendu par un Juge relativement à une concession de mine.

Du 31 janvier 1806.

Napoléon ,..... Vu la demande en concession d'une mine de fer
dite *Inbreith*, faite, le 17 germinal an II, par le sieur *Calmuth* ,
au préfet de la la Roer, demande sur laquelle il n'a point été statué;

Vu le jugement du 8 germinal an XIII, rendu par le juge de paix
du canton de Gemund, entre le sieur *Calmuth*, se prétendant seul
concessionnaire de la mine d'Inbreith, et les sieurs *Weiss* et *Stappen*, propriétaires de la surface du terrain de ladite mine; lequel
jugement maintient le sieur *Calmuth* en jouissance de la mine dont
il s'agit, et condamne ses adversaires à la restitution du minerai
qu'ils en avaient tiré, et aux dépens;

L'arrêté du préfet du département de la Roer, en date du 10 thermidor an XIII, qui élève le conflit;

Considérant que la concession sur laquelle le sieur *Calmuth* fondait son droit à l'exploitation de la mine de fer d'Inbreith n'est pas
prouvée; que le juge de paix de Gemund, en maintenant ce particulier en possession de ladite mine, a excédé ses pouvoirs, puisqu'il a, de fait, créé une concession administrative, notre conseil
d'état entendu, nous AVONS DÉCRÉTÉ ET DÉCRÉTONS ce qui suit :

Le jugement rendu, le 8 germinal an XIII, par le juge de paix de

Gemund, département de la Roer, entre le sieur *Calmuth* et les sieurs *Weiss* et *Stappen*, au sujet de la mine d'Inbreith, est considéré comme non avenu, sauf aux parties à se pourvoir devant l'autorité administrative.

Extrait du Décret sur le mode de Règlement des frais de Justice criminelle.

Du 24 février 1806.

4. Lorsqu'il y aura lieu de transporter les procédures d'un tribunal (ou d'une cour) dans un autre, les minutes mêmes seront transportées ; et il est défendu de décerner aucun exécutoire pour *copies* qui seraient faites de ces procédures, sous prétexte de leur transport.

5. Aucune *copie* ne sera délivrée par un greffier sans avoir été mise sous les yeux du président et du procureur impérial ou procureur-général impérial, qui mettront leur *visa* au pied de chaque *copie*, et donneront au greffier le certificat qu'il s'est conformé aux règlemens, tant sur les actes à délivrer que sur le nombre de lignes dans chaque page et de syllabes dans chaque ligne. Les greffiers devront joindre ce certificat à l'exécutoire qui leur sera donné pour cette copie.   J. F.

Décret sur le Mode de remboursement des Cautionnemens des Titulaires décédés ou interdits.

Du 18 septembre 1806.

Art. 1er. La caisse d'amortissement est autorisée à rembourser les cautionnemens des titulaires décédés ou interdits aux héritiers et ayant droit, sur simple rapport,

1° Du certificat d'inscription ou des titres constatant le paiement du cautionnement ; 2° des certificats de *quitus*, d'affiche et de non opposition prescrits par les lois des 25 nivôse et 6 ventôse an XIII ; 3° et d'un certificat ou d'un acte de notoriété contenant les noms, prénoms et domiciles des héritiers et ayant-droit, la qualité en laquelle ils procèdent et possèdent, l'indication de leurs portions dans le cautionnement à rembourser, et l'époque de leur jouissance.

Ce certificat devra être délivré par le notaire détenteur de la minute, lorsqu'il y aura eu inventaire ou partage par acte public, ou transmission gratuite à titre entre vifs ou par testament.

Il le sera par le juge de paix du domicile du décédé, sur l'attestation de deux témoins, lorsqu'il n'existera aucun desdits actes en forme authentique.

Si la propriété est constatée par jugement, le greffier dépositaire de la minute délivrera le certificat.

2. Ces certificats seront assujettis au simple droit d'enregistrement d'un franc, devront être légalisés par le président du tribunal de première instance, et conformes aux modèles annexés au présent décret.

Modèle du certificat à délivrer par un greffier.

Je soussigné (*nom et prénoms*), greffier du tribunal de
département de   certifie, conformément au décret impérial du   que , par jugement dudit tribunal , en date du
           (tel *ou* tels *nom, prénoms et qualités*), a *ou* ont été dé-
clarés propriétaires du cautionnement fourni par le sieur (*nom ,
prénoms et qualité*) et que ledit   ou lesdits   a
ou ont seuls droit de recevoir le remboursement dudit cautionnement, en capital ou intérêts.

Fait à

Nota. Ce certificat énoncera la portion afférente à chacun
des ayant-droit; la qualité dans laquelle cette portion lui est
dévolue ; si c'est comme héritier, donataire, légataire, ou
créancier. Il contiendra les noms des tuteurs, des mineurs ,
s'il en existe; et, enfin, il devra être légalisé par le président.

Modèle du Certificat à délivrer par un Juge de Paix.

Je soussigné (*nom, prénoms*), juge de paix du canton de
arrondissement de   département de   certifie,
conformément au décret impérial du 18 septembre 1806, et sur
l'attestation de (*noms, prénoms, qualités et résidences des deux
témoins*), que le sieur (*nom, prénoms et qualité du titulaire*)
est décédé à   le   *ab intestat;* qu'après son
décès il n'a pas été fait d'inventaire, et que d°.   sa veuve,
demeurant à   *ou* que tel *ou* tels (*mettre les noms, prénoms, qualités et résidences*) son seul héritier *ou* ses seuls héritiers, est propriétaire *ou* sont propriétaires du capital et des intérêts du cautionnement que ledit sieur   a fourni en sadite
qualité , et qu'il a *ou* qu'ils ont droit de recevoir le remboursement.

(Ce certificat énoncera la portion afférente à chacun des ayant-
droit; et s'il y a des mineurs, les noms des tuteurs qui ont droit de
toucher pour eux.)

Fait à

Nota. Ces sortes de certificats de propriété ne doivent et
ne peuvent être délivrés par un juge de paix qu'autant qu'il
n'existe aucun acte de transmission de propriété passé devant
notaires. S'il en existe, ils doivent être délivrés par les notaires détenteurs des minutes desdits actes.

Ce certificat doit être légalisé.   J. F.

*Décret concernant les Attestations à délivrer aux ren-
tiers viagers et pensionnaires de l'État , qui ne peuvent
se transporter au domicile du Notaire certificateur.*

Du 23 septembre 1806.

Art. 1ᵉʳ. Les rentiers viagers et pensionnaires de l'état qui, par
cause de maladie ou d'infirmités, ne pourront se transporter au

domicile du notaire certificateur de leur arrondissement, lui adresseront une attestation du maire de leur commune, visée du sous-préfet ou du juge de paix, constatant leur existence, leur maladie ou infirmité.

2. Les notaires certificateurs sont autorisés à délivrer, sur le vu de cette attestation, le certificat exigé par l'article 1er. de notre décret du 21 août 1806 pour le paiement des rentes viagères et pensions, dans lesquels ils feront mention détaillée de ladite attestation, qui restera déposée entre leurs mains, et ne pourra servir pour un autre semestre.   J. F.

Décret impérial sur la durée des Vacations.

10 Brumaire an XIV.

« Art. 1er. Tous officiers ayant droit d'apposer des scellés, de
» les reconnaître et de les lever, de rédiger des inventaires, de
» faire des ventes ou autres actes dont la confection peut exiger
» plusieurs séances, sont tenus d'indiquer, à chaque séance, l'heure
» du commencement et celle de la fin.

» 2. Toutes les fois qu'il y a interruption dans l'opération avec
» renvoi à un autre jour ou à une autre heure de la même journée,
» il en sera fait mention dans l'acte que les parties et les officiers
» signeront sur-le-champ pour constater cette interruption.

» 3. Le procès-verbal est sujet à l'enregistrement dans le délai
» fixé par la loi.

» 4. Le droit d'enregistrement, fixé à deux francs par vacation,
» est exigible par vacation, dont aucune ne peut excéder quatre
» heures. »

Décret du 24 novembre 1806.

La disposition de l'article 14, titre 2 de la loi du 25 mai 1791 portant règlement sur la propriété des auteurs de découvertes en tout genre d'industrie, est abrogée en ce qui concerne la défense d'exploiter des brevets d'invention par actions; ceux qui voudraient exploiter leurs titres de cette manière seront tenus de se pourvoir de l'autorisation du gouvernement.

Avis du Conseil d'État sur la Dispense de Tutelle en faveur des Ecclésiastiques desservant des cures ou succursales, etc.

Du 20 novembre 1806.

Le conseil d'état, qui, d'après le renvoi ordonné par sa majesté, a entendu le rapport de la section de législation sur celui du ministre des cultes, tendant à savoir si les ecclésiastiques desservant des cures ou des succursales peuvent réclamer l'application de l'article 427 du Code civil,

Est d'avis que la dispense accordée par cet article à tout citoyen exerçant une fonction publique dans un département autre que celui où la tutelle s'établit est applicable, non seulement aux ecclésiastiques desservant des cures ou des succursales, mais à toutes personnes exerçant pour les cultes des fonctions qui exigent résidence, dans lesquelles ils sont agréés par sa majesté, et pour lesquelles ils prêtent serment.   J. F.

☞ *Extrait du Décret contenant le Tarif des frais et dépens pour le ressort de la Cour d'appel de Paris.*

Du 16 février 1807.

LIVRE PREMIER.

DES JUSTICES DE PAIX.

CHAPITRE Ier.

Taxes des Actes et Vacations des Juges de paix.

Art. 1er. (Code de procédure civile, articles 909, 932.) Il est accordé au juge de paix, pour chaque vacation d'apposition, reconnaissance et levée de scellés, qui sera de trois heures au moins,

A Paris. . . . . 5 f. 00 c.

Dans les villes où il y a tribunal de première instance 3 75

Dans les autres villes et cantons ruraux 2 50

Dans la première vacation seront compris les temps du transport et du retour du juge de paix ; s'il n'y a qu'une seule vacation, elle sera payée comme complète, encore qu'elle n'ait pas été de trois heures.

Si le nombre des vacations d'apposition, reconnaissance et levée de scellés paraît excessif, le président du tribunal de première instance, en procédant à la taxe, pourra la réduire.

2. (Code de procédure civile, articles 921, 935, 916.) S'il y a lieu à référé, lors de l'apposition des scellés

Ou dans le cours de leur levée,

Ou pour présenter un testament, ou autre papier cacheté au président du tribunal de première instance.

Les vacations du juge de paix lui seront allouées comme celles pour l'apposition, la reconnaissance et levée des scellés.

3. En cas de transport du juge de paix devant le président du tribunal de première instance, il lui est accordé par chaque myriamètre . . . . 2 f. 00 c.

Autant pour le retour. 2 00

Et par journées de cinq myriamètres 10 00

Il ne lui est accordé qu'une seule journée quand la distance ne sera pas de plus de deux myriamètres et demi, y compris sa vacation devant le président du tribunal.

Si la distance est de plus de deux myriamètres et demi, il lui sera payé deux journées pour l'aller, le retour et la vacation devant le président du tribunal.

4. (Code civil, article 406.) Pour l'assistance du juge de paix à tout conseil de famille,

    A Paris. . . . . 5 f. 00 c.

    Dans les villes où il y a tribunal de première in-
stance. 3   75

    Dans les autres villes et cantons ruraux 2   50

     Nota. Le juge de paix ne pourra jamais prendre plus de
deux vacations.

    5. (Code civil, articles 70 et 71.) Pour l'acte de notoriété sur
la déclaration de sept témoins, pour constater, autant que possible,
l'époque de la naissance d'un individu de l'un ou de l'autre sexe
qui se propose de contracter mariage et les causes qui empêchent
de représenter son acte de naissance,

    A Paris. . . . . 5 f. 00 c.

    Dans les villes où il y a tribunal de première in-
stance. 3   75

    Dans les autres villes et cantons ruraux 2   50

    Et pour la délivrance de tout autre acte de notoriété qui doit être
donné par le juge de paix,

    A Paris. . . . . 1 f. 00 c.

    Dans les villes où il y a tribunal de première in-
stance. 0   75

    Dans les autres villes et cantons ruraux 0   50

    6. (Code de procédure civile, articles 587, 781.) Pour le transport
du juge de paix, à l'effet d'être présent à l'ouverture des portes en
cas de saisie-exécution, pour chaque vacation de trois heures,

    A Paris. . . . . 5 f. 00 c.

    Dans les villes où il y a tribunal de première in-
stance. 3   75

    Dans les autres villes et cantons ruraux 2   50

    Et à l'arrestation d'un débiteur condamné par corps, dans le do-
micile où ce dernier se trouve,

    A Paris . . . . 10 f. 00 c.

    Dans les villes où il y a tribunal de première in-
stance. 7   50

    Dans les autres villes et cantons ruraux 5   00

    7. (Code de procédure civile, articles 4, 6, 29.) Il n'est rien al-
loué au juge de paix, 1°. pour toute cédule qu'il pourra délivrer;
(Art. 14.) 2° pour le paraphe des pièces en cas de dénégation
d'écriture, et de déclaration qu'on entend s'inscrire en faux incident.

    8. (Code de procédure civile, article 38.) Il lui est alloué pour
transport, soit à l'effet de visiter des lieux contentieux, soit à l'effet
d'entendre des témoins, lorsque le transport aura été expressément
requis par l'une des parties et que le juge l'aura trouvé nécessaire,
pour chaque vacation,

    A Paris . . . . 5 f. 00 c.

    Dans les villes où il y a tribunal de première in-
stance. . . . . 3 f. 75 c.

    Dans les autres villes et cantons ruraux 2   50

     Nota. Le procès-verbal du juge doit faire mention de la
réquisition de la partie, et il n'est rien alloué à défaut de
cette mention.

CHAPITRE II.

Taxe des Greffiers des Juges de paix.

9. (Code de procédure civile, article 8.) Il sera taxé aux greffiers des justices de paix, par chaque rôle d'expédition qu'ils délivreront, et qui contiendra vingt lignes à la page et dix syllabes à la ligne,

A Paris . . . . 0 f. 50 c.

Dans les villes où il y a tribunal de première instance 0   40 c.

Dans les autres villes et cantons ruraux. . . .   0   40

10. (Code de procédure civile, article 54.) Pour l'expédition du procès-verbal qui constatera que les parties n'ont pu être conciliées, et qui ne doit contenir qu'une mention sommaire qu'elles n'ont pu s'accorder, il sera alloué,

A Paris . . . . 1 f. 00 c.

Dans les villes et cantons ruraux   0   80

11. (Code de procédure civile, article 7.) La déclaration des parties qui demandent à être jugées par le juge de paix sera insérée dans le jugement ; et il ne sera rien taxé au greffier pour l'avoir reçue, non plus que pour tout autre acte du greffe.

12. (Code de procédure civile, article 30.) Pour transport sur les lieux contentieux, quand il sera ordonné, il sera alloué aux greffiers les deux tiers de la taxe du juge de paix.

13. (Code de procédure civile, article 48.) Il n'est rien alloué pour la mention sur le registre du greffe et sur l'original, ou la copie de la citation en conciliation, quand l'une des parties ne comparaît pas.

14. (Code de procédure civile, articles 45 et 47.) Pour la transmission au procureur impérial de la récusation et de la réponse du juge, tous frais de port compris,

A Paris. . . . . 5 f. 00 c.

Dans les villes où il y a tribunal de première instance.   5   00

Dans les autres villes et cantons ruraux   5   00

15. (Code de procédure civile, article 317.) Il sera taxé au greffier du juge de paix qui aura assisté aux opérations des experts, et qui aura écrit la minute de leur rapport, dans le cas où tous ou l'un d'eux ne sauraient écrire, les deux tiers des vacations allouées à un expert.

16. Il lui est alloué les deux tiers des vacations du juge de paix pour assistance.

(Code civil, article 406.) Aux conseils de famille ;

(Code de procédure civile, article 909.) Aux appositions des scellés ;

(Article 932.) Aux reconnaissances et levées de scellés ;

(Articles 921 et 935.) Aux référés ;

(Code civil, articles 70 et 71.) Aux actes de notoriété.

Il est encore alloué au greffier les deux tiers des frais de transport dans les mêmes cas où ils sont alloués aux juges de paix.

2ᵉ Partie.   12

Les greffiers des juges de paix ne pourront délivrer d'expéditions entières des procès-verbaux d'apposition, reconnaissance et levée des scellés, qu'autant qu'ils en seront expressément requis par écrit.

Ils seront tenus de délivrer les extraits qui leur sont demandés, quoique l'expédition entière n'ait été ni demandée ni délivrée.

17. (Code de procédure civile, article 925.) Il sera taxé au greffier du juge de paix,

Pour sa vacation, à l'effet de faire la déclaration de l'apposition des scellés sur le registre du greffe du tribunal de première instance, dans les villes où elle est prescrite, les deux tiers d'une vacation du juge de paix.

18. (Code de procédure civile, article 926.) Il lui sera alloué pour chaque opposition aux scellés qui sera formée par déclaration sur le procès-verbal de scellés,

A Paris. . . . . o f. 50 c.
Dans les villes où il y a tribunal de première
instance. o   40
Dans les autres villes et cantons ruraux . . . . . o   40

19. (Code de procédure civile, article 139.) Il ne lui sera rien alloué pour les oppositions formées par le ministère des huissiers et visées par lui.

20. (Code de procédure civile, article 925.) Il est alloué pour chaque extrait des oppositions aux scellés, à raison, par chaque opposition, de,

A Paris. . . . . o f. 50 c.
Dans les villes où il y a tribunal de première in-
stance. . . . . o   40
Dans les autres villes et cantons ruraux . . . . . o   40

CHAPITRE III.

Taxe des Huissiers des Juges de paix.

21. Pour l'original,
De chaque citation contenant demande,
A Paris.. . . . . 1 f. 50 c.
Dans les villes où il y a tribunal de première in-
stance 1   25
Dans les autres villes et cantons ruraux. 1   25

(Code de procédure civile, articles 16 et 19.) De signification de jugement.. . . . . 1 f. 25 c.

(Art. 17.) De sommation de fournir caution ou d'être présent à la réception et soumission de la caution ordonnée. . . id.

(Art. 20.) D'opposition au jugement par défaut, contenant assignation à la prochaine audience. . . . . 1 f. 50 c.

(Art. 32.) De demande en garantie . . . . id.
(Art. 34.) De citation aux témoins. . . . . id.
(Art. 42.) De citation aux gens de l'art et experts. . id.
(Art. 52.) De citation en conciliation. . . . . id.
(Code civil, article 406.) De citation aux membres qui doivent

composer le conseil de famille.. . . . .   1 f. 50 c.
   De notification de l'avis du conseil de famille. . . .   id.
   (Art. 926.) D'opposition aux scellés. . . . .   id.
   De sommation à la levée des scellés.. . . . .   id.
   Et pour chaque copie des actes ci-dessus énoncés, le quart de l'original.

22. Pour la copie des pièces qui pourra être donnée avec les actes, par chaque rôle d'expédition de vingt lignes à la page, et de dix syllabes à la ligne,
   A Paris.. . . . .   0 f. 25 c.
   Dans les villes où il y a tribunal de première in-
   stance..   0   10
   Dans les autres villes et cantons ruraux..   0   20

23. Pour transport qui ne pourra être alloué qu'autant qu'il y aura plus d'un demi-myriamètre (*une lieue ancienne*) de distance entre la demeure de l'huissier et le lieu où l'exploit devra être posé, aller et retour, par myriamètre.. . . . .   2 f. 00 c.

Il ne sera rien alloué aux huissiers des juges de paix pour *visa* par le greffier de la justice de paix ou par les maire et adjoint des communes du canton, dans les différens cas prévus par le Code de procédure.

CHAPITRE.

Taxe des Témoins, Experts et Gardiens des scellés.

24. (Code de procédure civile, articles 29 et 34.) Il sera taxé au témoin entendu par le juge de paix une somme équivalente à une journée de travail, même à une double journée, si le témoin a été obligé de se faire remplacer dans sa profession, ce qui est laissé à la prudence du juge.
   Il sera taxé au témoin qui n'a pas de profession. . .   2 f. 00 c.
   Il ne sera point passé de frais de voyage, si le témoin est domicilié dans le canton où il est entendu.

S'il est domicilié hors du canton et à une distance de plus de deux myriamètres et demi du lieu où il fera sa déposition, il lui sera alloué autant de fois une somme double de journée de travail, ou une somme de 4 francs, qu'il y aura de fois cinq myriamètres de distance entre son domicile et le lieu où il aura déposé.

25. (Code de procédure civile, articles 29 et 42.) La taxe des experts en justice de paix sera la même que celle des témoins, et il ne leur sera alloué de frais de voyage que dans le même cas.

26. Les frais de garde seront taxés pour chaque jour, pendant les douze premiers jours.
   A Paris.. . . . .   2 f. 50 c.
   Dans les villes où il y a tribunal de première in-
   stance.   2   00
   Dans les autres villes et cantons ruraux..   1   50
  Ensuite seulement à raison de,
   A Paris . . . .   1 f. 00 c.
   Dans les villes où il y a tribunal de 1re instance.. .   0   80
   Dans les autres villes et cantons ruraux.   0   60
                                 J. F.

Décret du 25 janvier 1807, art. 1er et 2.

Les années de jouissance d'un brevet d'invention, de perfectionnement ou d'importation, commencent à courir de la date du certificat de demande délivré par le ministre de l'intérieur.

La priorité d'invention, dans le cas de contestation entre deux brevetés pour le même objet, appartient de droit à celui qui, le premier, a fait au secrétariat de la préfecture de son domicile le dépôt des pièces exigées par la loi.

Décret qui rend commun plusieurs Cours d'appel et Tribunaux le Tarif des Frais et Dépens de ceux de Paris, et en fixe la réduction pour les autres.

Du 16 février 1807.

Art. 1er. Le tarif des frais et dépens en la cour d'appel de Paris, décrété cejourd'hui, est rendu commun aux cours d'appel de Lyon, Bordeaux, Rouen et Bruxelles.

Toutes les sommes portées en ce tarif seront réduites d'*un dixième* pour la taxe des frais et dépens des autres cours d'appel.

2. Le tarif des frais et dépens décrété pour le tribunal de première instance et pour les justices de paix établis à Paris est rendu commun aux tribunaux de première instance et aux justices de paix établis à Lyon, Bordeaux, Rouen et Bruxelles.

Toutes les sommes portées en ce tarif seront réduites d'*un dixième* dans la taxe des frais et dépens pour les tribunaux de première instance et pour les justices de paix établis dans les villes où siège une cour d'appel, ou dans les villes dont la population excède trente mille âmes.

3. Dans tous les autres tribunaux de première instance et justices de paix de l'empire, le tarif des frais et dépens sera le même que celui décrété pour les tribunaux de première instance et les justices de paix du ressort de la cour d'appel de Paris, autres que ceux établis dans cette capitale.

4. Le tarif des frais de taxe, décrété également cejourd'hui pour le ressort de la cour d'appel de Paris, est aussi déclaré commun à tout l'empire; en conséquence, dans tous les chefs-lieux de cours d'appel les droits de taxe seront perçus comme à Paris; et partout ailleurs ils seront perçus comme dans le ressort de la cour d'appel de Paris. J. F.

Décret concernant les Majorats.

Du 1er mars 1808.

SECTION II.

Des Majorats formés par ceux qui ont la faculté de transmettre leurs Titres.

Ceux de nos sujets auxquels les titres de *duc*, de *comte*, de *baron,* sont conférés de plein droit, et qui voudront profiter de la faculté de rendre leur titre transmissible en formant un majorat, adresseront, à cet effet, une requête à notre cousin le prince archichancelier de l'empire.

Elle énoncera, etc.

9. Le produit des biens sera justifié, s'ils consistent en immeubles, 1° par des baux formant ensemble une durée de vingt-sept ans ; 2° par l'extrait du rôle des impositions.

A défaut de baux, le requérant produira un état estimatif des revenus et un acte de notoriété donné devant le juge de paix ou un notaire, par sept notables de l'arrondissement où les biens sont situés, et constatant la commune renommée.

Toutes ces pièces sont jointes à la requête. J. F.

Décret concernant les *Gardes du Commerce.*

Du 14 mars 1800.

7. Les gardes du commerce sont chargés exclusivement de l'exécution des contraintes par corps, et ne pourront, en aucun cas, être suppléés par les huissiers, recors et autres personnes quelconques.

Ils pourront être commis par le tribunal de commerce à la garde des faillis, conformément à l'article 455, livre III, du Code de commerce.

15. Dans le cas où, en exécution du paragraphe 5 de l'art. 781 du Code judiciaire, le juge de paix du canton ne pourrait pas ou refuserait d'ordonner l'arrestation dans la maison *tierce* où se trouverait le débiteur, et de se transporter avec le garde pour procéder à l'arrestation, le garde chargé de l'exécution requerra le juge de paix d'un autre canton.

Le garde du commerce n'aura pas besoin de l'autorisation et assistance du juge de paix pour arrêter le débiteur dans son propre domicile, si l'entrée ne lui en est pas refusée. J. F.

Loi relative aux demandes en expertise d'immeubles situés dans le ressort de plusieurs tribunaux.

Du 15 novembre 1808.

Les experts seront renvoyés, pour la prestation du serment, devant le juge de paix du canton où les biens sont situés. J. F.

Décret relatif à la conservation des biens affectés à la Dotation de Majorats.

Du 4 mai 1809.

12. Tout acte de décès d'un de nos sujets, revêtu de l'un des titres établis par nos statuts du 1er mars 1808, sera notifié dans le mois à notre procureur-général du sceau des titres, par les maires,

par le chef de l'état-major de chaque division d'armée de terre et de mer pour ceux de son corps, et par le chef de l'état-major-général pour les officiers sous ses ordres; les procureurs-généraux près nos cours et nos procureurs impériaux y tiendront la main.

Le juge de paix, le notaire ou autre officier public qui procédera à la levée des scellés ou à l'inventaire après le décès d'un titulaire, se fera représenter, avant la levée des scellés, le certificat constatant la notification du décès, et fera mention dudit certificat dans l'intitulé du procès-verbal de levée de scellés, ou de l'inventaire, à peine d'interdiction.   J. F.

☛ *Règlement relatif aux Octrois municipaux et de bienfaisance.*

Du 17 mai 1809.

Du Personnel.

138. Les préposés de l'octroi seront âgés au moins de vingt ans accomplis; ils seront tenus de prêter serment devant le tribunal civil de la ville dans laquelle ils exercent, et, dans les lieux où il n'y a pas de tribunal, devant le juge de paix; ce serment sera enregistré au greffe, et sans qu'il soit nécessaire d'employer le ministère d'avoués.

Il sera payé seulement un droit fixe de 3 francs.

139. Le cas de changement de résidence ou de grade d'un préposé arrivant, il n'y a pas lieu à une prestation de serment : il lui suffira de faire viser sa commission sans frais par le juge de paix ou le président du tribunal du lieu où il devra exercer.   J. F.

☛ *Décret concernant les Justifications à faire par les Héritiers des Officiers décédés, pour obtenir le Paiement des sommes acquises à ces militaires à l'époque de leur décès, à titre de Solde d'activité, Solde de retraite, traitement de réforme ou autres attributions d'un service personnel.*

Idm   Du 1er juillet 1809.

2. Si l'officier décédé n'a point fait de dispositions testamentaires, les héritiers présenteront, avec l'acte de décès du titulaire, un acte de notoriété dressé par le juge de paix du domicile de l'officier décédé, sur l'attestation de deux témoins. Cet acte constatera que ceux qui se présentent sont seuls et uniques héritiers du défunt.   J. F.

☛ *Décret qui annulle deux Arrêts de la Cour d'appel de Metz, portant renvoi au Conseil d'état des Contestations relatives aux Droits d'octroi.*

Du 10 août 1809.

Napoléon, ... Sur le rapport de notre ministre des finances;

Vu les règlemens pour la perception de l'octroi de la commune de Rocroy, département des Ardennes, approuvés par notre ministre des finances les 12 messidor an XIII et 11 avril 1808.

Vu les jugemens rendus par le juge de paix du canton du Couvin et par le suppléant du juge de paix du canton de Rocroy, qui condamnent plusieurs individus de cette dernière commune au paiement des droits portés au tarif de l'octroi, pour les fourrages qu'ils avaient fait entrer chez eux;

Vu les actes par lesquels ces particuliers ont interjeté appel desdits jugemens devant la cour d'appel de Metz;

Vu les deux arrêts rendus par cette cour, le 28 juillet 1808, par lesquels elle se déclare incompétente et renvoie les causes et les parties par-devant notre conseil d'état;

Lesdits arrêts motivés sur ce que la cour ne peut prononcer si c'est à l'autorité administrative ou aux tribunaux à statuer *lorsqu'on soutient n'être pas assujetti au droit.*

Vu l'article 13 de la loi du 27 frimaire an VIII, ainsi conçu :

« Les contestations qui pourront s'élever sur l'application du ta-
» rif ou sur la quotité des droits exigés par les receveurs d'octroi
» seront portées devant le juge de paix dans l'arrondissement duquel
» siége l'administration municipale, à quelque somme que le droit
» contesté puisse s'élever, pour être par lui jugées sommairement
» et sans frais, soit en dernier ressort, soit à la charge de l'appel,
» suivant la quotité du droit réclamé; »

Considérant que, d'après les dispositions de l'article 13 ci-dessus rapportées, les juges de paix doivent connaître de toutes les contestations relatives à l'octroi, soit qu'il s'agisse de l'application du droit, soit qu'il s'agisse de sa perception; que la cour d'appel de Metz a mis en question un point décidé par la loi; notre conseil d'état entendu, nous avons décrété et décrétons ce qui suit :

Art. 1er. Les deux arrêts de la cour d'appel de Metz, du 28 juillet 1808, qui ont renvoyé devant notre conseil d'état les contestations relatives aux droits d'octroi de la commune de Rocroy, seront regardés comme non avenus.

2. Les parties seront renvoyées devant les juges compétens, pour procéder sur l'appel des jugemens rendus par le juge de paix du canton de Couvin et par le suppléant du juge de paix du canton de Rocroy.   J. F.

Décret rendu en exécution de la loi du 16 Septembre 1807, pour fixer le sens de l'article 6 du titre X et de l'article 36 du titre XIII de la loi du 6—22 Août 1791, relative aux Douanes.

Du 20 septembre 1809.

Vu l'arrêté pris par la cour de cassation le 29 janvier 1808, sections réunies, qui déclare qu'il y a lieu à interprétation de la loi, et en conséquence, conformément à la loi du 16 septembre 1807, dit qu'il en sera référé au conseil d'état;

Vu la loi du 6—22 août 1791 et celle du 10 brumaire an V;

Considérant que, si l'article 4 du titre X de la loi du 6—22 août 1791 porte que, *lorsqu'il y aura lieu de saisir dans une maison, la description* (des marchandises saisies) *y sera faite et le procès-verbal y sera rédigé*, cette disposition est modifiée par l'article 6 du même titre, ainsi conçu : *s'il y a opposition des parties à ce que le procès-verbal soit rédigé dans la maison, cet acte sera fait dans le bureau le plus voisin ;*

Considérant que le cas prévu par ce dernier article existe, lorsqu'il est constaté par le procès-verbal que les préposés des douanes n'auraient pu le rédiger dans la maison sans compromettre leur sûreté; ce qui résulte quelquefois d'une seule circonstance, quelquefois de la réunion de plusieurs : si par exemple il arrive, comme dans l'affaire qui a donné lieu aux arrêts susénoncés, que la fraude a été commise avec attroupement, de nuit et en même temps dans plusieurs maisons, et que les contrebandiers inspiraient une telle frayeur dans le lieu, que ni le juge de paix ni l'officier municipal n'ont voulu assister aux opérations des préposés, malgré les réquisitions que ceux-ci leur ont faites, et que l'officier municipal a même déclaré qu'en se présentant il courait le plus grand risque de perdre la vie et ses propriétés,

Avons décrété et décrétons ce qui suit :

Art. 1er. L'article 6 du titre X de la loi du 6—22 août 1791 doit être entendu dans ce sens qu'il y a opposition des parties à ce que le procès-verbal des préposés des douanes soit rédigé dans la maison où ils ont fait la saisie, non seulement lorsque les parties elles-mêmes empêchent les préposés, par des voies de fait ou des actes de violence, de procéder à leurs opérations, mais encore lorsqu'il résulte des circonstances constatées par le procès-verbal qu'ils ne pouvaient y procéder sans compromettre leur sûreté.   J. F.

2. L'article 36 du titre XIII de la loi du 6—22 août 1791, et l'article 12 de la loi du 10 brumaire an v, doivent être entendus en ce sens que, si le juge et l'officier municipal refusent d'assister au procès-verbal des préposés des douanes, sur la réquisition que ceux-ci leur auront faite, il suffit, pour la régularité de leurs opérations, que le procès-verbal contienne la mention de la réquisition et du refus.   J. F.

Extrait de la loi sur l'Organisation de l'Ordre judiciaire et l'Administration de la justice.

Du 20 avril 1810.

CHAPITRE VII.

De la Discipline.

58. Les juges et les officiers du ministère public qui s'absenteraient sans un congé délivré suivant les règles prescrites par la loi ou les règlemens seront privés de leur traitement pendant le temps de leur absence; et si leur absence dure plus de six mois, ils pourront être considérés comme démissionnaires et remplacés.

Néanmoins, les juges et officiers du ministère public pourront, après un mois d'absence, être requis par le procureur-général de se rendre à leur poste ; et, faute par eux d'y revenir dans le mois, il en sera fait rapport au grand-juge, qui pourra proposer à l'empereur de les remplacer comme démissionnaires.

49. Les présidens des cours impériales et des tribunaux de première instance avertiront d'office, ou sur la réquisition du ministère public, tout juge qui compromettra la dignité de son caractère.

50. Si l'avertissement reste sans effet, le juge sera soumis, par forme de discipline, à l'une des peines suivantes, savoir :

La censure simple ;

La censure avec réprimande ;

La suspension provisoire.

La censure avec réprimande emportera de droit privation de traitement pendant un mois ; la suspension provisoire emportera privation de traitement pendant sa durée.

51. Les décisions prises par les tribunaux de première instance seront transmises, avant de recevoir leur exécution, aux procureurs généraux par les procureurs impériaux, et soumis aux cours impériales.

52. L'application des peines déterminées par l'article 50 ci-dessus sera faite en chambre du conseil par les tribunaux de première instance, s'il s'agit d'un juge de ces tribunaux, ou d'un membre de justice de paix, ou d'un juge de police de leur arrondissement.

Lorsqu'il s'agira d'un membre des cours impériales ou d'assises ou spéciales, l'application sera faite par les cours impériales en la chambre du conseil.

53. La disposition de l'article précédent est applicable à tous les membres des cours d'assises et spéciales qui auront encouru l'une des peines portées en l'article 50, même à ceux qui, n'ayant exercé qu'en qualité de suppléans, auront, dans l'exercice de cette suppléance, manqué aux devoirs de leur état.

54. Les cours impériales exerceront les droits de discipline attribués aux tribunaux de première instance, lorsque ceux-ci auront négligé de les exercer.

les cours impériales pourront, dans ce cas, donner à ces tribunaux un avertissement d'être plus exacts à l'avenir.

55. Aucune décision ne pourra être prise que le juge inculpé n'ait été entendu ou dûment appelé, et que le procureur impérial ou le procureur-général n'ait donné ses conclusions par écrit.

56. Dans tous les cas, il sera rendu compte au grand-juge, ministre de la justice, par les procureurs-généraux, de la décision prise par les cours impériales ; quand elles auront prononcé ou confirmé la censure avec réprimande, où la suspension provisoire, la décision ne sera mise à exécution qu'après avoir été approuvée par le grand-juge. Néanmoins, en cas de suspension provisoire, le juge sera tenu de s'abstenir de ses fonctions jusqu'à ce que le grand-juge ait prononcé ; sans préjudice du droit que l'article 82 du sénatus-consulté du 16 thermidor an x donne au grand-juge de déférer le juge inculpé à la cour de cassation, si la gravité des faits l'exige.

57. Le grand-juge, ministre de la justice, pourra, quand il le jugera convenable, mander auprès de sa personne les membres des cours et tribunaux, à l'effet de s'expliquer sur les faits qui pourraient leur être imputés.

58. Tout juge qui se trouvera sous les liens d'un mandat d'arrêt, de dépôt, d'une ordonnance de prise de corps ou d'une condamnation correctionnelle, même pendant l'appel, sera suspendu provisoirement de ses fonctions.

59. Tout jugement de condamnation rendu contre un juge, à une peine même de simple police, sera transmis au grand-juge, ministre de la justice, qui, après en avoir fait l'examen, dénoncera à la cour de cassation, s'il y a lieu, le magistrat condamné ; et, sous la présidence du ministre, ledit magistrat pourra être déchu ou suspendu de ses fonctions, suivant la gravité des faits.

60. Les officiers du ministère public dont la conduite est répréhensible seront rappelés à leur devoir par le procureur-général du ressort ; il en sera rendu compte au grand-juge, qui, suivant la gravité des circonstances, leur fera faire, par le procureur-général, les injonctions qu'il jugera nécessaires, ou les mandera près de lui.

61. Les cours impériales d'assises ou spéciales sont tenues d'instruire le grand-juge, ministre de la justice, toutes les fois que les officiers du ministère public exerçant leurs fonctions près de ces cours s'écartent du devoir de leur état, et qu'ils en compromettent l'honneur, la délicatesse et la dignité.

Les tribunaux de première instance instruiront le premier président et le procureur-général de la cour impériale des reproches qu'ils se croiront en droit de faire aux officiers du ministère public exerçant dans l'étendue de l'arrondissement, soit auprès de ces tribunaux, soit auprès des tribunaux de police.

62. Les greffiers seront avertis ou réprimandés par les présidens de leurs cours et tribunaux respectifs ; et ils seront dénoncés, s'il y a lieu, au grand-juge, ministre de la justice.

CHAPITRE VIII.

Dispositions générales.

63. Les parens et alliés, jusqu'au degré d'oncle et neveu inclusivement, ne pourront être simultanément membres d'un même tribunal ou d'une même cour, soit comme juges, soit comme officiers d'un ministère public, ou même comme greffiers, sans une dispense de l'empereur. Il ne sera accordé aucune dispense pour les tribunaux composés de moins de huit juges.

En cas d'alliance survenue depuis la nomination, celui qui l'a contractée ne pourra continuer ses fonctions sans obtenir une dispense de sa majesté.

64. Nul ne pourra être juge ou suppléant d'un tribunal de première instance, ou procureur impérial, s'il n'est âgé de vingt-cinq ans accomplis, s'il n'est licencié en droit, et s'il n'a suivi le barreau pendant deux ans, après avoir prêté serment à la cour impériale, ou s'il ne se trouve dans un cas d'exception prévu par la loi.

Nul ne pourra être président, s'il n'a vingt-sept ans accomplis.

Les substituts des procureurs impériaux pourront être nommés lorsqu'ils auront atteint leur vingt-deuxième année, et s'ils réunissent les autres conditions requises.

65. Nul ne pourra être juge ou greffier dans une cour impériale, s'il n'a vingt-sept ans accomplis, et s'il ne réunit les conditions exigées par l'article précédent.

Nul ne pourra être président ou procureur général, s'il n'a trente ans accomplis.

Les substituts du procureur général pourront être nommés lorsqu'ils auront atteint leur vingt-cinquième année.

66. Toutes les dispositions contraires à la présente loi sont abrogées.   J. F.

Extrait du Décret sur la Fixation des Dépenses départementales.

Du 11 juin 1810.

TITRE VIII.

Des Dépenses judiciaires variables.

32. Les dépenses judiciaires variables sont allouées sur le même pied qu'en 1809, y compris les menus frais des justices de paix, pour la somme de 1,343,042 francs.   J. F.

Avis du Conseil d'état portant que les Répertoires des Huissiers établis près les Cours et Tribunaux doivent être cotés et paraphés par le Président.

Du 6 juillet 1810.

Le conseil d'état qui, d'après le renvoi ordonné par sa majesté, a entendu le rapport de la section de législation sur celui du grand-juge ministre de la justice, tendant à examiner si les dispositions de l'article 53 de la loi du 22 frimaire an VII, qui ordonne que les répertoires seront cotés et paraphés, savoir, « ceux des notaires, » huissiers et greffiers de la justice de paix, par le juge de leur do- » micile ; ceux des greffiers des tribunaux, par le président » concernant les huissiers établis par les tribunaux ;

Considérant qu'encore que cette intention ne soit pas textuellement exprimée dans la loi, elle sort évidemment de son esprit ; que si cette formalité est nécessaire à l'égard des huissiers des justices de paix, elle l'est plus encore à l'égard des huissiers établis près les tribunaux, dont les actes comportent des objets bien plus importans,

Est d'avis que l'article 53 de la loi du 22 frimaire an VII concerne les huissiers établis près les cours et tribunaux ;

En conséquence, que les répertoires que doivent, aux termes

des lois et règlemens, et sous les peines y portées, tenir les uns et les autres, doivent être cotés et paraphés par les présidens des cours ou tribunaux, ou par les juges par eux commis.   J. F.

Décret contenant des dispositions pénales contre les Individus qui seront convaincus de se livrer à la Postulation, et contre leurs Complices.

Du 19 juillet 1810.

Art. 1er. Les individus qui seront convaincus de se livrer à la postulation seront condamnés par corps,

Pour la première fois, au paiement d'une amende qui ne pourra être au-dessous de deux cents francs, ni excéder cinq cents francs.

4. Lorsque la chambre des avoués, informée de l'existence de la contravention, et voulant la constater, croira devoir demander à être autorisée à faire les perquisitions convenables dans les domiciles qui seront indiqués, elle présentera à cet effet requête, soit aux premiers présidens de nos cours, soit aux présidens des tribunaux, selon que la postulation aura été ou sera exercée auprès des cours ou des tribunaux. L'autorisation ne pourra être accordée que sur les conclusions du ministère public, et après que la gravité des faits et des circonstances allégués aura été examinée.

5. Lesdites contraventions pourront aussi être poursuivies d'office, et les perquisitions être demandées par nos procureurs généraux ou par leurs substituts.

6. Les perquisitions ordonnées ne pourront, dans tous les cas, être faites qu'en présence d'un juge de paix ou d'un commissaire de police, lequel saisira les dossiers et autres pièces qui lui seront indiquées comme devant prouver l'existence de la contravention. Les pièces de chaque dossier, ainsi que les pièces détachées, seront nombrées, cotées et paraphées par le juge de paix ou le commissaire de police, qui du tout dressera procès-verbal.   J. F.

Décret sur la manière dont il sera procédé dans le cas où des Ballots, Caisses, Meubles, Paquets et tous autres Objets confiés à des Entrepreneurs de Roulage ou de Messageries, n'auront pas été réclamés dans les six mois de l'arrivée à leur destination.

Du 13 août 1810.

3. Il sera procédé par le juge de paix, en présence des préposés de la régie de l'arrondissement et des entrepreneurs de messageries ou de roulage, à l'ouverture et à l'inventaire des ballots, malles, caisses et paquets.

☞ *Décret contenant des Dispositions tendant à prévenir ou à réprimer les Contrefaçons des Marques que les Fabricans de quincaillerie et de coutellerie sont autorisés à mettre sur leurs ouvrages.*

Du 5 septembre 1810.

TITRE Ier.

Dispositions générales.

Art. 1er Il est défendu de contrefaire les marques que, par un arrêté du 23 nivôse de l'an IX, les fabricans de quincaillerie et de coutellerie sont autorisés à mettre sur leurs ouvrages. Tout contrevenant à cette disposition sera puni, pour la première fois, d'une amende de 300 francs, dont le montant sera versé dans la caisse des hospices de la commune. En cas de récidive, cette amende sera double, et il sera condamné à un emprisonnement de six mois.

Les objets contrefaits seront saisis et confisqués au profit du propriétaire de la marque; le tout sans préjudice des dommages-intérêts qu'il y aura lieu de lui adjuger.

3. Nul ne sera admis à intenter action en contrefaçon de sa marque, s'il n'a fait empreindre cette marque sur les tables communes établies à cet effet, et déposées au tribunal de commerce, selon l'article 18 de la loi du 22 germinal an XI.

4. Dans les villes où il y a des conseils de prud'hommes, les tables seront déposées en outre au secrétariat de ces conseils, selon l'article 7 du décret du 11 juin 1809.

5. Il sera dressé procès-verbal des dépôts sur un registre en papier timbré, ouvert à cet effet, et qui sera coté et paraphé. Une expédition de ce procès-verbal sera remise au propriétaire de la marque, pour lui servir de titre contre les contrefacteurs.

6. Tout particulier qui voudra s'assurer la propriété de sa marque est tenu, conformément à l'article 9, section Ire. du titre II de notre décret du 11 juin 1809, de verser une somme de 6 francs entre les mains du receveur de la commune : cette somme, ainsi que toutes les autres qui seraient comptées pour le même objet, seront mises à la disposition des prud'hommes ou du maire, et destinées à faire l'acquisition des tables et à les entretenir. Le préfet en surveillera la comptabilité.

7. Il sera payé 3 francs pour l'expédition du procès-verbal de dépôt; tout greffier du tribunal de commerce, tout secrétaire de conseil de prud'hommes, qui aurait exigé une somme plus considérable, sera poursuivi comme concussionnaire.

TITRE II.

De la saisie des objets dont la Marque aurait été contrefaite, et du Mode de procéder contre les Contrefacteurs.

8. La saisie des ouvrages dont la marque aurait été contrefaite

aura lieu sur la simple réquisition du propriétaire de cette marque: les officiers de police sont tenus de l'effectuer sur la présentation du procès-verbal de dépôt; ils renverront ensuite les parties devant le conseil des prud'hommes, s'il y en a un dans la commune; s'il n'y en a point, le juge de paix du canton prendra connaissance de l'affaire.

9. Le conseil des prud'hommes (ou le juge de paix) entendra d'abord les parties et leurs témoins; il prononcera ensuite son jugement, qui sera mis à exécution sans appel ou à la charge de l'appel, avec ou sans caution, conformément aux dispositions du décret du 3 août présent mois.

10. Dans le cas où la dénonciation pour contrefaçon ne serait point fondée, celui qui l'aura faite sera condamné à des dommages-intérêts proportionnés au trouble et au préjudice qu'il aurait causés.

11. Tout jugement emportant condamnation, rendu en matière de contrefaçon d'une marque, sera imprimé et affiché aux frais du contrefacteur. Les parties ne pourront en aucun cas transiger sur l'affiche et la publication.   J. F.

Décret concernant la Pêche du Hareng et du Maquereau sur la côte comprise entre Calais et Harfleur, ainsi que la Salaison et la Vente de ces poissons.

Du 8 octobre 1810.

30. Pour l'exécution des dispositions ci-dessus, il sera établi, dans chaque port, baie ou crique où la pêche et la salaison ont lieu, deux syndics qui seront pris, l'un parmi les armateurs, l'autre parmi les saleurs.

32. Dans l'un ou l'autre cas, les syndics prêteront serment devant le tribunal de première instance de l'arrondissement, ou devant le juge de paix du canton.   J. F.

Décret qui règle le mode de recouvrement des Droits d'octroi sur les Régisseurs, Fermiers, Receveurs et autres Préposés à la recette de ces Droits.

Du 15 novembre 1810.

Art. 1er. Le recouvrement des droits d'octroi sera poursuivi, par voie de contrainte et par corps, contre tous régisseurs, fermiers, receveurs et autres préposés à la recette desdits droits.

2. Les contraintes seront décernées par le receveur municipal, visées par le maire, et rendues exécutoires par le juge de paix du canton où est située la commune; elles seront signifiées à la requête du maire, et exécutées conformément au titre XV du livre V de la Ire partie du Code de procédure civile.   J. F.

☞ *Décret contenant Règlement sur les Dépenses de l'Ordre judiciaire.*

Du 30 janvier 1811.

Dispositions diverses concernant les Traitemens et la Distribution des Droits d'assistance.

27. Le traitement des fonctionnaires de l'ordre judiciaire courra du jour de la prestation de serment.

28. Le traitement des démissionnaires et celui des magistrats qui seront admis à prendre leur retraite courra jusqu'au jour de l'installation de leur successeur, s'ils continuent jusque-là l'exercice de leurs fonctions, ou s'ils ne cessent de les remplir avant cette époque que pour cause d'infirmités graves justifiées : dans le cas contraire, comme aussi lorsqu'une place de l'ordre judiciaire sera vacante par la mort du titulaire, la partie du traitement qui doit être distribuée en droits d'assistance sera payée au juge, au suppléant ou à l'officier du ministère public qui remplira la place par *interim*, comme elle l'aurait été au titulaire; le surplus du traitement restera au trésor public, comme fonds de vacance de place.

Il en sera de même dans le cas où un membre de l'ordre judiciaire aurait encouru la peine de la privation de son traitement.

32. En cas de vacance d'une place de greffier dans une cour impériale ou dans un tribunal quelconque, celui qui la remplira par *interim* jouira du traitement ainsi que des émolumens qui y sont attachés, à la charge de pourvoir à toutes les dépenses du greffe.

J. F.

☞ *Décret relatif à la Comptabilité des Receveurs des Communes.*

Du 27 février 1811.

6. Dans le cas de déficit, l'inspecteur du trésor prendra de suite les mesures nécessaires pour la sûreté des deniers de la commune: si le déficit excède le montant du cautionnement, l'inspecteur décernera contrainte contre le receveur; elle sera exécutoire sur le *visa* du juge de paix, sans autre formalité.   J. F.

☞ *Décret contenant Règlement pour l'Administration de la Justice en matière criminelle, de police correctionnelle et de simple police, et Tarif général des frais.*

Du 18 juin 1811.

Nous n'insérons pas ce décret ici, parce qu'il est d'une longueur extrême (il contient vingt-sept pages en petit caractère), et surtout parce qu'il est imprimé à la suite de toutes les éditions des cinq Codes réunis, livre dont aucun juge de paix ne peut se passer ; au reste, ce décret ne se trouve dans aucune édition précédente du présent Manuel.

Dispositions préliminaires.

TITRE Ier.

Tarif des frais.

CHAPITRE Ier.

Des Frais de translation des Prévenus ou Accusés, de transport des Procédures et des Objets pouvant servir à conviction ou à décharge.

CHAPITRE II.

Des Honoraires et Vacations des Médecins, Chirurgiens, Sages-Femmes, Experts et Interprètes.

CHAPITRE III.

Des Indemnités qui peuvent être accordées aux Témoins et aux Jurés.

CHAPITRE IV.

Des Frais de garde de scellés, et de ceux de mise en fourrière.

CHAPITRE V.

Des Droits d'expédition et autres alloués aux Greffiers.

CHAPITRE VI.

Des Salaires des Huissiers.

CHAPITRE VII.

Du Transport des Magistrats.

CHAPITRE VIII.

Des Frais de voyage et de séjour auxquels l'instruction des Procédures peut donner lieu.

CHAPITRE IX.

Du Port des Lettres et Paquets.

CHAPITRE X.

Des Frais d'impression.

CHAPITRE XI.

Des Frais d'exécution des Arrêts.

TITRE II.

Des Dépenses assimilées à celles de l'instruction des Procès criminels.

CHAPITRE 1er.

De l'Interdiction d'office.

CHAPITRE II.

Des Poürsuites d'office en matière civile.

CHAPITRE III.

Des Inscriptions hypothécaires requises par le Ministère public.

CHAPITRE IV.

Du Recouvrement des Amendes et cautionnemens.

CHAPITRE V.

Du Transport des Greffes.

TITRE III.

Du Paiement et Recouvrement des Frais de justice criminelle.

CHAPITRE 1er.

Du Mode de Paiement.

CHAPITRE II.

De la Liquidation et du Recouvrement des Frais.   J. F.

☞ *Décret relatif à la Vente, en cas de Saisie pour Contravention à la Loi sur les Douanes, des Chevaux, Mulets et autres Moyens de transport des Marchandises, et des Objets de consommation susceptibles de se détériorer.*

Du 18 septembre 1811.

Art. 1er. En cas de saisie de chevaux, mulets et autres moyens quelconques de transport de marchandises en contravention à la loi sur les douanes dont la remise sous caution aura été offerte par procès-verbal, et n'aura pas été acceptée par la partie, il sera, à la diligence de l'administration des douanes, en vertu de la permission du juge de paix le plus voisin, ou du juge d'instruction, procédé, dans le délai de huitaine au plus tard de la date dudit procès-verbal, à la vente par enchère des objets saisis.

2° *Partie.*   13

Il sera pareillement, dans le même délai, et en vertu de la même permission, procédé à la vente des objets de consommation qui ne pourront être conservés sans courir le risque de la détérioration: sauf néanmoins l'exécution des articles 25 et 26 du décret du 18 octobre 1810, en ce qui concerne les marchandises prohibées.

2. L'ordonnance portant permis de vendre sera signifiée dans le jour à la partie saisie, si elle a un domicile réel ou élu dans le lieu de l'établissement du bureau de la douane, et, à défaut de domicile connu, au maire de la commune, avec déclaration qu'il sera immédiatement procédé à la vente, tant en l'absence qu'en présence, attendu le péril de la demeure.

L'ordonnance du juge de paix ou du juge d'instruction sera exécutée nonobstant appel ou opposition.

3. Le produit de la vente sera déposé dans la caisse de la douane, pour en être disposé ainsi qu'il sera statué en définitif par le tribunal chargé de prononcer sur la saisie.

4. Il n'est pas dérogé, pour le jugement du fond, aux dispositions de notre décret du 18 octobre 1810.   J. F.

☞ *Extrait du décret portant Règlement sur l'Organisation et le service des Huissiers.*

Du 14 juin 1813.

10. A l'égard de ceux qui aspireront, à l'avenir, aux places d'huissiers ordinaires, les conditions requises seront,

1° D'être âgé de vingt-cinq ans accomplis;

2° D'avoir satisfait aux lois de la conscription militaire;

3° D'avoir travaillé, au moins pendant deux ans, soit dans l'étude d'un notaire ou d'un avoué, soit chez un huissier, ou pendant trois ans au greffe d'une cour impériale ou d'un tribunal de première instance;

4° D'avoir obtenu de la chambre de discipline, dont il sera parlé ci-après, un certificat de moralité, de bonne conduite et de capacité.

Si la chambre accorde trop légèrement ou refuse sans motif valable ce certificat, il y aura recours au tribunal de 1re instance: savoir: dans le premier cas, par le procureur impérial, et dans le second, par la partie intéressée. En conséquence, le tribunal, après avoir pris connaissance des motifs d'admission ou de refus de la chambre, ainsi que des moyens de justification de l'aspirant, et après avoir entendu notre procureur impérial, pourra refuser ou accorder lui-même le certificat, par une délibération dont copie sera jointe à l'acte de présentation du candidat.

§. II. *Droit dexploiter*, etc.

24. Toutes citations, notifications et significations requises pour l'instruction des procès, ainsi que tous actes et exploits nécessaires pour l'exécution des ordonnances de justice, jugemens et arrêts, seront faits concurremment par les huissiers audienciers et les

huissiers ordinaires, chacun dans l'étendue du ressort du tribunal civil de première instance de sa résidence, sauf les restrictions portées par les articles suivans.

25. Les huissiers audienciers de notre cour de cassation continueront, dans l'étendue du lieu de la résidence de cette cour, d'instrumenter exclusivement à tous autres huissiers pour les affaires portées devant elle.

26. Les huissiers audienciers de nos cours impériales et ceux de nos tribunaux de première instance feront exclusivement, près leurs cours et tribunaux respectifs, les significations d'avoué à avoué.

27. Les huissiers audienciers de nos cours prévôtales et tribunaux ordinaires des douanes feront exclusivement, près leurs cours et tribunaux respectifs, et dans l'étendue du canton de leur résidence, tous exploits en matière de douanes.

28. Tous exploits et actes du ministère d'huissier près les justices de paix et les tribunaux de police seront faits par les huissiers ordinaires employés au service des audiences.

A défaut ou en cas d'insuffisance des huissiers ordinaires du ressort, lesdits exploits et actes seront faits par les huissiers ordinaires de l'un des cantons les plus voisins.

29. Défenses itératives sont faites à tous huissiers, sans distinction, d'instrumenter en matière criminelle ou correctionnelle hors du canton de leur résidence, sans un mandement exprès délivré conformément à l'article 84 de notre décret du 18 juin 1811.

30. Nos procureurs près les tribunaux de première instance et les juges d'instruction ne pourront délivrer de pareils mandemens que pour l'étendue du ressort du tribunal de première instance.

31. Nos procureurs impériaux criminels pourront ordonner le transport d'un huissier dans toute l'étendue du département.

32. La disposition du précédent article est applicable à nos procureurs près les tribunaux ordinaires des douanes, à moins qu'il n'y ait dans le même département deux ou plusieurs de ces tribunaux : dans ce dernier cas, ils ne pourront ordonner le transport que pour la partie de ce département formant le ressort de leur tribunal.

33. Le transport des huissiers dans les divers départemens du ressort de nos cours impériales et prévôtales ne pourra être autorisé, dans des affaires criminelles, que par nos procureurs généraux près ces cours

34. En matière de simple police, aucun huissier ne pourra instrumenter hors du canton de sa résidence, si ce n'est dans le cas prévu par le second paragraphe de l'article 28 du présent décret, et en vertu d'une cédule délivrée pour cet effet par le juge de paix.

35. Dans tous les cas où les règlemens accordent aux huissiers une indemnité pour frais de voyage, il ne sera alloué qu'un seul droit de transport pour la totalité des actes que l'huissier aura faits dans une même course et dans le même lieu.

Ce droit sera partagé en autant de portions égales entre elles qu'il y aura d'originaux d'actes; et à chacun de ces actes l'huissier appliquera l'une desdites portions : le tout à peine de rejet de la taxe, ou de restitution envers la partie, et d'une amende qui ne pourra excéder 100 francs ni être moindre de 20 francs.

36. Tout huissier qui chargera un huissier d'une autre résidence l'instrumenter pour lui, à l'effet de se procurer un droit de transport qui ne lui aurait pas été alloué s'il eût instrumenté lui-même, sera puni d'une amende de 100 fr. L'huissier qui aura prêté sa signature sera puni de la même peine.

En cas de récidive, l'amende sera double, et l'huissier sera de plus destitué.

Dans tous les cas, le droit de transport indûment alloué ou perçu sera rejeté de la taxe, ou restitué à la partie.

§. III. *Prisées et Ventes publiques de Meubles et Effets mobiliers.*

Dans les lieux pour lesquels il n'est point établi de commissaires-priseurs exclusivement chargés de faire les prisées et ventes publiques de meubles et effets mobiliers, les huissiers, tant audienciers qu'ordinaires, continueront de procéder, concurremment avec les notaires et les greffiers, auxdites prisées et ventes publiques, en se conformant aux lois et règlemens qui y sont relatifs.

38. Les huissiers ne pourront, ni directement ni indirectement, se rendre adjudicataires des objets mobiliers qu'ils seront chargés de vendre.

Toute contravention à cette disposition sera punie de la suspension de l'huissier pendant trois mois, et d'une amende de 100 francs pour chaque article par lui acheté, sans préjudice de plus fortes peines dans les cas prévus par le Code pénal.

La récidive, dans quelque cas que ce soit, entraînera toujours la destitution.

CHAPITRE II.

Devoirs des Huissiers.

39. Les huissiers sont tenus de se renfermer dans les bornes de leur ministère sous les peines portées par l'article 132 du Code de procédure civile.

40. L'exercice du ministère d'huissier est incompatible avec toute autre fonction publique salariée.

41. Il est défendu aux huissiers, sous peine d'être remplacés, de tenir auberge, cabaret, café, tabagie ou billard, même sous le nom de leurs femmes, à moins qu'ils n'y soient spécialement autorisés.

42. Les huissiers sont tenus d'exercer leur ministère toutes les fois qu'ils en sont requis, et sans acception de personnes, sauf les prohibitions pour cause de parenté ou d'alliance, portées par les articles 4 et 66 du Code de procédure civile.

L'article 85 de notre décret du 18 juin 1811 sera exécuté à l'égard de tout huissier qui, sans cause valable, refuserait d'instrumenter à la requête d'un particulier.

43. Les copies à signifier par les huissiers seront correctes et lisi-

bles, à peine de rejet de la taxe ou de restitution des sommes reçues.

Les papiers employés à ces copies ne pourront contenir, savoir : plus de quarante lignes par page de moyen papier, et plus de cinquante lignes par page de grand papier, à peine d'une amende de 25 francs, conformément à l'article 26 de la loi sur le timbre, du 13 brumaire an VII.

Si la copie d'un arrêt ou d'un jugement en dernier ressort n'est point conforme à ce qui est prescrit par le présent article, l'huissier qui l'aura signée sera de plus condamné à une amende de 25 francs sur la seule provocation du ministère public, et par la cour ou le tribunal devant lequel cette copie aura été produite.

Nos procureurs-généraux et impériaux sont chargés spécialement de veiller à l'exécution du présent article.

44. Si l'huissier contrevenant à l'une des dispositions du précédent article est convaincu de récidive, le ministère public pourra provoquer sa suspension, ou même son remplacement, s'il y a lieu.

45. Tout huissier qui ne remettra pas lui-même à personne ou domicile l'exploit ou les copies de pièces qu'il aura été chargé de signifier, sera condamné, par voie de police correctionnelle, à une suspension de trois mois, à une amende qui ne pourra être moindre de 200 francs ni excéder 2,000 francs, et aux dommages et intérêts des parties.

Si néanmoins il résulte de l'instruction qu'il a agi frauduleusement, il sera poursuivi criminellement, et puni d'après l'art. 146 du Code pénal.

46. Les répertoires que les huissiers sont obligés de tenir conformément à la loi du 22 frimaire an VII, relative à l'enregistrement, seront cotés et paraphés, savoir :

Ceux des huissiers audienciers, par le président de la cour ou du tribunal, ou par le juge qu'il aura commis à cet effet ;

Ceux des huissiers ordinaires résidant dans les villes où siègent les tribunaux de première instance, par le président du tribunal ou par le juge qu'il aura commis à cet effet ;

Ceux des autres huissiers, par le juge de paix du canton de leur résidence.

47. Outre les mentions qui, aux termes de l'article 50 de la même loi, doivent être faites dans lesdits répertoires, les huissiers y marqueront, dans une colonne particulière, le coût de chaque acte ou exploit, déduction faite de leurs déboursés.

48. Pour faciliter la taxe des frais, les huissiers, outre la mention qu'ils doivent faire au bas de l'original et de la copie de chaque acte, du montant de leurs droits, seront tenus d'indiquer en marge de l'original le nombre de rôles des copies de pièces, et d'y marquer de même le détail de tous les articles de frais formant le coût de l'acte.   J. F.

Décret relatif aux Copies à signifier par les Huissiers.

Du 29 août 1813.

Art. 1er. Les copies d'actes, de jugemens, d'arrêts et de toutes autres pièces qui seront faites par les huissiers, doivent être correctes et lisibles, à peine de rejet de la taxe, ainsi qu'il a été déjà ordonné par l'article 28 du décret du 16 février 1807, pour les copies des pièces, faites par les avoués.

Les papiers employés à ces copies ne pourront contenir plus de trente-cinq lignes par page de petit papier;

Plus de quarante lignes par page de moyen papier;

Et plus de cinquante lignes par page de grand papier, à peine de l'amende de 25 francs prononcée pour les expéditions par l'art. 26 de la loi du 13 brumaire an VII.

2. L'huissier qui aura signifié une copie de citation ou d'exploit de jugement ou d'arrêt qui serait illisible sera condamné à l'amende de 25 francs sur la seule provocation du ministère public, et par la cour ou le tribunal devant lequel cette copie aura été produite.

Si la copie a été faite et signée par un avoué, l'huissier qui l'aura signifiée sera également condamné à l'amende, sauf son recours contre l'avoué, ainsi qu'il avisera bien.

3. Les articles 43 et 57 de notre décret du 14 juin 1813 sont rapportés.

☞ *Extrait du Décret sur la Conservation et Administration des Biens que possède le Clergé dans plusieurs parties de l'Empire.*

Du 6 novembre 1813.

SECTION II.

De l'Administration des Biens des Cures pendant la Vacance.

16. En cas de décès du titulaire d'une cure, le juge de paix sera tenu d'apposer le scellé d'office, sans rétribution pour lui et son greffier, ni autres frais, si ce n'est le seul remboursement du papier timbré.

17. Les scellés seront levés, soit à la requête des héritiers, en présence du trésorier de la fabrique, soit à la requête du trésorier de la fabrique, en y appelant les héritiers.

18. Il sera procédé, par le juge de paix, en présence des héritiers et du trésorier, au récolement du précédent inventaire, contenant l'état de la partie du mobilier et des ustensiles dépendante de la cure, ainsi que des titres et papiers la concernant.

19. Expédition de l'acte de récolement sera délivrée au trésorier par le juge de paix, avec la remise des titres et papiers dépendans de la cure.

37. Le juge de paix du lieu de la résidence d'un archevêque ou évêque fera d'office, aussitôt qu'il aura connaissance de son décès, l'apposition des scellés dans le palais ou autres maisons qu'il occupait.

38. Dans ce cas, et dans celui où le scellé aurait été apposé à la requête des héritiers, des exécuteurs testamentaires ou des créanciers, le commissaire à la vacance y mettra son opposition, à fin de

conservation des droits de la mense, et notamment pour sûreté des réparations à la charge de la succession.

39. Les scellés seront levés et les inventaires faits à la requête du commissaire, les héritiers présens ou appelés, ou à la requête des héritiers en présence du commissaire.

Les revenus de la mense sont au profit du successeur, à compter du jour de sa nomination.

46. Il sera dressé procès-verbal de la prise de possession par le juge de paix : ce procès-verbal constatera la remise de tous les effets mobiliers, ainsi que de tous titres, papiers et documens concernant la mense, et que les registres du commissaire ont été arrêtés par ledit juge de paix; ces registres seront déposés avec les titres de la mense.　　J. F.

Décret portant suppression des Cours prévôtales et Tribunaux ordinaires des Douanes, et ordre de mise en liberté des Détenus par mandats ou jugemens émanés de ces Cours et Tribunaux (1).

Du 26 avril 1814.

Son altesse royale Monsieur, frère du roi, etc.

Prenant en considération que ces cours et tribunaux peuvent être supprimés sans l'intervention de la puissance législative, puisqu'ils n'ont été établis que par un simple décret du 18 octobre 1810 ;

Art. 1er. Les cours prévôtales et les tribunanx des douanes établis par le décret du 18 octobre 1810 sont supprimés.

2. A compter du jour de la publication du présent, les affaires criminelles, correctionnelles et de police, relatives aux douanes, et celles actuellement pendantes devant lesdites cours et tribunaux, seront portées devant les juges qui avaient droit d'en connaître avant le 18 octobre 1810.

3. Il sera dressé par le juge de paix du lieu, assisté du maire de la commune, un état exact de l'état des bâtimens et effets mobiliers servant à l'usage desdites cours et tribunax : les maires sont chargés de veiller à leur conservation.　　J. F.

Charte Constitutionnelle (2).

Du 4 juin 1814.

De l'Ordre judiciaire.

57. Toute justice émane du roi. Elle s'administre en son nom par des juges qu'il nomme et qu'il institue.

---

(1) Bulletin de 1814, n° 6. A compter du 1er avril 1814, nous donnerons, avec la date de la loi, le numéro du bulletin des lois de l'année, pour qu'au besoin chaque juge de paix puisse trouver promptement la loi entière quand nous n'en imprimons qu'un extrait.　　J. F.

(2) Bulletin des lois, n° 17.

61. La justice de paix est également conservée. Les juges de paix, quoique nommés par le Roi, ne sont point inamovibles.

Ordonnance du Roi portant Règlement sur les Pensions de retraite à accorder aux Présidens, Conseillers, Auditeurs, Juges et Gens du Roi des cours royales, tribunaux et justices de paix, ainsi qu'aux Fonctionnaires et Employés des bureaux de la chancellerie de France (1).

Du 23 septembre 1814.

Art. 1er. A compter du 1er octobre 1814, la totalité du produit des places vacantes de présidens, conseillers, conseillers-auditeurs, juges et gens du roi de nos cours, tribunaux et justices de paix, ainsi que le montant des retenues ordonnées par le décret du 18 septembre 1806, sur le traitement des fonctionnaires et employés des bureaux de la chancellerie, seront affectés à la formation d'un fonds de pensions de retraite et de secours en faveur de ceux qui seront susceptibles d'en obtenir, ou de leurs veuves et orphelins.

2. Les demandes à fin de pensions seront adressées à notre chancelier de France.

3. Il sera tenu à la chancellerie un registre de ces demandes, où elles seront portées par ordre de dates et de numéros.

4. Les officiers de nos cours, tribunaux et justices de paix, ainsi que les fonctionnaires et employés de la chancellerie, n'auront droit à la pension de retraite qu'après trente ans de services publics effectifs, dont au moins dix ans dans l'ordre judiciaire ou à la chancellerie.

5. Toutefois elle pourra être accordée avant ce terme à ceux desdits officiers et employés que des accidens ou des infirmités rendraient incapables de continuer leurs fonctions, ou qui se trouveraient réformés par le fait de la suppression de leur emploi, pourvu qu'ils aient au moins dix années de service dans nos cours, tribunaux et justices de paix, ou dans la chancellerie.

6. On comptera comme service effectif tout le temps d'activité dans les fonctions législatives, judiciaires ou administratives ressortissant au gouvernement.

7. La pension acquise après trente ans de service sera de moitié du traitement.

Elle s'accroîtra du vingtième de cette moitié pour chaque année de service au-delà de trente ans.

8. La pension accordée avant trente ans de service, et dans le cas prévu par l'article 5 des présentes, sera du sixième du traitement pour dix ans de service.

Elle s'accroîtra d'un soixantième de ce traitement pour chaque année de service au-dessus de dix ans, sans que pour cela elle puisse jamais excéder celle qui est accordée pour trente années.

9. La fraction de service au-dessous de sept mois ne sera pas

____

(1) Bulletin n° 40.

comptée ; celle de sept mois et au-dessus le sera pour une année.

10. La quotité de la pension sera réglée, dans tous les cas, sur le taux moyen du traitement dont les officiers de justice et employés auront joui pendant les trois dernières années de leur service.

11. Ladite pension ne pourra être fixée à moins de 200 francs, ni excéder les deux tiers du traitement ; elle ne pourra également s'élever à plus de 6,000 francs, quel que soit le taux du traitement.

12. Les veuves et orphelins desdits officiers et employés décédés en activité de service après dix années d'exercice, ou ayant été admis à la pension de retraite, pourront obtenir une pension ou des secours, en justifiant que l'état de leur fortune leur rend ces pensions ou secours nécessaires.

13. Les orphelins ne recevront de pensions ou secours que jusqu'à ce qu'ils aient atteint l'âge de 18 ans révolus, à moins qu'ils ne soient affligés d'infirmités graves et incurables.

Les pensions ou secours cesseront également à l'égard de ceux desdits orphelins qui, par grâce spéciale, seraient élevés dans quelque établissement à la charge du gouvernement.

14. Les pensions ou secours qui seront accordés à une veuve et à ses enfans, quel que soit le nombre de ses enfans, ne pourront jamais excéder les deux tiers de la pension que leur mari et père aurait obtenue en vertu des articles 4 et 5 des présentes.

15. La destitution ou révocation emporte déchéance du droit à la pension.

Tout officier de justice et employé démissionnaire perd aussi ses droits à la pension.

16. Nul ne pourra cumuler une autre pension avec celle qu'il aurait obtenue en vertu des présentes, sinon dans les cas prévus par les lois. Il sera tenu de justifier, par un certificat du premier commis des finances chargés de la dette inscrite au trésor royal, qu'il ne jouit d'aucune pension sur les fonds généraux.

17. Le trésor royal versera à la caisse d'amortissement, et par l'intermédiaire d'une partie prenante désignée par notre chancelier, les fonds provenant des places vacantes, ainsi que de la retenue opérée sur le traitement des fonctionnaires et employés de la chancellerie.

Le montant de ces fonds, dont la caisse d'amortissement délivrera un récépissé aussitôt le versement effectué, sera mentionné dans les ordonnances de notre chancelier.

La caisse d'amortissement créditera les fonds de secours et de pensions de retraite, des intérêts à quatre pour cent des sommes qui n'auront pas été employées, et rendra, dans les premiers jours de chaque année, à notre chancelier, le compte de ses recettes, avec le calcul des intérêts ainsi que de la dépense.

19. La caisse d'amortissement fera connaître à notre chancelier l'extinction des pensions ou secours, à mesure qu'elle en sera informée ; une pension sera présumée éteinte lorsque le pensionnaire aura laissé écouler trois années sans se présenter.

Notre chancelier donnera d'ailleurs les instructions nécessaires pour être informé des décès à mesure qu'ils arriveront.

20. La liquidation des pensions sera faite dans les bureaux de la chancellerie, et déférée ensuite à l'un des comités du conseil d'état qui ressortit à ce ministère, pour, sur le rapport de notre chancelier, être statué par nous en la forme d'arrêt du conseil.

21. Les pensions et secours seront payés tous les trois mois, par la caisse d'amortissement, sur un état nominatif arrêté par notre chancelier, et sur la production d'un certificat d'inscription de la partie prenante, qui justifiera en même temps de son existence, dans la forme ordinaire.

22. Il ne sera accordé de pensions ou secours que jusqu'à la concurrence de 2 à 500,000 francs.   J. F.

Loi relative à la *Célébration des Fêtes et Dimanches* (1).

Du 18 novembre 1814.

Louis, etc.

Art. 1er. Les travaux ordinaires seront interrompus les dimanches et jours de fêtes reconnues par la loi de l'état.

2. En conséquence, il est défendu, lesdits jours,

1° Aux marchands d'étaler, de vendre, les ais et volets des boutiques ouverts;

2° Aux colporteurs et étalagistes de colporter et d'exposer en vente leurs marchandises dans les rues et places publiques;

3° Aux artisans et ouvriers de travailler extérieurement et d'ouvrir leurs ateliers;

4° Aux charretiers et voituriers employés à des services locaux de faire des chargemens dans les lieux publics de leur domicile.

3. Dans les villes dont la population est au-dessous de cinq mille âmes, ainsi que dans les bourgs et villages, il est défendu aux cabaretiers, marchands de vin, débitans de boissons, traiteurs, limonadiers, maîtres de paume et de billard, de tenir leurs maisons ouvertes et d'y donner à boire et à jouer lesdits jours pendant l'office.

4. Les contraventions aux dispositions ci-dessus seront constatées par procès-verbaux des maires et adjoins, ou des commissaires de police.

5. Elles seront jugées par les tribunaux de police simple, et punies d'une amende qui, pour la première fois, ne pourra pas excéder 5 francs.

6. En cas de récidive, les contrevenans pourront être condamnés au *maximum* des peines de police.

7 Les défenses précédentes ne sont pas applicables;

1° Aux marchands de comestibles de toute nature, sauf cependant l'exécution de l'article 5;

2° A tout ce qui tient au service de santé;

3° Aux postes, messageries et voitures publiques;

4° Aux voituriers de commerce par terre et par eau, et aux voyageurs;

____

(1) **Bulletin n° 54.**

5° Aux usines dont le service ne pourrait être interrompu sans dommage;

6° Aux ventes usitées dans les foires et fêtes dites *patronales*, et au débit des menues marchandises dans les communes rurales, hors le temps du service divin;

7° Aux chargemens des navires marchands et autres bâtimens du commerce maritime.

8. Sont également exceptés des défenses ci-dessus les meuniers et les ouvriers employés, 1° à la moisson et autres récoltes, 2° aux travaux urgens de l'agriculture, 3° aux constructions et réparations motivées par un péril imminent; à la charge, dans ces deux derniers cas, d'en demander permission à l'autorité municipale.

9. L'autorité administrative pourra étendre les exceptions ci-dessus aux usages locaux.

10. Les lois et règlemens de police antérieurs, relatifs à l'observation des dimanches et fêtes, sont et demeurent abrogés.   J. F.

Loi sur les boissons (1).

Du 8 décembre 1814.

56. Les débitans seront tenus d'avoir un registre sur papier libre, coté et paraphé par le juge de paix, et les commis d'y consigner le résultat de leurs exercices, ou de mentionner dans leurs actes, sur le portatif, le refus qu'aura fait le débitant de représenter ledit registre.

75. Les propriétaires qui voudront faire la vente en détail des boissons de leur cru, seront assujettis à toutes les obligations imposées aux vendans en détail. Néanmoins les visites et exercices des commis n'auront pas lieu dans leur domicile, pourvu que le local où leurs boissons seront vendues en détail en soit séparé.

111. Les brasseurs pourront avoir un registre sur papier libre, coté et paraphé par le juge de paix, sur lequel les employés consigneront le résultat des actes inscrits à leurs portatifs.

134. En cas de suspicion de fraude dans l'intérieur de l'habitation des particuliers, les employés pourront faire des visites en se faisant assister du juge de paix, ou du maire ou de son adjoint, qui seront tenus de déférer à la réquisition par écrit qui leur en sera faite, et qui sera transcrite en tête du procès-verbal. Ces visites ne pourront avoir lieu que par ordre d'un employé supérieur du grade de contrôleur au moins, qui rendra compte des motifs au directeur de son département.

158. Les registres portatifs tenus par les employés de la régie seront cotés et paraphés par les juges de paix : les registres de perception ou de déclaration, et tous autres pouvant servir à établir les droits du trésor et ceux des redevables, seront cotés et paraphés dans chaque arrondissement de sous-préfecture, par un des fonctionnaires publics que les sous-préfets désigneront à cet effet.

---

(1) Bulletin n° 60.

139. Les actes faits par les employés dans le cours de leurs exercices, pour assurer la perception des droits, auront foi en justice jusqu'à
inscription de faux. Il en sera de même des procès-verbaux en ce
qui concernera des fraudes ou contraventions; et quant aux faits de
rébellion, injures ou mauvais traitemens , ces actes n'auront foi que
jusqu'à preuve contraire.

143. S'il s'élève quelque contestation sur la contenance des vais-
seaux, les redevables auront la faculté de requérir qu'il soit fait un
nouveau jaugeage, en présence d'un officier public, par un expert
nommé par le juge de paix du canton, qui recevra son serment. En
cas de réclamation de la régie, l'opération de cet expert pourra être
vérifiée par un autre expert nommé par le président du tribunal d'arrondissement, sur la présentation, en nombre triple, du directeur
des impositions indirectes. Les frais de l'une et de l'autre vérification seront à la charge de la partie qui aura élevé une mauvaise contestation.   J. F.

Ordonnance du Roi portant règlement sur les Octrois (1).

Du 9 décembre 1814.

30. Les personnes voyageant à pied, à cheval ou en voiture particulière suspendue, ne pourront être arrêtées, questionnées ou
visitées sur leurs personnes ou en raison de leurs malles ou effets.
Tout acte contraire à la présente disposition sera réputé acte
de violence; et les préposés qui s'en rendront coupables seront
poursuivis correctionnellement et punis des peines prononcées par
les lois.

31. Tout individu soupçonné de faire la fraude, à la faveur de
l'exception ordonnée par l'article précédent, pourra être conduit
devant un officier de police, ou devant le maire, pour y être interrogé, et la visite de ses effets autorisée, s'il y a lieu.

58. Les préposés de l'octroi doivent être âgés au moins de vingt-
un ans accomplis. Ils sont tenus de prêter serment devant le tribunal civil de la ville dans laquelle ils exerceront, et, dans les lieux
où il n'y a pas de tribunal, devant le juge de paix. Ce serment est
enregistré au greffe, sans qu'il soit nécessaire d'employer le ministère d'avoué.

Il est dû seulement un droit fixe d'enregistrement de 3 francs.

59. Le cas de changement de résidence d'un préposé arrivant,
il n'y a pas lieu à une nouvelle prestation de serment : il lui suffit
de faire viser sa commission, sans frais, par le juge de paix ou le
président du tribunal civil du lieu où il doit exercer.

TITRE IX.

Du Contentieux.

75. Toutes contraventions aux droits d'octroi seront constatées

___

1) Bulletin n° 66.

par des procès-verbaux, lesquels pourront être rédigés par un seul préposé et auront foi en justice. Ils énonceront la date du jour où ils seront rédigés, la nature de la contravention, et, en cas de saisie, la déclaration qui en aura été faite au prévenu ; les noms, qualités et résidence de l'employé verbalisant et de la personne chargée des poursuites ; l'espèce, poids ou mesures des objets saisis, leur évaluation approximative ; la présence de la partie à la description, ou la sommation qui lui aura été faite d'y assister : le nom, la qualité et l'acceptation du gardien ; le lieu de la rédaction du procès-verbal et l'heure de la clôture.

76. Dans le cas où le motif de la saisie portera sur le faux ou l'altération des expéditions, le procès-verbal énoncera le genre de faux, les altérations ou surcharges : lesdites expéditions, signées et paraphées du saisissant, *ne varietur,* seront annexées au procès-verbal, qui contiendra la sommation faite à la partie de les parapher et sa réponse.

77. Si le prévenu est présent à la rédaction du procès-verbal, cet acte énoncera qu'il lui en a été donné lecture et copie ; en cas d'absence du prévenu, si celui-ci a domicile ou résidence connue dans le lieu de la saisie, le procès-verbal lui sera signifié dans les vingt-quatre heures de la clôture. Dans le cas contraire, le procès-verbal sera affiché, dans le même délai, à la porte de la maison commune.

Ces procès-verbaux, significations et affiches pourront être faits tous les jours immédiatement.

78. L'action résultant des procès-verbaux en matière d'octroi, et les questions qui pourront naître de la défense du prévenu, seront de la compétence exclusive, soit du tribunal de simple police, soit du tribunal correctionnel du lieu de la rédaction du procès-verbal, suivant la quotité de l'amende encourue.

79. Les objets saisis par suite des contraventions aux règlemens d'octroi seront déposés au bureau le plus voisin ; et si la partie saisie ne s'est pas présentée dans les dix jours, à l'effet de payer la quotité de l'amende par elle encourue, ou si elle n'a pas formé, dans le même délai, opposition à la vente, la vente desdits objets sera faite par le receveur, cinq jours après l'apposition, à la porte de la maison commune et autres lieux accoutumés, d'une affiche signée de lui, et sans aucune formalité.

80. Néanmoins, si la vente des objets saisis est retardée, l'opposition pourra être formée jusqu'au jour indiqué pour ladite vente. L'opposition sera motivée, et contiendra assignation à jour fixe devant le tribunal désigné en l'article 78, suivant la quotité de l'amende encourue, avec élection de domicile dans le lieu où siége le tribunal. Le délai de l'échéance de l'assignation ne pourra excéder trois jours.

81. S'il s'élève une contestation sur l'application du tarif ou sur la quotité du droit réclamé, le porteur ou conducteur sera tenu de consigner, avant tout, le droit exigé, entre les mains du receveur ; faute de quoi, il ne pourra passer outre, ni introduire dans le lieu sujet l'objet qui aura donné lieu à la contestation, sauf à lui à se pourvoir devant le juge de paix du canton. Il ne pourra être en-

tendu qu'en représentant la quittance de ladite consignation au juge de paix, lequel prononcera sommairement et sans frais, soit en dernier ressort, soit à la charge d'appel, suivant la quotité du droit réclamé.

82. Dans le cas où les objets saisis seraient sujets à dépérissement, la vente pourra en être autorisée avant l'échéance des délais ci-dessus fixés, par une simple ordonnance du juge de paix sur requête.

83. Les maires seront autorisés, sauf l'approbation des préfets, à faire remise, par voie de transaction, de la totalité ou de partie des condamnations ncourues, même après le jugement rendu. Ce droit appartient exclusivement à la régie des impositions indirectes, et d'après les règles qui lui sont propres, toutes les fois que la saisie a été opérée dans l'intérêt commun des droits d'octroi et des droits imposés au profit du trésor.

84. Le produit des amendes et confiscations pour contravention aux règlemens de l'octroi, déduction faite des frais et prélèvemens autorisés, sera attribué, moitié aux employés de l'octroi pour être répartie d'après le mode qui sera arrêté, et moitié à la commune.

J. F.

☛ *Loi relative aux Douanes* (1).

Du 17 décembre 1814.

TITRE III.

Dispositions pénales.

15. Toutes marchandises prohibées à l'entrée, que l'on tenterait d'introduire par terre ou par mer, seront confisquées, ainsi que les bâtimens, chevaux, voitures et équipages servant au transport. Les propriétaires desdites marchandises, maîtres de bâtimens, voituriers et autres préposés à la conduite, seront solidairement condamnés en une amende de 500 francs, quand la valeur de l'objet de contrebande n'excédera pas cette somme ; et, dans le cas contraire, en une amende égale à la valeur de l'objet.

> *Nota.* Voyez les articles 12, 16 et 17 de la loi des douanes du 27 mars 1817, sur les importations frauduleuses tentées sur les côtes.

16. Les juges de paix du lieu de l'arrondissement du bureau où l'objet de contrebande aura été déposé seront seuls compétens pour connaître de ces contraventions, sauf dans les cas prévus par les articles suivans.

Les tribunaux de première instance connaîtront des appels qui seraient interjetés.

17. Si l'introduction d'objets prohibés est commise par une ré-

---

(1) Bulletin n° 62.

union de trois individus et plus, il y aura lieu à l'arrestation des contrevenans, et à leur traduction devant le tribunal correctionnel; et, indépendamment des confiscations et des peines pécuniaires et dictées par l'article 15, ils seront condamnés en un emprisonnement qui ne pourra être moindre de trois mois, ni excéder un an.

18. Dans le cas où, à l'égard d'un individu traduit devant le juge de paix, en conformité de l'article 16, pour cause d'importation prohibée, ce juge reconnaîtrait, soit par l'énoncé du procès-verbal dûment rédigé et non argué de faux, soit par le résultat de l'instruction, que cet individu est en récidive, il s'abstiendra de prononcer, et renverra le prévenu et les pièces devant le tribunal correctionnel, qui prononcera contre lui les condamnations portées en l'article précédent, en modérant néanmoins la durée de la détention à quinze jours au moins, et à trois mois au plus.

19. Le prévenu qui n'aurait pas été mis en arrestation dans les cas prévus aux articles 17 et 18 sera cité à comparaître en personne devant le tribunal correctionnel: la citation lui sera donnée à son domicile, s'il réside dans le ressort du tribunal; et, dans le cas contraire, elle lui sera donnée au domicile du procureur du roi près ce même tribunal.

Il y aura trois jours au moins entre celui de la citation et celui indiqué pour la comparution.

20. Si, au jour fixé, il ne comparaît pas en personne, le tribunal sera tenu de rendre son jugement.

21. Si, le prévenu comparaissant, il y a lieu à prononcer une remise, elle ne pourra excéder cinq jours; et le cinquième jour, le tribunal prononcera, partie présente ou absente.

22. Les délits commis envers ou par les préposés des douanes, tels que rebellion et prévarication, et ceux de contrebande avec attroupement et port d'armes, seront poursuivis, jugés et punis en conformité du titre VI du Code d'instruction criminelle, des articles 177 et 178, section II, du Code pénal, et 209 et suivans, section IV, dudit Code.

23. Les dispositions des articles 15, 16, 17, 18, 19, 20 et 21 ci-dessus, sont applicables, sauf en ce qui concerne la confiscation des bâtimens et moyens de transport, à toutes tentatives d'introduction, en fraude des droits, de marchandises tarifées à un droit excédant 20 francs par quintal métrique, mais dans le cas seulement où la marchandise saisie sera du poids de cinquante kilogrammes et au-dessus; les peines relatives aux importations, en fraude des droits, de moindres quantités, demeurant celles prononcées par les lois générales.

24. Les lois des 22 août 1791, 5 germinal an II, 14 fructidor an III, 9 floréal an VII, et autres lois et actes du gouvernement, relatifs aux douanes, continueront à être exécutés dans toutes leurs dispositions non abrogées par d'autres lois, ou non contraires au présent titre.

TITRE IV.

Sels.

29. Les juges de paix de l'arrondissement seront seuls compé-

tens, sauf appel, s'il y a lieu , pour connaître des contraventions à la loi du 24 avril 1806, et à tous les règlemens relatifs à la perception de la taxe établie sur les sels, excepté dans les cas prévus par les articles suivans.

L'amende de 100 francs, prononcée par l'article 57 de ladite loi du 24 avril 1806, est individuelle.

30. Si la fraude est commune par une réunion de trois individus et plus, il y aura lieu à l'arrestation des contrevenans, à leur traduction devant le tribunal correctionnel; et, indépendamment de la confiscation des sels et moyens de transport, et d'une amende individuelle qui ne pourra être moindre de 200 francs, ni excéder 500 francs, ils seront condamnés en un emprisonnement de quinze jours au moins, et de deux mois au plus.

31. Les peines portées en l'article précédent seront prononcées contre tout individu qui, traduit devant le juge de paix en conformité de l'article 29, et reconnu soit par le rapport dûment rédigé et non argué de faux, soit par l'instruction, être coupable de récidive, devra être renvoyé par ledit juge de paix devant le tribunal correctionnel.

32. Les préposés des douanes pourront, conformément à l'article 8 du règlement du 11 juin 1806, rechercher les dépôts de sels formés dans le rayon où s'exerce leur surveillance ; mais ces dépôts ne pourront être saisis qu'autant qu'il s'y trouvera une quantité de cinquante kilogrammes de sel, au moins, pour laquelle il ne sera point justifié du paiement des droits. Ces recherches et visites ne pourront d'ailleurs être faites dans les maisons habitées , qu'après le lever et avant le coucher du soleil, et avec l'assistance d'un officier municipal. Elles sont, dans tous les cas , interdites dans les communes au-dessus de deux mille âmes.

33. Les dispositions des lois du 24 avril 1806 et de tous les actes du gouvernement, en matière de sels, continueront à être exécutées en tout ce qui n'est pas contraire au présent titre.   J. F.

Ordonnance du roi qui enjoint aux Huissiers d'énoncer leurs Patentes dans leurs exploits , et les oblige , ainsi que les Notaires , Avoués et Greffiers, de faire mention de celles des particuliers dans tous les actes de leur ministère (1).

Du 28 décembre 1814.

Art. 1er. Les huissiers feront mention de leurs patentes dans les exploits et autres actes de leur ministère.

2. Les notaires, greffiers, avoués et huissiers, sont également tenus de faire mention de la patente des particuliers qui y sont soumis, dans tous les actes et exploits; le tout sous peine de l'amende de 500 francs prononcée par l'article 37 de la loi du 1er brumaire an VII.

---

(1) Bulletin 68.

Loi sur les Tabacs (1).

Du 24 décembre 1814.

46. Le directeur et les agens supérieurs de la régie des imposi-tions indirectes pourront autoriser des visites chez tout particulier soupçonné de faire ou favoriser la fraude; mais les visites ne pour-ront avoir lieu qu'en présence du *juge de paix, du maire ou de son adjoint, qui seront tenus de déférer à la réquisition par écrit qui leur en sera faite, et qui sera transcrite en tête du procès-verbal.*

49. *Lorsque, conformément à l'art. 48, les employés auront arrêté un colporteur de tabac, ils seront tenus de le conduire sur-le-champ devant un officier de police judiciaire, ou de le remettre à la force armée, qui le conduira devant le juge com-pétent, lequel statuera de suite, par une décision motivée, sur son emprisonnement ou sa mise en liberté.*

Ordonnance du Roi additionnelle à celle du 23 septembre 1814 sur les Pensions des fonctionnaires de l'Ordre judi-ciaire et de la Chancellerie de France (2).

Du 9 janvier 1815.

Louis, etc.

Par notre ordonnance du 23 septembre dernier, nous avons sta-tué sur les pensions de retraite à accorder aux magistrats de nos cours, tribunaux et justices de paix, ainsi qu'aux fonctionnaires et employés de la chancellerie de France ; mais il nous a été exposé, 1° qu'il s'est élevé des doutes sur son application aux divers indi-vidus qui en sont susceptibles ; 2° que les fonds destinés par notre susdite ordonnance pour faire face aux pensions sont insuffisans, et qu'il convient d'y suppléer ; ayant égard à l'offre faite par plusieurs magistrats recommandables, de contribuer à l'augmentation des-dits fonds par une retenue annuelle sur leurs traitemens, et consi-dérant que ce moyen est admis généralement dans les administra-tions ; voulant en outre pourvoir à une répartition équitable des-dits fonds entre ceux qui auront contribué à les former; sur le rapport de notre amé et féal chevalier, le chancelier de France, le sieur *Dambray,* notre conseil d'état entendu, nous avons or-donné et ordonnons ce qui suit :

Art. 1er. Les dispositions de notre ordonnance du 23 septembre dernier sur les pensions et secours à accorder aux membres de nos cours, tribunaux de première instance et justices de paix, ne sont applicables qu'aux magistrats qui étaient en exercice à cette époque.

---

(1) Bulletin 95.
(2) Bulletin de 1815, n° 70.

2. La pension à laquelle peuvent avoir droit les magistrats qui, avant le 23 septembre 1814, avaient cessé leurs fonctions pour quelque cause que ce fût, sera réglée conformément au décret du 2 octobre 1807, et, autant que faire se pourra, d'après les bases établies par celui du 13 septembre 1806.

3. Si, dans le nombre des magistrats dont il est parlé dans l'article précédent il s'en trouve qui ne soient point susceptibles d'obtenir une pension, il pourra, eu égard à leur position et à leurs services, leur être accordé, sur le fonds des pensions, un traitement provisoire qui ne pourra s'élever à plus de *quatre mille francs.*

Ces magistrats n'en jouiront que pendant l'année 1815, à moins qu'il n'en soit par nous autrement ordonné.

4. Il sera fait une retenue de *deux pour cent* sur le traitement des présidens, conseillers-auditeurs et juges en nos cours, tribunaux de première instance et justices de paix, ainsi que sur celui de nos procureurs, avocats et substituts établis près ces cours et tribunaux, pour, ladite retenue, avec le produit des places vacantes, former le fonds destiné aux pensions et secours.

Cette retenue n'aura lieu que sur le traitement qui courra à partir du 1er janvier présent mois.

5. La retenue sera faite par notre ministre secrétaire d'état des finances, sur le montant des ordonnances délivrées par notre chancelier.

Elle sera mentionnée dans lesdites ordonnances et reçue par la partie prenante qui y sera désignée, pour être immédiatement versée à la caisse d'amortissement, qui en délivrera un récépissé.

6. La caisse d'amortissement tiendra compte des intérêts des sommes qui n'auront pas été employées, à raison de *quatre pour cent.*

7. Il ne sera accordé de pension, secours ou traitemens provisoires, que jusqu'à la concurrence des neuf dixièmes des fonds libres.

8. A l'avenir, le traitement ne sera payé aux magistrats désignés dans la présente ordonnance qu'à partir du premier jour du mois qui suivra la prestation de leur serment.

9. Les dispositions contenues dans notre ordonnance du 23 septembre 1814, et qui ne sont point contraires aux présentes, continueront d'être exécutées.

Extrait de l'Ordonnance sur la Profession de boulanger (1).

4 février 1815.

6. Les contraventions à notre présente ordonnance seront poursuivies et réprimées par le tribunal de police municipale, qui pourra prononcer l'impression et l'affiche des jugemens.   J. F.

---

(1) Bulletin des lois 1815, 60.

☞ *Ordonnance du Roi concernant les Provisions à délivrer aux membres des Cours et Tribunaux, et le Tarif du droit de sceau et des Droits de Référendaires sur ces provisions* (1).

du 3 mars 1815.

3. Lors de l'installation qui sera faite, d'après nos ordres, de chacune de nos cours et tribunaux, après que nous en aurons nommé et institué les membres, lesdits membres prêteront le serment, savoir: ceux de nos cours, dans les mains du premier président, et ceux des tribunaux de première instance, dans les mains d'un commissaire qui sera désigné pour l'installation par le premier président de la cour dans le ressort de laquelle ils sont placés, « de » nous être fidèles, de garder et faire observer les lois du royaume, » ainsi que nos ordonnances et règlemens, et de se conformer à la » charte constitutionnelle que nous avons donnée à nos peuples. »

Le même serment sera préalablement prêté en nos mains par ceux des premiers présidens et procureurs généraux de nos cours par nous nommés et institués qui se trouveront accidentellement à Paris; et par les autres, dans les mains d'un commissaire que nous pourrons déléguer à cet effet.

4. Il sera tenu registre de ladite prestation de serment, et il en sera fait mention sur les provisions par notre chancelier, pour les sermens prêtés entre nos mains; et pour les autres sermens, par le greffier en chef des cours et tribunaux. Mention sera faite également ment sur lesdites provisions, de l'enregistrement ordonné par l'article 2 ci-dessus.   J. F.

☞ *Ordonnance du Roi qui prescrit la rectification de la Formule des Actes, Arrêts ou Jugemens expédiés pendant l'absence de Sa Majesté* (2).

Du 30 août 1815.

Louis, etc.

Les actes, arrêts ou jugemens expédiés pendant notre absence, l'ont été au nom de ceux qui se sont successivement emparés de l'autorité. On continue de s'en servir, et les exécutions et poursuites judiciaires sont la plupart du temps fondées sur des actes qui rappellent un pouvoir illégitime et retracent aux Français des souvenirs odieux et affligeans. Il nous a paru urgent de faire cesser un tel état de choses, et d'imprimer aux titres dont nos sujets sont dans le cas de faire usage un caractère de légitimité qui ne peut émaner que de nous.

A ces causes, sur le rapport du garde des sceaux de France, ministre secrétaire-d'état de la justice,

---

(1) Bulletin 62.
(2) Bulletin des lois de 1815, 20.

Nous avons ordonné et ordonnons ce qui suit :

Art. 1er. Du jour de la publication de la présente ordonnance, il ne pourra plus être mis en exécution, dans l'étendue de notre royaume, aucun acte, arrêt ou jugement, qui ne sera pas revêtu de la formule royale, à peine de nullité.

2. Les porteurs des grosses et expéditions des actes ou jugemens délivrés pendant notre absence au nom d'un pouvoir illégitime seront tenus de s'en procurer de nouvelles. Ils auront cependant la liberté de se servir de celles qu'ils possèdent, en les présentant préalablement à un greffier de nos cours ou tribunaux, pour les arrêts et jugemens, ou à un notaire royal, pour les actes publics, aux fins d'en faire rectifier la formule.

3. Le greffier ou le notaire bâtonnera la formule existant, soit au commencement de l'acte, soit à la fin, et y substituera, par interligne ou à la marge, la formule royale; il datera et signera cette rectification, qui sera faite sans frais.

4. Les grosses nouvelles seront aux frais de ceux qui les demanderont; elles seront considérées comme premières grosses; l'obtention n'en sera soumise à aucune autorisation.

Le notaire qui la donnera en fera seulement mention dans l'expédition.

5. Les procédures commencées en vertu de grosses portant l'ancienne formule, et antérieurement à la présente ordonnance, seront continuées.   J. F.

Extrait de la Loi sur les Finances (1).

Du 28 avril 1816.

TITRE VII.

Droits d'enregistrement, Hypothèques, Timbre, etc.
§. 1er. Droits d'enregistrement.

38. Tous actes judiciaires en matière civile, tous jugemens en matière criminelle, correctionnelle ou de police, seront, sans exception, soumis à l'enregistrement sur les minutes ou originaux.

Les greffiers ne seront personnellement tenus de l'acquittement des droits que dans les cas prévus par les articles 7 et 35 de la loi du 22 frimaire an VII. Ils continueront de jouir de la faculté accordée par l'article 37 pour les jugemens et actes y énoncés.

Il sera délivré aux greffiers, par le receveur de l'enregistrement, des récépissés sur papier non timbré, des extraits de jugement qu'ils doivent fournir en exécution dudit article 37. Ces récépissés seront inscrits sur leurs répertoires.

39. Les jugemens des tribunaux en matière de contributions publiques ou locales, et autres sommes dues à l'état et aux établissemens locaux, seront assujettis aux mêmes droits d'enregistrement que ceux rendus entre particuliers.

---

(1) Bulletin des lois de 1816, numéro 81.

40. Les héritiers, légataires et tous autres appelés à exercer des droits subordonnés au décès d'un individu dont l'absence est déclarée, sont tenus de faire, dans les six mois du jour de l'envoi en possession provisoire, la déclaration à laquelle ils seraient tenus s'ils étaient appelés par effet de la mort, et d'acquitter les droits sur la valeur entière des biens ou droits qu'ils recueillent.

En cas de retour de l'absent, les droits payés seront restitués, sous la seule déduction de celui auquel aura donné lieu la jouissance des héritiers.

Ceux qui ont obtenu cet envoi jusqu'à ce jour, sans avoir acquitté les droits de succession, jouiront d'un délai de six mois à compter de la publication de la présente, pour faire leur déclaration et payer les droits sans être assujettis à l'amende.

41. Seront assujettis au droit fixe de 50 centimes :

1° Les significations d'avoué à avoué pour l'instruction des procédures devant les tribunaux de première instance;

2° Les assignations et tous autres exploits devant les prud'hommes.

42. Seront sujettes au droit fixe d'un franc les significations d'avoué à avoué devant les cours royales.

43. Seront sujets au droit fixe de deux francs :

1° Les acquiescemens purs et simples ;

2° Les actes de notoriété ;

3° Les actes refaits pour nullité ou autres motifs, sans aucun changement qui ajoute aux objets des conventions ou à leur valeur ;

4° Les avis de parens ;

5° Les autorisations pures et simples ;

6° Les certificats de cautions et de cautionnemens ;

7° Les consentemens purs et simples ;

8° Les décharges également pures et simples, et les récépissés de pièces ;

9° Les déclarations aussi pures et simples en matière civile et de commerce ;

10° Les dépôts d'actes et pièces chez les officiers publics ;

11° Les dépôts et consignations de sommes et effets mobiliers chez des officiers publics, lorsqu'ils n'opèrent pas la libération des déposans, et les décharges qu'en donnent les déposans ou leurs héritiers, lorsque la remise des objets déposés leur est faite ;

12° Les désistemens purs et simples ;

13° Les exploits et autres actes du ministère des huissiers qui ne peuvent donner lieu au droit proportionnel :

Sont exceptés les exploits relatifs aux procédures devant les juges de paix, les prud'hommes, les cours royales, la cour de cassation, et les conseils de sa majesté, jusques et compris les significations des jugemens et arrêts définitifs ; les déclarations d'appel ou de recour en cassation ; les significations d'avoué à avoué, et les exploits ayant pour objet le recouvrement des contributions directes ou indirectes, publiques ou locales ;

14° Les lettres missives qui ne contiennent ni obligation, ni quittance, ni aucune autre convocation donnant lieu au droit proportionnel ;

15° Les nominations d'experts hors jugement;

16° Les procès-verbaux et rapports d'employés, gardes, commissaires, séquestres, experts et arpenteurs;

17° Les procurations et pouvoirs pour agir, ne contenant aucune stipulation ni clause donnant lieu au droit proportionnel;

18° Les promesses d'indemnités indéterminées et non susceptibles d'estimation;

19° Les reconnaissances pures et simples ne contenant aucune obligation ni quittance;

20° Les résiliemens purs et simples faits par acte authentique, dans les vingt-quatre heures des actes résiliés;

21° Les rétractations et révocations;

22° Les reconnaissances d'enfans naturels par acte de célébration de mariage.

> *Nota.* Voyez l'ordonnance explicative du 22 mai même
> année, sur le paiement des droits auxquels sont assujettis
> les procès-verbaux, actes et jugemens en matière crimi-
> nelle, etc.

44. Seront sujets au droit fixe de trois francs;

1° Les adjudications à la folle enchère, lorsque le prix n'est pas supérieur à celui de la précédente adjudication;

2° Les compromis ou nominations d'arbitres, qui ne contiennent aucune obligation de sommes et valeurs donnant lieu au droit proportionnel;

3° Les déclarations ou élections de command et d'ami, lorsque la faculté d'élire un command a été réservée dans l'acte d'adjudication ou de contrat de vente, et que la déclaration est faite par un acte public et notifié dans les vingt-quatre heures de l'adjudication ou du contrat;

4° Les réunions de l'usufruit à la propriété, lorsque la réunion s'opère par acte de cession, et qu'elle n'est pas faite pour prix supérieur à celui sur lequel le droit a été perçu lors de l'aliénation de la propriété;

5° Les titres nouvels et reconnaissances de rentes dont les contrats sont justifiés en forme;

6° Les connaissemens ou reconnaissances de chargemens par mer;

7° Les exploits et autres actes du ministère des huissiers relatifs aux procédures devant les cours royales, jusques et compris la signification des arrêts définitifs;

Sont exceptées les déclarations d'appel et les significations d'avoué à avoué;

8° Les transactions, en quelque matière que ce soit, qui ne contiennent aucune stipulation de sommes et valeurs, ni dispositions soumises à un plus fort droit d'enregistrement;

9° Les jugemens définitifs des juges de paix rendus en dernier ressort, d'après la volonté expresse des parties, au-delà des limites de la compétence ordinaire, lorsqu'ils ne contiennent pas des dispositions donnant ouverture à un droit proportionnel supérieur;

10° Les jugemens interlocutoires ou **préparatoires**, ordonnances et autres actes énoncés dans les n°ˢ 6 et 7 du 2ᵉ paragraphe de l'article 68 du 22 frimaire an VII, lorsqu'ils auront lieu dans les tribunaux de première instance, de commerce ou d'arbitrage, et ne seront pas de l'espèce de ceux dont il sera parlé dans l'article suivant;

11° Les significations d'avocat à avocat dans les instances à la cour de cassation et aux conseils de sa majesté.

45. Seront sujets au droit fixe de cinq francs,

1° Les exploits et autres actes du ministère des huissiers relatifs aux procédures devant la cour de cassation et les conseils de sa majesté, jusques et compris les significations des arrêts définitifs;

Le premier acte de recours est excepté;

2° Les contrats de mariage et actes de formation ou de dissolution de société, actuellement soumis au droit fixe de trois francs;

3° Les partages des biens meubles et immeubles entre copropriétaires, à quelque titre que ce soit, pourvu qu'il en soit justifié;

4° Les testamens et tous autres actes de libéralité qui ne contiennent que des dispositions soumises à l'événement du décès, et les dispositions de même nature qui sont faites par contrat de mariage entre les futurs ou par d'autres personnes;

5° Les jugemens des tribunaux civils prononçant sur l'appel des juges de paix; ceux desdits tribunaux et des tribunaux de commerce ou d'arbitres rendus en premier ressort, contenant des dispositions définitives qui ne donneraient pas lieu à un droit plus élevé;

6° Les arrêts interlocutoires ou préparatoires rendus par les cours royales, lorsqu'ils ne seront pas susceptibles d'un droit plus élevé, et les ordonnances et actes désignés dans les n°ˢ 6 et 7, 2ᵉ paragraphe de l'article 68 de la loi du 22 frimaire an VII, devant les mêmes cours;

7° Les reconnaissances d'enfans naturels autrement que par acte de mariage;

8° Les actes et jugemens interlocutoires ou préparatoires des divorces.

46. Seront assujettis au droit fixe de dix francs,

1° Les jugemens rendus en dernier ressort par les tribunaux de première instance ou les arbitres, d'après le consentement des parties, lorsque la matière ne comportait pas ce dernier ressort, sauf la perception du droit proportionnel, s'il s'élève au-delà de dix francs;

2° Les arrêts définitifs des cours royales dont le droit proportionnel ne s'élèverait pas à dix francs;

3° Les arrêts interlocutoires ou préparatoires de la cour de cassation et des conseils de sa majesté.

47. Seront sujets au droit fixe de vingt-cinq francs,

1° Le premier acte de recours en cassation ou devant les conseils de sa majesté, soit par requête, mémoire ou déclaration, en matière civile, de police simple ou de police correctionnelle.

2° Les arrêts des cours royales portant interdiction ou prononçant séparation de corps entre mari et femme;

3° Les arrêts définitifs de la cour de cassation et des conseils de sa majesté.

48. Seront sujets au droit fixe de cinquante francs,

1° Les actes de tutelle officieuse ;

2° Les jugemens de première instance admettant une adoption, ou prononçant un divorce.

49. Seront sujets au droit fixe de cent francs,

1° Les arrêts de cour d'appel confirmant une adoption ;

2° Ceux qui prononceront définitivement sur une demande en divorce ; s'il n'y a pas d'appel, ce droit sera perçu sur l'acte de l'officier de l'état civil.

50. Seront soumis au droit de vingt-cinq centimes par cent francs, les lettres de change tirées de place en place, et celles venant de l'étranger ou des colonies françaises, lorsqu'elles sont protestées faute de paiement.

Elles pourront n'être présentées à l'enregistrement qu'avec l'assignation.

Dans le cas de protêt faute d'*acceptation*, les lettres de change devront être enregistrées seulement avant que la demande en remboursement ou en cautionnement puisse être formée contre les endosseurs ou le tireur.

Seront sujets au droit de cinquante centimes par cent francs les cautionnemens de se représenter ou de représenter un tiers, en cas de mise en liberté provisoire, soit en vertu d'un sauf-conduit dans les cas prévus par le Code de procédure et par le Code de commerce, soit en matière civile, soit en matière correctionnelle ou criminelle.

51. Seront sujets au droit d'un franc par cent francs,

1° Les abonnemens pour frais d'assurance ou grosse aventure :
Le droit sera perçu sur la valeur des objets abandonnés ;
En temps de guerre, il ne sera dû qu'un demi-droit ;

2° Les actes et contrats d'assurance :
Le droit sera perçu sur la valeur de la prime ;
En temps de guerre il n'y aura lieu qu'au demi-droit ;

3° Les adjudications au rabais et marchés pour constructions, réparations, entretien, approvisionnemens et fournitures dont le prix doit être payé par le trésor royal, ou par les administrations locales, ou par des établissemens publics.

52. Le droit d'enregistrement des ventes d'immeubles est fixé à cinq et demi pour cent ; mais la formalité de la transcription au bureau de la conservation des hypothèques ne donnera plus lieu à aucun droit proportionnel.

53. Les droits des donations entre vifs et des mutations qui s'effectuent par décès, soit par succession, soit par testament ou autres actes de libéralité à cause de mort, de propriétés ou d'usufruit de biens meubles et immeubles, entre époux, en ligne collatérale et entre personnes non parentes, seront perçus selon les quotités ci-après :

Pour les biens *immeubles*,

D'un époux à un autre époux, par donation ou testament, 3 francs par 100 francs ;

Des frères et sœurs à des frères et sœurs et descendans d'iceux, successions de neveux et nièces, petits-neveux et petites-nièces, dévolues à des oncles et tantes, grands oncles et grand'tantes, et autres parens au degré successible, 5 francs pour 100 francs ;

Entre toutes autres personnes, 7 francs par 100 francs.

Pour les biens *meubles*,

Entre époux, un et demi pour cent ; entre frères, sœurs, oncles, tantes, neveux et nièces, et autres parens au degré successible, deux et demi pour cent ;

Entre toutes autres personnes, trois et demi pour cent.

Lorsque l'époux survivant ou les enfans naturels sont appelés à la succession, à défaut de parens au degré successible, ils seront considérés, quant à la quotité des droits, comme personnes non parentes.

Lorsque les donations entre vifs auront été faites par contrat de mariage aux futurs, il ne sera perçu que moitié du droit.

54. Dans tous les cas où les actes seront de nature à être transcrits au bureau des hypothèques, le droit sera augmenté d'un demi pour cent, et la transcription ne donnera plus lieu à aucun droit proportionnel.

55. L'article 24 de la loi du 22 frimaire an vii continuera d'être exécuté : néanmoins, à l'égard des actes que le même officier aurait reçus, et dont le délai d'enregistrement ne serait pas encore expiré, il pourra en énoncer la date, avec la mention que ledit acte sera présenté à l'enregistrement en même temps que celui qui contient ladite mention ; mais dans aucun cas l'enregistrement du second acte ne pourra être requis avant celui du premier, sous les peines de droit.

47. Lorsque, après une sommation extrajudiciaire ou une demande tendant à obtenir un paiement, une livraison, ou l'exécution de toute autre convention dont le titre n'aurait point été indiqué dans lesdits exploits, ou qu'on aura simplement énoncé comme verbale, on produira, au cours d'instance, des écrits, billets, marchés, factures acceptées, lettres ou tout autre titre émané du défendeur, qui n'auraient pas été enregistrés avant ladite demande ou sommation, le double droit sera dû, et pourra être exigé ou perçu lors de l'enregistrement du jugement intervenu.

58. Il ne pourra être fait usage en justice d'aucun acte passé en pays étranger ou dans les colonies, qu'il n'ait acquitté les mêmes droits que s'ils avaient été souscrits en France et pour des biens situés dans le royaume ; il en sera de même pour les mentions desdits actes dans les actes publics.

59. Les droits de mutations établis par la présente loi ne seront perçus que sur les mutations qui surviendront après sa publication ; les lois antérieures s'appliqueront aux mutations effectuées jusqu'à ladite publication.

Quant aux actes, l'article 1er de la loi du 27 ventôse an ix continuera d'être exécuté.

§. II. *Des Hypothèques.*

60. Le droit d'inscription des créances hypothécaires sera d'un pour mille, sans distinction des créances antérieures ou postérieures à la loi du 11 brumaire an vii.

La perception de ces droits suivra les sommes et valeurs de 20 fr. en 20 fr. inclusivement et sans fraction.

61. Les actes de transmission d'immeubles et droits immobiliers, susceptibles de transcription, ne seront assujettis à cette formalité que pour un droit fixe d'un franc, outre le droit du conservateur, lorsque les droits en auront été acquittés de la manière prescrite par les articles 52 et 54 de la présente loi.

§. III. *Du Timbre et autres Droits.*

62. A compter de la promulgation de la présente loi, le droit du timbre ordinaire et extraordinaire pour les actes sera fixé ainsi qu'il suit :

Demi-feuille de petit papier.	o fr.	35 c.
Feuille *idem*.	o	70
Feuille de moyen papier	1	25
Feuille de grand papier	1	50
Feuille de dimensions supérieures.	2	00

63. Aucune expédition, copie ou extrait d'actes reçus par des notaires, greffiers ou autres dépositaires publics, ne pourra être délivré que sur papier d'un franc 25 centimes.

Il n'est point dérogé à ce qui a lieu pour les certificats de vie des rentiers et des pensionnaires de l'état, ou des administrations et établissemens publics.

64. Les droits du timbre proportionnel sur les effets de commerce seront augmentés des deux cinquièmes du montant fixé par l'article 18 de la loi du 13 brumaire an VII.

65. Toutes les affiches, quel qu'en soit l'objet, seront sur papier timbré, qui sera fourni par la régie, et dont le débit sera soumis aux mêmes règles que celui du papier timbré destiné aux actes,

Conformément à la loi du 28 juillet 1791, ce papier ne pourra être de couleur blanche ; il portera le même filigrane que les autres papiers timbrés.

Le prix de la feuille portant vingt-cinq décimètres carrés de superficie sera de 10 centimes ; celui de la demi-feuille de 5 centimes.

66. Les avis et autres annonces, de quelque nature et espèce qu'ils soient, assujettis au timbre par la loi du 6 prairial an VII, qui ne sont pas destinés à être affichés, pourront être imprimés sur papier blanc.

Le prix de la feuille sera de 10 centimes ; celui de la demi-feuille, de 5 centimes ; celui du quart de feuille, de 2 centimes et demi ; celui du demi-quart, cartes et autres de plus petite dimension, sera d'un centime.

Le papier sera fourni par la régie ; les cartes seront fournies par les particuliers, mais timbrées avant tout emploi.

67. La subvention du dixième ne sera point ajoutée aux droits de timbre énoncés aux cinq articles précédens.

68. Il est défendu aux imprimeurs de tirer aucun exemplaire desdites annonces, affiches ou avis, sur papier non timbré, sous prétexte de les faire frapper d'un timbre extraordinaire. Une ordonnance déterminera l'époque à laquelle l'approvisionnement de la régie permettra de faire exécuter le présent article.

69. La contravention d'un imprimeur à ces dispositions sera pu-

nie d'une amende de 500 francs, sans préjudice du droit de sa majesté de lui retirer sa commission.

Ceux qui seront convaincus d'avoir ainsi fait afficher et distribuer des imprimés non timbrés seront condamnés à une amende de 100 fr.

Les afficheurs et distributeurs seront, en outre, condamnés aux peines de simple police déterminées par l'art. 474 du Code pénal.

L'amende sera solidaire et emportera contrainte par corps.

70. Les autres dispositions des lois du timbre relatives aux prospectus, catalogues de livres, tableaux et objets de sciences et journaux, continueront d'être exécutées. Celles qui concernent le timbre des journaux s'appliqueront à tous ouvrages, de quelque étendue qu'ils soient, qui paraîtraient, soit régulièrement, soit irrégulièrement, par semaine, soit par numéros, quand même le service n'en serait pas régulier.

71. Il ne pourra, sous quelque prétexte que ce soit, être admis aucune espèce de papier au timbre en débit, et les receveurs seront poursuivis en recette de tous les droits résultant du timbre des feuilles qui auront été frappées, sans qu'aucune dispense ou crédit accordé puisse être invoqué par eux.

72. Les livres de commerce qui, aux termes du Code de commerce, doivent être paraphés, seront timbrés, à tous les feuillets, d'un timbre spécial, et dont le prix sera, indépendamment du papier que les parties fourniront,

Pour les registres de papier petit ou moyen, par chaque feuillet, *recto* et *verso*. . . . . 0 fr. 20 c.

Pour les registres de grand papier 0 50

Pour les registres de toutes autres dimensions supérieures 0 50

Tous individus assujettis à tenir des livres par les lois et réglemens seront tenus de les faire timbrer, sous peine d'une amende de 500 francs pour chaque contravention. Ils seront néanmoins admis à présenter au *visa* pour timbre leurs livres actuels dans les trois mois de la promulgation de la présente loi, sans qu'il puisse être exigé d'amende pour contravention aux lois antérieures. Ils ne seront tenus que de faire timbrer la partie de leursdits livres ou registres qui se trouvera alors en blanc.

73. Le paraphe qui doit précéder l'usage d'un registre sera enregistré moyennant un simple droit d'un franc.

74. Aucun livre assujetti au timbre par les lois ne pourra être produit en justice ou devant des arbitres, déposé à un greffe en cas de faillite, ni énoncé dans aucun acte, s'il n'est timbré, ou si l'amende n'a été acquittée.

Aucun concordat ne pourra être rédigé sans énoncer si les livres du failli sont revêtus des formalités ci-dessus, ni recevoir d'exécution avant que les amendes aient été payées.

75. Seront *solidaires* pour le paiement des droits de timbre et des amendes :

Tous les signataires, pour les actes synallagmatiques;

Les prêteurs et les emprunteurs, pour les obligations;

Les créanciers et les débiteurs, pour les quittances;

Les officiers ministériels qui auront reçu ou rédigé des actes énonçant des actes ou livres non timbrés.

76. Le recouvrement des droits de timbre et des amendes de contravention y relatives sera poursuivi par voie de contrainte ; et, en cas d'oppositions, les instances seront instruites et jugées selon les formes prescrites par les lois du 22 frimaire an VII et 27 ventôse an IX sur l'enregistrement.

En cas de décès des contrevenans, lesdits droits et amendes seront dus par leurs successeurs, et jouiront, soit dans les successions, soit dans les faillites ou tous autres cas, du privilége des contributions directes.

77. Les autres dispositions des lois, décrets et ordonnances auxquelles il n'est pas dérogé par la présente loi, et qui régissent actuellement la perception des droits d'enregistrement, hyphothèques, timbres, greffes, passeports, port d'armes, et décime pour franc sur ceux de ces droits qui n'en sont pas affranchis, sont et demeurent maintenues. Néanmoins, le droit sur les permis de port d'armes est réduit à 15 francs.   J. F.

§. II. *Cautionnemens et Supplémens de cautionnement à fournir par les Officiers ministériels, Agens de change, Courtiers de commerce, et autres non comptables du Trésor.*

88. Les cautionnemens des avocats à la cour de cassation, notaires, avoués, greffiers et huissiers à notre cour de cassation et dans les cours royales et tribunaux de première instance, tribunaux de commerce et justices de paix, sont fixés en raison de la population et du ressort des tribunaux de la résidence de ces fonctionnaires, conformément au tarif annexé à la présente loi sous les n°ˢ 7, 8 et 9.

89. Il pourra être établi, dans toutes les villes et lieux où sa majesté le jugera convenable, des commissaires-priseurs dont les attributions seront les mêmes que celles des commissaires-priseurs établis à Paris par la loi du 27 ventôse an IX.

Ces commissaires n'auront, conformément à l'article 1ᵉʳ de ladite loi, de droit exclusif que dans le chef-lieu de leur établissement. Ils auront, dans tout le reste de l'arrondissement, la concurrence avec les autres officiers ministériels, d'après les lois existantes.

En attendant qu'il ait été statué par une loi générale sur les vacations et frais desdits officiers, ils ne pourront percevoir autres et plus forts droits que ceux qu'a fixés la loi du 17 septembre 1793.

90. Il sera fait, par le gouvernement, une nouvelle fixation des cautionnemens des agens de change et courtiers de commerce : cet état sera réglé sur la population et le commerce des lieux où résident lesdits agens de change et courtiers, et portera les cautionnemens au *minimum* de 4,000 francs et au *maximum* de 125,000 francs.

91. Les avocats à la cour de cassation, notaires, avoués, greffiers, huissiers, agens de change, courtiers, commissaires-priseurs, pourront présenter à l'agrément de sa majesté des successeurs, pourvu qu'ils réunissent les qualités exigées par les lois. Cette faculté n'aura pas lieu pour les titulaires destitués.

Il sera statué par une loi particulière sur l'exécution de cette disposition, et sur les moyens d'en faire jouir les héritiers ou ayans-cause desdits officiers.

Cette faculté de présenter des successeurs ne déroge point, au surplus, au droit de sa majesté de réduire le nombre desdits fonctionnaires, notamment celui des notaires, dans les cas prévus par la loi du 25 ventôse an XI sur le notariat.

§ III. *Dispositions générales.*

92. Les cautionnemens et supplémens de cautionnement demandés par la présente loi seront versés au trésor, savoir : un quart en numéraire, un mois après la promulgation de la présente loi; et les trois autres quarts en obligations payables à la fin des mois de juillet, octobre et décembre 1816.

A l'égard des cautionnemens intégraux à fournir pour des créations de places nouvelles, ou pour des mutations, ils seront versés en numéraire avant l'installation des fonctionnaires.

93. L'intérêt des cautionnemens et des supplémens de cautionnement continuera d'être payé, comme pour le cautionnement primitif, au taux et aux époques usitées pour le passé.

94. Les fonds de tous les cautionnemens fournis jusqu'à ce jour ayant été remis au trésor, il demeure chargé de rembourser le capital lorsqu'il y aura lieu, et d'en payer les intérêts ainsi que ceux des supplémens et des cautionnemens nouveaux qu'il recevra en exécution de la présente loi.

L'intérêt des cautionnemens nouveaux sera fixé à 4 pour 100 sans retenue.

95. Il sera pourvu au remplacement des fonctionnaires qui ne fourniraient pas les cautionnemens et supplémens de cautionnemens dans le délai ci-dessus fixé, ou qui manqueraient de s'acquitter aux époques déterminées ci-dessus.

96. Nul ne sera admis à prêter serment et à être installé dans les fonctions auxquelles il aura été nommé, s'il ne justifie préablement de la quittance de son cautionnement.

97. La faculté conservée à des fonctionnaires de l'ordre judiciaire, employés des administrations civiles, receveurs des communes et comptables de deniers publics, de fournir tout ou partie de leurs cautionnemens en immeubles ou en rentes sur l'état, ne ne sera pas accordée à ceux qui seront nommés à partir de la publication de la présente loi. Ces cautionnemens devront, en conséquence, être fournis, à l'avenir, en numéraire pour la totalité.

Ordonnance du roi qui prescrit l'exécution d'une disposition de l'Arrêt du Conseil du 13 novembre 1778, en ce qui concerne les Ventes de meubles par des Officiers publics et des Commissaires-Priseurs (Bulletin 87).

Du 1ᵉʳ mai 1816.

Louis, etc.

Vu le mémoire de la chambre des commissaires-priseurs du département de la Seine, tendant à ce qu'il soit statué sur la question de savoir si, lorsqu'un objet quelconque a été exposé en vente publique, et qu'il a reçu une ou plusieurs enchères sur sa première mise à prix, il doit, dans ce cas, être adjugé, et le prix porté sur le procès-verbal que dresse le commissaire priseur, quand bien même cet objet serait adjugé au propriétaire comme dernier enchérisseur; vu la loi du 22 pluviôse an VII, qui détermine les obligations imposées aux officiers publics ayant droit de procéder aux ventes mobilières; vu les rapports de l'administration de l'enregistrement et des domaines et les observations y relatives de notre garde des sceaux; considérant que la mise en vigueur des dispositions de l'arrêt rendu, le 13 novembre 1778, par le roi notre auguste frère, ne peut qu'assurer l'exécution plus complète de la loi susdite du 22 pluviôse an VII et prévenir toute omission frauduleuse au préjudice, soit des parties, soit de notre trésor, dans les procès-verbaux des ventes mobilières; sur le rapport de notre ministre secrétaire d'état des finances, nous avons ordonné et ordonnons ce qui suit :

La disposition de l'arrêt du conseil d'état du 13 novembre 1778, qui oblige les notaires, greffiers, huissiers et tous autres officiers publics ayant droit de procéder aux ventes mobilières, de comprendre dans leurs procès-verbaux tous les articles exposés en vente, tant ceux par eux adjugés soit en totalité, ou sur simple échantillon, que ceux *retirés* ou *livrés* par les propriétaires ou les héritiers pour le prix de l'enchère et de la prisée, sous peine de cent francs d'amende, est remise en vigueur et sortira sa pleine et entière exécution.   J. F.

☞ *Ordonnance du roi ayant pour objet de prévenir les difficultés qui pourraient s'élever sur l'exécution de la Loi du 28 avril 1816, en ce qui concerne le Paiement des Droits de timbre et d'enregistrement auxquels sont assujettis les Procès-verbaux, Actes et Jugemens en matière criminelle, etc.* (1)

Du 22 mai 1816.

Louis, etc.

Sur le rapport de notre amé et féal chevalier le sieur Dambray, chancelier de France, chargé du portefeuille du ministère de la justice;

Vu les lois du 13 brumaire et 22 frimaire an VII sur le timbre et l'enregistrement, et les articles 38, 43 et 71 de la loi du 8 avril dernier sur les finances.

Voulant prévenir les difficultés qui pourraient s'élever sur l'exécution de cette dernière loi, en ce qui concerne le paiement des droits de timbre et d'enregistrement auxquels sont assujettis les procès-verbaux, actes et jugemens en matière criminelle, cor-

---

(1) Bulletin 88.

rectionnelle et de police, et assurer, autant qu'il est possible, la perception des revenus publics, sans entraver la marche de la justice répressive, si nécessaire au maintien de la tranquillité publique et de l'ordre social,

Nous avons ordonné et ordonnons ce qui suit :

Art. 1er. Les procès-verbaux, actes et jugemens en matière criminelle, lorsqu'il n'y a pas de partie civile, continueront à être exempts de la formalité de l'enregistrement, ou à être enregistrés *gratis*, conformément aux dispositions de l'article 70, § II, n° 3, et paraphe 3, n° 9 de la loi du 22 frimaire an VII.

Tous autres actes et jugemens en matière criminelle, correctionnelle et de police, qui étaient précédemment soumis à l'enregistrement sur les expéditions, seront, conformément à l'article 38 de la loi du 28 avril dernier, enregistrés sur les minutes ou originaux, dans les vingt jours de leur date.

2. Lorsqu'il y aura une partie civile, les droits seront acquittés par elle. A cet effet, le greffier pourra exiger d'avance la consignation entre ses mains du montant des droits. A défaut de cette consignation et de l'accomplissement de la formalité dans le délai prescrit, le recouvrement du droit ordinaire et du droit en sus sera poursuivi contre la partie civile, par le receveur de l'enregistrement, sur l'extrait du jugement que le greffier sera tenu de lui délivrer dans les dix jours qui suivront l'expiration du délai fixé pour l'enregistrement, le tout conformément à l'article 37 de la loi du 22 frimaire an VII.

3. Tout greffier qui aura négligé de faire enregistrer, dans le délai fixé, les jugemens pour l'enregistrement desquels le montant des droits lui aura été consigné, ou qui, dans les dix jours qui suivront l'expiration de ce délai, n'aura pas remis au receveur de l'enregistrement l'extrait des jugemens non enregistrés faute de consignation des droits par la partie civile, sera personnellement tenu au paiement des droits et de l'amende pour chaque contravention, conformément aux articles 35 et 37 de la même loi.

4. Dans les affaires de police correctionnelle ou de simple police qui sont poursuivis à la seule requête du ministère public, sans partie civile, ou même à la requête d'une administration publique agissant dans l'intérêt de l'état, d'une commune ou d'un établissement public, la partie poursuivante ne sera pas tenue de consigner d'avance le montant des frais de poursuite ni des droits d'enregistrement auxquels peuvent donner lieu les jugemens ; mais les minutes de ces jugemens devront être enregistrées en débet conformément au § 1.er de l'article 70 de la loi du 22 frimaire an VII: et il y aura lieu de suivre la rentrée des droits contre les parties condamnées, en même temps et de la même manière que celles des frais de justice.

Les dispositions du présent article ne sont pas applicables à la régie des contributions indirectes, laquelle continuera à faire l'avance des frais de poursuite et des droits de timbre et d'enregistrement, dans toutes les affaires poursuivies à sa requête et dans son intérêt ou celui de ses agens.

5. Les actes et procès-verbaux des huissiers, gendarmes, pré-

posés, gardes champêtres ou forestiers (autres que ceux des particuliers), et généralement tous actes et procès-verbaux concernant la police ordinaire, et qui ont pour objet la poursuite et la répression des délits et contraventions aux règlemens généraux de police ou d'impositions, continueront à être visés pour timbre et enregistrés en debet lorsqu'il n'y aura pas de partie civile poursuivante, ou qu'elle aura négligé ou refusé de consigner les frais de poursuite, sauf à poursuivre le recouvrement des droits contre qui il appartiendra.

Le *visa* du receveur de l'enregistrement devra toujours faire mention du montant des droits en suspens, pour en faciliter l'emploi et le recouvrement dans la taxe des frais.   **J. F.**

Ordonnance fixant l'Intérêt que le Trésor doit à raison des Cautionnemens qu'on lui verse.

11 Juin 1816.

Art. 1er. L'intérêt des cautionnemens est fixé à quatre pour cent sans retenue.   **J. F.**

Extrait de l'Ordonnance du Roi relative aux attributions de la Caisse des dépôts et consignations créée par la Loi du 28 avril 1816. (1)

Du 5 juillet 1816.

Art. 1er. La caisse des dépôts et consignations, créée par l'art. 110 de la loi du 28 avril dernier, recevra seule toutes les consignations judiciaires.

2. Seront en conséquence versés dans ladite caisse,

1° Les deniers offerts réellement, conformément aux articles 1257 et suivans du Code civil; ceux que voudra consigner un acquéreur ou donataire, dans le cas prévu par les articles 2183, 2184, 2186 et 2189; le montant des effets de commerce dont le porteur ne se présente pas à l'échéance, lorsque le débiteur voudra se libérer conformément à la loi du 23 juillet 1795 (6 thermidor an III), et en général, toutes sommes offertes à des créanciers refusans par des débiteurs qui veulent se libérer.

2° Les sommes qu'offriront de consigner, suivant la faculté que leur accordent les art. 2041 du Code civil, 167, 542 du Code de procédure, 117 du Code d'instruction criminelle, et autres dispositions des lois, toutes personnes qui, astreintes, soit par lesdites lois, soit par des jugemens ou arrêts, à donner des cautions ou garanties, ne pourraient ou ne voudraient pas les fournir en immeubles;

3° Les deniers, remis par un débiteur à un garde de commerce exerçant une contrainte par corps, pour éviter l'arrestation, con-

---

(1) **Bulletin** 98.

formément à l'article 14 du décret du 14 mars 1808, et ceux qui, dans les mêmes circonstances, seraient remis à un huissier exerçant la contrainte par corps dans les villes et lieux autres que Paris, lorsque le créancier n'aura pas voulu recevoir lesdites sommes dans les vingt-quatre heures accordées auxdits officiers ministériels pour lui en faire la remise ;

4° Les sommes que les débiteurs incarcérés doivent, aux termes de l'article 798 du Code de procédure, déposer ès-mains du geolier de la maison de détention pour être mis en liberté, lorsque le créancier ne les aura pas acceptées dans le délai de vingt-quatre heures ;

5° Les sommes dont les cours et tribunaux ou les autorités administratives, quand ce droit leur appartient, auraient ordonné la consignation, faute par les ayans-droit de les recevoir ou réclamer, ou le séquestre en cas de prétentions opposées ;,

6° Le prix que doivent consigner, conformément à l'article 209 du Code de commerce, les adjudicataires de bâtimens de mer vendus par autorité de justice ;

7° Les deniers comptans saisis par un huissier chez un débiteur contre lequel il exerce une saisie-exécution, lorsque, conformément à l'article 590 du Code de procédure civile, le saisissant, la partie saisie et les opposans, ayant la capacité de transiger, ne seront pas convenus d'un séquestre volontaire dans les trois jours du procès-verbal de saisie ; et ceux qui se trouveront lors d'une apposition de scellés ou d'un inventaire, si le tribunal l'ordonne ainsi sur le référé provoqué par le juge de paix ;

8° Les sommes saisies et arrêtées entre les mains de dépositaires ou débiteurs, à quelque titre que ce soit ; celles qui proviendraient de ventes de biens meubles de toute espèce, par suite de toute sorte de saisies, ou même de ventes volontaires : lorsqu'il y aura des oppositions dans les cas prévus par les articles 656 et 657 du Code de procédure civile ;

9° Le produit des coupes et des ventes de fruits pendans par les racines sur des immeubles saisis réellement ; celui des loyers ou fermages des biens non affermés lors de la saisie, qui seraient perçus au profit des créanciers, dans les cas prévus par l'article 688 du Code de procédure ; ensemble tous les prix de loyers, fermages ou autres prestations, échus depuis la dénonciation au saisi, au fur et à mesure des échéances ;

10° Le prix ou portion de prix d'une adjudication d'immeubles vendus sur saisie immobilière, bénéfice d'inventaire, cession de biens, faillite, que le cahier des charges n'autoriserait pas l'acquéreur à conserver entre ses mains, si le tribunal ordonne cette consignation sur la demande d'un ou de plusieurs créanciers ;

11° Les deniers provenant des ventes des meubles, marchandises de faillis, et de leurs dettes actives, dans le cas prévu par l'article 497 du Code de commerce ;

12° Les sommes d'argent trouvées ou provenues des ventes et recouvremens dans une succession bénéficiaire, lorsque, sur la demande de quelque créancier, le tribunal en aura ordonné la consignation ;

13º Les sommes de deniers trouvées dans une succession vacante, ou provenant du prix des biens d'icelle, conformément à l'avis du Conseil d'état du 13 octobre 1809;

14º Enfin toutes les consignations ordonnées par des lois, même dans les cas qui ne sont pas rappelés ci-dessus, soit que lesdites lois n'indiquent pas le lieu de la consignation, soit qu'elles désignent une autre caisse, et notamment ce qui peut être encore dû par les anciens commissaires aux saisies réelles, conformément au décret du 12 février 1812, lequel continuera de recevoir son exécution.

3. Défendons à nos cours, tribunaux et administrations quelconques, d'autoriser ou d'ordonner des consignations ou autres caisses et dépôts publics ou particuliers, même d'autoriser les débiteurs, dépositaires, tiers-saisis, à les conserver sous le nom de séquestre ou autrement; et au cas où de telles consignations auraient lieu, elles seront nulles et non libératoires.

4. Pour assurer l'exécution des dispositions ci-dessus, il ne pourra être ouvert aucune contribution de deniers provenant de ventes, recouvremens mobiliers, saisie-arrêts ou autres, que l'acte de réquisition, qui doit être rédigé conformément à l'art. 658 du Code de procédure civile, ne contienne mention de la date et du numéro de la consignation qui en a été faite : défendons aux présidens de nos tribunaux de commettre des commissaires pour procéder aux distributions ainsi requises sans ladite mention; et, au cas où une nomination leur serait surprise, défendons à tous comumissaires nommés d'y procéder, sauf aux parties qui seraient lésées, leur recours contre les avoués par la faute desquels la distribution n'aurait pas lieu : défendons pareillement à tous greffiers de délivrer les mandemens énoncés en l'article 671 du même Code, sur autres que sur les préposés de la caisse des dépôts et consignations. Il en sera de même relativement aux ordres, lorsque le prix aura dû être versé dans le cas prévu nº 10 de l'article 2.

SECTION II.

Obligations des Officiers ministériels ou autres, tenus de faire des versemens à la caisse des dépôts et consignations.

5º Tout officier ministériel qui aura fait des offres réelles extrajudiciairement ou judiciairement sera tenu, si elles ne sont pas acceptées, d'en effectuer le versement, dans les vingt-quatre heures qui suivront l'acte desdites offres, à la caisse des dépôts et consignations, à moins qu'il n'en ait été dispensé par ordre écrit de celui qui l'a chargé de faire lesdites offres.

6. Tout garde de commerce, huissier ou geolier, qui, ayant reçu des sommes dans les cas prévus par les nºˢ 3 et 4 de l'article 2 ci-dessus, n'en aura pas fait le versement à la caisse des dépôts et consignations dans les délais prescrits par ledit article 2, sera poursuivi comme rétentionnaire des deniers publics.

Seront, à cet effet, tenus les gardes de commerce et huissiers de mentionner au pied de leurs exploits, et avant de les présenter à l'enregistrement, s'ils ont remis au créancier les sommes par eux reçues, et de mentionner également cette remise sur leurs répertoires; et les geoliers feront ladite mention sur leurs registres d'écrou.

7. Tout notaire, greffier, huissier, commissaire-priseur, courtier, etc., qui aura procédé à une vente, sera tenu de déclarer au pied de la minute du procès-verbal, en le présentant à l'enregistrement, et de certifier par sa signature, qu'il a ou n'a pas d'opposition et qu'il a ou n'a pas connaissance d'oppositions aux scellés ou autres opérations qui ont précédé ladite vente.

8. Les versemens des sommes énoncées au n° 8 de l'article 2 seront faits dans la huitaine, à compter de l'expiration du mois accordé par l'article 656 du Code de procédure aux créanciers pour procéder à une distribution amiable.

Ce mois comptera, pour les sommes saisies et arrêtées, du jour de la signification au tiers-saisi, du jugement qui fixe ce qu'il doit rapporter.

S'il s'agit de deniers provenant de ventes ordonnées par justice, ou résultant de saisies-exécutions, saisies foraines, saisies brandons, ou même de ventes volontaires auxquelles il y aurait eu des oppositions, ce délai courra du jour de la dernière séance du procès-verbal de vente;

S'il s'agit de deniers provenant de saisies de rentes ou d'immeubles, du jour du jugement d'adjudication.

9. Conformément à l'article 10 de la déclaration du 29 février 1648 et de celle du 19 juillet 1669, le directeur général de la caisse des consignations pourra décerner, ou faire décerner par les préposés de la caisse, des contraintes contre toute personne qui, tenue, d'après les dispositions ci-dessus, de verser des sommes dans ladite caisse ou dans celle de ses préposés, sera en retard de remplir ces obligations; il sera procédé pour l'exécution desdites contraintes, comme pour celles qui sont décernées en matière d'enregistrement, et la procédure sera communiquée à nos procureurs près les tribunaux.

10. Tout notaire, courtier, commissaire-priseur, huissier ou geolier, qui aura contrevenu aux obligations qui lui sont imposées par la présente ordonnance, en conservant des sommes de nature à être versées dans la caisse des consignations, sera dénoncé par nos préfets ou procureurs à celui de nos ministres dans les attributions duquel est sa nomination, pour sa révocation nous être proposée, s'il y a lieu, sans préjudice des peines qui sont ou pourront être prononcées par les lois.   J. F.

Ordonnance du Roi relative au versement à la Caisse des dépôts et consignations, des Fonds de retraite des ministères, Administrations et Établissemens (1).

Du 5 juillet 1816.

Louis, etc.

Notre sollicitude pour les fonctionnaires et employés qui se con-

---

(1) Bulletin 98.

sacrent à notre service nous a portés à rendre diverses ordonnances dont l'objet a été d'assurer des fonds de retraite dans diverses administrations. Nous n'avons pas été moins jaloux de veiller à la conservation des sommes destinées à l'acquit de cette dette sacrée, et, à cet effet, nous avons proposé et les chambres ont adopté l'article 110 de la loi du 28 avril 1816, qui charge la nouvelle caisse des dépôts et consignations de recevoir les fonds de retraite.

A ces causes, sur la proposition de la commission de surveillance de la caisse des dépôts et consignations, et sur le rapport de notre secrétaire d'état ministre des finances, nous avons ordonné et ordonnons ce qui suit :

Art. 1er. Toutes les sommes provenant de retenues qui sont ou seront exercées en vertu de nos ordonnances, dans les ministères, administrations et établissemens, sur les appointemens, salaires et autres rétributions, seront versées à la caisse des dépôts et consignations, conformément à l'article 110 de la loi du 28 avril dernier, et les receveurs ou préposés desdites administrations n'en seront libérés que par un récépissé du caissier ou préposé de cette caisse.

2. Les sommes et valeurs provenant des retenues exercées jusqu'à présent, qui pourraient se trouver entre les mains des chefs ou préposés desdites administrations et établissemens publics, ou en quelque autre dépôt que ce soit, seront versées immédiatement dans la susdite caisse.

3. Il sera ouvert à la caisse des dépôts et consignations un compte courant avec chaque administration : à la fin de l'année, les sommes qui se trouveront rester au crédit de chaque établissement, après l'acquittement des retraites dont il est chargé, seront employées en achats d'inscriptions sur le grand-livre, dont les arrérages seront perçus pour son compte et accroîtront d'autant les fonds destinés aux pensions de retraite à sa charge.   J. F.

Extrait de l'Ordonnance du Roi contenant de nouvelles Dispositions relatives à la Garde nationale du royaume (1).

Du 17 juillet 1816.

Exemptions et dispenses.

26. Sont incompatibles avec le service de la garde nationale les fonctions de magistrats investis du droit de la requérir, tels que

Nos ministres secrétaires-d'état ;

Les sous-secrétaires d'état ;

Les préfets, sous-préfets, maires ou adjoints ;

Les présidens, juges d'instruction de nos cours et tribunaux ;

Nos procureurs et leurs substituts ;

Les prévôts et leurs assesseurs ;

Les juges de paix et leurs suppléans ;

---

(1) Bulletin n° 101.

Les lieutenans et commissaires de police ;

27. Peuvent se dispenser du service de la garde nationale,

Les pairs de France et les membres de la chambre des députés ;

Les ministres d'état ;

Les membres de notre conseil privé et de notre conseil d'état ;

Les militaires de tout grade en retraite ;

Les membres des cours et tribunaux non mentionnés dans l'article précédent ;

Les greffiers des tribunaux et des justices de paix ;

Les directeurs généraux ;

Les secrétaires généraux des ministères ;

Les conseillers et secrétaires généraux de préfectures ;

Les inspecteurs généraux des études ;

Les recteurs et inspecteurs d'académie ;

Les chefs et professeurs des colléges et établissemens royaux d'enseignement ;

Les premiers commis des finances et les chefs de division des ministères.

28. Peuvent se dispenser du service personnel les personnes au-dessus de cinquante ans ; mais, en ce cas, elles seront soumises à une indemnité, si, d'après leur fortune, elles sont jugées pouvoir la supporter.

Sont dispensés de tout service les personnes qu'une infirmité mettrait hors d'état de faire ce service, sans néanmoins que ces personnes puissent être assujetties à l'indemnité.

29. Toutes les fois qu'un service public exigera d'autres dispenses, elles ne pourront être que temporaires, et seront accordées par décision spéciale du préfet en conseil de préfecture, sur l'avis de l'inspecteur.

Ordonnance du Roi qui suprime, dans les différens Codes, les Dénominations, Expressions et Formules qui ne sont plus en harmonie avec les principes du Gouvernement établi par la Charte constitutionnelle, et porte qu'il sera fait une Édition nouvelle de ces Codes (1).

Du 17 juillet 1816.

Art. 1er. Les dénominations, expressions et formules qui rappellent les divers gouvernemens antérieurs à notre retour dans notre royaume sont et demeurent effacées du Code civil, du Code de procédure civile, du Code de commerce, du Code d'instruction criminelle et du Code pénal, et elles y sont dès à présent remplacées par les dénominations, expressions et formules conformes au gouvernement établi par la charte constitutionnelle.

2. Nous défendons, en conséquence, à nos cours et tribunaux, préfets, sous-préfets, conseillers de préfecture, et à tous autres nos officiers et sujets d'employer dans les citations qu'ils seraient

_____

(1) Bulletin n° 101.

obligés de faire d'aucune loi, arrêté, décret, ou autre acte quelconque, les dénominations et expressions supprimées par l'article précédent.

3. Il sera fait incessamment, et sous la direction de notre chancelier, chargé par *interim* du portefeuille du département de la justice, une édition nouvelle des différens Codes, contenant les changemens ordonnés par la présente.

4. Dans l'édition présentement ordonnée, la substance et la rédaction de tous les articles actuellement en vigueur demeureront textuellement les mêmes.

Cette édition contiendra ceux même des articles des différens Codes qui ont été abrogés ou modifiés par des lois postérieures : mais il sera fait mention, en note ou en marge, des lois qui les changent ou les modifient; et ces lois seront imprimées à la suite desdits Codes.

Les éditions nouvelles des Codes seront soumises à notre approbation, et chacun des Codes sera inséré au bulletin des lois, sur lequel il sera libre à tous imprimeurs de notre royaume d'en faire eux-mêmes, et pour leur compte, telles éditions qu'ils jugeront convenables.   J. F.

Ordonnance du Roi relative aux Fonctionnaires de l'ordre judiciaire et du Ministère de la justice qui, après avoir été admis à la Pension de retraite, sont remis en activité (1).

Du 14 août 1816.

Louis, etc.

Sur le rapport de notre amé et féal chevalier, chancelier de France, le sieur Dambray, commandeur de nos ordres, chargé du portefeuille du ministère de la justice ;

Vu nos ordonnances des 23 septembre 1814 et 9 janvier 1815 contenant règlement sur les pensions de retraite à accorder aux fonctionnaires de l'ordre judiciaire et du ministère de la justice ;

Vu l'avis du conseil d'état en date du 15 février 1811, portant que tout fonctionnaire admis à la retraite et remis depuis en activité a droit de jouir du traitement de la place à laquelle il a été appelé, et ne doit plus toucher sa pension tant que son activité continue, sauf les cas particuliers d'exceptions prononcés par les lois ;

Notre conseil entendu,

Nous avons ordonné et ordonnons ce qui suit :

Art. 1er. Les fonctionnaires de l'ordre judiciaire et du ministère de la justice auxquels il a été ou sera accordé des pensions de retraite ne pourront, s'ils sont remis en activité, cumuler, pendant la durée de leur activité, le traitement de leur place avec leur pension de retraite, si elle surpasse ou égale le traitement.

2. Si le traitement est moindre que la pension, elle leur sera continuée jusqu'à concurrence seulement de ce qui manquera pour

―――――――――――

(1) **Bulletin n° 107.**

qu'ils touchent une somme égale à celle dont ils jouissaient avant leur rentrée en activité.

3. Cette activité venant à cesser, ils reprendront leur première pension, qui sera augmentée en raison de leurs nouveaux services.

J. F.

Ordonnance du Roi sur l'application à faire à deux classes d'Officiers de l'ordre judiciaire, des dispositions de la loi du 28 avril 1816, concernant la fixation des Supplémens de cautionnemens (1).

Du 9 octobre 1816.

Louis, etc.

Sur le rapport de notre ministre secrétaire d'état des finances, duquel il résulte que l'état n° 8 annexé à la loi du 28 avril dernier a donné lieu à diverses interprétations relativement à la fixation des supplémens de cautionnemens de quelques officiers ministériels employés près la cour de cassation, les cours royales, les tribunaux de police et les justices de paix; voulant faire cesser toute incertitude à cet égard; vu les actes antérieurs à la loi du 28 avril dernier, et particulièrement celui du 18 mai 1802 et celui du 14 juin 1813, nous avons ordonné et ordonnons ce qui suit:

Art. 1er. Les greffiers des tribunaux de police doivent un supplément de cautionnement supérieur du quart en sus à celui que doivent fournir les greffiers des justices de paix de leur résidence.

2. Les huissiers près la cour de cassation, les cours royales, les tribunaux de commerce, les tribunaux de police, doivent un cautionnement égal à celui des huissiers du tribunal civil d'arrondissement dans le ressort duquel ils résident.

3. Les dispositions de l'article précédent sont applicables aux huissiers près les justices de paix, s'ils ont été choisis parmi les huissiers des tribunaux d'appel, criminels ou de première instance, conformément aux articles 5 et 6 de l'acte du 18 mai 1802.   J. F.

Ordonnance du Roi concernant la Promulgation des Lois et des Ordonnances (2).

Du 27 novembre 1816.

Louis, etc.

Art. 1er. A l'avenir, la promulgation des lois et de nos ordonnances résultera de leur insertion au bulletin officiel.

2. Elle sera réputée connue, conformément à l'art. 1er du Code civil, un jour après que le bulletin des lois aura été reçu de l'imprimerie royale par notre chancelier, ministre de la justice, lequel constatera sur un registre l'époque de la réception.

3. Les lois et ordonnances seront exécutoires, dans chacun des autres départemens du royaume, après l'expiration du même dé ,

---

(1) Bulletin n° 116.
(2) Bulletin n° 124.

augmenté d'autant de jours qu'il y aura de fois dix myriamètres (environ vingt lieues anciennes) entre la ville où la promulgation en aura été faite et le chef-lieu de chaque département, suivant le tableau annexé à l'arrêté du 25 thermidor an XI, ou 13 juillet 1803.

4. Néanmoins, dans les cas et les lieux où nous jugerons convenable de hâter l'exécution, les lois et ordonnances seront censées publiées et seront exécutoires du jour qu'elles seront parvenues au préfet, qui en constatera la réception sur un registre.   J. F.

Ordonnance du Roi relative à l'Établissement des Barrières de dégel (1).

Du 23 décembre 1816.

Louis, etc.

Sur le rapport de notre ministre secrétaire-d'état au département de l'intérieur; vu l'article 6 de la loi du 29 floréal an X, relative au poids des voitures employées aux roulage et messageries; considérant qu'il importe de fixer définitivement le chargement avec lequel ces voitures pourront circuler, en temps de dégel, dans les départemens du nord de notre royaume; notre conseil d'état entendu, nous avons ordonné et et ordonnons ce qui suit :

Art. 1er. Dans les départemens où il existe des routes pavées, il pourra être établi des barrières de dégel, sous l'autorisation de notre directeur-général des ponts-et-chaussées, de la manière qui sera expliquée ci-après.

2. Aussitôt que le dégel sera déclaré, et que la nécessité d'interrompre la circulation se fera sentir, les ingénieurs en préviendront les sous-préfets, qui ordonneront sur-le-champ la fermeture des barrières. Les arrêtés que prendront à cet effet les sous-préfets seront adressés sans délai aux maires des communes riveraines ou traversées par la route, pour être publiés et affichés au lieu le plus apparent.

7. Les contraventions pour excès de chargement, en temps de dégel, dans la circonscription marquée par les barrières, entraînant la dégradation des routes, donneront lieu à l'amende, à titre de dommage, en vertu des articles 4 et 5 de la loi du 29 floréal an X.

Conformément à ladite loi, elle sera prononcée administrativement par le conseil de préfecture.

8. Indépendamment de ladite amende infligée à titre de dommage, le contrevenant sera traduit devant le tribunal de simple police pour y être puni, s'il y a lieu, conformément à l'article 476 du Code pénal.   J. F.

Circulaire de M. le Garde-des-Sceaux, 21 février 1817, adressée aux Procureurs du Roi, relative aux règles que doivent observer les notaires, avoués, greffiers, huissiers, agens de change, courtiers et commissaires-priseurs, dans les traités qu'ils passent de leurs offices avec leurs successeurs

« Monsieur le procureur du roi, on se plaint, avec raison, que

(1) Bulletin 128.

les prix des traités que font les officiers ministériels avec les sujets qui se proposent de leur succéder, excèdent de beaucoup la proportion des produits de leur état. Les successeurs, qui sont souvent des jeunes gens sans expérience, contractent des engagemens dont ils sentent bientôt toute la dureté. Privés, par ce surcroît de charges, de moyens honorables d'existence, plusieurs cherchent des ressources dans des opérations étrangères à leurs fonctions, et qui compromettent leur considération personnelle; d'autres (et le nombre en est assez grand) ne craignent pas d'ajouter à leur profit par des exactions : une cupidité honteuse remplace, tous les jours, la modération et le désintéressement dont ces officiers devraient faire profession. C'est pour mettre un terme à des désordres aussi déplorables pour la société, et dont la preuve est consignée dans les plaintes multipliées que je reçois, que je vous en signale une des principales causes.

» L'usage des traités s'était introduit depuis long-temps sans avoir été autorisés. On n'y avait aucun égard avant la loi du 28 avril 1816, toutes les fois qu'il y avait lieu de faire des nominations, le roi étant entièrement libre dans ses choix.

» Quelques officiers ministériels ont pensé que l'art. 91 de cette loi avait entièrement changé cet ordre de choses, en leur laissant la libre disposition de leur état.

» Il est vrai que la loi dont il s'agit donne aux avocats à la cour de cassation, notaires, avoués, greffiers, huissiers, agens de change, courtiers et commissaires-priseurs, la faculté de présenter des successeurs à l'agrément de Sa Majesté; mais il serait déraisonnable de penser que cette faculté ne doit pas être subordonnée à des règles d'ordre public.

« Il vous appartient, M. le procureur du roi, de prévenir dans votre ressort les abus qui pourraient résulter d'une fausse interprétation de la loi du 28 avril 1816. Vous êtes, sans doute, bien convaincu qu'elle n'a pas fait revivre la vénalité des offices, qui n'est pas en harmonie avec nos institutions; vous ne devez donc voir dans les dispositions de l'article 91 qu'une condescendance, qu'une probabilité de préférence accordée aux officiers ministériels, comme un dédommagement qui, étant susceptible d'une évaluation, doit les circonscrire, pour l'avantage qu'ils peuvent en tirer, dans les limites qu'il ne leur est pas permis de dépasser.

« Il serait bon de surveiller les traités, patens ou secrets, qui peuvent être faits par tous ces officiers; mais j'appelle surtout votre attention sur ceux des greffiers. Les abus dont on se plaint sont devenus plus sensibles dans cette classe d'officiers, et ils sont aussi plus multipliés. Plusieurs greffiers, même parmi ceux des justices de paix, ont trafiqué avec un empressement vraiment scandaleux (et quelques uns à un prix exorbitant) des places auxquelles ils viennent à peine d'être nommés.

« Comme ces officiers tiennent de plus près à la magistrature, vous devez aussi apporter une attention plus sévère sur tout ce qui a rapport à leur existence et à leur considération. On ne peut en tout point les assimiler aux autres officiers ministériels; il n'existe pas pour eux de concurrence, et, conséquemment, ils ne doivent, ni à leur zèle, ni à leur aptitude plus ou moins reconnue, une clientelle. Le recours à leur ministère est obligatoire pour les justiciables; il est tout-à-fait inconvenant que l'on mette ainsi à l'enchère des fonctions qui font, en quelque sorte, partie du pouvoir judiciaire. Je vous charge expressément de ne point souffrir que les greffiers mettent à la présentation des sujets qu'ils proposent pour leur succéder, des conditions trop onéreuses, et de refuser à ces derniers votre *admittatur*, s'ils en avaient accepté de semblables: en général, vous pourrez prendre, pour base du sacrifice que peut faire l'impétrant en faveur de son prédécesseur, une somme égale, au plus, *au montant du cautionnement, ou à une, ou deux années du produit du greffe.*

» Vous pourrez établir une base un peu plus large pour les autres officiers ministériels, qui, à la différence des greffiers, se forment des clientelles : il est juste d'avoir des égards particuliers pour des hommes investis d'une confiance que la conduite et les lumières peuvent seules commander. On peut leur laisser plus de latitude; mais cependant vous devez veiller avec soin à ce que l'indemnité qu'ils stipulent soit fixée avec discrétion; vous vous concerterez à ce sujet avec les syndics de leurs compagnies respectives, de manière à concilier la justice due aux titulaires avec l'intérêt public.

» Vous ne devez pas sans doute vous reposer de cette surveillance sur les chefs de ces compagnies; mais il est naturel que vous donniez quelque chose à la confiance, lorsqu'ils vous paraîtront personnellement recommandables, et toutes les fois que vous n'aurez pas lieu de craindre que leur intérêt particulier ne se trouve trop fortement en opposition avec les règles d'équité et de modération que vous aurez soin de leur tracer.

» Si vous veniez à découvrir qu'un officier public, pour obtenir son admission, eût produit un traité simulé, vous m'en donneriez avis aussitôt. Un homme qui se serait conduit d'une manière aussi répréhensible ne mériterait pas de conserver son état, et je provoquerais, sans aucun ménagement, sa destitution. Vous préviendrez les candidats des suites qu'entraînerait une semblable fraude, et vous avertirez aussi les divers officiers ministériels de votre ressort, ou les syndics de leurs compagnies, que je prendrai les ordres du roi pour toutes les collusions qui auraient pour objet des traités simulés.

« Ils ne devront pas perdre de vue que le droit de destitution pur et simple est complétement réservé au roi : il sera de mon devoir de provoquer sa juste sévérité toutes les fois que je croirai que le bon ordre public y est intéressé.

« Le garde des sceaux de France,
ministre de la justice,

Signé **Pasquier**. »   J. F.

Extrait de la loi sur les Finances (1).

Du 25 mars 1817.

TITRE VI.

Droits d'Enregistrement et de Timbre.

74. Les actes et procès-verbaux des huissiers, gendarmes, préposés, gardes champêtres ou forestiers (autres que ceux des particuliers), et généralement tous actes et procès-verbaux concernant la police ordinaire, et qui ont pour objet la poursuite et la répression des délits et contraventions aux règlemens généraux de police et d'impositions, seront visés pour timbre et enregistrés en débet, lorsqu'il n'y aura pas de partie civile poursuivante, sauf à suivre le recouvrement des droits contre les condamnés.

Seront également visées pour timbre et enregistrées en débet les déclarations d'appel de tous jugemens rendus en matière de police correctionnelle, lorsque l'appelant sera emprisonné.

75. Seront visés pour timbre et enregistrés *gratis*, les actes de procédure et les jugemens à la requête du ministère public, ayant pour objet 1° de réparer les omissions et faire les rectifications sur les registres de l'état civil, d'actes qui intéressent les individus notoirement indigens; 2° de remplacer les registres de l'état civil perdus ou incendiés par les événemens de la guerre, et de suppléer aux registres qui n'auraient pas été tenus.

76. Les ouvrages périodiques relatifs aux sciences et arts, ne paraissant qu'une fois par mois ou à des intervalles plus éloignés, et contenant au moins deux feuilles d'impression, seront exempts du timbre.

Seront également exempts les annonces, prospectus et catalogues de librairie.

77. Les particuliers qui voudront se servir, pour affiches, avis ou annonces, d'autre papier que celui de l'administration de l'enregistrement, seront admis à le faire timbrer avant l'impression.

La contravention à la disposition de l'article 65 de la loi du 28 avril 1816, qui défend de se servir, pour les affiches, de papier de couleur blanche, sera punie d'une amende de 100 francs à la charge de l'imprimeur, qui sera toujours tenu d'indiquer son nom et sa demeure au bas de l'affiche.

TITRE VII.

§. III. *Des Huiles.*

106. En cas de soupçon à l'égard des commerçans ayant en magasin des huiles qu'ils n'auraient pas déclarées en vertu de l'art. 105, les employés de la régie pourront faire des visites dans l'intérieur de leurs habitations, en se faisant assister du juge de paix, du

---

(1) Bulletin 145.

maire, de son adjoint, ou du commissaire de police, chacun desquels sera tenu de déférer à la réquisition qui lui en sera faite, et qui sera transcrite en tête du procès-verbal.

Ces visites ne pourront avoir lieu que d'après l'ordre d'un employé du grade de contrôleur au moins, qui rendra compte des motifs au directeur.

TITRE IX.

Dispositions générales.

131. Les dispositions des lois auxquelles il n'est pas dérogé par la présente, et qui régissent actuellement les perceptions des droits d'enregistrement, d'hypothèque, de timbre, de greffe, de postes et loterie, de douanes, y compris celui sur les sels, de passeports, de ports d'armes, du dixième des billets d'entrée dans les spectacles, et d'un quart de la recette brute dans les lieux de réunion et de fêtes où l'on est admis en payant, et d'un décime pour franc sur ceux de ces droits qui n'en sont pas affranchis, sont et demeurent maintenues.   J. F.

Loi relative aux Douanes (1).

Du 27 mars 1817.

12. L'article 15 de la loi du 17 décembre 1814 est remis en vigueur en ce qui concerne les importations frauduleuses tentées sur les côtes.

13. Les mêmes peines s'appliqueront dans le cas prévu par l'article 7 de la loi du 4 germinal an 11, titre XI, aux bâtimens au-dessous de cent tonneaux, surpris, hors le cas de force majeure, dans les deux myriamètres des côtes, ayant à bord des marchandises prohibées.

14. Le juge de paix dans l'arrondissement duquel l'objet saisi sera déposé connaîtra en première instance de ces contraventions.

15. La même compétence a lieu pour les saisies faites dans les bureaux des côtes ou frontières par suite de déclarations, lesdites saisies n'entraînant que les condamnations établies par les lois des 22 août 1791 et 4 germinal an 11.

Extrait de l'Ordonnance du Roi concernant les Franchises et Contre seings (2).

Du 6 août 1817.

Les contre-seings des ministres et autres fonctionnaires désignés dans l'article 3 du présent règlement, et celui des préfets, continueront d'avoir lieu au moyen d'une griffe fournie par notre directeur-général des postes, et dont l'emploi ne pourra être confié qu'à une seule personne qui en sera responsable.

8. Tous les autres fonctionnaires seront tenus de mettre, *de leur*

---

(1) Bulletin 147.
(2) Bulletin 167.

main, sur l'adresse des lettres et paquets qu'ils expédieront, leur signature au-dessous de la désignation de leurs fonctions.

9. Les lettres et paquets contre-signés devront être remis, savoir : dans les départemens, aux directeurs des postes ; et à Paris, au bureau du départ de la direction générale. Lorsqu'ils auront été jetés à la boîte, ils seront assujettis à la taxe.

10. Les lettres et paquets contre-signés qui devront être mis *sous bandes* en conformité du présent règlement et des états y annexés, ne pourront être reçus ni expédiés en franchise lorsque la largeur des bandes excédera le tiers de la surface de ces lettres et paquets.

N° 9.

ÉTATS DE CRÉDITS ET ABONNEMENS.

Fonctionnaires du Pouvoir judiciaire.

Il sera tenu par les directeurs des postes des états de crédit pour les fonctionnaires ci-après désignés, savoir :

1° Les premiers présidens des cours royales ;

2° Les procureurs généraux près les mêmes cours ;

3° Les présidens des cours d'assises ;

4° Les substituts de nos procureurs généraux près les cours d'assises hors du chef-lieu ;

5° Les procureurs royaux près les tribunaux de première instance ;

6° Les juges d'instruction ;

7° Les juges de paix ;

8° Les prévôts et procureurs du roi des cours prévôtales ;

9° Les greffiers en chef des cours royales, et les greffiers des cours prévôtales et des tribunaux de première instance ;

Pour les lettres taxées qui leur seront adressées concernant leurs fonctions seulement.

Les directeurs des postes comprendront dans ces états de crédit tous paquets ou lettres que les fonctionnaires ci-dessus désignés jugeront nécessaire d'affranchir ou de charger pour tous autres fonctionnaires publics quelconques.

Ordonnance du Roi par laquelle Sa Majesté détermine un Mode pour l'exécution des Actes et Fonctions judiciaires dans ses Palais, Châteaux, Maisons royales et leurs dépendances (1).

Du 20 août 1817.

Louis, etc.

Voulant pourvoir à ce que la police et la surveillance nécessaires dans nos palais, châteaux et maisons royales et leurs dépendances, ne fassent aucun obstacle à l'action de la justice, qui émane de

---

(1) Bulletin 168.

notre souveraine puissance, et concilier avec les fonctions que nous avons confiées aux gouverneurs desdits palais, châteaux et résidences, l'exécution des actes et fonctions judiciaires;

Sur le rapport de notre garde-des-sceaux, ministre et secrétaire-d'état au département de la justice,

Nous avons ordonné et ordonnons ce qui suit :

Art. 1er. Les significations aux personnes qui ont leur résidence habituelle dans nos palais, châteaux, maisons royales et leurs dépendances, seront faites en parlant aux suisses ou concierges desdits palais; ils ne pourront refuser d'en recevoir les copies, et il leur est enjoint de les remettre incontinent à ceux qu'elles concernent.

2. S'il échéait d'apposer ou de lever les scellés, de faire des inventaires ou tous autres actes judiciaires, d'exécuter des mandats de justice ou des jugemens, dans l'intérieur desdits palais, châteaux, maisons royales et leurs dépendances, les officiers de justice qui en seront chargés se présenteront au gouverneur, ou à celui auquel, en son absence, appartient la surveillance, lequel pourvoira immédiatement à ce qu'aucun empêchement ne leur soit donné, et leur fera prêter au contraire, si besoin est, tout secours et aide nécessaires, sans préjudice des précautions qu'il croira devoir prendre, s'il y a lieu, pour la garde et la police desdits palais.

3. S'il est commis un délit ou un crime dans lesdits palais, châteaux, maisons royales et leurs dépendances, le gouverneur ou celui auquel, en son absence, appartient la surveillance, requerra sur-le-champ le transport du juge d'instruction, du procureur du roi, ou du juge de paix, et lui remettra le prévenu ou les prévenus, s'ils sont arrêtés.

4. En cas que le transport du procureur du roi, du juge d'instruction ou du juge de paix, ait lieu d'office, ils se présenteront, ainsi qu'il est dit en l'article 2 ci-dessus, au gouverneur, qui leur donnera tous accès et facilités, ainsi qu'il est plus amplement expliqué dans ledit article.   J. F.

➜ *Ordonnance du Roi qui déclare incessibles et insaisissables les Pensions affectées sur les fonds de retenue* (1).

Du 27 août 1817.

Art. 1er. Il ne sera reçu aucune signification de transport, cession ou délégation de pensions de retraite affectées sur des fonds de retenue.

2. Le paiement desdites pensions ne pourra être arrêté par aucune saisie ou opposition, à l'exception des oppositions qui pourraient être formées par le propriétaire du brevet de la pension. J. F.

—————————————————

(1) Bulletin 172.

Loi sur les Douanes (1).

Du 21 avril 1818.

TITRE VI.

Répression de la Contrebande.

34. La contrebande faite sur les côtes maritimes hors de l'enceinte des ports de commerce sera punie des mêmes peines que celles faites sur les frontières de terre. En conséquence, tout versement opéré sur les côtes, ou dans les cales, anses et généralement tous endroits autres que ceux destinés au commerce, de marchandises prohibées ou d'objets tarifés à 20 francs par cent kilogrammes et au-dessus, donnera lieu, contre les maîtres, capitaines et matelots qui auront apporté la fraude par mer, ainsi que contre ses porteurs, agens et entrepreneurs sur le continent, aux poursuites et condamnations ordonnées par les articles 41, 42, 43, 44, 45, 46 et 47, du titre V, section des *douanes*, de la loi du 28 avril 1816.

35. Les juges de paix continueront à connaître des fraudes tentées, dans les ports de commerce, par des navires dont le manifeste a été fourni selon la loi, ainsi que de celles découvertes par suite des visites de douane. Ils appliqueront à ces fraudes les peines déterminées par les lois des 22 août 1791 et 4 germinal an II.

36. Les maîtres ou capitaines des bâtimens de mer au-dessous du tonnage déterminé par les lois des 28 avril 1816 et 27 mars 1817, qui aborderaient, hors le cas de relâche forcée, avec des marchandises désignées par l'article 22 de la loi du 28 avril, même dans les ports ouverts à leur importation, encourront une amende de 500 francs, pour sûreté de laquelle les navires et marchandises pourront être retenus. Ladite peine sera prononcée par le juge de paix.

37. Les tribunaux correctionnels connaîtront des faits de contrebande dont la connaissance était attribuée aux cours prévôtales par l'article 48 du titre V, section des *douanes*, de la loi du 28 avril 1816; et appliqueront les peines prononcées par l'article 51, soit que la contrebande ait été faite ou tentée par les frontières de terre ou sur les côtes maritimes.

Les procureurs du roi près lesdits tribunaux correctionnels sont substitués aux prévôts pour exercer d'office les poursuites prescrites par l'article 52, et requérir, s'il y a lieu, l'application de l'article 53.

38. Les articles du titre V, section des *douanes*, de la loi du 28 avril 1816, non rappelés dans les quatre articles précédens, sont abrogés; toutes autres lois relatives à la procédure en matière de douanes, et notamment la loi du 9 floréal an VII, demeurent en vigueur.   J. F.

---

(1) Bulletin 207.

Instruction sur les engagemens volontaires, donnée en exécution des articles 2, 3, 4 et 6 de la loi du 10 mars 1818 sur le recrutement de l'armée (1).

Du 20 mai 1818.

Indépendamment de son certificat d'acceptation par l'autorité militaire, l'engagé volontaire devra justifier à l'officier de l'état civil de son âge, par des pièces authentiques, et produire un certificat du maire de sa commune, visé par le juge de paix du canton, et constatant,

1° Qu'il jouit de ses droits civils ;

2° Qu'il est de bonne vie et mœurs ; .

3° Qu'il n'a été appelé ni pour le service de terre ni pour celui de mer, (*ou bien*) qu'il est libéré de l'un et l'autre service.

Quant aux jeunes gens désignés pour faire partie des contingens, qui demanderaient à devancer le moment de leur mise en activité, sa majesté se réserve de leur accorder cette faculté; et il sera fait mention de ce qui les concerne dans l'instruction sur les appels.

Ordonnance du Roi qui autorise, aux conditions y exprimées, la mise en ferme des Biens communaux qui ne seraient pas nécessaires à la dépaissance des troupeaux (2).

Du 7 octobre 1818.

Louis, etc.

Sur le rapport de notre ministre secrétaire d'état de l'intérieur,

Voulant faciliter la mise en ferme des biens communaux qui, n'étant pas nécessaires à la dépaissance des troupeaux, pourraient, par des locations avantageuses, suppléer à l'insuffisance des revenus affectés aux dépenses des communes, et obvier à l'inconvénient des impositions locales, dont le montant, onéreux aux contribuables, est également nuisible au recouvrement des contributions ordinaires;

Voulant, d'ailleurs, favoriser tout ce qui peut concourir à l'augmentation de nos moyens de subsistance par la mise en culture des terrains qui en sont susceptibles;

Vu l'art. 13 du titre II de la loi du 5 novembre 1790, et les dispositions de la loi du 11 février 1791 relative aux établissemens publics qui ont conservé l'administration de leurs biens;

Vu aussi les décrets des 28 mars 1801 (7 germinal an ix), 31 octobre 1804 (9 brumaire an xiii) et 12 août 1807;

Notre conseil d'état entendu,

Nous avons ordonné et ordonnons ce qui suit :

Art. 1er. Les biens des communautés d'habitans restés en jouissance commune depuis la loi du 10 juin 1793, et que les conseils municipaux ne jugeront pas nécessaires à la dépaissance des trou-

---

(1) Bulletin 215.
(2) Bulletin 239.

peaux, pourront être affermés, sans qu'il soit besoin de recourir à notre autorisation, lorsque la durée des baux n'excèdera pas neuf années; à l'effet de quoi il est spécialement dérogé aux dispositions du décret du 31 octobre 1804 (9 brumaire an XIII).

☞ *Extrait de la Loi répressive des Crimes et Délits commis par la voie de la presse ou autre moyen de publication* (1).

Du 17 mai 1819.

CHAPITRE V.

De la Diffamation et de l'Injure publiques.

13. Toute allégation ou imputation d'un fait qui porte atteinte à l'honneur ou à la considération de la personne ou du corps auquel le fait est imputé est une diffamation.

Toute expression outrageante, terme de mépris ou invective, qui ne renferme l'imputation d'aucun fait, est une injure.

14. La diffamation et l'injure commises par l'un des moyens énoncés en l'art. 1er de la présente loi seront punies d'après les distinctions suivantes :

15. La diffamation ou l'injure envers les cours, tribunaux ou autres corps constitués, sera punie d'un emprisonnement de 15 jours à 2 ans, et d'une amende de 50 fr. à 4,000 fr.

16. La diffamation envers tout dépositaire ou agent de l'autorité publique, pour des faits relatifs à ses fonctions, sera punie d'un emprisonnement de 8 jours à 18 mois, et d'une amende de 50 fr. à 5,000 fr.

L'emprisonnement et l'amende pourront, dans ce cas, être infligés cumulativement ou séparément, selon les circonstances.

17. La diffamation envers les ambassadeurs, ministres plénipotentiaires, envoyés, chargés d'affaires ou autres agens diplomatiques accrédités près du roi, sera punie d'un emprisonnement de 8 jours à 18 mois, et d'une amende de 50 fr. à 3,000 fr., ou de l'une de ces deux peines seulement, selon les circonstances.

18. La diffamation envers les particuliers sera punie d'un emprisonnement de 5 jours à un an, et d'une amende de 25 fr. à 2,000 fr. ou de l'une de ces deux peines seulement, selon les circonstances.

19. L'injure contre les personnes désignées par les articles 16 et 17 de la présente loi sera punie d'un emprisonnement de 5 jours à un an et d'une amende de 25 fr. à 2,000 fr., ou de l'une de ces deux peines seulement, selon les circonstances.

L'injure contre les particuliers sera punie d'une amende de 16 fr. à 500 fr.

20. néanmoins, l'injure qui ne renfermerait pas l'imputation d'un vice déterminé, ou qui ne serait pas publique, continuera d'être punie des peines de simple police.

---

(1) Bulletin 278.

2e Partie. 16

23. Ne donneront lieu a aucune action en diffamation ou injure les discours prononcés ou les écrits produits devant les tribunaux : pourront néanmoins les juges saisis de la cause, et statuant sur le fond, prononcer la suppression des écrits injurieux ou diffamatoires, et condamner qui il appartiendra en des dommages-intérêts.

Les juges pourront aussi, dans le même cas, faire des injonctions aux avocats et officiers ministériels, ou même les suspendre de leurs fonctions.

La durée de cette suppression ne pourra excéder six mois ; en cas de récidive, elle sera d'un an au moins et de cinq ans au plus.

Pourront, toutefois, les faits diffamatoires étangers à la cause donner ouverture, soit à l'action publique, soit à l'action civile des parties, lorsqu'elle leur aura été réservée par les tribunaux, et, dans tous les cas, à l'action civile des tiers.

26. Les articles 102, 217, 367, 368, 369, 370, 371, 372, 374, 375, 377 du Code pénal, et la loi du 9 novembre 1815, sont abrogés.

Toutes les autres dispositions du Code pénal, auxquelles il n'est pas dérogé par la présente loi, continueront d'être exécutées.

J. F.

Loi sur la Poursuite et le Jugement des Crimes et Délits de la Presse (1).

Du 26 mai 1819.

Art. 1.er La poursuite des crimes et délits commis par la voie de la presse, ou par tout autre moyen de publication, aura lieu d'office et à la requête du ministère public, sous les modifications suivantes.

5. Dans le cas des mêmes délits contre tout dépositaire ou agent de l'autorité publique, contre tout agent diplomatique étranger, accrédité près du roi, ou contre tout particulier, la poursuite n'aura lieu que sur la plainte de la partie qui se prétendra lésée.

6. La partie publique, dans son réquisitoire, si elle poursuit d'office, ou le plaignant, dans sa plainte, seront tenus d'articuler et de qualifier les provocations, attaques, offenses, outrages, faits diffamatoires ou injures à raison desquels la poursuite est intentée, et ce, à peine de nullité de la poursuite.

14. Les délits de diffamation verbale ou d'injure verbale contre toute personne, et ceux de diffamation ou d'injure par une voie de publication quelconque contre des particuliers, seront jugés par les tribunaux de police correctionnelle, sauf les cas attribués aux tribunaux de simple police.

31. La loi du 28 février 1817 est abrogée.

Les dispositions du Code d'instruction criminelle, auxquelles il n'est pas dérogé par la présente loi, continueront d'être exécutées.   J. F.

----

(1) Bulletin 280.

🙠 *Ordonnance relative aux Biens communaux usurpés*(1).

Du 23 juin 1819.

6. Conformément aux dispositions de la loi du 9 ventôse an XII et de l'avis interprétatif du 18 juin 1809, les conseils de préfecture demeureront juges des contestations sur le fait et l'étendue de l'usurpation, sauf le cas où, le détenteur niant l'usurpation et se prétendant propriétaire à tout autre titre qu'en vertu d'un partage, il s'élèverait des questions de propriété pour lesquelles les parties auraient à se pourvoir devant les tribunaux, après s'y être fait autoriser, s'il y a lieu, par les conseils de préfecture.   J. F.

🙠 *Ordonnance contenant des Mesures de police relatives aux Propriétaires ou Entrepreneurs de Voitures publiques.*

Paris, 4 février 1820.

Louis, etc. ; sur le rapport de notre ministre secrétaire d'état au département de l'intérieur,

Il nous a été représenté que, depuis quelque temps, les entreprises de voitures publiques s'étant extrêmement multipliées, les mesures de police ordonnées par le décret du 28 août 1808 et par notre ordonnance du 24 décembre 1814, n'ont pas été exécutées avec soin, et qu'il en est résulté des accidens graves et fréquens ;

Voulant pourvoir à la sûreté des voyageurs, en prescrivant la stricte exécution des règlemens existans, et en y ajoutant les mesures dont l'expérience a fait reconnaître l'utilité ;

Notre conseil d'état entendu, nous avons ordonné et ordonnons ce qui suit :

1. Les propriétaires ou entrepreneurs de diligences, de messageries ou autres voitures publiques allant à destination fixe, se présenteront, dans la quinzaine de la publication de la présente ordonnance, dans le département de la Seine, devant le préfet de police, et, dans les autres départemens, devant les préfets ou sous-préfets, pour faire la déclaration du nombre de places qu'elles contiennent, du lieu de leur destination, du jour et de l'heure de leur départ, de leur arrivée et de leur retour, à peine de l'amende portée à l'article 3 du titre III de la loi du 29 août 1790.

Lorsqu'ils augmenteront ou diminueront le nombre de leurs voitures, qu'ils changeront le lieu de leur résidence ou transféreront leur entreprise dans une autre commune, ils en feront également la déclaration.

2. Aussitôt après ces déclarations, les préfets ou sous-préfets ordonneront la visite desdites voitures par des experts nommés par eux, afin de constater si elles sont entièrement conformes à ce qui est prescrit par la présente ordonnance, et si elles n'offrent aucun vice susceptible de compromettre la sûreté des voyageurs. Aucune

---

(1) Bulletin 190.

voiture nouvelle ne pourra être mise en circulation avant la décision du préfet, rendue sur le rapport des experts. Celles qui existent cesseront de circuler après la visite qui en sera faite, si elles sont reconnues défectueuses, jusqu'à ce que les défectuosités aient été corrigées et que le préfet ait levé la défense.

Les entrepreneurs auront la faculté de nommer de leur côté des experts qui opéreront conjointement avec ceux indiqués ci-dessus. Dans ce cas, les préfets ou sous-préfets prononceront sur les rapports contradictoires des experts respectifs.

Les visites d'expert ne pourront être faites qu'au chef-lieu de chaque établissement de voitures publiques.

3. Chaque voiture portera, à l'extérieur, le nom du propriétaire ou de l'entrepreneur et l'estampille prescrite par l'article 117 de la loi du 25 mars 1817.

4. Elle portera dans l'intérieur l'indication du nombre de places qu'elle contient, ainsi que le numéro et le prix de chaque place, du lieu du départ au lieu de la destination.

5. Les propriétaires et entrepreneurs de voitures publiques tiendront registre du nom des voyageurs qu'ils transporteront.

Ils enregistreront également les ballots, malles et paquets dont le transport leur sera confié ; ils donneront extrait de cet enregistrement aux voyageurs avec le numéro de leur place.

Les registres seront sur papier timbré, cotés et paraphés.

6. Les conducteurs ne pourront prendre en route aucun voyageur, ni recevoir aucun paquet, sans en faire mention sur leur feuille en la forme indiquée par l'article précédent.

7. Il est défendu d'admettre dans les voitures un plus grand nombre de voyageurs que celui qui est énoncé dans la déclaration. Le conducteur aura seul la faculté de se placer dans le panier situé sur l'impériale, lorsque cela sera nécessaire pour surveiller le chargement de la voiture.

8. Le poids des paquets, ballots ou autres fardeaux placés sur l'impériale pourra être d'autant de fois vingt-cinq kilogrammes qu'il y aura de places dans les voitures à quatre roues ; ce poids sera réduit à dix kilogrammes par place pour les voitures à deux roues. Jamais ces poids ne devront être dépassés.

L'élévation de la charge sera au plus de quarante centimètres sur les voitures à quatre roues, et de vingt-sept centimètres sur les voitures à deux roues.

9. Les voitures seront d'une construction solide, et pourvues de tout ce qui est nécessaire à la sûreté des voyageurs. Elles ne pourront avoir d'autres places extérieures, outre celles du cabriolet, que celles dites *banquettes d'impériales de devant*, ces places n'excéderont pas le nombre de trois. On ne pourra les adapter qu'aux voitures établies d'après le nouveau système avec des ressorts en acier et sans soupentes de cuir. Lorsqu'il y aura une banquette d'impériale, le poids des objets placés dans le panier, conformément à l'article précédent, sera diminué d'un cinquième. Toutes places d'impériales, autres que celles indiquées au présent article et dans l'article 7, sont rigoureusement défendues.

Les places de galeries situées derrière la caisse, et au même niveau qu'elle ne sont point considérées comme places extérieures, même quand elles ne sont fermées que par des rideaux.

Les voitures auront au moins un mètre soixante-deux centimètres de voie entre les jantes de la partie des roues passant sur le sol. La voie des roues de devant ne pourra être moindre d'un mètre cinquante-neuf centimètres.

Les essieux seront en fer corroyé, et fermés, à chaque extrémité, d'un écrou assujetti au moyen d'une clavette.

10. Les propriétaires ou les entrepreneurs sont garants de tous les accidens qui pourraient arriver par leur négligence.

La conduite des voitures ne pourra être confiée qu'à des hommes pourvus de livrets.

Elles seront dirigées par deux postillons ou par un cocher et un postillon toutes les fois qu'elles seront attelées de plus de cinq chevaux, ou de cinq chevaux, dont le cinquième en arbalète.

Les voitures seront enrayées toutes les fois qu'elles parcourront une descente rapide. Le sabot d'enrayage sera placé par le conducteur. Les postillons ne pourront, sous aucun prétexte, descendre de leurs chevaux.

Il leur est expressément défendu de conduire les voitures au galop sur les routes, et autrement qu'au petit trot dans les villes ou communes rurales, et au pas dans les rues étroites.

11. Les employés aux ponts à bascules, soit aux barrières de Paris, soit ailleurs, seront tenus, sous peine de destitution, de peser, au moins une fois par trimestre, une des voitures publiques par chaque route desservie, pour assurer l'exécution de l'article 6 du décret du 23 juin 1806, et d'en justifier auprès des fonctionnaires désignés en l'article 1er, qui en rendront compte à nos ministres de l'intérieur et des finances.

En cas de contravention, ils en dresseront procès-verbal, et il y sera statué par le maire du lieu où le procès-verbal aura été dressé, et à Paris, par le préfet de police, conformément aux titres VII et IX du même décret du 23 juin.

12. Conformément aux dispositions contenues dans l'article 16 du décret du 28 août 1808, les rouliers, voituriers, charretiers, continueront à être tenus de céder la moitié du pavé aux voitures des voyageurs, à peine de cinquante francs d'amende, et du double en cas de récidive, sans préjudice des peines personnelles portées aux règlemens de police. Les conducteurs des diligences et postillons feront, en cas de contravention, leurs déclarations à l'officier de police du lieu le plus voisin, en faisant connaître le nom du roulier ou du voiturier d'après la plaque ; et nos procureurs-généraux, sur l'envoi des procès-verbaux, seront tenus de poursuivre les délinquans.

13. Les maires et adjoints, la gendarmerie et tous les officiers de police, sont chargés spécialement de veiller à l'exécution de la présente ordonnance, de constater les contraventions, et d'exercer les poursuites nécessaires à leur répression.

14. Les règlemens existans continueront d'être exécutés en tout ce qui n'est pas contraire à la présente ordonnance, qui sera insérée au bulletin des lois et affichée dans tous les chefs-lieux et bureaux de voitures publiques.   J. F.

☞ *Ordonnance sur l'emploi des Amendes* (1).

19 Février 1820.

Louis, etc. Notre ministre de l'intérieur nous ayant exposé que les amendes prononcées par jugemens antérieurs au 1er janvier 1820 des tribunaux de police correctionnelle et de simple police rurale et municipale, ont été perçues par les receveurs des domaines, et versées dans la caisse des receveurs-généraux, sans distinction des communes où les délits et les contraventions ont eu lieu ; que, dans cet état de choses, l'art. 466 du Code pénal ne peut recevoir son exécution pour les amendes antérieures au 1er janvier 1820, et qu'en conséquence il y a lieu d'en faire l'application conformément aux règles établies par le décret du 17 mai 1809, nous avons ordonné et ordonnons ce qui suit :

Art. 1er. Les amendes prononcées par jugemens définitifs, antérieurs au 1er janvier dernier, des tribunaux correctionnels et de simple police rurale et municipale, continueront d'être perçues par les receveurs des domaines, à la charge par eux d'en faire, avec celles dont ils ont opéré le recouvrement, le versement dans la caisse de service, pour être ensuite employées, avec les intérêts qui en proviendront, savoir : un tiers aux dépenses des enfans trouvés ; et les deux autres tiers aux dépenses communales indiquées dans les états de répartition qui en seront soumis par les préfets à l'approbation de notre ministre de l'intérieur.

Nos ministres de l'intérieur et des finances se concerteront pour assurer, à l'avenir, l'exécution de l'art. 466 du Code pénal, et en soumettre les moyens à notre approbation.   J. F.

☞ *Extrait de la Loi portant fixation du Budget des Recettes de 1820.*

Du 25 juillet 1820.

2. Les droits et remises attribués aux greffiers des tribunaux civils et de commerce par la loi du 21 nivôse an VII seront perçus par eux directement des parties qui en sont tenues ; mais les receveurs de l'enregistrement mentionneront désormais en toutes lettres, dans la relation au pied de chaque acte, 1° le montant des droits de greffe appartenant au trésor ; 2° le montant de la remise qui revient au greffier pour l'indemnité qui lui est allouée par la loi.

J. F.

☞ *Ordonnance concernant les Pensions de retraite du Ministère de la Justice* (2).

Du 22 février 1821.

Louis, etc. Vu les articles 5 et 8 de notre ordonnance en date

---

(1) Bulletin des lois.
(2) Bulletin des lois de 1821, n° 435.

du 23 septembre 1814, portant règlement des pensions de retraite assignées sur les fonds de retenue de notre ministère de la justice;

Considérant que les bases déterminées par l'aticle 8 pour fixer le montant de la pension facultative accordée en vertu de l'article 5 de l'ordonnance précitée n'établissent point des proportions convenables entre la récompense donnée après 30 ans de service et 60 ans d'âge et celle donnée avant 30 ans;

Voulant remédier à cette disproportion, qui se manifeste spécialement dans les pensions afférentes aux fonctionnaires qui jouissent de traitemens très élevés;

Sur le rapport de notre garde-des-sceaux ministre de la justice, nous avons ordonné et ordonnons ce qui suit :

Art. 1er. La pension qui peut être accordée avant 30 ans d'exercice dans les cas prévus, et sous les conditions déterminées par l'article 5 de notre ordonnance du 23 septembre 1814, sera, pour les dix premières années, du tiers de celle qui aurait été acquise pour trente années de service, avec accroissement du trentième pour chaque année de service au-dessus de dix ans; le tout sans préjudice des limites posées par l'article 11.   J. F.

Ordonnance qui décide que les procès-verbaux de contravention, en matière de police du Roulage, sont valablement affirmés devant l'adjoint, au lieu de l'être devant le juge de paix (1).

Du 30 mai 1821.

Considérant que, par l'article 38 du décret du 23 juin 1806, les maires ont été chargés de prononcer provisoirement, et sauf recours aux conseils de préfecture, sur le fait des contraventions à la police du roulage;

Considérant que, par le décret du 18 août 1810, les procès-verbaux en matière de police de roulage doivent être affirmés devant le juge de paix, mais que, d'après le décret du 16 décembre 1811, relatif aux routes en général, ces procès-verbaux peuvent être affirmés devant les maires ou leurs adjoints; qu'il convient surtout d'user de cette faculté, lorsqu'il s'agit de contraventions sur lesquelles les maires ont à prononcer provisoirement, et qu'ainsi, dans le cas particulier, ces procès-verbaux ont été valablement affirmés devant l'adjoint du maire de Nancy;

Notre conseil d'état entendu, nous avons ordonné et ordonnons ce qui suit :

Art. 1er. L'arrêté du conseil de préfecture du département de la Meurthe, du 24 mars 1819, est annulé.

2. L'affirmation faite des procès-verbaux de contravention devant l'adjoint au maire de Nancy est déclarée bonne et valable.

3. Le sieur Léonard Brunner est renvoyé à se pourvoir de nouveau, et s'il s'y croit fondé, devant ledit conseil de préfecture,

---

(1) Bulletin des lois.

contre les décisions du maire de Nancy des 18 et 28 novembre et 7 décembre 1818.

Extrait de l'Ordonnance relative à l'exécution de la Loi sur les Servitudes imposées à la Propriété pour la défense de l'état (1).

Du 1er août 1821.

52. Lorsque les gardes du génie auront connaissance d'une construction ou d'une réparation induement faite dans l'intérieur d'un enclos ou d'un bâtiment, ils en rendront compte sur-le-champ au chef du génie, qui requerra, soit le juge de paix ou son suppléant, soit le commisaire de police, soit le maire ou l'adjoint du lieu, d'accompagner dans sa visite le garde chargé de constater la contravention. Le procès-verbal dressé à cette fin sera signé par l'officier de police civile en présence duquel il aura été dressé.

Extrait de l'Ordonnance portant autorisation de la Société d'assurances mutuelles contre l'incendie, formée à Nancy pour les départemens de la Meurthe, Moselle et Vosges (2).

Du 22 août 1821.

Art. 16 et 29 des statuts de la compagnie. « La juste valeur des choses assurées est constatée par une estimation de trois experts, dont l'un est nommé par la direction, l'autre par l'assuré, et le troisième par le juge de paix du canton de la situation de l'immeuble. »

Extrait de l'Ordonnance relative à l'administration des Hospices et Bureaux de bienfaisance (3)

Du 31 octobre 1821.

Louis, etc. Voulant donner aux hospices et aux bureaux de bienfaisance de nouvelles preuves de notre juste sollicitude ;

Après nous être fait rendre compte des règlemens généraux qui les régissent,

A ces causes, sur le rapport de notre ministre de l'intérieur, nous avons ordonné et ordonnons ce qui suit :

TITRE Ier.

Organisation.

Art. 1er. Les commissions gratuites chargées de l'administration des hospices seront partout composées de cinq membres.

2. Ces commissions seront assistées par des conseils de charité, dont la composition et les attributions seront ci-après détermi-

---

(1) Bulletin 475.
(2) Bulletin n° 482.
(3) Bulletin 488.

nées, et qui auront les mêmes fonctions auprès des bureaux de bienfaisance.

3. Sont de droit membres des conseils de charité les archevêques et évêques, les premiers présidens et procureurs-généraux des cours royales, et, a défaut de ceux-ci, les présidens et procureurs du roi des tribunaux de première instance, les présidens des tribunaux de commerce, les recteurs des académies, le plus ancien des curés, les présidens des consistoires, les vice-présidens des chambres de commerce, et le plus ancien des juges de paix.

Les autres membres de ces conseils, au nombre de cinq, dans les villes ou communes ayant moins de cinq milles âmes, et de dix partout ailleurs, seront nommés et renouvelés dans les formes déterminées par notre ordonnance du 6 février 1818.

☞ 7. Les services dans les commissions administratives des hospices et dans les bureaux de bienfaisance sont considérés comme des services publics, et comptent pour l'admission dans l'ordre royal de la Légion-d'Honneur.   J. F.

Extrait de la Loi relative à la Police sanitaire (1).

Du 3 mars 1822.

TITRE II.

Des Attributions des Autorités sanitaires en matière de Police judiciaire et de l'Etat civil.

17. Les membres des autorités sanitaires exerceront les fonctions d'officiers de police judiciaire exclusivement, et pour tous crimes, délits, contraventions dans l'enceinte et les parloirs des lazarets et autres lieux réservés. Dans les autres parties du ressort de ces autorités, ils les exerceront concurremment avec les officiers ordinaires, pour les crimes, délits et contraventions en matière sanitaire.

18. Les autorités sanitaires connaîtront exclusivement, dans l'enceinte et les parloirs des lazarets et autres lieux réservés, sans appel ni recours en cassation, des contraventions de simple police. Des ordonnances royales régleront la forme de procéder ; les expéditions des jugemens et autres actes de la procédure seront délivrés sur papier libre et sans frais.

20. Les marchandises et autres objets déposés dans les lazarets et autres lieux réservés, qui n'auront pas été réclamés dans le délai de deux ans, seront vendus aux enchères publiques.

Ils pourront, s'ils sont périssables, être vendus avant ce délai, en vertu d'une ordonnance du président du tribunal de commerce, ou, à défaut, du juge de paix.

Le prix en provenant, déduction faite des frais, sera acquis à l'état, s'il n'a pas été réclamé dans les cinq années qui suivront la vente.

____

(1) Bulletin de 1822, n° 508.

Ordonnance qui rapporte les dispositions pénales de deux règlemens de grande Voirie et qui renvoie au Code pénal (1).

Du 15 mai 1822.

Louis, etc. Sur le rapport de notre ministre de l'intérieur;

Vu l'article 16 du décret du 28 août 1808 portant que les voituriers, rouliers et charretiers, sont tenus de céder la moitié du pavé aux voitures des voyageurs, à peine de 50 francs d'amende;

Vu l'article 12 de notre ordonnance du 4 février 1820, rappelant cette disposition, et l'article 47 du Code pénal;

Notre conseil d'état entendu, nous avons ordonné et ordonnons ce qui suit:

Art. 1er. La peine déterminée par l'article 475 du Code pénal sera appliquée aux voituriers et charretiers contrevenant aux dispositions du troisième paragraphe de cet article : en conséquence, l'article 12 de notre ordonnance du 4 février 1820, en ce qui concerne la quotité de l'amende, est rapporté.　　　J. F.

Circulaire de S. Exc. Mgr le Garde-des-Sceaux, ministre de la justice, relative à l'exercice de la contrainte par corps.

Paris, 20 mai 1822.

A Messieurs les Procureurs généraux près les Cours royales.

Monsieur le Procureur général,

J'ai reçu des plaintes contre le refus que font des juges de paix d'accorder des ordonnances, en conformité de l'article 751, n° 5, du Code de procédure civile, pour l'exécution des jugemens emportant la contrainte par corps.

Ces plaintes ont donné lieu d'examiner la question de savoir si l'ordonnance du juge de paix, prévue par l'article 781 du Code de procédure, et le transport de ce juge avec l'officier ministériel pour l'arrestation des débiteurs, dans l'intérieur d'une maison, sont, pour le juge de paix, des actes purement facultatifs auxquels il puisse se refuser, sans donner aucun motif, ni prendre à ce sujet aucune décision écrite.

Il a été reconnu que la disposition rappelée du Code de procédure ne fait évidemment que renouveler et généraliser la formalité anciennement établie par les arrêts de règlement du parlement de Paris de 1702 et 1707, pour l'exécution de l'article 11 du titre 34 de l'ordonnance de 1667.

C'est ce qu'indiquent clairement et l'exposé des motifs et le rapport de l'orateur du Tribunat sur cette partie du Code.

En se rapportant à la jurisprudence généralement conforme à celle des deux arrêts cités, il y avait de la part du juge ordinaire obligation de prendre une décision écrite pour motiver son refus;

---

(2) Bulletin 534.

les parties intéressées avaient, de leur côté, la faculté de se pourvoir contre cette décision par la voie de l'appel devant le juge supérieur.

Ce qui est d'ailleurs conforme aux principes élémentaires sur la forme des actes de juridiction, et sur la hiérarchie nécessaire des tribunaux.

D'où il suit qu'en définitive le juge de paix, dès l'instant qu'il est requis de prêter son ministère, aux termes de l'article 781, ne peut le refuser que par une décision écrite et motivée, contre laquelle la voie de l'appel est ouverte.

En conséquence de ces principes, je vous prie de faire connaître aux juges de paix du ressort de la cour que je n'approuve pas qu'usant sans réserve de la faculté que la loi leur laisse, ils refusent indistinctement de déférer aux demandes qui leur sont adressées à cet égard, sans même motiver leur refus.

Une telle détermination tendrait à priver pour toujours les créanciers porteurs de jugemens emportant la contrainte par corps de la possibilité d'user du bénéfice d'une disposition légale ; elle assurerait en même à tous les débiteurs contraignables par corps une sécurité qui nuirait aux intérêts du commerce, et détournerait ces débiteurs et leurs familles de faire les efforts qu'ils emploient ordinairement pour arrêter les effets de la contrainte ; enfin ce serait proclamer que la loi peut contenir des dispositions qu'il serait toujours permis de rendre illusoires.

Si, d'un côté, les juges de paix ne doivent se rendre qu'avec beaucoup de mesure aux demandes qui leur sont adressées dans cet objet, d'un autre côté, il est des circonstances où, après avoir examiné et vérifié les motifs qui leur sont exposés pour les créanciers, ils doivent les aider de leur ministère, et, dans ce cas, déférer sans délai aux demandes qui leur sont faites. Lorsqu'ils ont des motifs légitimes pour s'y refuser, ils doivent les consigner par écrit.

Je vous prie donc de faire donner, par vos substituts, aux juges de paix du ressort de la cour, des instructions précises et conformes à ces observations, sur la marche à tenir pour l'exécution de la disposition de l'article 781, n° 5, du Code de procédure civile.

Vous voudrez bien m'accuser réception de cette lettre.

Recevez, etc.

Signé, le comte de PEYRONNET.   J. F.

Ordonnance qui statue par voie d'interprétation législative sur le sens de l'art. 1er d'une Loi relative au Droit dû par les Voitures suspendues.

Du 11 septembre 1822.

Louis, etc. Il nous a été représenté que le 2ᵉ paragraphe de l'article 1er de la loi du 15 ventôse an XIII (6 mars 1805), qui exempte du paiement de l'indemnité de 25 centimes les voitures non suspendues, n'ayant pas déterminé d'une manière assez précise le cas auquel cette exemption est applicable, donnait lieu à de nombreuses contestations ;

Vu les arrêtés contradictoires rendus par nos cours de justice sur cette matière; voulant faire cesser toute incertitude sur ce qui caractérise la *non-suspension* des voitures publiques, et faciliter l'exécution de la loi,

Sur le rapport de notre ministre des finances; notre conseil entendu, nous avons ordonné et ordonnons ce qui suit :

Art. 1er. Par voitures *non-suspendues*, on doit entendre celles dont la caisse est entièrement adhérente au train et au brancard et n'est susceptible d'aucun jeu ni balancement.

2. Toute voiture publique dont la caisse sera supportée par des soupentes en cuir, fer, bois ou toute autre matière disposée de façon à rendre ladite caisse isolée ou détachée de son train ou brancard, ou qui recevra du jeu ou du balancement par un moyen quelconque, doit être considérée comme suspendue, et par conséquent assujettie au droit de 25 centimes établi en faveur des maîtres de poste par la loi du 15 ventôse an XIII (6 mars 1805).

5. Notre ministre des finances est chargé de l'exécution de la présente ordonnance.   J. F.

Ordonnance sur le Traitement des Magistrats (1).

Du 16 octobre 1822.

8. Le traitement des juges de paix du département de la Corse est fixé à 800 fr.; celui des greffiers au tiers de cette somme.

Ordonnance sur les Justifications à faire par les Veuves ou Orphelins de militaires, pour l'Obtention des Pensions ou secours (2).
Du 16 octobre 1822.

Louis, etc. Vu les articles 8 et 9 de la loi des finances du 17 août 1822, qui accordent, sous certaines conditions, des pensions ou secours aux veuves ou orphelins des militaires décédés postérieurement au 1 août 1814, en jouissance de la pension de retraite, ou en possession de droits à cette pension.

Sur le rapport de notre ministre de la guerre, de l'avis de notre ministre des finances, notre conseil d'état entendu, nous avons ordonné et ordonnons ce qui suit :

Art. 1er. Les veuves des militaires qui croiront avoir droit à la pension accordée par l'article 8 de la loi du 17 août 1822 justifieront de la manière suivante de la condition légale relative à la privation de moyens d'existence.

La veuve se présentera devant le juge de paix du canton où est situé son domicile légal : elle fera devant lui la déclaration de ses revenus à l'époque du décès de son mari, et joindra, à l'appui de sa déclaration, les extraits d'inventaires et autres documens authentiques qui peuvent servir à la vérifier.

----

(1) Bulletin 559.
(2) Bulletin 561.

Cette déclaration sera par elle affirmée sous la foi du serment, sous peine, en cas de fausse déclaration, de voir rayer la pension inscrite, et d'être poursuivie en restitution des arrérages indûment perçus, le tout sans préjudice des peines plus graves prononcées par la loi.

Le juge de paix dressera procès-verbal de la déclaration et du serment, et y annexera les pièces à l'appui.

2. Les tuteurs des orphelins justifieront, de la même manière et sous les mêmes peines, des revenus de leurs pupilles à l'époque où se sont ouverts leurs droits à la pension, soit par le décès du père, soit par le décès ou l'incapacité légale de la mère.

3. Outre le procès-verbal du juge de paix et les pièces à l'appui, les demandes de pensions seront accompagnées des autres pièces indiquées dans les tableaux annexés à la présente ordonnance.

4. Les demandes de pensions et les pièces exigées par les articles précédens seront remises ou adressées par la veuve ou par le tuteur au sous-intendant militaire chargé du département où les réclamans ont leur domicile légal.

Le tout sera transmis à notre ministre de la guerre, avec les documens ou renseignemens administratifs qui auront été demandés par ses instructions.   J. F.

Circulaire du Ministre de la guerre, du 22 octobre 1822, sur l'article 3 qui précède.

Messieurs les juges de paix justifieront, dans cette circonstance, la confiance de Sa Majesté : leur zèle éclairé les guidera dans l'appréciation des documens qui, selon les vœux de l'ordonnance, devront corroborer les affirmations faites en leur présence, et le caractère de leurs fonctions répond de leur empressement à faciliter, pour une portion aussi intéressante de leurs justiciables, l'accomplissement de l'une des formalités qu'exige la juste application de la loi. Enfin, les rapports réciproques des diverses autorités seront tels, que la partie intéressée puisse, autant qu'elle en aura besoin, obtenir des explications officieuses sur ses droits présumés, avant de s'engager trop avant dans des démarches qui seraient évidemment en pure perte, si sa demande, au premier aperçu, se trouvait dénuée de fondement légal. Vous aurez remarqué dans la loi elle-même la limite de ses effets et de sa rétroactivité.

Ordonnance sur la délivrance des Congés aux membres de l'ordre judiciaire (1).

Du 6 novembre 1822.

Louis, etc. Vu la loi du 20 avril 1810, et les règlemens des 6 juillet et 18 août même année,

Sur le rapport de notre garde-des-sceaux, ministre de la justice ;

____

(1) Bulletin 563.

notre conseil d'état entendu, nous avons ordonné et ordonnons ce qui suit :

Art. 1er. Lorsque les premiers présidens et procureurs-généraux de nos cours royales, les présidens des tribunaux de première instance, et nos procureurs près lesdits tribunaux, délivreront des congés aux membres de ces cours et tribunaux, aux juges de paix et suppléans, et aux greffiers des juges de paix, ils en rendront compte, dans le délai de trois jours, à notre garde-des-sceaux, ministre de la justice.

Tout congé énoncera l'époque à laquelle il devra commencer et celle à laquelle il devra finir.

3. Les premiers présidens de nos cours et les présidens des tribunaux de première instance ne pourront accorder de congés aux juges d'instruction qu'après avoir pris l'avis, savoir : les premiers, de nos procureurs généraux, et les seconds, de nos procureurs près les tribunaux de première instance ; il en sera fait mention dans le congé.

4. Tout congé à l'égard duquel les formalités voulues par les deux articles précédens n'auront pas été observées sera nul de plein droit.

5. Notre garde-des-sceaux pourra révoquer les congés accordés sans cause valable, ou nuisibles au bien du service.

6. Notre garde-des-sceaux, ministre secrétaire d'état au département de la justice, est chargé de l'exécution de la présente ordonnance, qui sera insérée au bulletin des lois.

* Instruction ministérielle du 16 novembre 1822.

Art. 28. Lorsqu'une place de greffier est vacante, celui qui est appelé à la remplir par *interim* jouit du traitement attribué à la place, ainsi que des émolumens qui y sont attachés, à la charge par lui de pourvoir à toutes les dépenses du greffe, conformément aux art. 817 et 52 du décret du 30 janvier 1811.

Art. 29. Si la place de greffier est provisoirement remplie par un greffier assermenté, le traitement qui lui est attribué en cette dernière qualité reste au trésor royal pendant tout le temps de son exercice provisoire comme greffier, à moins qu'il n'ait été pourvu à son remplacement.

50. Les greffiers ne peuvent, sous aucun prétexte, s'attribuer une portion quelconque du traitement accordé aux commis assermentés.

* Instruction ministérielle du 16 novembre 1822.

Art. 10. Le juge de paix qui s'absente en vertu d'un congé donné dans la forme prescrite par les art. 9 et 10 de la loi du 28 floréal an x ne perd aucune portion de son traitement, mais le suppléant qui fait le service a droit aux vacations ou casuel.

21. Si le juge de paix s'absente sans congé, il est privé de son traitement pendant tout le temps de son absence, conformément à l'art. 48 de la loi du 20 avril 1810 ; moitié de ce traitement, avec la totalité du casuel, appartient au suppléant, et l'autre moitié du traitement reste au trésor royal.

22. Celui qui ne peut, pour cause de maladie, faire son service, n'est privé d'aucune portion de son traitement; mais il doit justifier de son état de maladie par un certificat d'un officier de santé, lequel certificat est remis au procureur du roi pour être déposé au greffe du tribunal de l'arrondissement.

23. Si l'absence a lieu pour un service public, le juge de paix ne perd également aucune portion de son traitement; dans ce cas, il doit donner connaissance des causes de l'absence au procureur du roi du tribunal de son arrondissement.

23. Tout juge de paix qui aura donné sa démission doit, pour jouir de son traitement jusqu'à l'installation de son successeur, prouver qu'il continue son service, ou, s'il en est empêché pour cause de maladie, il en justifiera comme il est dit dans l'art. 22 des présentes.

25. Lorsqu'un juge de paix ne peut faire son service pour une cause quelconque, les droits de vacation ou le casuel appartient au suppléant qui remplit la place.

26. En cas d'empêchement légitime d'un juge de paix et de ses suppléans, le tribunal de première instance renverra les parties, conformément aux art. 1 et 2 de la loi du 16 ventôse an XII, devant le juge de paix du canton le plus voisin. Ce juge de paix n'aura droit à aucun traitement fixe, et il ne pourra lui être payé que les droits que comportent les actes et diligences auxquels donneront lieu les affaires de sa compétence. —Si le juge de paix, ainsi remplacé, était décédé, ou s'il avait encouru la privation de son traitement, ce traitement resterait en totalité au trésor royal; dans le cas contraire, il ne serait privé d'aucune portion de ce traitement.

Ordonnance contenant Règlement sur l'Exercice de la profession d'Avocat et la discipline du Barreau (1).

Du 20 novembre 1822.

42. La profession d'avocat est incompatible avec toutes les fonctions de l'ordre judiciaire, à l'exception de celle de suppléant; avec celles de greffier, de notaire et d'avoué; avec les emplois à gages et ceux d'agent comptable; avec toute espèce de négoce. En sont exclues toutes personnes exerçant la profession d'agent d'affaires.

Ordonnance qui transfère à Écouis le chef-lieu de la justice de paix de Grainville (Eure).

Du 2 avril 1823.

Louis, etc. Vu la demande des conseils municipaux de la plus grande partie des communes du canton de Grainville, arrondissement des Andelys, département de l'Eure, tendant à obtenir que le chef-lieu de ce canton soit établi à Écouis;

Vu la déclaration relative du conseil général du département de

(1) **Bulletin** 599.

l'Eure, session de 1822, et celle du conseil d'arrondissement des Andelys;

Vu l'avis du préfet du même département et du sous-préfet, ensemble l'avis favorable de notre procureur-général près la cour royale de Rouen, celui de notre ministre de l'intérieur;

Sur le rapport de notre garde-des-sceaux, ministre de la justice : notre conseil d'état entendu, nous avons ordonné et ordonnons ce qui suit :

Art. 1er. Le chef-lieu de la justice de paix du canton de Grainville, arrondissement des Andelys, département de l'Eure, sera transféré à Écouis, commune du même canton.

2. Notre garde-des-sceaux, ministre de la justice, et notre ministre de l'intérieur, sont chargés, chacun en ce qui le concerne, de l'exécution de la présente ordonnance, qui sera insérée au bulletin des lois (1).

Ordonnance de Police concernant la taxe périodique du pain à Paris.

Du 24 juin 1823.

Nous, préfet de police,

Considérant qu'il importe de substituer au mode de taxation actuel du prix du pain un mode nouveau plus approprié aux intérêts du consommateur, et qui ait, sur celui suivi jusqu'à présent, l'avantage de faire connaître d'une manière claire et invariable qu'il existe un juste équilibre entre le prix des farines et celui du pain;

Considérant que la taxe périodique, adoptée dans la plupart des villes de France, est le plus sûr moyen qu'ait l'administration d'atteindre un but aussi utile; que si elle prouve au consommateur qu'il ne paie le pain que ce qu'il vaut, elle ne nuit aucunement aux boulangers, puisque ce sera toujours le prix moyen des farines pendant la période précédente, qui servira de base à la taxation du pain pour la période suivante;

Vu la décision de son excellence le ministre secrétaire-d'état au département de l'intérieur, en date du 9 de ce mois, portant que le prix du pain sera taxé périodiquement, de *quinze* jours en *quinze* jours, à dater du 1er juillet prochain;

Ordonnons ce qui suit :

Art. 1er. A compter du mardi 1er juillet, le prix du pain de toutes qualités, mis en vente par les boulangers de Paris, sera par nous taxé tous les quinze jours.

2. La taxation sera faite d'après les mercuriales servant à établir le prix moyen des farines pendant la quinzaine précédente.

3. Tout le pain exposé en vente aura exactement le poids requis, sans que les boulangers puissent se prévaloir de la tolérance mentionnée dans l'ordonnance du 9 juin 1817, qui est et demeure révoquée.

____

(1) Nous imprimons cette ordonnance comme type des formes à suivre en tout cas pareil.

Les boulangers sont tenus d'avoir leurs balances sur leurs comptoirs, et ils ne pourront refuser de peser le pain toutes les fois que l'acheteur l'exigera.

4. Les contraventions aux articles précédens seront poursuivies devant les tribunaux, soit sur les procès-verbaux dressés par les agens de l'administration, soit sur la plainte de la partie lésée.

5. La présente ordonnance sera imprimée et affichée partout où besoin sera.

Elle sera notifiée immédiatement par les commissaires de police à chacun des boulangers de leurs quartiers respectifs.

G. Delavau.   J. F.

Décision du ministre des finances sur les droits d'enregistrement des jugemens intervenus sur saisies-arrêts.

Du 6 août 1823.

4° La déclaration du tiers saisi est passible du droit fixe de 2 francs, qu'elle soit faite devant le juge de paix ou au greffe. Elle supporte de plus, dans ce dernier cas, le droit fixe de rédaction de 1 franc 25 centimes.

Le certificat délivré par les fonctionnaires publics, pour remplacer cette déclaration, est sujet au droit fixe de 2 francs.

Le dépôt au greffe de ce certificat, ou d'une expédition de la déclaration faite devant le juge de paix, est assujetti au droit de 3 francs fixe, indépendamment du droit fixe de rédaction de 1 franc 25 centimes.

5° L'état des effets mobiliers joint à la déclaration donne lieu à un droit distinct d'un franc fixe ; mais les quittances et autres pièces à l'appui de cette déclaration ne sont pas susceptibles d'être enregistrées.   J. F.

Ordonnance sur la vérification des registres et actes judiciaires dans les greffes (1).

Du 5 novembre 1823.

Louis, etc. Sur le rapport de notre garde des sceaux, ministre de la justice ;

Considérant que, dans les greffes de plusieurs tribunaux de notre royaume, les registres et actes judiciaires ne sont pas tenus avec la régularité requise ;

Que, d'un autre côté, la vérification de ces registres et actes a été fréquemment négligée, nonobstant les dispositions des lois existantes ;

Que cet état de choses expose nos sujets à de graves dommages ;

Voulant pourvoir à la stricte exécution des lois sur cette matière ;

Vu, 1° les articles 138, 139 et 140 du Code de procédure civile, relatifs à la rédaction et à la signature des jugemens, et les arti-

---

(1) Bulletin 635.

cles 18, 433, 1016 et 1020 du même Code, qui rendent les règles
établies par les articles précités communes aux jugemens des juges
de paix, des tribunaux de commerce, aux arrêts des cours et aux
sentences arbitrales;

2° Les art. 36, 37 et 74 du règlement du 30 mars 1808, relatif à
la rédaction et à la signature des minutes des jugemens dans les cours
dont, par l'art. 73, les dispositions sont étendues aux tribunaux de
première instance;

3° Les articles 76, 77, 95, 96, 164, 176, 196, 211, 234 et 370 du
Code d'instruction criminelle, concernant la rédaction et la signature des informations, mandats, ordonnances, jugemens et arrêts
en matière de simple police, de police correctionnelle, et en matière criminelle.

Notre conseil d'état entendu, nous avons ordonné et ordonnons
ce qui suit :

Art. 1er. Nos procureurs généraux près de nos cours royales feront, dans les cinq premiers jours de chaque mois, le récolement des
minutes sur les répertoires, et constateront par un procès-verbal
l'état matériel et de la situation des feuilles d'audience et de toutes
autres minutes d'actes reçus et passés dans les greffes de la cour durant le mois précédent.

2. Nos procureurs près les tribunaux de première instance vérifieront et constateront avec les mêmes formalités et dans le même
temps l'état matériel et de situation des feuilles d'audience et de
toutes autres minutes d'actes reçus et passés dans les greffes desdits
tribunaux.

3. Les juges de paix dresseront, chaque mois, dans le même
délai et avec les mêmes formalités, procès-verbal de l'état de leurs
registres.

Ce procès-verbal sera transmis, dans les cinq jours suivans, à
notre procureur près le tribunal de première instance de l'arrondissement.

Notredit procureur pourra, en outre, quand il le jugera nécessaire, procéder à cette vérification par lui-même ou par l'un de ses
substituts.

4. Nos procureurs près les tribunaux de première instance feront,
dans le même délai et dans les mêmes formes, par eux-mêmes ou
leurs substituts, la vérification des feuilles d'audience, minutes et
actes des greffiers des tribunaux de police établis dans les lieux de
leur résidence.

A l'égard de ceux desdits tribunaux établis dans le ressort, mais
hors du lieu où siége le tribunal de première instance, nosdits procureurs pourront déléguer celui des juges de paix qui ne sera pas de
service près ledit tribunal.

Ce juge de paix fera la vérification dans le délai et dans les formes
ci-dessus prescrits, et sera tenu de leur envoyer, dans le même délai que dessus, son procès-verbal, sauf à nosdits procureurs à faire
lesdites vérifications par eux-mêmes ou par leurs substituts, quand
bon leur semblera.

5. Ces procès-verbaux, ensemble ceux de nosdits procureurs près
les tribunaux de première instance, seront, par lesdits officiers,

dans la huitaine suivante, transmis, avec un rapport sommaire, à notre procureur général près la cour royale du ressort.

6. Les présidens des tribunaux de commerce constateront pareillement chaque mois, dans le même temps et dans les mêmes formes, l'état matériel et de situation des feuilles d'audience et de toutes autres minutes de jugemens et actes reçus et passés dans le greffe de leur juridiction.

Ils enverront, dans les cinq jours suivans, leur procès-verbal à notre procureur général près la cour royale du ressort, lequel pourra vérifier, lorsqu'il le trouvera convenable, soit par lui-même, soit par l'un de ses substituts délégué à cet effet, l'état des registres, feuilles d'audience, minutes de jugemens et actes desdits greffes.

7. Nos procureurs-généraux rendront compte à notre garde-des-sceaux, ministre secrétaire d'état au département de la justice, du résultat desdites vérifications, des mesures qu'ils auront requises pour faire rectifier les irrégularités, s'il en a été commis, et des poursuites qu'ils auront dirigés pour faire prononcer contre les greffiers contrevenans les peines portées par les lois, sans préjudice de la destitution desdits greffiers, s'il y a lieu.

Ce compte sera adressé par nosdits procureurs à notre garde-des-sceaux, dans la seconde quinzaine du mois qui suivra celui pour lequel la vérification aura été faite.

8. Notre garde-des-sceaux ministre de la justice est chargé de l'exécution de la présente ordonnance, qui sera insérée au Bulletin des lois.

Ordonnance sur la vérification des registres de l'État civil (1).

Du 26 novembre 1823.

Louis, etc. Ayant reconnu que, pour prévenir les irrégularités qui pourraient être commises dans les actes de l'état civil, il serait utile de soumettre à des règles fixes la vérification prescrite par l'article 53 du Code, et d'établir un mode uniforme de rédaction pour les procès-verbaux qui doivent la constater.

Vu les articles 43, 44, 50, 53 et 73 du Code civil, et l'article 2 du réglement du 20 juillet 1807;

Sur le rapport de notre garde des sceaux, ministre de la justice.

Notre conseil d'état entendu, nous avons ordonné et ordonnons ce qui suit :

Art. 1er. La vérification des registres de l'état civil, prescrite par l'article 53 du Code, sera faite par nos procureurs près les tribunaux de première instance, dans les quatre premiers mois de chaque année.

Le procès - verbal destiné à constater cette vérification sera rédigé conformément au modèle annexé à la présente ordonnance.

____

(1) Bulletin 640.

Ce procès-verbal sera divisé par cantons et subdivisé par communes et par nature de registres.

Il désignera les actes défectueux par le numéro correspondant du registre dont ils feront partie, et indiquera les contraventions en énonçant les articles du Code civil dont les dispositions auront été violées.

2. Les procès-verbaux de vérification seront adressés, dans la première quinzaine du mois de mai, à nos procureurs généraux, qui les transmettront, avec leurs observations, à notre garde des sceaux, dans la première quinzaine du mois suivant.

3. Aussitôt que cette vérification aura été terminée, nos procureurs adresseront aux officiers de l'état civil de leur arrondissement des instructions sur les contraventions qui auront été commises dans les actes de l'année précédente, et sur les moyens de les éviter.

Ils enverront copie de ces instructions à nos procureurs généraux.

4. Afin que la vérification puisse être achevée dans le délai ci-dessus fixé, nos procureurs près les tribunaux de première instance veilleront à ce que les registres soient déposés au greffe dans le mois de janvier de chaque année, conformément aux articles 43, 44 et 63 du Code civil. Ils avertiront, et, en cas de retard, ils poursuivront devant le tribunal les maires qui n'auraient pas déposé les registres de leur commune.

Ils apporteront le même soin pour le dépôt de la table alphabétique annuelle des actes, prescrite par l'article 2 du règlement du 20 juillet 1807.

5. Nos procureurs pourront, lorsqu'ils le jugeront nécessaire, se transporter sur les lieux et vérifier les registres de l'année courante.

Ils pourront, dans le même cas, déléguer le juge de paix du canton dans lequel sera située la commune dont les registres devront être vérifiés.

6. Notre garde des sceaux, ministre de la justice, est chargé de l'exécution de la présente ordonnance.   J. F.

Ordonnance sur l'emploi des amendes de police correctionnelle et de simple police au profit des communes.

Du 30 décembre 1823.

Louis, etc. Vu notre ordonnance du 19 février 1820, l'article 466 du Code pénal, et le décret du 17 mai 1809.

Sur le rapport de nos ministres de l'intérieur et des finances, nous avons ordonné et ordonnons ce qui suit :

Art. 1er. Conformément à l'article 19 de la loi du 19 décembre 1790, les receveurs de l'enregistrement continueront de faire la recette des amendes prononcées tant par voie de police rurale et municipale que par voie de police correctionnelle, à la charge par eux d'en tenir une comptabilité distincte et séparée, d'en rendre compte annuellement aux préfets, et de leur transmettre, au mois de janvier de chaque année, 1° un état sommaire et divisé par communes des sommes dont ils auront opéré le recouvrement dans le cours de l'année précédente, sur les amendes prononcées par voie de simple police; 2° un état dressé dans la même forme et présentant les recouvremens opérés sur les amendes de police correctionnelle.

2. Les greffiers des tribunaux seront tenus d'envoyer aux préfets, au commencement de chaque semestre, le relevé des jugemens portant la condamnation d'amendes, et rendus dans le cours du semestre précédent, pour servir à contrôler les états de recouvrement produit par les receveurs.

3. Pourront, en outre, les préfets faire vérifier, quand ils le jugeront convenable, soit par les inspecteurs généraux ou particuliers des finances, soit par les inspecteurs de l'administration de l'enregistrement et des domaines, les états de recouvrement qui leur auront été remis par les receveurs. Ces comptables seront tenus de donner, aux inspecteurs désignés pour cette opération, communication de leurs registres et de toutes les pièces et documens qu'elle rendra nécessaires.

4. Les amendes de police rurale et municipale qui seront recouvrées à compter du 1ᵉʳ janvier 1824 appartiendront exclusivement aux communes dans lesquelles les contraventions auront été commises, le tout ainsi qu'il est prescrit par l'article 466 du Code pénal.

Le produit en sera versé dans leurs caisses, distraction faite préalablement des remises et taxations des receveurs, sur les mandats qui en seront délivrés, au nom des receveurs municipaux, par les préfets, immédiatement après la remise et la vérification des états de recouvrement.

5. Les amendes de police correctionnelle qui seront recouvrées à compter dudit 1ᵉʳ. janvier 1824 seront versées par les receveurs des domaines, distraction faite de leurs remises ou taxations, et sur les mandats des préfets délivrés également au vu des états de recouvrement, au nom des receveurs des finances, à la caisse de ces derniers comptables, qui en feront recette distincte au profit des communes, comme des produits communaux centralisés à la recette générale de chaque département, pour être employés sous la direction des préfets.

6. Le produit des amendes, versé à la caisse des receveurs des finances, formera un fonds commun, qui sera tenu à la disposition des préfets et sera applicable, 1° au remboursement des frais de poursuite tombés en non-valeurs, soit en matière de police correctionnelle, soit en matière de simple police; 2° au paiement des droits qui seront dus aux greffiers des tribunaux pour les relevés des jugemens mentionnés en l'article 2; 3° au service des enfans trouvés et abandonnés, jusqu'à concurrence du tiers du produit excédant lesdits frais; 4° et pour les deux autres tiers, aux dépenses des communes qui éprouveront le plus de besoin, d'après la répartition qui en sera faite par les préfets, et par eux soumise, dans le cours du premier semestre de chaque année, à l'approbation de notre ministre secrétaire d'état de l'intérieur.

7. Nos ministres de l'intérieur, de la justice et des finances sont

chargés de l'exécution de la présente ordonnance, qui sera insérée au Bulletin des lois.

N. B. Elle ne l'a pas été.   **J. F.**

☛* *Décision du comité de législation du conseil d'état, rapportée dans une circulaire de M. le Garde-des-Sceaux du 11 février 1824.*

L'indemnité de transport est due aux juges de paix dans les cas spécifiés par l'article 49 du Code d'instruction criminelle. Ces magistrats ont, dans *les mêmes cas*, la faculté de se faire accompagner du greffier, et celui-ci a droit à l'indemnité fixée par l'art. 89 du règlement du 11 juin 1811 (*Voyez cet article.*)   **J. F.**

☛ *Ordonnance qui nomme un commissaire à l'effet de revendiquer des correspondances et papiers dans la succession du duc Cambacérès.*

Du 24 mars 1824.

Louis, etc. Sur le rapport adressé le 17 de ce mois à notre garde-des-sceaux ministre de la justice, par le sieur Richomme, juge de paix du 11ᵉ arrondissement de Paris, et duquel il résulte qu'il va être procédé à l'inventaire des papiers qui se trouvent sous les scellés apposés après le décès du duc Cambacérès ;

Considérant que le duc Cambacérès paraît avoir conservé des pièces qui n'étaient entre ses mains qu'à raison des diverses fonctions publiques dont il a été revêtu ; que ces pièces appartiennent à l'état, et doivent rester en sa possession ;

Sur le rapport de notre garde-des-sceaux, ministre de la justice, nous avons ordonné et ordonnons ce qui suit :

Art. 1ᵉʳ. Le sieur de Rozières, maître des requêtes en notre conseil d'état, est chargé d'assister à la levée des scellés apposés après le décès du duc Cambacérès sur les papiers qui étaient en sa possession.

Il se fera remettre toutes les pièces, de quelque nature qu'elles soient, qui étaient entre les mains du duc Cambacérès à raison des diverses fonctions dont il a été revêtu.

2. Il ne sera fait, ni dans le procès-verbal des scellés, ni dans celui de l'inventaire, aucune description des papiers dont il s'agit.

Il sera seulement fait mention, dans le procès-verbal des scellés, de la remise au sieur de Rozières de toutes les pièces appartenantes à l'état, et du nombre de ces pièces.

Néanmoins lesdites pièces, avant d'être remises au sieur de Rozières, seront cotées et paraphées par le juge de paix.

Le sieur de Rozières, après avoir reçu les papiers dont il s'agit, les déposera immédiatement entre les mains de notre garde-des-sceaux, qui les fera inventorier et classer ; après quoi ils seront remis à qui de droit.

4. Notre garde-des-sceaux, ministre de la justice, est chargé de l'exécution de la présente ordonnance.   **J. F.**

Loi relative aux droits d'enregistrement et de timbre (1).

Du 16 juin 1824.

Dispositions générales.

10. Les amendes progressives prononcées, dans certains cas, contre les fonctionnaires publics et les officiers ministériels par les lois sur l'enregistrement et le dépôt des répertoires, sont réduites à une seule amende de 10 fr., quelle que soit la durée du retard.

Toutes les amendes fixes prononcées par les lois sur l'enregistrement, le timbre, les ventes publiques de meubles et le notariat, ainsi que celles résultant du défaut de mention des patentes dans les actes et du défaut de consignation des amendes d'appel, sont réduites, savoir : celles de 500 fr. à 50 fr.; celles de 100 fr. à 20 fr.; celles de 50 fr. à 10 fr.; et toutes celles au-dessous de 50 fr. à 5 fr.

Extrait de la Loi sur la retraite des juges atteints d'infirmités (2).

Du 16 juin 1824.

Art. 1er. Dans les cas où il y aura lieu d'admettre à la retraite les membres de nos cours et tribunaux que des infirmités graves et permanentes mettraient hors d'état d'exercer leurs fonctions, il y sera pourvu dans les formes et sous les conditions prescrites par les articles suivans.

13. Les magistrats admis à la retraite en vertu de la présente loi auront droit à une pension qui sera liquidée conformément aux lois et aux règlemens.   ·J. F.

Ordonnance sur les pensions et secours des veuves et orphelins des magistrats et employés du ministère de la justice et du conseil d'état.

Du 17 août 1824.

Louis, etc. Vu les art. 12, 13 et 14 de notre ordonnance du 23 septembre 1814, relatifs aux pensions et secours qui peuvent être accordés aux veuves et orphelins des magistrats;

Voulant attribuer aux dispositions de ces articles toute l'extension qui est compatible avec l'état actuel de la caisse des retenues, et donner ainsi à la magistrature une nouvelle preuve de notre bienveillance et de notre sollicitude ;

Sur le rapport de notre garde-des-sceaux, ministre de la justice; notre conseil d'état entendu , nous avons ordonné et ordonnons ce qui suit :

Art. 1er. La veuve d'un magistrat a droit à une pension sur les fonds de retenue du ministère de la justice.

---

(1) Bulletin 6-3.
(2) Bulletin 674.

1° Lorsqu'au moment du décès de son mari, celui-ci avait trente ans de service susceptible d'être récompensé, soit que la pension du mari ait été liquidée, ou que la liquidation n'en ait pas encore été faite ;

2° Lorsque son mari est décédé jouissant d'une pension de retraite, concédée pour moins de trente ans de service et liquidée postérieurement à la publication de la présente ordonnance.

2. Dans le cas de l'article précédent, la pension de la veuve sera du tiers de celle dont son mari jouissait, ou qu'il aurait eu le droit d'obtenir ; elle ne pourra néanmoins être au-dessous de 100 fr.

3. La veuve d'un magistrat décédé en activité et ayant moins de trente ans, mais plus de dix ans de services dans l'ordre judiciaire, pourra obtenir une pension sur les fonds de retenue, en justifiant que cette pension lui est nécessaire.

Il en sera de même de la veuve d'un magistrat décédé en retraite et qui jouissait d'une pension liquidée pour moins de trente ans de services, avant la publication de la présente ordonnance.

4. La pension sera accordée comme nécessaire lorsque les revenus de la veuve, à l'époque du décès de son mari, seront inférieurs aux deux tiers de la pension que celui-ci aurait obtenue ou pu obtenir.

La veuve justifiera du montant de ses revenus dans la forme et sous les conditions déterminées par notre ordonnance du 16 octobre 1822.

5. La quotité de la pension qui pourra être accordée dans les cas prévus par les art. 3 et 4 sera déterminée ainsi qu'il suit :

Lorsque les revenus de la veuve n'excéderont pas le tiers de la pension que son mari aurait obtenue ou pu obtenir, la pension de cette veuve sera du tiers de celle du mari, sans pouvoir néanmoins être au-dessous de 100 fr.

Lorsque la veuve jouira d'un revenu supérieur au tiers de la pension qui aura été ou qui aurait pu être accordée au mari, la pension de ladite veuve sera réglée de manière à ce que, réunie à son revenu, elle n'excède pas les deux tiers de la pension du mari.

6. Si la veuve jouit d'un revenu supérieur ou égal aux deux tiers de la pension accordée ou qui eût pu être accordée à son mari, il ne pourra lui être donné de pension.

7. Il ne sera point accordé de pension sur les fonds de retenue du ministère de la justice aux veuves qui n'auront pas été mariées cinq ans avant la cessation des fonctions de leur mari, non plus qu'à celles qui seront séparées de corps, lorsque la séparation aura été prononcée sur la demande de leur mari.

8. Conformément à l'article 20 de notre ordonnance du 22 septembre 1814, la liquidation des pensions des veuves des magistrats sera préalablement soumise à l'examen de l'un des comités de notre conseil d'état et réglée ultérieurement par une ordonnance rendue par nous sur le rapport de notre garde des sceaux.

9. La pension des veuves qui contracteront un nouveau mariage cessera de plein droit dès le jour de la célébration.

10. Les secours qui peuvent être accordés aux orphelins, dans les cas prévus par l'art. 13 de notre ordonnance du 23 septembre

1814, sont fixés pour chacun au vingtième de la pension que leur père aurait obtenue ou pu obtenir ; néanmoins ces secours ne seront pas au-dessous de 50 fr.

11. Pour obtenir des secours, les tuteurs des orphelins ou les orphelins eux-mêmes, s'ils sont majeurs, justifieront de l'insuffisance de leurs revenus, en la forme et sous les conditions déterminées par notredite ordonnance du 16 octobre 1822.

12. Les dispositions de la présente ordonnance sont applicables aux veuves et orphelins des chefs et employés des bureaux du ministère de la justice et du conseil d'état.

13. Notre garde-des-sceaux, ministre de la justice, est chargé de l'exécution de la présente ordonnance, qui sera insérée au bulletin des lois.   J. F.

Ordonnance relative aux établissemens d'éclairage par le gaz hydrogène (1).

Du 20 août 1824.

2. Les usines d'éclairage par le gaz hydrogène seront constamment soumises à la surveillance de la police locale.

** Lettre de M. le Procureur du Roi près le tribunal civil de St.-Amand (Cher), contenant extrait d'une autre lettre de Mgr le Garde-des-Sceaux, en date du 20 août 1824, sur le Droit de Défense.*

20 août 1824.

« Monsieur,

» Vous avez demandé à monseigneur le garde-des-sceaux s'il était nécessaire de produire une procuration des parties, pour les défendre soit devant le juge de paix, soit devant le tribunal de simple police.

» Son excellence me charge, par sa lettre du 20 courant, de vous dire que la réponse à cette question se trouve dans les art. 9 du Code de procédure civile et 152 du Code d'instruction criminelle ; il résulte en effet de ces articles que les parties doivent comparaître devant le juge de paix ou devant le *tribunal de simple police, en personnes ou par leurs fondés de pouvoir.* Elles peuvent donc choisir entre ces deux modes de comparution ; mais elles n'ont pas le droit de les prendre tous deux en même temps, et lorsqu'elles se trouvent à l'audience personnellement, elles ne peuvent se faire représenter par un fondé de pouvoir ; on ne saurait, par conséquent, être admis à défendre des particuliers, soit devant le juge de paix, soit au tribunal de simple police, que lorsque les particuliers sont absens de l'audience. Dans ce dernier cas, le défenseur doit toujours être muni d'un pouvoir revêtu des formés prescrites par la loi.   J. F.

» *Signé* HIBON, Procureur du Roi. »

---

(1) Bulletin 692.

☙ *Circulaire du Ministre de l'intérieur sur l'installation des juges de paix.*

Paris, 22 novembre 1824.

Monsieur le préfet,

La loi du 20 mars 1801 (29 ventôse an IX), qui déterminait le mode d'élection des juges de paix par les citoyens de chaque canton, chargeait les sous-préfets de les intaller après qu'ils auraient prêté serment à l'audience du tribunal de l'arrondissement.

Mais, aux termes de l'art. 61 de la charte constitutionnelle, la nomination des juges de paix appartient au roi; et il suit évidemment de cette disposition fondamentale que la loi du 20 mars 1801 a cessé d'être en vigueur; que M. le ministre de la justice, investi du droit de proposer à S. M. les nominations de juges de paix et de faire exécuter les ordonnances royales rendues à cet effet, donne seul les instructions et les ordres nécessaires pour l'installation de ces magistrats. MM. les sous-préfets doivent donc s'abstenir d'y procéder, à moins qu'ils ne soient délégués spécialement par monseigneur le garde-des-sceaux. Veuillez les en avertir et m'accuser réception de cette lettre.　J. F.

Recevez, etc.

Le ministre secrétaire d'état au département de l'intérieur.

Signé CORBIÈRE.

☙ *Ordonnance portant que les services judiciaires rendus dans les charges vénales de l'ancienne magistrature seront comptés pour la liquidation des pensions.*

Du 24 novembre 1824.

Charles, etc. Vu un avis émis par notre conseil d'état, réuni en assemblée générale, le 22 janvier dernier, portant qu'il y a lieu de compter, pour la liquidation des pensions susceptibles d'être réclamées sur les fonds généraux de notre trésor royal, les services judiciaires anciennement rendus dans les charges vénales;

Vu les lois du 22 août 1790 et 31 juillet 1791;

Vu l'arrêté du gouvernement du 15 floréal an XI (5 mai 1803);

Considérant que les articles 4 et 17 de la loi du 22 août 1790 permettent d'accorder des pensions à tous ceux qui pendant trente ans ont servi l'état dans des fonctions publiques; que l'art. 22 désigne les fonctions judiciaires comme susceptibles de cette récompense;

Que cette loi ne distingue pas entre les magistrats qui ont servi avant ou après 1790, ni entre ceux qui ont possédé des charges vénales ou qui ont été pourvus gratuitement de leurs offices, et que dès lors on pourrait les considérer comme ayant les mêmes titres et droits;

Sur le rapport de notre ministre de la justice (comte de Peyronnet), nous avons ordonné et ordonnons ce qui suit:

Art. 1er. Les services judiciaires rendus dans les charges vénales de l'ancienne magistrature pourront être comptés pour la liquidation des pensions susceptibles d'être réclamées sur les fonds généraux de notre trésor royal, 1° lorsque, conformément à l'arrêté du 15 floréal an XI, le réclamant joindra aux services ci-dessus d'autres services rendus depuis le 1er janvier 1792.

2° Et lorsque, conformément au décret du 13 septembre 1806, il justifiera de soixante ans d'âge, de trente ans de services effectifs, et qu'il aura, pendant les quatre dernières années, touché un traitement d'après lequel sa pension puisse être liquidée.

2. Ces services néanmoins ne pourront être comptés que pour compléter les trente années nécessaires pour l'admission à la pension, et de manière à ce qu'ils ne contribuent en rien à augmenter la quotité de la pension attribuée à cette durée de services par le décret du 13 septembre 1806.

3. Nos ministres sont chargés, chacun en ce qui le concerne, de l'exécution de la présente ordonnance.   J. F.

Ordonnance portant que les veuves des fonctionnaires publics ont droit à la moitié de leur pension.

Du 24 novembre 1824.

Charles, etc. Sur le rapport de notre ministre de l'intérieur (Corbière); vu l'art. 7 de la loi du 22 août 1790, les lois des 22 août 1791 et 15 germinal an XI (5 avril 1803) sur les pensions de retraite, et le décret du 13 septembre 1806, portant règlement sur cette matière;

Vu les titres présentés par la dame veuve Gauthier pour établir ses droits à la pension, fondés sur les services de feu son mari, décédé dans les fonctions de conseiller de préfecture du département de l'Ain, qui comptait 31 ans 9 mois et six jours de services;

Considérant qu'il est constaté que le sieur Gauthier est mort dès suites d'une maladie dont il a été atteint dans l'exercice et à l'occasion de ses fonctions;

Considérant que l'article 7 de la loi du 22 août 1790 n'a point fixé le taux de la pension accordée à défaut de patrimoine aux veuves de fonctionnaires décédés dans l'exercice de leurs fonctions. mais qu'il paraît convenable et que l'usage s'est établi, quand les maris n'auraient eu que des pensions modiques, d'accorder à la veuve la moitié de ce qu'aurait obtenu le mari s'il eût demandé sa retraite;

Vu l'avis donné par le ministre des finances; notre conseil d'état entendu, nous avons ordonné et ordonnons ce quit :

Art. 1er. Il est accordé à la dame Marie-Joseph-Charlotte-Henriette Delacroix, veuve du sieur Antoine-Marie Gauthier, une pension annuelle et viagère de 129 fr., qui sera inscrite au trésor royal, et dont elle jouira à partir du 15 novembre 1823, jour du décès dudit sieur Gauthier.

2. Nos ministres de l'intérieur et des finances sont chargés de l'exécution de la présente ordonnance.   J. F.

Ordonnance concernant les indemnités des magistrats, pour transport à plus de cinq kilomètres (1).

Du 10 mars 1825.

Charles, etc. Vu, 1° les art. 3, 4 et 6 de l'ordonnance du 5 novembre 1823, relative à la vérification mensuelle des registres et actes judiciaires des cours et tribunaux.

Art. 1er. Les magistrats qui, dans les cas prévus par les art. 3, 4 et 6 de l'ordonnance royale du 5 novembre 1823, et par l'art. 5 de celle du 26 du même mois, se transporteront à plus de cinq kilomètres, auront droit aux indemnités déterminées par l'art. 88 du règlement du 18 juin 1811, suivant les distinctions établies par cet article relativement aux distances, lesquelles seront comptées conformément aux tableaux dressés en exécution de l'art. 93 dudit règlement du 18 juin.

5. Nos procureurs près les tribunaux de première instance, lorsqu'ils réclameront l'indemnité déterminée par la présente ordonnance, seront tenus de justifier que leur transport a eu lieu en vertu de l'ordre ou de l'autorisation préalable du procureur-général.

6. Ces magistrats ne pourront, sans le même ordre ou la même autorisation, déléguer un juge de paix à l'effet de procéder auxdites opérations, lorsque celui-ci, pour exécuter la délégation, sera obligé de se transporter à plus de cinq kilomètres du chef-lieu de son canton.　J. F.

Ordonnance sur le mode d'exécution de la loi d'indemnité (2).

Du 1er mai 1825.

7. Lorsque l'indemnité sera réclamée par l'ancien propriétaire, il devra justifier de sa qualité en produisant :

1° Un extrait de son acte de naissance en due forme.

2° Un acte de notoriété, dressé par-devant le juge de paix de la situation des biens confisqués, ou du domicile du réclamant, signé par cinq témoins notables, et constatant son identité avec le propriétaire dépossédé.　J. F.

Instruction du ministre des finances renfermant la solution de questions sur l'exécution de la loi d'indemnité.

Du 20 mai 1825.

Depuis ma circulaire du 5 de ce mois, de nouvelles questions m'ont été adressées sur l'exécution de l'ordonnance royale du 1er mai 1825.

Actes de notoriété.

Relativement aux actes de notoriété, on a demandé : « si les hé-

---

(1) Bulletin de 1825, n° 23.
(2) Bulletin 68.

» ritiers ou ayant-cause de l'ancien propriétaire dépossédé devaient
» être astreints à produire un acte de notoriété constatant son iden-
» tité ; s'ils devaient, en outre, prouver eux-mêmes leur identité par
» un acte semblable. »

Dans tous les cas, l'indemnité de l'ancien propriétaire qui réclame doit être constatée par un acte de notoriété (art. 7 de l'ordonnance) ; mais on n'a pas pensé qu'il dût en être de même lorsque, l'ancien propriétaire ne se présentant point, sa succession est
réclamée par des héritiers naturels ou substitués : dans ce cas,
l'identité de l'ancien propriétaire et des réclamans paraît devoir
être suffisamment prouvée par la série d'actes que les art. 8, 9 et
19 de l'ordonnance précitée les assujettissent à produire pour l'é-
tablissement de leurs droits respectifs.

S'il arrivait, toutefois, que l'identité du réclamant ne fût pas dé-
montrée, les préfets devraient exiger telle pièce qu'ils jugeraient
nécessaire pour la constater.

Il en sera de même lorsque l'identité de l'ancien propriétaire décédé, aux droits duquel un individu se présentera pour réclamer
l'indemnité, ne sera pas constante.

On a demandé encore « si, lorsque plusieurs héritiers naturels de
»l'ancien propriétaire, domiciliés dans divers départemens, forment
»une demande collective, et qu'ils ont à fournir un acte de notoriété
»constatant leur identité, on devra se borner à faire établir cet acte
» dans le domicile de chacun d'eux, ou s'il devra l'être dans chacun
»des cantons de la situation des biens. »

L'art. 7 de l'ordonnance a répondu à cette question : L'acte de
notoriété, dont il prescrit la production, peut être indifféremment
dressé par le juge de paix de la situation des biens ou par celui du
domicile de l'ancien propriétaire dépossédé ; dès lors, puisque l'un
ou l'autre de ces magistrats peut indistinctement dresser l'acte constatant l'identité du réclamant avec l'ancien propriétaire dépossédé,
chaque héritier peut faire constater son identité par le juge de paix
de son domicile, et s'affranchir ainsi de la nécessité de procéder à un
acte de notoriété dans chacun des cantons de la situation des biens.

« Les actes de notoriété, dressés par les juges de paix, doivent-
»ils toujours être homologués par le tribunal de l'arrondissement ?»

Cette formalité n'est pas nécessaire quand l'acte de notoriété est
dressé pour constater l'identité de l'ancien propriétaire, puisque
l'art. 7 de l'ordonnance du 1er mai n'en a rien dit.

Je vous ferai seulement observer que, si l'acte est délivré par le
juge de paix de la situation des biens à un habitant qui réclamerait
l'indemnité, on peut se dispenser d'exiger la légalisation de la signature de ce magistrat par le président du tribunal de première instance ; mais cette légalisation devient essentielle si l'acte a été dressé
par le juge de paix du domicile d'un ayant-droit habitant d'un autre
département. Dans ce dernier cas, l'administration, qui doit connaître de la demande en indemnité, ne peut en effet apprécier autrement la vérité de la signature.

Il convient encore de remarquer que, si l'acte est délivré en brevet, la signature du juge de paix doit être légalisée par le président
du tribunal de l'arrondissement. S'il est, au contraire, dressé en

minute, c'est la signature du greffier qui en délivre une expédition que le président du tribunal doit légaliser.

Lorsqu'il ne s'agit pas de constater l'identité de l'ancien propriétaire, conformément à l'art. 7 de l'ordonnance du 1ᵉʳ mai, les actes de notoriété demeurent assujettis aux formalités ordinaires.

« L'acte de notoriété fait devant le juge de paix et son expédi-
»tion peuvent-ils être délivrés sur papier libre, et dispensés du
»timbre et de l'enregistrement ? »

Ils doivent être dressés sur papier timbré et soumis à l'enregistrement comme tous les autres actes publics et authentiques dont les copies ou les extraits sont exigés à l'appui des demandes en indemnité. L'art. 61 de l'ordonnance, fondé sur la loi du 26 frimaire an VIII, n'est applicable qu'aux actes sous seing-privé.   J. F.

Nouvelles Instructions du ministre des finances sur l'Exécution de la Loi d'indemnité.

(Circulaire du 7 juillet 1825.)

Actes de notoriété.

2 QUESTION.—L'acte de notoriété, destiné à constater l'identité d'un propriétaire dépossédé, peut-il être dressé sur le témoignage d'individus non encore nés, ou encore dans l'enfance, au temps de l'émigration du réclamant ?

Réponse. — Les actes de notoriété ne sont, à proprement parler, que *des certificats sur un point de fait.* Les déclarations qu'ils contiennent seront appréciées par la commission, et je n'ai pas besoin de faire observer que ces actes inspireront d'autant plus de confiance, que les témoins se trouveront dans une position à certifier plus pertinemment les faits qui y sont relatés.

Du reste, l'administration ne peut établir aucune règle nouvelle relativement à la réception de ces actes, qui restent soumis aux formalités ordinaires.

Identité.

3ᵉ QUESTION.— Est-il nécessaire que l'acte de notoriété constate que le réclamant est bien la même personne que celle sur laquelle *tel* bien a été confisqué, pour *telle* cause, ou à *telle* date ? — Alors . la pétition du réclamant, qui doit être adressée à l'autorité administrative, ne serait-elle pas aussi utile au juge de paix pour connaître si la déclaration des témoins porte réellement sur les biens réclamés ?

Réponse. — Cet acte doit nécessairement énoncer l'identité du réclamant avec le propriétaire de tel domaine confisqué. Mais il ne paraît pas également indispensable que la cause et la date de la dépossession y soient relatées, puisqu'il ne s'agit que de constater l'identité.

Quant à la pétition, elle ne doit être adressée qu'à l'autorité administrative ; c'est à elle qu'il appartient d'examiner si les biens pour lesquels l'indemnité est réclamée sont les mêmes que ceux relatés dans l'acte de notoriété dressé par le juge de paix.

Sur le même sujet.

4e QUESTION. — A défaut de titres pour constater la propriété des biens vendus sur des émigrés dont les prénoms sont omis, ou incomplets, ou transposés, dans les ventes administratives, les réclamans ont-ils pour y suppléer l'option de faire dresser des actes de notoriété par les juges de paix de leur domicile, ou par ceux de la situation des biens pour lesquels l'indemnité est due ?

Réponse.—L'ordonnance du 1er mai ayant indifféremment attribué par son art. 7 au juge de paix de la situation des biens, ou à celui du domicile des ayant-droit, la faculté de dresser les actes de notoriété dont la production est nécessaire aux parties, relativement à la contestation de l'identité, rien ne paraît s'opposer à ce que, dans le cas dont il s'agit, celles-ci profitent de l'option autorisée par l'ordonnance.

Identité.

5e QUESTION. — Un ancien propriétaire qui possédait des biens dans plusieurs cantons d'un même département doit-il produire, pour la justification de son identité, un acte de notoriété dressé par le juge de paix de chacun de ces cantons? ou lui suffira-t-il de produire un seul acte de cette nature établi par celui des juges de paix qu'il lui aura plu de choisir?

Réponse.—Un seul acte de notoriété peut suffire pour la preuve de l'identité de l'ancien propriétaire dépossédé, pourvu que cet acte soit reçu par le juge de paix de son domicile, et contienne l'attestation que le réclamant était réellement propriétaire de la totalité des biens confisqués sur lui, dénommés dans l'acte, et situés dans le même département. — Un acte qui serait reçu par le juge de paix de l'un des cantons de la situation des biens ne sera valable que pour établir l'identité du réclamant relativement à cette partie des biens.

Actes de notoriété.

6e QUESTION. — Les témoins appelés devant un juge de paix, lors de la formation d'un acte de notoriété, feront-ils une simple déclaration, ou bien cette déclaration sera-t-elle reçue sur la foi du serment?

Les parens des anciens propriétaires dépossédés peuvent-ils être admis comme témoins dans ces actes ?

L'article 7 de l'ordonnance donne-t-il au juge de paix *seul*, sans l'assistance de son greffier, le droit de recevoir les déclarations d'identité ?

Réponse. — L'ordonnance ne contenant à ce sujet aucune disposition spéciale, il faut se renfermer dans les limites de la législation existante, et ne pas établir des obligations ou des restrictions qu'elle n'impose pas. Ainsi ce sont les formalités ordinaires aux actes de notoriété qu'il faut suivre.

Même sujet.

7ᵉ QUESTION. — On a demandé s'il était nécessaire que dans un acte de notoriété le juge de paix certifiât lui-même les faits ?

Réponse. — Ce magistrat, en donnant un acte de notoriété, reçoit la déclaration des personnes qui attestent la vérité d'un fait ; il ne doit donc pas le certifier lui-même.

Même sujet.

8ᵉ QUESTION. — Un légataire universel se présente devant un juge de paix et lui demande un acte de notoriété, constatant que le testateur n'a pas laissé d'héritiers à réserve.

Que fera ce magistrat ?

Réponse. — Il délivrera l'acte requis, d'après les attestations et justifications ordinaires : car il ne peut refuser son ministère, et il n'est pas juge de l'usage que l'on pourra faire de l'acte qu'il reçoit.

Même sujet.

9ᵉ QUESTION. — A défaut d'inventaire ou d'actes établissant les qualités d'héritiers qui demandent à exercer les droits de leur auteur à l'indemnité, le juge de paix peut-il recevoir une déclaration qui constate le défaut de ces actes, et qui établisse les droits des réclamans ?

Quelles seront alors les formes qu'il devra suivre ?

Réponse. — Par les motifs qui viennent d'être énoncés dans la solution précédente, le juge de paix délivrera l'acte et se conformera pour sa rédaction aux formes déterminées par les lois. Les préfets, et, en définitive la commission, jugeront si les productions sont suffisantes.   J. F.

Ordonnance sur les frais et émolumens à percevoir par les greffiers de justice de paix.

Du 17 juillet 1825.

Art. 1ᵉʳ. Aucuns frais ni émolumens ne pourront être perçus par les greffiers de justice de paix que sur des états dressés par eux, qui seront vérifiés et visés par le juge de paix.

Ces états seront écrits au bas de l'expédition délivrée par le greffier.

A défaut d'expédition, il sera fait un état séparé.

2. Les greffiers de justice de paix tiendront un registre sur lequel ils inscriront, par ordre de date et sans aucun blanc, toutes les sommes qu'ils recevront pour les actes de leur ministère.

Les déboursés et les émolumens seront inscrits dans des colonnes séparées.

3. Le registre mentionné en l'article précédent sera coté et paraphé par le juge de paix.

Il sera tenu sous la surveillance de ce magistrat, qui, à chaque trimestre, et plus souvent s'il le juge convenable, le vérifiera, l'arrêtera, et en dressera un procès-verbal dans lequel il consignera ses observations.

Ce procès-verbal sera envoyé à notre procureur près le tribunal de première instance, qui en rendra compte au procureur général près la cour royale.

4. Pourront nos procureurs, quand ils l'auront reconnu nécessaire, procéder, par eux-mêmes ou leurs substituts, à la vérification prescrite par l'article 3.

5. En cas d'infraction aux règles prescrites par la présente ordonnance, il en sera fait rapport à notre garde-des-sceaux, pour être pris à l'égard des contrevenans telle mesure qu'il appartiendra.

6. Si les greffiers ou leurs commis reçoivent, sous quelque prétexte que ce soit, d'autres ou plus forts droits que ceux qui leur sont attribués par les lois et les règlemens, il est enjoint aux juges de paix d'en informer nos procureurs. Il en sera pareillement fait rapport à notre garde-des-sceaux.

Les contrevenans seront, selon la gravité des circonstances, destitués de leur emploi, traduits devant la police correctionnelle pour être condamnés aux amendes déterminées par les lois, ou poursuivis extraordinairement en vertu de l'art. 174 du Code pénal, sans préjudice, dans tous les cas, de la restitution des sommes indûment perçues et des dommages et intérêts, quand il y aura lieu.

Notre garde-des-sceaux, ministre de la justice, est chargé de l'exécution de la présente ordonnance.   J. F.

Ordonnance sur les franchises et contre-seings (1).

Du 14 décembre 1825.

États des magistrats et fonctionnaires envers lesquels le contre-seing des ministres opère la franchise.

N° 1. — *Ministère de la justice.*

1° Les ministres d'état, conseillers d'état et maîtres des requêtes ; 2° les cours et tribunaux en nom collectif, et leurs présidens ; 3° les procureurs-généraux et les procureurs du roi ; 4° les juges d'instruction ; 5° les juges de paix ; 6° les sous-préfets ; 7° les commissaires de police, les maires et adjoints des maires exerçant le ministère public près les tribunaux de simple police ; 8° les officiers de gendarmerie ; 9° les gouverneurs et généraux commandant les divisions militaires.

Dispositions particulières.

§ 1er. Le premier président et le procureur-général de la cour de cassation jouiront du contre-seing, *sous bandes*, à l'égard des magistrats et fonctionnaires désignés dans le présent état, et, en outre, à l'égard des présidens des cours d'assises.

---

§ 2. Les premiers présidens des cours royales jouiront de la franchise pour toutes les lettres et tous les paquets qui leur seront adressés, *sous bandes*, par les magistrats et les préfets dans le ressort de la cour royale.

Leur contre-seing opèrera la franchise dans le ressort de la cour royale pour toutes les lettres et paquets qu'ils adresseront, *sous bandes*, aux fonctionnaires désignés dans le présent état, et, en outre, aux présidens des cours d'assises.

§ 3. Les présidens des cours d'assises correspondront en franchise, par lettres *sous bandes*, dans l'étendue du département où se tiendront les assises, avec les magistrats et fonctionnaires désignés dans les art. 3, 4, 5, 6, 7 et 8 du présent état, et *vice versa*.

§ 4. Les procureurs-généraux correspondront en franchise, *sous bandes*, dans toute l'étendue du royaume, avec les magistrats et fonctionnaires désignés dans les art. 3, 4 et 5 du présent état : et, dans le ressort de la cour royale, avec les magistrats et fonctionnaires désignés dans les art. 2, 6, 7, 8 et 9; et, en outre, avec les archevêques et évêques, les recteurs d'académie, les proviseurs des colléges royaux, les maires et les greffiers des cours et tribunaux.

Ils recevront aussi en franchise toutes les lettres et tous les paquets fermés, ou sous bandes, contre-signés ou non contre-signés, qui leur seront adressés dans l'étendue de la cour royale, relativement à leurs fonctions.

§ 5. Les procureurs du roi près les cours d'assises correspondront en franchise, *sous bandes*, dans l'étendue du département, avec les magistrats et fonctionnaires désignés dans les art. 3, 4, 5, 6, 7 et 8 du présent état, et *vice versa*.

Ils recevront, en outre, en franchise, toutes les lettres et tous les paquets fermés ou sous bandes, contre-signés ou non contre-signés, qui leur seront adressés dans l'étendue du département, à raison de leurs fonctions.

§ 6. Les procureurs du roi et les juges d'instruction correspondront en franchise, *sous bandes*, dans toute l'étendue du royaume, avec les magistrats et les fonctionnaires désignés dans les art. 3, 4 et 5 du présent état, et dans le ressort de leur tribunal, avec les magistrats et fonctionnaires désignés dans les art. 6, 7 et 8, et *vice versa*.

Les procureurs du roi correspondront également en franchise, par *lettres fermées*, avec les archevêques et les évêques du diocèse, et par lettres *sous bandes*, avec les recteurs d'académie, les maires, et *vice versa*.

Ils recevront, en outre, en franchise, toutes lettres et paquets fermés ou sous bandes, contre-signés ou non contre-signés, qui leur seront adressés dans le ressort de leur tribunal, à raison de leurs fonctions.

§ 7. Les greffiers en chef des cours royales correspondront en franchise, *sous bandes*, dans toute l'étendue du royaume, entre eux, et dans l'étendue de la cour royale, avec les greffiers des tribunaux, et *vice versa*.

Les magistrats et fonctionnaires désignés dans les paragraphes 1,

2, 3, 4, 5 et 6, auront aussi la faculté d'adresser ou de recevoir, en franchise, des lettres, et paquets fermés ; mais alors le magistrat ou le fonctionnaire qui aura expédié devra déclarer sur la suscription, par une note signée de lui, qu'il y avait nécessité de fermer la dépêche.

§ 8. Le bulletin des lois et le bulletin des arrêts de la cour de cassation, ainsi que la correspondance y relative, circuleront en franchise, mais *sous bandes* seulement (1).   J. F.

Ordonnance concernant les poids et mesures (2).

Du 18 décembre 1825.

Art. 1er. Les préfets et sous-préfets continueront à exercer leur surveillance sur l'uniformité et la légalité des poids et mesures répandus dans le commerce ; l'inspection en sera faite sous leurs ordres par des vérificateurs préposés par les préfets.

2. Les maires, adjoints, commissaires et officiers de police, prêteront toute assistance aux vérificateurs dans l'exercice des fonctions qui leur sont déléguées. Ils constateront et poursuivront devant les tribunaux de simple police, soit d'office, soit à la réquisition des vérificateurs, les contraventions commises par les marchands et fabricants qui emploieraient à l'usage de leur commerce, ou conserveraient dans leurs dépôts, boutiques et magasins, des mesures et poids différens de ceux qui sont établis par les lois en vigueur.

Les vérificateurs seront tenus de leur faire connaître les infidélités dans l'emploi et l'usage des poids et mesures que leurs fonctions leur feraient découvrir.

31. En matière de poids et mesures, les arrêtés pris par les préfets, et les ordonnances de police rendues par les maires, ne seront exécutoires qu'après avoir reçu l'approbation de notre ministre de l'intérieur.

32. Toutes les contraventions auxdits règlemens et arrêtés, de la compétence des tribunaux de simple police, seront poursuivies conformément aux articles du Code pénal relatifs à l'usage des poids et mesures, et à l'art. 606 de la loi du 24 octobre 1794, sur les contraventions aux règlemens de police en général.

33. Les dispositions de l'arrêté du 18 juin 1801, non modifiées par la présente ordonnance, continueront à être exécutées.

Ordonnance concernant l'exécution de la loi relative à la répartition de l'indemnité de Saint-Domingue.

Du 9 mai 1826.

3. Lorsque la demande sera formée par l'ancien propriétaire, il devra produire, pour justifier de sa qualité, de ses droits, et de la valeur de ses biens-fonds :

---

(1) Il résulte du silence de cette nouvelle ordonnance que les états de crédit des juges de paix chez les directeurs des postes sont supprimés. J. F.

(2) Bulletin 69.

1° Un extrait de son acte de naissance en due forme,
2° Un acte de notoriété dressé devant un juge de paix, signé par cinq témoins notables et attestant son identité. — **J. F.**

Circulaire du préfet de la Loire-Inférieure, relative aux salles d'audience.

27 Juin 1826.

Messieurs, j'ai l'honneur de vous informer que, d'après plusieurs réclamations qui m'ont été adressées, j'ai dû consulter M. le ministre de l'intérieur pour savoir si le local destiné à la tenue des audiences des juges de paix ne devait pas être à la charge des communes rurales dont se compose chaque canton, usage suivi constamment jusqu'ici dans le département. Par sa lettre du 20 de ce mois, son excellence me fait connaître que cette question, déjà élevée dans un grand nombre de départemens, a donné lieu à un examen attentif et scrupuleux de toutes les lois et de tous les règlemens relatifs aux justices de paix, et qu'elle a reconnu, *de concert avec son excellence le ministre de la justice*, que, dans l'état actuel de la législation, aucune disposition générale n'imposait aux communes l'obligation de pourvoir aux frais de location des auditoires des juges de paix; que ces juges ont d'ailleurs le droit de citer à leur domicile, et d'y tenir leurs audiences, *même lorsque ce domicile n'est pas au chef-lieu du canton;* qu'enfin, s'il est important, pour la commune, chef-lieu du canton, d'établir l'auditoire de la justice de paix chez elle, elle doit seule en supporter les frais; et que ce serait mal à propos que les autres communes du canton seraient appelées ou même invitées à concourir à une dépense de cette nature.

J'ai l'honneur de vous prévenir, en conséquence, M. le Maire, qu'à partir de 1827, il ne devra plus figurer aucun article de dépense pour cet objet dans les budgets des communes, à moins que, par une délibération spéciale, le conseil municipal de la commune, chef-lieu de canton, ne vote la dépense dont il s'agit.

Signé le vicomte DE VILLENEUVE, *Préfet.* — **J. F.**

* Extraits des Jugemens de Police. Instruction du 30 septembre 1826.

Art. 36. Cet article autorise l'exécution des jugemens des tribunaux de police portant condamnation à l'emprisonnement sur un simple extrait délivré par le greffier et visé par le ministère public. Cette instruction est basée sur plusieurs textes des Codes criminels. — **J. F.**

* Lettre de M. le Procureur du Roi près le tribunal de première instance de la Seine sur les questions de récidive adressées aux Juges de Paix du ressort.

Paris, ce 28 Mai 1827.

« Monsieur, d'après les dispositions générales du Code pénal de

» 1810, il y a récidive toutes les fois qu'un individu, déjà condamné
» pour crime, délit ou contravention, se rend coupable d'un nou-
» veau crime, d'un nouveau délit ou d'une nouvelle contravention
» dans les cas et circonstances qui sont désignés par le Code, mais
» sans avoir aucun égard au rapport qui peut exister dans la nature
» des divers crimes, délits ou contraventions, c'est-à-dire que l'in-
» dividu condamné pour blessures est en état de récidive s'il com-
» met un vol, et que celui qui a été condamné en simple police pour
» bruits ou tapage nocturne est puni également comme étant en
» récidive, si plus tard, et avant l'expiration de l'année, il est pour-
» suivi pour possession de faux poids ou de fausses mesures, pour
» jet d'immondices contre les maisons, ou pour injures contre les
» personnes, etc.

» Les expressions de l'art. 483 du Code ne permettent guère de
» doute à cet égard, puisque la seule condition qu'il exige pour
» constituer la récidive, c'est que la première contravention,
» quelle qu'elle soit, ait été commise dans l'année et dans le ressort
» du même tribunal. Cependant cette disposition *n'est pas générale*,
» et elle doit se renfermer dans les *limites* que la loi elle-même lui
» a assignées : elle ne peut donc être appliquée que dans les cas pré-
» vus par le livre iv du Code pénal de 1810, ainsi que l'énonce for-
» mellement l'art. 483, c'est-à-dire lorsque la deuxième contraven-
» tion est prévue par les articles 471 et suivans.

» Un autre principe doit être adopté à l'égard des contraventions
» de police prévues, soit par le Code du 3 brumaire an iv, soit par
» les lois qui lui sont antérieures. C'est évidemment dans les dispo-
» sitions de l'art. 608 de ce Code qu'il faut chercher la règle à suivre;
» et il a formellement disposé que, pour qu'il y ait lieu à augmenta-
» tion de peine pour cause de récidive, il faut qu'il y ait un premier
» jugement rendu contre le prévenu *pour pareil délit*, dans les
» douze mois précédens et dans le ressort du même tribunal de police.

» Enfin, Monsieur, à l'égard des contraventions prévues par les
» lois postérieures au Code du 3 brumaire an iv, mais antérieures au
» Code pénal de 1810, il n'y a lieu d'appliquer la peine de ré-
» cidive qu'autant que ces lois l'ont déterminée; et, dans ce cas,
» ce sont encore leurs dispositions particulières qui doivent servir
» de règles; d'où il suit que la circonstance de récidive n'aggra-
» vera pas la peine à laquelle elle donne lieu, si ce fait de récidive
» n'est pas prévu, et si cette aggravation n'est pas spécialement or-
» donnée. — En résumé, il faut distinguer : 1° les contraventions an-
» térieures au Code du 3 brumaire an iv, ou prévues par ce Code,
» dont la récidive ne peut être punie que lorsque la première contra-
» vention était de même nature que la seconde; 2° les contraven-
» tions postérieures, mais antérieures au Code pénal de 1810, dont
» la récidive n'est punie d'une augmentation de peine qu'en cas
» d'une disposition pénale de la loi qui les prévoit; 3° et enfin les
» contraventions prévues par le Code pénal de 1810, qui donnent
» lieu aux peines de la récidive, quelle que soit la nature de la
» contravention précédente.

» Recevez, Monsieur, l'assurance de ma parfaite considération.
                » Le procureur du roi,
                        » *Signé* DE BELLEYME. »

Observations de l'Éditeur.

Cette lettre renfermant la plus saine doctrine, et contenant un exact résumé de la jurisprudence *sur la recidive*, telle qu'elle résulte des nombreux arrêts imprimés dans ce Journal, nous avons cru utile, quoiqu'elle soit ancienne, de lui donner place dans nos feuilles.   J. F.

☞ * *Ordonnance du Roi qui transfère à St.-Germain-du-Teil le chef-lieu de la justice de paix du canton de Chirac, arrondissement de Marvejols, département de la Lozère.   J. F.*

Au Château de St.-Cloud, 1er septembre 1827.

☞ * *Décision qui exempte du timbre les billets imprimés d'avertissement envoyés par les juges de paix aux plaideurs qu'ils cherchent à concilier.*

Du 21 septembre 1827.

« Attendu qu'aux termes de l'art. 7 du Code de procédure civile, les parties peuvent toujours se présenter volontairement devant un juge de paix, et attendu qu'un avertissement par lequel un juge de paix invite à une comparution volontaire devant lui pour tenter les voies de la conciliation n'a rien d'impératif et ne peut être assimilé à une cédule ou citation. »

Le conseil d'administration de la régie du timbre et enregistrement estime qu'il n'y a pas lieu d'assujettir au timbre les avertissemens dont il s'agit. — 21 Septembre 1827.

Approuvé par le ministre des finances, le 16 octobre même année.
J. F.

☞ * *Ordonnance qui organise les Justices de Paix dans l'île de Bourbon.*

Au château des Tuileries, le 30 septembre 1827.

Charles, etc.

Sur le rapport de notre ministre de la marine et des colonies (le comte de Chabrol), nous avons ordonné ce qui suit :

Art. 1er. La justice sera administrée à l'île de Bourbon par des *tribunaux de paix*, un tribunal de première instance, une cour royale et des cours d'assises.

9. Il sera établi dans chacun des six cantons de la colonie un tribunal de paix dont le siége sera un chef-lieu du canton.

10. Chaque tribunal de paix sera composé d'un juge de paix, d'*un* (1) suppléant et d'un greffier.

---

(1) Nous soulignons tout ce qui innove à l'état actuel des choses dans le royaume, en déclarant que toutes ces innovations nous paraissent aussi judicieuses qu'utiles, et tout-à-fait dignes d'être adoptées en France dans l'intérêt des justiciables.

11. Les tribunaux de paix connaîtront des actions civiles, soit personnelles, soit mobilières, et des actions *commerciales*, savoir : en dernier ressort, lorsque la valeur principale de la demande n'excédera pas 250 fr., et en premier ressort, jusqu'à concurrence de 500 fr.

12. Ils connaîtront, en premier et dernier ressort, sur la valeur de 250 fr. en principal, et en premier ressort seulement, à quelque valeur que la demande puisse monter :

1° Des actions pour champs possessoires, réparations, indemnités (comme en France).

5° *De l'exécution des engagemens entre le propriétaire et ses gérans, ou économe, ou tous gens à gages ; entre les marchands et leurs commis ; entre les fabricans, entrepreneurs et maîtres ouvriers, et leurs compagnons et apprentis ; entre les maîtres et leurs domestiques ou gens de travail.*

7° *Des fournitures faites par les bouchers et les boulangers ;*

8° *Des contestations entre les aubergistes et les voyageurs pour frais d'hôtellerie ;*

9° Des actions en dommages-intérêts pour injures verbales, *et autres contraventions de police,* pour lesquelles les parties ne se seront pas pourvues par la voie extraordinaire.

15. Dans les matières civiles qui excéderont leur compétence, les juges de paix rempliront les fonctions de conciliateurs, ainsi qu'il est réglé par le Code de procédure civile.

16. Les tribunaux de paix connaîtront des contraventions de police telles qu'elles sont définies par le Code pénal et le Code d'instruction criminelle, savoir : en dernier ressort, lorsque l'amende, les restitutions et autres réparations civiles, *n'excéderont pas* 100 *francs* outre les dépens ; et en premier ressort seulement, lorsqu'ils prononceront l'emprisonnement, ou lorsque le montant de l'amende et des condamnations civiles excédera 100 francs sans les dépens.

20. Le suppléant pourra toujours assister à l'audience, *et y aura voix consultative.*

118. Les juges de paix recevront le serment de leurs greffiers.

148. Le traitement des juges de paix sera, pour le canton de Saint-Denis, de 4,000 francs ; de Saint-Paul, de 3,500 ; pour chacun de ceux de Saint-Pierre et de Saint-Benoît, de 3,00 francs ; pour chacun de ceux de Sainte-Suzanne et de Saint-Luc, de 2,500 francs.

Au moyen de ce traitement, *il ne leur sera alloué ni vacations, ni honoraires.* Ils ne pourront réclamer que les frais de transport réglés par le tarif. Il sera alloué à chacun des greffiers des tribunaux de paix, indépendamment des droits de greffe, *un traitement de* 1,500 *fr.*

Le tribunal de première instance connaîtra en dernier ressort des actions dont la valeur, en principal, *sera au-dessus* de 500 francs, à l'exception de celles réservées aux justices de paix par l'art. 12.

J. F.

Budget des justices de paix pour l'année 1828 (Bulletin des lois de 1827 , n° 186).

Tribunaux de police dans tout le royaume,
Appointemens des greffiers . . . . 62,400 fr.

Justices de paix :

1° Traitement des juges de paix . . 2,325,400
2° Appointemens des greffiers. . .   775,135 } 3,100,535 fr. (1)

J. F.

Ordonnance du Roi portant fixation définitive des chefs-lieux des cantons de justice de paix du département de la Corse (Bulletin des lois de 1828 , n° 226).

Au Château des Tuileries, le 13 avril 1828.

Arrondissement d'Ajaccio. 12
Arrondissement de Bastia 19
Arrondissement de Calvi   6
Arrondissement de Corte. 15
Arroudissement de Sartene.   8
                            Total. 60

J. F.

Ordonnance du Roi concernant l'instruction primaire (Bulletin 229).

Au Château des Tuileries, le 21 avril 1828.

Art. 2. Il sera formé dans chaque arrondissement de sous-préfecture un comité gratuit pour surveiller et encourager l'instruction primaire.

Art. 3. Chaque comité sera composé de neuf membres, savoir :

Un délégué de l'évêque diocésain, ou, à son défaut, le curé de la ville dans laquelle le comité tiendra ses séances, et si dans cette ville il y avait plusieurs curés, le plus ancien d'entre eux;

Le maire de ladite ville;

Le juge de paix de la ville, ou, si dans cette ville il y avait plusieurs juges de paix, le plus ancien d'entre eux,

Et six notables, dont deux à la nomination de l'évêque, deux à la nomination du préfet et deux à la nomination du recteur.

Le comité pourra délibérer au nombre de cinq membres.

Le comité sera présidé par le délégué de l'évêque ou par le curé : à défaut de l'un et de l'autre, il sera présidé par celui des membres qui sera le premier inscrit sur le tableau.   J. F.

---

(1) Frais de justice en matières criminelle, correctionnelle et de simple police — 3,400,000 fr. (Ainsi les justices de paix de toute la France coûtent moins que les frais de justice).   J. F.

☞ * *Avis du Conseil-d'État qui déclare exempts de l'enregistrement les Traités relatifs aux démissions des greffiers, huissiers, etc.*

Du 10 mai 1828.

Les comités du contentieux, de l'intérieur et des finances, réunis par ordre de Mgr. le garde-des-sceaux, etc. ;

« Vu, etc. ; — En ce qui touche les officiers ministériels désignés dans l'art. 91 de la loi du 28 avril 1816 ;

» Considérant que cette loi ne contient aucune disposition sur les traités auxquels peut donner lieu l'exercice de la faculté qu'elle accorde à ces officiers de présenter leurs successeurs ; que la loi annoncée dans celle du 28 avril 1816 n'a pas été portée ; que la circulaire du 21 février 1817 n'est qu'une instruction ministérielle qui ne peut servir de base à la perception d'un droit d'enregistrement ; que cette instruction, d'ailleurs, ne considère les traités dont il s'agit que relativement à l'exercice du droit d'admission, et n'envisage les prix stipulés que dans l'effet moral que l'exagération de ces prix peut avoir sur la conduite du nouveau titulaire ; — D'où il suit que, dans l'état actuel de la législation, ces traités ne peuvent être considérés que comme des conventions privées, étrangères dans leurs stipulations à l'administration, qu'elles ne lient point, et dont la validité et les effets ne peuvent être appréciés que par les tribunaux, d'après les règles du droit commun.... :

» Sont d'avis, 1° que la proposition de l'administration des domaines (de faire enregistrer préalablement les demandes des titulaires pour transmettre leurs offices) est inadmissible dans l'état actuel de la législation ; 2° qu'elle ne pourrait être l'objet que d'une loi telle que celle qui est annoncée dans l'art. 91 de celle du 28 avril 1816 ; mais qu'un projet de loi sur cette matière donnerait à résoudre des questions sur lesquelles les comités ne sont pas admis à délibérer. »

Le garde-des-sceaux, signé PORTALIS. J. F.

☞ * *Lettre de Mgr. le Garde-des-Sceaux sur la marche à tenir par les Juges de paix pour obtenir une indemnité pour frais de bureau.*

Le 24 Mai 1828.

A M. le juge de paix du canton d'Acheux (Somme).

Mgr. le garde-des-sceaux, consulté sur le rétablissement du crédit annuel de cinquante francs pour les dépenses et frais de bureaux des justices de paix, a répondu que la loi du 25 mars 1817 ayant remis à la charge des départemens les menues dépenses des cours et des tribunaux, quelques conseils généraux ont voté la somme qui était autrefois allouée pour ces dépenses aux juges de paix, et que ces votes ont été approuvés par le ministre de l'intérieur, de concert avec le département de la justice. Son Excellence ajoute : Qu'elle donne son consentement à ce que la réclamation dont il s'agit soit rendue commune aux justices de paix du département de la Somme. En conséquence, dans le cas où vous désireriez obtenir l'allocation de semblables fonds, veuillez en adresser la demande, dans les formes ordinaires, au conseil-général du département.

Recevez, M. le juge de paix, l'assurance de ma parfaite considération,

Le procureur du roi près le tribunal de Doullens, *signé* A. LABOUR.

☞ * Ordonnance sur les Conflits.

Saint-Cloud, 1er juin 1828.

Art. 1er. A l'avenir, le conflit d'attributions entre les tribunaux et l'autorité administrative ne sera jamais élevé en matière criminelle.

2° Il ne pourra être élevé de conflit en matière de police correctionnelle que dans les deux cas suivans (1).

1° Lorsque la répression du délit est attribuée, par une disposition législative, à l'autorité administrative ;

2° Lorsque le jugement à rendre par le tribunal dépendra d'une question préjudicielle dont la connaissance appartiendrait à l'autorité administrative, en vertu d'une disposition législative. Dans ce dernier cas, le conflit ne pourra être élevé que sur la question préjudicielle ;

4° Hors le cas prévu ci-après par le dernier paragraphe de l'art. 8 de la présente ordonnance, il ne pourra jamais être élevé de conflit après les jugemens rendus en dernier ressort ou acquiescés, ni après des arrêts définitifs.

5° A l'avenir, le conflit d'attribution ne pourra être élevé que dans les formes et de la manière déterminées par les articles suivans ;

6° Lorsqu'un préfet estimera que la connaissance d'une question portée devant un tribunal de première instance est attribuée par une disposition législative à l'autorité administrative, il pourra, alors même que l'administration ne serait pas en cause, demander le renvoi de l'affaire devant l'autorité compétente ; a cet effet, le préfet adressera au procureur du roi un mémoire dans lequel sera rapportée la disposition législative qui attribue à l'administration la connaissance du litige.

Le procureur du roi fera connaître, dans tous les cas, au tribunal, la demande formée par le préfet, et requerra le renvoi, si la revendication lui paraît fondée,

10. Si le tribunal rejette la demande en renvoi formée par le préfet, celui-ci pourra élever le conflit : il sera tenu de faire déposer son arrêté et les pièces y visées au greffe du tribunal. Il lui sera donné un récépissé de ce dépôt sans délai et sans frais.

12. Le greffier remettra immédiatement l'arrêté au procureur du roi, qui le communiquera au tribunal réuni dans la chambre du conseil, et requerra que, conformément à l'article 27 de la loi du 21 fructidor an III, il soit sursis à toute procédure judiciaire.

---

(1) Et en matière de police simple ? l'ordonnance se tait sur ce point.

13. Après la communication ci-dessus, l'arrêté du préfet et les pièces seront rétablis au greffe, où ils resteront déposés pendant quinze jours. Le procureur du roi en préviendra de suite les parties ou leurs avoués, lesquels pourront en prendre communication sans déplacement, et remettre, dans le même délai de quinzaine, au parquet du procureur du roi, leurs observations sur la question de compétence, avec tous les documens à l'appui.

15. Il sera statué sur le conflit, au vu des pièces ci-dessus mentionnées, ensemble des observations et mémoires qui auraient pu être produits par les parties ou leurs avocats, dans le délai de quarante jours, à dater de l'envoi des pièces au ministère de la justice; néanmoins ce délai pourra être prorogé sur l'avis du conseil d'état et la demande des parties, par notre garde-des-sceaux; il ne pourra en aucun cas excéder deux mois.

16. Si les délais ci-dessus fixés expirent sans qu'il ait été statué sur le conflit, l'arrêté qui l'a élevé sera considéré comme non avenu, et l'instance pourra être reprise devant les tribunaux.   J. F.

Ordonnance du Roi portant règlement sur les voitures publiques (Bull., n° 242).

Au Château de St.-Cloud, le 10 juillet 1828.

Art. 20. Les employés aux ponts à bascule seront tenus, sous peine de destitution, de peser au moins une fois par trimestre une des voitures publiques par chaque route desservie.

En cas de contravention, ils en dresseront procès-verbal, et il sera statué par le maire du lieu, et à Paris par le préfet de police, conformément aux articles 7, 8 et 9 du même décret du 23 juin 1806.

Ils tiendront registre de ces opérations, et il en sera rendu compte tous les mois à notre ministre de l'intérieur.

Art. 21. Les autorités civiles et militaires seront tenues de protéger les préposés, de leur prêter main forte, de poursuivre et faire poursuivre, suivant la rigueur des lois, les auteurs et complices des violences commises envers eux; et ce, tant sur la clameur publique que sur les procès-verbaux dressés par lesdits préposés, par eux affirmés et remis par eux à la gendarmerie.

Art. 24. Tout voiturier ou conducteur pris en contravention pour excédant le poids fixé par la présente ordonnance ne pourra continuer sa route qu'après avoir réalisé le paiement des dommages, et déchargé sa voiture de l'excédant du poids qui aura été constaté; jusques-là, ses chevaux seront tenus en fourrière à ses frais ou il fournira caution;

Art. 34. Conformément aux dispositions de l'art. 16 du décret du 28 août 1808, et de l'ordonnance de 1820, les rouliers, voituriers, charretiers, continueront à être tenus de céder la moitié du pavé aux voyageurs, sous les peines portées par l'art. 475, n° 3 du Code pénal.

Art. 35. Les conducteurs de voitures publiques ou les postillons feront, en cas de contravention, leurs déclarations à l'officier de police du lieu le plus voisin, en faisant connaître le nom du roulier ou voiturier d'après la plaque, et nos procureurs, sur l'envoi des procès-verbaux, seront tenus de poursuivre les délinquans.   J. F.

☞ * *Loi relative à l'interprétation des lois* (*Bull. n° 244.*)

Au château de Saint-Cloud, le 30 juillet 1828.

Art. 1er. Lorsqu'après la cassation d'un premier arrêt ou jugement en dernier ressort le deuxième arrêt ou jugement rendu dans la même affaire, entre les mêmes parties, est attaqué par les mêmes moyens que le premier, la cour de cassation prononce toutes les chambres réunies.

Art. 2. Lorsque la cour de cassation a annulé deux arrêts ou jugemens en dernier ressort rendus dans la même affaire entre les mêmes parties et attaqués par les mêmes moyens, le jugement de l'affaire est, dans tous les cas, renvoyé à une cour royale. La cour royale, saisie par l'arrêt de cassation, prononce toutes les chambres assemblées.

S'il s'agit d'un arrêt rendu par une chambre d'accusation, la cour royale n'est saisie que de la question jugée par cet arrêt. En cas de mise en accusation ou de renvoi en police correctionnelle ou de simple police, le procès sera jugé par la cour d'assises ou par l'un des tribunaux du département où l'instruction aura été commencée. Lorsque le renvoi est ordonné sur une question de compétence ou de procédure en matière criminelle, il ne saisit la cour royale que du jugement de cette question. L'arrêt qu'elle rend ne peut être attaqué sur le même point et par les mêmes moyens par la voie du recours en cassation : toutefois il en est référé au roi, pour être ultérieurement procédé par ses ordres à l'interprétation de la loi.

En matière criminelle, correctionnelle ou de police, la cour royale à laquelle l'affaire aura été renvoyée par le deuxième arrêt de la cour de cassation ne pourra appliquer une peine plus grave que celle qui résulterait de l'interprétation la plus favorable à l'accusé.

Art. 3. Dans la cession législative qui suit le référé, une loi interprétative est proposée aux chambres.

Art. 4. La loi du 16 septembre 1807, relative à l'interprétation des lois, est abrogée.   J. F.

Taxe des Témoins.

Décision ministérielle.

25 août 1828.

« Monsieur le procureur du roi (Reims),

» J'ai reçu, avec votre lettre du 12 août, les observations de » M. Gaillot, juge de paix du canton de Beyre, au sujet d'une sur-
» taxe de 27 fr. 25 cent. qu'il a accordée à des témoins pendant le
» mois de juin 1828. Il résulte de ses observations que la surtaxe

» provient de ce que M. Gaillot a entendu les témoins à Pont-Fa-
» verger, lieu de sa résidence.

» Les intérêts du trésor ont fait établir comme règle générale que
» les témoins ne doivent être entendus qu'au chef-lieu de canton ;
» mais, la loi ne le défendant pas, le juge de paix peut les entendre
» chez lui, pourvu que ces témoins ne reçoivent jamais une taxe
» plus forte que celle qui leur aurait été allouée au chef-lieu.

» Je vous prie de communiquer ces instructions à M. Gaillon,
» en lui recommandant de s'y conformer à l'avenir. »   J. F.

*Ordonnance concernant l'organisation de l'Ordre ju-
diciaire et l'administration de la justice dans les îles de la
Martinique et de la Guadeloupe* (Bull. n° 268) (1).

Au château de Saint-Cloud, le 24 septembre 1828.

SECTION II.

De la composition et de la compétence des tribunaux de paix.

12. Il sera établi dans chacun des cantons de la Martinique, de
la Guadeloupe et de ses dépendances, un tribunal de paix, dont
le siége sera au chef-lieu de canton.

13. Chaque tribunal de paix sera composé d'un juge de paix,
d'un suppléant et d'un greffier.

Lorsque le tribunal aura à statuer sur les matières énoncées en
l'article 19, les fonctions du ministère public seront remplies par le
commissaire de police du lieu où siégera le tribunal, et, à son défaut, par l'officier de l'état civil de la commune.

14. Les tribunaux de paix connaîtront, sauf les exceptions déterminées par les lois, des actions civiles, soit personnelles, soit
mobilières, et des actions commerciales, savoir :

En premier et en dernier ressort, lorsque la valeur principale de
la demande n'excédera pas 150 francs ;

En premier ressort seulement, lorsque la valeur principale de la
demande sera au-dessus de 150 francs et n'excédera pas 300 francs.

15. Ils connaîtront en premier et dernier ressort jusqu'à la valeur
de 150 fr. en principal, et en premier ressort seulement, à quelque
valeur que la demande puisse monter :

1° Des actions pour dommages faits, soit par les hommes, soit
par les animaux, aux champs, fruits et récoltes ;

2° Des déplacemens de bornes, des usurpations de terre, arbres,
haies, fossés et autres clôtures, commis dans l'année ; des entreprises sur les cours d'eau pareillement commises dans l'année, et
de toutes autres actions possessoires ;

3° Des réparations locatives des maisons et habitations affermées;

4° Des indemnités prétendues par le fermier ou locataire pour

---

(1) Cette ordonnance et la suivante nous ont paru très dignes de trouver
place ici, comme renfermant le germe des améliorations qu'attendent, depuis
si long-temps, les justices de paix du royaume.   J. F.

nou-jouissance, lorsque le droit à l'indemnité ne sera pas contesté, ainsi que des dégradations alléguées par le propriétaire;

5° De l'exécution des engagemens entre le propriétaire et ses gérans ou économes, ou tous gens à gages; entre les marchands et leurs commis; entre les fabricans, entrepreneurs et maîtres ouvriers et leurs compagnons ou apprentis; entre les maîtres et leurs domestiques ou gens de travail;

6° Des contestations relatives aux locations d'esclaves;

7° Des fournitures faites par les bouchers et les boulangers;

8° Des contestations entre les aubergistes et les voyageurs pour frais d'hôtellerie;

9° Des actions en dommages-intérêts pour injures verbales et autres contraventions de police pour lesquelles les parties ne se seront pas pourvues par la voie extraordinaire.

16. Toutes les fois que les parties y consentiront, les juges de paix connaîtront des actions énoncées aux deux articles précédens, soit en premier et dernier ressort, soit en premier ressort seulement, à quelque valeur que la demande puisse monter, lors même qu'ils ne seraient pas les juges naturels des parties.

17. En matière civile et commerciale, les jugemens des tribunaux de paix, jusqu'à concurrence de trois cents francs, seront exécutoires par provision, et nonobstant appel, sauf les modifications portées au Code de procédure civile.

18. Dans les matières civiles qui excèdent leur compétence, les juges de paix rempliront les fonctions de conciliateur, ainsi qu'il sera réglé par le Code de procédure civile.

19. Les tribunaux de paix connaîtront des contraventions de police, telles qu'elles sont définies par le Code pénal et par le Code d'instruction criminelle.

Leurs jugemens seront rendus, savoir :

En premier et dernier ressort, lorsque l'amende, les restitutions et autres réparations civiles, n'excéderont pas 50 francs, outre les dépens.

Et en premier ressort seulement, lorsqu'ils prononceront l'emprisonnement, ou lorsque le montant de l'amende et des condamnations civiles excédera la somme de cinquante francs, sans les dépens.

20. Les jugemens en dernier ressort par les tribunaux de paix, soit en matière civile, soit en matière de police, pourront être attaqués par voie d'annulation dans les cas spécifiés aux articles 50 et 51 de la présente ordonnance.

21. Les tribunaux de paix se constitueront :

En justices de paix, pour prononcer sur les matières civiles et commerciales énoncées aux articles 14, 15 et 16;

En tribunal de police, pour prononcer sur les contraventions énoncées en l'article 19;

Et en bureau de conciliation, dans les cas prévus par l'art. 18.

22. Indépendamment des fonctions qui sont attribuées aux juges de paix par le Code civil et par les Codes de procédure, de commerce et d'instruction criminelle, ils recevront l'affirmation des procès-verbaux dressés en matière de police, de grande voirie, de

chasse, de pêche, de délits ruraux et forestiers, de douanes et de contributions indirectes, et en toutes autres matières, lorsque les ordonnances, arrêtés et règlemens, leur en auront spécialement attribué le droit.

Ils délivreront des sauf-conduits aux individus cités devant eux, qui se trouveraient exposés à l'exercice de la contrainte par corps.

23. Les suppléans remplaceront les juges de paix au besoin.

Ils pourront toujours assister aux audiences, et ils y auront voix consultative.

24. En cas d'empêchement du juge de paix et de son suppléant, les parties pourront être renvoyées devant l'un des juges de paix des cantons limitrophes, ainsi qu'il sera réglé par le Code de procédure civile.

25. Une ordonnance particulière règlera la compétence de la justice de paix de Saint-Martin.

Des conditions d'âge et de capacité.

Art. 101. Devront être âgés, savoir :

Les suppléans de juges de paix de 25 ans...., les juges de paix de 27 ans.

119. Les greffiers devront être âgés de 25 ans...., les commis-greffiers de 21.

126. Chaque tribunal de première instance recevra le serment de son greffier et du commis-greffier, ainsi que celui des juges de paix de son ressort, et de leurs suppléans.

Les juges de paix recevront le serment de leurs greffiers.

Ils pourront, en outre, être délégués par le tribunal de première instance pour recevoir le serment de leurs suppléans.

159. Le traitement des juges de paix est fixé ainsi qu'il suit :

Pour les juges de paix du Port-Royal, de Saint-Pierre, de la Basse-Terre et de la Pointe-à-Pitre . . .   4,000 fr.

Pour les juges de paix de la Trinité, du Marin de la Capesterre, du Noule de Marie-Galante.   3,000 fr.

Au moyen de ce traitement, il ne leur sera alloué ni vacations ni honoraires ; ils ne pourront réclamer que les frais de transport réglés par le tarif.

Il sera alloué à chacun des greffiers de tribunaux de paix, indépendamment des droits de greffe, un traitement de quinze cents francs.   J. F.

☞ *Ordonnance relative à la Justice de Paix établie dans la partie française de l'île de Saint-Martin, l'une des dépendances de la Guadeloupe. (Bull. 268.)*

Au Château des Tuileries, le 26 octobre 1828.

Considérant que la difficulté et la longueur des communications entre l'île Saint-Martin et celle de la Guadeloupe, à différentes époques de l'année, rendent nécessaires pour ce tribunal quelques modifications tant dans les règles de compétence établies pour les tribunaux de paix du ressort de la cour royale de la Guadeloupe que dans les attributions des juges de paix.

Sur le rapport de notre ministre secrétaire d'état de la marine et des colonies, nous avons ordonné et ordonnons ce qui suit :

Art. 1er. Le tribunal de paix du canton de Saint-Martin connaîtra, sauf les exceptions déterminées par la loi, des actions civiles, soit personnelles, soit mobilières et des actions commerciales, savoir :

En premier et dernier ressort, et lorsque la valeur principale de la demande n'excédera pas cinq cents francs.

En premier ressort seulement lorsque la valeur principale de la demande sera au-dessus de cinq cents francs et n'excédera pas mille francs.

2. Il connaîtra en premier et dernier ressort jusqu'à la valeur de cinq cents francs en principal, et en premier ressort seulement à quelque valeur que la demande puisse monter,

1° Des actions pour dommages faits, soit par les hommes, soit par les animaux, aux champs, fruits et récoltes ;

2° Des déplacemens de bornes, des usurpations de terre, arbres, fossés et autres clôtures, commis dans l'année, et de toutes autres actions possessoires ;

3° Des réparations locatives des maisons et habitations affermées ;

4° Des indemnités prétendues par le fermier ou locataire pour non jouissance, lorsque le droit à l'indemnité ne sera pas contesté, ainsi que des dégradations alléguées par le propriétaire.

5° De l'exécution des engagemens entre le propriétaire et ses gérans ou économes, ou tous autres gens à gage; entre les marchands et les commis ; entre les fabricans, entrepreneurs et maîtres ouvriers, et leurs compagnons ou apprentis ; entre les maîtres et les domestiques ou gens de travail;

6° Des contestations relatives aux locations d'esclaves;

7° Des fournitures faites par les bouchers et les boulangers;

8° Des contestations entre les aubergistes et les voyageurs pour frais d'hôtellerie;

9° Des actions en dommages et intérêts pour injures verbales et autres contraventions de police pour lesquelles les parties ne se seront point pourvues par voie extraordinaire.

3. Toutes les fois que les parties y consentiront, le juge de paix connaîtra des actions énoncées aux deux articles précédens, soit en premier et dernier ressort, soit en premier ressort seulement, à quelque valeur que la demande puisse monter, lors même qu'il ne serait pas le juge naturel des parties.

4° En matières civile et commerciale, les jugemens du tribunal de paix, jusqu'à concurrence de mille francs, seront exécutoires par provision et nonobstant appel, sous les modifications portées au Code de procédure civile ;

5° Dans les matières civiles qui excéderont sa compétence, le juge de paix remplira les fonctions de conciliateur, ainsi qu'il est réglé par le Code de procédure civile;

6° Le tribunal de paix connaîtra des contraventions de police, telles qu'elles sont définies par le Code pénal et par le Code d'instruction criminelle.

Les jugemens seront rendus, savoir :

En premier et dernier ressort, lorsque l'amende, les restitutions et autres réparations civiles n'excèderont pas cinquante francs outre les dépens.

En premier ressort seulement, lorsqu'ils prononceront l'emprisonnement ou lorsque le montant de l'amende et des condamnations civiles excédera la somme de cinquante francs, sans les dépens.

7. Les dispositions de l'article 20 de notre ordonnance du 24 septembre dernier sur l'organisation judiciaire de la Martinique et de la Guadeloupe, relatives à la faculté d'attaquer les jugemens des tribunaux de paix par voie d'annulation, sont applicables aux jugemens rendus par le tribunal de Saint-Martin.

8. Le tribunal de paix se constituera, pour juger les diverses matières de sa compétence, ainsi qu'il est prescrit par l'article 21 de notre dite ordonnance sur l'organisation judiciaire.

Lorsqu'il se constituera en tribunal de police, les fonctions du ministère public y seront remplies, à défaut de l'officier de l'état civil, par le plus ancien notaire.

9. Le suppléant remplacera le juge de paix au besoin.

Il pourra toujours assister aux audiences, et il y aura voix consultative.

10. Il y aura un huissier attaché au tribunal de paix.

En cas d'empêchement, il sera remplacé par l'agent de la force publique qui sera commis par le juge, ce dont il sera fait mention dans la citation.

CHAPITRE II.

Des diverses attributions du juge de paix en matières civile et commerciale.

Art. 11. Indépendamment des fonctions qui sont départies aux juges de paix par les Code civil, de procédure civile et de commerce, le juge de paix de Saint-Martin aura les attributions suivantes :

Il recevra les oppositions aux mariages, sauf à renvoyer devant le juge compétent pour qu'il y soit statué.

Il autorisera les saisies dans le cas où ce droit est conféré au président du tribunal de première instance par les Code de procédure civile et de commerce et par les ordonnances locales.

Il ordonnera, s'il y a lieu, la contrainte par corps dans le cas prévu par l'art. 30 de notre ordonnance du 19 octobre 1828, portant application du Code de procédure civile aux colonies de la Martinique, de la Guadeloupe et dépendances.

Il déléguera le notaire qui devra procéder aux inventaires des biens des mineurs et des absens.

Il recevra les actes de notoriété.

2ᵉ Partie. 19

Il légalisera les actes judiciaires et les actes de l'état civil qui seront destinés à l'extérieur de l'île.

Il homologuera les testamens, procédera à leur ouverture lorsqu'ils seront olographes et mystiques, et en ordonnera l'exécution, qui ne sera suspendue que s'il y a appel.

Il nommera les experts pour procéder aux règlemens d'avaries, ainsi que les experts en matière civile, toutes les fois que les parties n'en conviendront pas, et recevra leur serment.

Il statuera sur tous les référés dont la connaissance est attribuée par les Codes civil, de procédure et de commerce au président du tribunal de première instance.

Il exercera, quant aux demandes en séparation de corps, les fonctions dévolues au tribunal de première instance par les articles 234 à 244 inclusivement du Code civil, 875 à 878 inclusivement du Code de procédure civile, et renverra devant le tribunal de première instance, à l'effet de statuer sur l'admission de la demande.

Il surveillera spécialement l'administration des successions vacantes, et exercera, à cet égard, les fonctions attribuées au président et au procureur du roi du tribunal de première instance.

Il fera procéder dans son prétoire à la publication des ordonnances, arrêtés et tous autres actes de l'autorité qui lui seront adressés à cet effet, et en ordonnera la transcription sur les registres du greffe de son tribunal.

CHAPITRE III.

De diverses attributions du juge de paix en matière de police et en matière de crimes et délits.

12. Indépendamment des fonctions qui sont départies au juge de paix par le Code d'instruction criminelle, le juge de paix de Saint-Martin aura les attributions suivantes :

Il recevra l'affirmation des procès-verbaux dressés en matières de police, de grande voirie, de chasse, de pêche, de délits ruraux et forestiers, de douanes et de contributions indirectes.

Il exercera les fonctions dévolues au juge d'instruction et au procureur du roi par le Code d'instruction criminelle.

Il rendra un compte hebdomadaire de la procédure au procureur général, et sera tenu d'exécuter ses ordres relativement à tous actes de police judiciaire.

Il lui renverra directement les pièces du procès, lorsque l'instruction sera terminée.

Il aura le droit de requérir la force publique.

CHAPITRE IV.

Du traitement.

Art. 13. Le traitement des membres du tribunal de paix est fixé ainsi qu'il suit :

Pour le juge de paix . . . . 4,000 fr.
Pour le suppléant . . . . 2,000 fr.

Au moyen de ce traitement, il ne sera alloué au juge de paix et à son suppléant ni vacations ni honoraires ; ils ne pourront réclamer que les frais de transport réglés par le tarif.

Il sera alloué au greffier, indépendamment de la totalité du droit de greffe, un traitement fixe de 1,500 fr. J. F.

Loi relative à la Pêche fluviale.

15 Avril 1829.

☞ « . . . Art. 44. Les gardes-pêche envoient eux-mêmes leurs procès-verbaux ; ils les signeront et les affirmeront au plus tard le lendemain de la clôture desdits procès-verbaux par-devant le juge de paix du canton ou l'un de ses suppléans, ou par-devant le maire ou l'adjoint, soit de la commune de leur résidence, soit de celle où le délit a été commis ou constaté ; le tout sous peine de nullité.

Toutefois, si, par suite d'un empêchement quelconque, le procès-verbal est seulement signé par le garde-pêche, mais non écrit en entier de sa main, l'officier public qui en recevra l'affirmation devra lui en donner préalablement lecture et faire ensuite mention de cette formalité, le tout sous peine de nullité du procès-verbal. »

45. (Art. 166 du Code forestier). « Les procès-verbaux dressés par les agens forestiers, les gardes généraux et les gardes à cheval, soit isolément, soit avec le concours des gardes-pêche royaux et des gardes champêtres, ne seront point soumis à l'affirmation. »

46. Dans le cas où le procès-verbal portera saisie, il en sera fait une expédition qui sera déposée dans les vingt-quatre heures au greffe de la justice de paix, pour qu'il en puisse être donné communication à ceux qui réclameraient les objets saisis.

Le délai ne courra que du moment de l'affirmation pour les procès-verbaux qui sont soumis à cette formalité. J. F.

☞* *Ordonnance du roi portant que le chef-lieu de la justice de paix du canton de Grignols, département de la Dordogne, est transféré à Saint-Astier, commune du même canton* (Bull.   J. F.).

Au château de Saint-Cloud, le 10 juin 1829.

☞* *Ordonnance portant que le Chef-lieu de la Justice de paix du canton de Nanterre, département de la Seine, sera transféré à Courbevoye, commune du même canton.*

Au château des Tuileries, 1ᵉʳ mars 1830.

Vu le vœu émis par le conseil d'arrondissement de Saint-Denis (sessions de 1828 et 1828), tendant à obtenir le changement ci-dessus ;

Vu l'avis du conseil général du département de la Seine, et celui du préfet ;

Vu les délibérations des sept communes composant le canton de Nanterre, dont six demandent la translation ;

Ensemble les avis favorables des magistrats de l'ordre judiciaire:

L'avis de notre ministre secrétaire d'état de l'intérieur, sur le

rapport de notre garde-des-sceaux, notre conseil d'état entendu :
Nous avons ordonné..... Art. 1er. Le chef-lieu dont s'agit est transféré de Nanterre à Courbevoie.   J. F.

* Décision de l'Administration du Timbre sur les Copies.

24 Juin 1830.

Le décret du 29 août 1813, qui fixe le nombre des lignes que pourront contenir les copies de pièces signifiées par les huissiers, est applicable aux copies de leurs exploits.

Il résulte des dispositions (art. 1 et 2) du décret du 29 août 1813, que l'on doit distinguer, 1° la peine disciplinaire prononcée pour les copies illisibles; 2° l'amende de contravention sur le timbre pour les copies qui excèdent le nombre de lignes prescrit.

La disposition relative aux copies illisibles ne présente aucune difficulté; l'application peut en être requise toutes les fois qu'une copie signifiée par un huissier est illisible, soit qu'il l'ait faite lui-même, ou qu'elle ait été faite par un avoué, soit qu'il s'agisse de la copie de son propre exploit ou de la copie de toute autre pièce.

Celle relative au nombre de lignes a fait naître des doutes : des huissiers ont prétendu qu'il fallait distinguer entre les copies de leurs propres exploits et les copies préparées par les avoués, et que ces dernières sont les seules que l'art. 1er du décret à voulu atteindre, mais que, pour les autres, il suffit qu'elles soient écrites lisiblement, quel que soit le nombre de lignes qu'elles contiennent.

La disposition de l'article qu'on invoque comprend non seulement les copies d'actes, de jugemens et d'arrêts, mais encore celles de toutes les autres pièces, sans distinction de l'officier ou du fonctionnaire qui les a faites; ainsi un huissier a encouru l'amende de contravention au timbre toutes les fois qu'il a signifié une copie quelconque contenant un plus grand nombre de lignes que celui fixé selon la dimension du papier, par l'art. 1er du déc. du 29 août 1813.

Solution de l'administration du timbre, du 24 juin 1830.

* Ordonnance sur l'adjudication d'un Pont suspendu sur la Seine à Ris-Orangis, et l'établissement d'un Péage.

Au château de Saint-Cloud, le 18 juillet 1830.

Seront exempts du droit de péage le préfet du département de Seine-et-Oise, le sous-préfet de l'arrondissement, les maire et adjoints de la commune de Ris, *le juge de paix du canton* (1).

---

(1) L'ordonnance n'ajoute pas *quand il sera en fonction*; cette omission prouve que le juge de paix est exempt toutes les fois qu'il lui convient de passer : il est à noter que cette exemption du juge de paix se retrouve dans chaque ordonnance qui a établi des droits de péage, jusqu'en juillet 1830. On ne la retrouve plus dans les ordonnances du même genre qui ont paru depuis *la glorieuse révolution* ; est-ce qu'elle ne serait pas *amie* des juges de paix? Les gouvernemens précédens ne l'étaient guères non plus : nous l'avons prouvé en cent endroits du Journal spécial des justices de paix.   J. F.

DROITS DE GREFFE. — PRESTATION. — SERM

☞ * Décision de l'Administration du Timbre.

23 Juillet 1830.

On a remarqué qu'en général il n'y avait pas d'uniformité dans la perception du droit d'enregistrement sur la prestation de serment des interprètes près les tribunaux de commerce. Dans quelques bureaux, on a perçu le droit de 15 francs; dans d'autres, celui de 1 fr., et enfin des prestations de serment de cette espèce devant les cours royales ont été assujetties au droit de 10 fr., dû pour les arrêts définitifs. — Les uns ont pensé que le droit fixe de 1 fr. était seul exigible, d'après une décision spéciale insérée dans l'instruction n° 290; et qu'à l'égard du droit de 15 fr., fixé par la loi pour les prestations de serment des fonctionnaires ou employés désignés, on ne pouvait pas en étendre l'application à d'autres prestations de serment, ce qui d'ailleurs avait déjà été reconnu relativement à celles des imprimeurs et libraires, par la décision qui a fait l'objet de l'instruction n° 645. — D'autres étaient d'avis qu'il y avait lieu de déterminer la quotité du droit d'enregistrement sur les prestations de serment des fonctionnaires et employés *non désignés dans la loi*, d'après le tribunal devant qui le serment était prêté. On fondait cette opinion sur ce que les prestations de serment devant les tribunaux peuvent être considérées comme des procès-verbaux ou ordonnances lorsqu'elles sont reçues par un seul juge, et des jugemens lorsqu'elles se font en audience publique; d'où il suivrait que, lorsque le serment aurait lieu judiciairement, les droits seraient perçus comme sur les actes judicaires, en égard à l'espèce et à la juridiction; mais la loi du 22 frimaire an VII n'a tarifié, soit au droit de 3 fr., soit à celui de 15 fr., que les prestations de serment des fonctionnaires ou employés, spécialement désignés au nombre 3 du § 3, et au nombre 4 du § 6, de l'article 68, et les lois subséquentes n'ont rien changé à cet égard. Ainsi, d'après la règle générale, toute prestation de serment qu'on ne peut classer, soit nommément, soit par analogie, parmi celles assujetties par la loi, soit au droit de 3 fr., soit au droit de 15 fr., rentre nécessairement dans la classe des actes civils, judiciaires ou extra-judiciaires, qui, n'étant pas dénommés dans la loi, ne sont passibles que du droit fixe de 1 fr., conformément à la disposition générale qui termine le § 1 de l'article précité, nombre 51. — C'est sur ce principe qu'ont été basées les décisions transmises par les instructions n°ˢ 290 et 645 ci-devant rappelées. — A l'égard des droits de greffe, les prestations de serment n'étant point susceptibles d'être assimilées à des jugemens proprement dits, il s'ensuit que les expéditions qui en sont délivrées ne sont passibles que du droit de 1 fr. par rôle, suivant l'application qui a été faite de l'art. 9 de la loi du 21 ventôse an VII, aux actes non considérés comme jugement, par une décision du ministre des finances, du 15 octobre 1823, insérée dans l'instruction n° 1106. — En conséquence, le conseil d'administration a délibéré, dans sa séance du 23 juillet 1830, que les actes de prestation de serment non tarifés par la loi, notamment ceux des interprètes jurés près les tribunaux de commerce, doivent être enregistrés moyennant le droit fixe de 1 franc, et que l'expédition de ces actes n'est sujette qu'au droit fixe de greffe de 1 franc par rôle.

Cette délibération de l'administration du timbre, en date du 23 juillet, a été approuvée par M. le directeur-général, le 7 août 1830.

☜* *Loi relative au Serment des Fonctionnaires publics.*

Paris, le 31 août 1830.

Art. 1er. Tous les fonctionnaires publics dans l'ordre administratif et judiciaire, les officiers des armées de terre et de mer, seront tenus de prêter le serment dont la teneur suit :

« Je jure fidélité au Roi des Français, obéissance à la charte »constitutionnelle et aux lois du royaume. »

Il ne pourra être exigé d'eux aucun autre serment, si ce n'est en vertu d'une loi.

2. Tous les fonctionnaires actuels dans l'ordre administratif et judiciaire, et tous les officiers maintenant employés ou disponibles dans les armées de terre et de mer, prêteront le serment ci-dessus dans le délai de 15 jours, à compter de la promulgation de la présente loi; faute de quoi, ils seront considérés comme démissionnaires, à l'exception de ceux qui ont déjà prêté serment au gouvernement actuel.   J. F.

☜* *Ordonnance relative aux Timbres et Cachets à l'usage des Tribunaux et des Notaires.*

Paris, 19 novembre 1830.

Art. 1". A l'avenir, les timbres et cachets nécessaires pour constater l'authenticité des actes et de leurs expéditions émanant des cours, tribunaux, justices de paix et notaires du royaume porteront:

Pour type, une balance dont le fléau est soutenu par les tables de la loi ;

Pour exergue, Charte, 1830 ;

Et pour légende, le titre de l'autorité par laquelle ils seront employés.   J. F.

Le garde-des-sceaux, ministre secrétaire d'état de la justice,
à M. le procureur-général près la cour royale d'Aix.

Paris, 10 décembre 1830.

« Monsieur le procureur-général,

» J'ai reçu avec votre lettre du 9 novembre l'arrêté par lequel
» le juge de paix du canton de Barrême, arrondissement de Digne
» (Basses-Alpes), a suspendu l'huissier Graillon, *son huissier*, de
» l'exercice de ses fonctions près la justice de paix.

» Ce juge ne me paraît pas avoir excédé ses droits, d'après la loi
» du 28 floréal an x (18 mai 1802), et le règlement du 14 juin 1813.
» Il avait incontestablement le droit de révoquer la nomination du
» sieur Graillon, en qualité *d'huissier de la justice de paix,* et
» d'en nommer un autre. Il a pu, à plus forte raison, prononcer
» une suspension. C'est sans doute une mesure disciplinaire ; mais
» il n'existe point de disposition légale qui lui interdise de la pren-
» dre, ni qui le soumette à la censure d'une autorité supérieure.

» Il est en effet à remarquer que la mesure dont il s'agit n'ôte
» pas au sieur Graillon la facilité d'instrumenter comme huissier
» du tribunal de première instance : ce juge de paix n'aurait pas eu
» ce pouvoir, et l'arrêté de ce magistrat, ainsi que les explications
» de votre substitut, prouvent que la suspension ne s'applique qu'à
» ce qui concerne la justice de paix.

» Je reçois également, avec votre lettre du 22 novembre, l'ar-
» rêté du tribunal de Digne qui suspend l'huissier Graillon de l'exer-
» cice de ses fonctions pendant dix jours ; cette peine de discipline
» est loin de me paraître trop grave pour punir cet huissier de la
» conduite qu'il avait tenue, et je crois devoir l'approuver.

» Recevez, monsieur, etc.

» Le conseiller-d'état, secrétaire-général du ministère,

« *Signé* CH. RENOUARD. »

☞ * *Loi sur l'Organisation Municipale.*

Paris, 21 mars 1831.

— 6. Ne peuvent être ni maires ni adjoints :

1°. Les membres des cours et tribunaux de première instance et
des justices de paix ;

2° Les ministres des cultes ;

3° Les militaires employés des armés de terre et de mer en activité de service ou en responsabilité ;

4° Les ingénieurs des ponts et chaussées et des mines en activité
de service ;

5° Les agens et employés des administrations financières et des
forêts ;

6° Les fonctionnaires et employés des colléges communaux et
les instituteurs primaires ;

7° Les commissaires et agens de police.

7. Néanmoins les juges suppléans aux tribunaux de première instance et les suppléans des juges de paix peuvent être maires ou adjoints.

Les agens salariés du maire ne peuvent être ses adjoints.

10. Les conseillers municipaux sont élus par l'assemblée des électeurs communaux.

11. Sont appelés à cette assemblée : 1° Les citoyens les plus imposés aux rôles des contributions directes de la commune, âgés de vingt-un ans accomplis, dans les proportions suivantes :

Pour les communes de mille âmes et au-dessous, un nombre égal au dixième de la population de la commune :

Ce nombre s'accroîtra de cinq par cent habitans en sus de mille jusqu'à cinq mille ;

De trois par cent habitans au-dessus de quinze mille ;

2° Les membres des cours et tribunaux, les juges de paix et leurs suppléans ;

13. Les citoyens qualifiés pour voter dans l'assemblée des électeurs communaux, conformément au § 2 de l'art. 11, et qui seraient en même temps inscrits sur la liste des plus imposés, voteront en cette dernière qualité.

15. Les membres du conseil municipal seront tous choisis sur la liste des électeurs communaux, et les trois quarts, au moins, parmi les électeurs domiciliés dans la commune.

16. Les deux tiers des conseillers municipaux sont nécessairement choisis parmi les électeurs désignés au § 1er de l'article 11 ; l'autre tiers peut être choisi parmi tous les citoyens ayant droit de voter dans l'assemblée, en vertu de l'art. 11.

38. Le maire dressera la liste des électeurs appelés à voter dans l'assemblée de la commune en vertu du § 2 de l'art. 11 ci-dessus, avec l'indication de la date des diplômes, inscriptions, domicile et autres conditions exigées par ce paragraphe.

* Loi sur la Garde Nationale.

SECTION PREMIÈRE.

De l'obligation du Service.

Paris, 22 mars 1831.

9. Tous les Français âgés de vingt à soixante ans sont appelés au service de la garde nationale, dans le lieu de leur domicile réel ; ce service est obligatoire et personnel, sauf les exceptions qui sont établies ci-après.

10. Pourront être appelés à faire le service, les étrangers admis à la jouissance des droits civils, conformément à l'art. 13 du Code civil, lorsqu'ils auront acquis en France une propriété, ou qu'ils auront formé un établissement.

11. Le service de la garde nationale est incompatible avec les fonctions des magistrats qui ont le droit de réquérir la force publique.

12. Ne seront pas appelés à ce service,

1° Les ecclésiastiques engagés dans les ordres, les ministres des différens cultes, les élèves des grands séminaires et des facultés de théologie ;

2°. Les militaires des armées de terre et de mer, en activité de service ; ceux qui auront reçu une destination des ministres de la guerre ou de la marine ; les administrateurs ou agens commissionnés de service de terre et de mer également en activité ; les ouvriers des ports, des arsenaux et des manufactures d'armes, organisés militairement ; ne sont pas compris dans cette dispense les commis et employés des bureaux de la marine au-dessous du grade de sous-commissaire ;

3°. Les officiers, sous-officiers et soldats des gardes municipales et autres corps soldés ;

4°. Les préposés des services actifs des douanes, des octrois, des administrations sanitaires, des gardes champêtres et forestiers ;

13. sont exceptés du service de la garde nationale les concierges des maisons d'arrêt, les geoliers, les guichetiers, et autres agens subalternes de justice ou de police.

Le service de la garde nationale est interdit aux individus privés de l'exercice des droits civils conformément aux lois.

Sont exclus de la garde nationale :

1°. Les condamnés à des peines afflictives ou infamantes ;

2°. Les condamnés en police correctionnelle pour vol, escroquerie, pour banqueroute simple, abus de confiance, pour soustraction commise par des dépositaires publics, et pour attentats aux mœurs, prévus par les articles 351 et 334 du Code pénal.

Les vagabonds ou gens sans aveu, déclarés tels par jugement.

Section II.

De l'Inscription au registre matricule.

14. Les Français appelés au service de la garde nationale seront inscrits sur un registre-matricule établi dans chaque commune.

A cet effet, des listes de recensement seront dressées par le maire et revisées par un conseil de recensement, comme il est dit ci-après.

Ces listes seront déposées au secrétariat de la mairie ; les citoyens seront avertis qu'ils peuvent en prendre connaissance.

15. Il y aura un conseil de recensement par commune.

Dans les communes rurales et dans les villes qui ne forment pas plus d'un canton, le conseil municipal, présidé par le maire, remplira les fonctions de conseil de recensement.

Dans les villes qui renferment plusieurs cantons, le conseil municipal pourra s'adjoindre un certain nombre de personnes choisies à nombre égal, dans les divers quartiers, parmi les citoyens qui sont ou qui seront appelés à faire le service de la garde nationale.

Le conseil municipal et les membres adjoints pourront se subdiviser, suivant les besoins, en autant de conseils de recensement qu'il y aura d'arrondissemens.

Dans ce cas, l'un des conseils sera présidé par le maire; chacun des autres le sera par l'adjoint ou le membre du conseil municipal délégué par le maire.

Ces conseils seront composés de huit membres au moins.

A Paris, il y aura par arrondissement un conseil de recensement, présidé par le maire de l'arrondissement, et composé de huit membres choisis par lui, comme il est dit au troisième paragraphe de cet article.

16. Le conseil de recensement procédera immédiatement à la révision des listes et à l'établissement du registre-matricule.

17. Au mois de janvier de chaque année, le conseil de recensement inscrira au registre-matricule les jeunes gens qui seront entrés dans leur vingtième année pendant le cours de l'année précédente, ainsi que les Français qui auront nouvellement acquis leur domicile dans la commune; il raiera dudit registre les Français qui seront entrés dans leur soixantième année pendant le cours de la même année, ceux qui auront changé de domicile et les décédés.

Toutefois le service ne sera pas exigé avant l'âge de vingt ans accomplis.

18. Dans le courant de chaque année, le maire notera, en marge du registre matricule, les mutations provenant 1° des décès; 2° des changemens de résidence; 3° des actes en vertu desquels les personnes désignées dans les articles 11, 12 et 13, auraient cessé d'être soumises au service de la garde nationale, ou en seraient exclus.

Le conseil de recensement, sur le vu des pièces justificatives, prononcera, s'il y a lieu, la radiation.

Le registre matricule, déposé au secrétariat de la mairie, sera communiqué à tout habitant de la commune qui en fera la demande au maire.

TITRE III.

Du Service ordinaire.

19. Après avoir établi le registre matricule, le conseil de recensement procédera à la formation du contrôle du service ordinaire et du contrôle de réserve.

Le contrôle de service ordinaire comprendra tous les citoyens que le conseil de recensement jugera pouvoir concourir au service habituel.

Néanmoins, parmi les Français inscrits sur le registre matricule, ne pourront être portés sur le contrôle du service ordinaire que ceux qui sont imposés à la contribution personnelle, et leurs enfans, lorsqu'ils auront l'âge fixé par la loi, ou les gardes nationaux non imposés à la contribution personnelle, mais qui, ayant fait le service postérieurement au 1er août dernier, voudront le continuer.

Le contrôle de réserve comprendra tous les citoyens pour lesquels le service habituel serait une charge trop onéreuse, et qui ne devront être requis que dans les circonstances extraordinaires.

20. Ne seront pas portés sur les contrôles du service ordinaire les domestiques attachés au service de la personne.

Les compagies et subdivision de compagnie sont formées sur les contrôles du service ordinaire. Les citoyens inscrits sur les contrôles de réserve seront répartis à la suite desdites compagnies ou subdivisions de compagnie, de manière à pouvoir y être incorporés au besoin.

22. Les inscriptions et les radiations à faire sur les contrôles auront lieu d'après les règles suivies pour les inscriptions et radiations opérées sur les registres matriculés.

23. Il sera formé, à la diligence du juge de paix, dans chaque canton, un jury de révision composé du juge de paix, président, et de douze jurés désignés par le sort. sur la liste de tous les officiers, sous-officiers, caporaux et gardes nationaux, sachant lire et écrire, et âgés de plus de vingt-cinq ans.

Il sera dressé une liste par commune de tous les officiers, sous-officiers, caporaux et gardes nationaux ainsi désignés : le tirage définitif des jurés serait fait sur l'ensemble de ces listes pour tout le canton.

24. Le tirage des jurés sera fait par le juge paix en audience publique. Les fonctions de jurés et celles de membres du conseil de recensement sont incompatibles.

Les jurés seront renouvelés tous les six mois.

25. Ce jury prononcera sur les réclamations relatives :

1° A l'inscription ou à la radiation sur les registres matriculés, ainsi qu'il est dit article 14 ;

2° A l'inscription ou à l'omission sur le contrôle du service ordinaire.

Seront admises les réclamations des tiers gardes nationaux sur qui retomberait la charge du service.

Ce jury exercera en outre les attributions qui lui seront spécialement confiées par les dispositions subséquentes de la présente loi.

Le jury ne pourra prononcer qu'au nombre de sept membres au moins, y compris le président.

Ses décisions seront prises à la majorité absolue, et ne seront susceptibles d'aucun recours.

SECTION II.

Des Exemptions et Dispenses du Service ordinaire.

28. Peuvent se dispenser du service de la garde nationale, nonobstant leur inscription:

1° Les membres des deux chambres,

2° Les membres des cours et tribunaux,

3° Les anciens militaires qui ont cinquante ans d'âge et vingt années de service,

4° Les gardes nationaux ayant cinquante-cinq ans,

5° Les facteurs de postes aux lettres, les agens des lignes télégraphiques et les postillons de l'administration des postes, reconnus nécessaires au service.

29. Sont dispensés du service ordinaire les personnes qu'une infirmité met hors d'état de faire le service.

Toutes ces dispenses et toutes les autres dispenses temporaires demandées pour cause d'un service public seront prononcées par le conseil de recensement, sur le vu des pièces qui en constateront la nécessité.

Les absences constatées seront un motif suffisant de dispenses temporaires.

En cas d'appel, le juré de révision statuera.

☛ * *Ordonnance qui approuve l'Adjudication de la construction d'un pont suspendu sur la rivière de Chassezac, moyennant un péage.*

A Paris, le 27 mars 1831.

Sont exemptés du péage, le préfet et le sous-préfet en tournée, les ingénieurs et conducteurs des ponts-et-chaussées, la gendarmerie dans l'exercice de ses fonctions, les militaires voyageant à pied ou à cheval, en corps ou séparément, à charge dans ce dernier cas de présenter une feuille de route ou un ordre de service; les malles et les facteurs ruraux faisant le service des postes de l'état; les courriers du gouvernement et le garde-champêtre de la commune (1).   J. F.

☛ * *Ordonnance qui supprime les Conseils de Charité.* (2)

A Paris, le 2 avril 1831.

J. F.

---

(1) On remarquera que le juge de paix du canton n'est plus exempt. V. l'ordonnance du 18 juillet 1830 ci-dessus et la note.   J. F.

(2) Dont les juges de paix faisaient partie.   J. F.

SUPPLÉMENT

AU PRÉSENT TOME II,

CONTENANT

DIVERSES LOIS, DÉCRETS, ORDONNANCES, OMIS A LEUR DATE DANS L'IMPRESSION DU RECUEIL CHRONOLOGIQUE CI-DESSUS.

Loi qui autorise les greffiers et huissiers à faire les ventes de meubles.

26 Juillet 1790.

Art. 1er. Les offices (d'huissiers) jurés-priseurs créés par édit de février 1771, ou autres, demeureront supprimés à compter de ce jour.

Art. 2. Le droit de *quatre deniers pour livre* du prix des ventes, qui leur avait été attribué, continuera d'être perçu au profit du trésor public par les officiers qui feront la vente, et le produit en sera versé par eux dans les mains des préposés à la recette.

3. Les finances desdits offices sont supprimées.

4. Il sera délivré à ceux qui auront droit aux finances treize coupons d'annuités, payables d'année en année, dans lesquels l'intérêt de cinq pour cent sera cumulé avec le capital.

5. Il sera prélevé sur le produit des quatre deniers pour livre une somme annuelle de huit cent mille livres, qui sera versée dans la caisse du trésorier de l'extraordinaire, et employée par lui au paiement de ses annuités.

6. *Les notaires, greffiers, huissiers et sergens, sont autorisés à faire les ventes des meubles dans tous les lieux où elles étaient ci-devant faites par les jurés-priseurs.*

7. Les procès-verbaux de ventes et de prisées, faits par les officiers ci-dessus désignés, ne seront soumis qu'aux mêmes droits de contrôle que ceux des jurés-priseurs.

8. Il ne pourra être perçu par lesdits officiers que *deux sous six deniers* du rôle de grosse des procès-verbaux, deux sous six deniers pour l'enregistrement d'une apposition, et une *livre dix sous* par vacation de prisée, conformément à l'art. 6 de l'édit de 1771, et ce, sans préjudice des conventions particulières qui pourront modifier ou abonner les droits.

9. Les quatre deniers pour livre du prix des ventes seront versés, par les officiers qui les auront faites, dans les mains du contrôleur des actes ou receveur des domaines, lesquels en compteront à la régie des domaines.

10. Les quittances de finance des offices de jurés-priseurs supprimés seront remises, au plus tard, dans deux mois à compter du jour de la publication du présent décret, au comité de liquidation.

11 et dernier. Le comité se fera représenter les registres des parties casuelles et les décisions qui peuvent avoir modéré les prix desdits offices, et en fera son rapport pour y être statué.   J. F.

☞ * *Loi qui autorise les huissiers ordinaires à faire les ventes mobilières en concurrence avec les notaires et greffiers.*

17 Septembre 1793.

Art. 1er. Les notaires, greffiers et huissiers sont autorisés à faire les prisées et ventes de meubles dans toute l'étendue de la république.

2. En conséquence, les huissiers-priseurs de Paris et les huissiers ci-devant de l'hôtel cesseront les fonctions attribuées à leurs offices ; néanmoins ceux d'entre eux qui avaient le droit d'exercer les autres fonctions d'huissiers auront la faculté de les remplir concurremment avec ces derniers.

3. Il ne pourra être perçu par lesdits officiers, lorsqu'ils procéderont aux ventes, que trois livres par vacation, dont la durée sera de trois heures, et cinq sous pour l'enregistrement d'une opposition. Il leur sera accordé en outre les deux tiers du prix des vacations pour l'expédition du procès-verbal de chaque séance, sans y comprendre les droits d'enregistrement et de timbre.

4. Les officiers publics qui rempliront les mêmes fonctions dans les départemens ne pourront également y percevoir que les deux tiers du prix des vacations, ainsi qu'elles sont fixées par la loi du 21 juillet 1790.

La convention nationale rapporte l'art. 8 de cette loi, qui autorisait à percevoir deux sous six deniers par rôle de grosse des procès-verbaux.

5 et dernier. La convention nationale ajourne les autres articles du projet du décret, et renvoie à l'examen de son comité de législation la question de savoir *s'il ne serait pas possible de supprimer les huissiers.* J. F.

☞ * *Loi relative aux Poids et Mesures.*

Du 23 septembre 1795 (1er vendémiaire an IV).

Art. 1er. Au 1er nivôse prochain, l'usage du mètre sera substitué à celui de l'aune dans la commune de Paris, et dix jours après dans tout le département de la Seine.

9. Il est enjoint à tout notaire et officier public d'exprimer en mesure nouvelle toutes les quantités de mesures qui seront à énoncer dans les actes que lesdits notaires ou officiers publics passeront ou recevront.

10. Semblablement, aucun papier de commerce, livre et régistre

de négociant, marchand ou manufacturier, aucune facture, compte, même lettre missive, faits ou écrits dans les lieux où l'usage des mesures nouvelles sera en activité, ne pourront être produits et faire foi en justice, qu'autant que les quantités de mesures exprimées dans lesdits livres, papiers, lettres, etc., le seraient en mesures nouvelles.

11. Les municipalités et les administrations chargées de la police feront, dans leurs arrondissemens respectifs, et plusieurs fois dans l'année, des visites dans les boutiques et magasins, dans les places publiques, foires et marchés, à l'effet de s'assurer de l'exactitude des poids et mesures.

Les contrevenans seront punis de la confiscation des mesures fausses; et, s'ils sont prévenus de mauvaise foi, ils seront traduits devant le tribunal de police correctionnelle, qui prononcera une amende dont la valeur pourra s'élever jusqu'à celle de la patente du délinquant.   J. F.

Arrêté du Directoire exécutif portant défense à tous autres que les notaires, greffiers et huissiers, de s'insinuer dans les prisées, estimations et ventes publiques de meubles et effets mobiliers.

29 Août 1796. (12 fructidor an iv).

Le directoire exécutif, après avoir entendu le rapport du ministre de la justice sur les abus résultant du droit que des particuliers s'arrogent dans quelques cantons, de faire des ventes publiques de meubles et effets mobiliers;

Considérant que l'art. 1er de la loi du 17 septembre 1790, en autorisant les notaires, greffiers et huissiers de faire des ventes publiques, a suffisamment fait connaître que ce droit ne pouvait être exercé par des citoyens ou même par des fonctionnaires publics qui ne seraient ni huissiers, ni greffiers. ni notaires; que l'intention de cette loi est encore plus clairement manifestée par l'exception qu'elle établit, art. 2, en faveur de ceux d'entre les huissiers-priseurs qui avaient le droit d'exercer les autres fonctions d'huissiers, et à qui elle accorde, par cette raison, la faculté de les remplir concurremment avec les huissiers, greffiers et notaires, faculté qu'il serait illusoire et sans objet d'accorder par une disposition expresse, si elle appartenait de droit à tous les individus;

Considérant que cette vérité acquiert encore un nouveau degré d'évidence lorsqu'on réfléchit que, par la loi qui vient d'être citée, ainsi que par celle du 21-26 juillet 1790, les notaires, les greffiers et les huissiers ont été subrogés aux droits des ci-devant huissiers-priseurs, à qui une foule de règlemens, notamment l'édit de février 1771, avaient attribué celui de faire, *seuls et à l'exclusion de tous autres, les exposition et vente de tous biens-meubles, soit qu'elles fussent faites volontairement, après inventaire ou par autorité de justice, en quelque sorte et manière que ce pût être, et sans aucune exception;*

Considérant qu'il est instant d'assurer au trésor public le recouvrement de tous les droits d'enregistrement et de timbre, auxquels sont assujettis les prisées, inventaires et ventes publiques de meubles et effets mobiliers, et qu'éludent presque toujours les citoyens qui, sans caractère légal, se permettent de procéder à ces actes.

Arrête ce qui suit :

Art. 1er. Conformément aux lois du 21-26 juillet 1790 et 17 septembre 1793, et aux règlemens antérieurs maintenus provisoirement par le décret de la convention nationale du 21 septembre 1792, il est défendu à tous autres que les notaires, greffiers et huissiers, de s'immiscer dans les prisées, estimations et ventes publiques de meubles et effets mobiliers, soit qu'elles soient faites volontairement, après inventaire, ou par autorité de justice, en quelque sorte et manière que ce puisse être, et sans aucune exception.

2. Les contrevenans seront poursuivis devant les tribunaux, à la requête et diligence des commissaires du directoire exécutif près les administrations, pour être condamnés aux amendes portées par les règlmens non abrogés, sans préjudice des dommages-intérêts des notaires, greffiers, et huissiers, pour raison desquels ceux-ci se pourvoiront contre eux ainsi qu'ils aviseront.   J. F.

☙* *Second arrêté du Directoire exécutif sur la même nature.*

16 Janvier 1797 (27 nivôse an v).

Le directoire exécutif ordonne que les anciens règlemens, savoir : l'édit de février 1771, l'arrêt du conseil d'état du 21 août 1775, et du 13 novembre 1778, qui défendent à toutes personnes de faire des ventes de meubles sans le ministère des notaires, greffiers et huissiers, seront réimprimés et exécutés.   J. F.

☙* *Loi qui prescrit des formalités pour les ventes d'objets mobiliers.*

(22 Pluviôse an VII.)

Art. 1er. A compter du jour de la publication de la présente, les meubles, effets, marchandises, bois, fruits, récoltes et tous autres objets mobiliers, ne pourront être vendus publiquement et par enchère qu'en présence et par le ministère d'officiers publics ayant qualité pour y procéder.

2. Aucun officier public ne pourra procéder à une vente publique et par enchère d'objets mobiliers qu'il n'en ait préalablement fait la déclaration au bureau de l'enregistrement dans l'arrondissement duquel la vente aura lieu.

3. La déclaration sera inscrite sur un registre qui sera tenu à cet effet, et elle sera datée ; elle contiendra les noms, qualité et domicile de l'officier, ceux du requérant, ceux de la personne dont le mobilier sera mis en vente, et l'indication de l'endroit où se fera la vente, et du jour de son ouverture. Elle sera signée par l'officier

public, et il lui en sera fourni une copie, sans autre frais que le prix du papier timbré sur lequel cette copie sera délivrée.

Elle ne pourra servir que pour le mobilier de celui qui y sera dénommé.

4. Le registre sera en papier non timbré ; il sera coté et paraphé sans frais par le juge de paix dans l'arrondissement duquel sera le bureau d'enregistrement.

5. Les officiers publics transcriront en tête de leurs procès-verbaux de vente les copies de leurs déclarations.

Chaque objet adjugé sera porté de suite au procès-verbal ; le prix y sera écrit en toutes lettres et tiré hors de ligne en chiffres.

Chaque séance sera close et signée par l'officier public et deux témoins domiciliés.

Lorsqu'une vente aura lieu par suite d'inventaire, il en sera fait mention au procès-verbal, avec indication de la date de l'investiture, du nom du notaire qui y aura procédé, et de la quittance de l'enregistrement.

6. Les procès-verbaux de vente ne pourront être enregistrés qu'aux buraux où les déclarations auront été faites.

Le droit d'enregistrement sera perçu sur le montant des sommes que contiendra cumulativement le procès-verbal des séances à enregistrer dans le délai prescrit par la loi sur l'enregistrement.

7. Les contraventions aux dispositions ci-dessus seront punies par les amendes ci-après, savoir :

De 100 francs contre tout officier public qui aurait procédé à une vente sans en avoir fait la déclaration ;

De 25 francs pour défaut de transcription en tête du procès-verbal de la déclaration faite au bureau d'enregistrement ;

De 100 francs pour chaque article adjugé et non porté au procès-verbal de vente, outre la restitution du droit ;

De 100 francs aussi pour chaque altération de prix des articles adjugés, faite dans le procès-verbal, indépendamment de la restitution du droit et des peines de faux ;

Et de 15 francs pour chaque article dont le prix ne serait pas écrit en toutes lettres au procès-verbal.

Les autres contraventions que pourraient commettre les officiers publics contre les dispositions de la loi sur l'enregistrement seront punies par les amendes et restitutions qu'elle prononce.

L'amende qu'aura encourue tout citoyen par contravention à l'art. 1er de la présente, en vendant ou faisant vendre publiquement ou par enchère sans le ministère d'un officier public, sera déterminée en raison de l'importance de la contravention ; elle ne pourra cependant être au-dessous de 50 francs, ni excéder 1,000 francs pour chaque vente, outre la restitution des droits qui se trouveront dus.

8. Les préposés de la régie de l'enregistrement sont autorisés à se transporter dans tous les lieux où se feront des ventes publiques et par enchère, et à s'y faire représenter les procès-verbaux de vente et les copies des déclarations préalables.

Ils dresseront des procès-verbaux des contraventions qu'ils auront reconnues et constatées ; ils pourront même requérir l'assistance

2ᵉ *Partie.*   20

d'un officier municipal ou de l'agent ou de l'adjoint de la commune, ou de la municipalité où se fera la vente.

Les poursuites et instances auront lieu ainsi de la manière prescrite par la loi du 22 frimaire dernier, sur l'enregistrement.

La preuve testimoniale pourra être admise sur les ventes faites en contravention à la présente.

9. Sont dispensés de la déclaration ordonnée par l'art. 2, les officiers qui auront à procéder aux ventes du mobilier national, et à celles des effets des monts-de-piété.

10. Toutes dispositions de lois contraires à la présente sont abrogées.   J. F.

* *Loi portant établissement de Droit de Greffe dans les Tribunaux civils et de Commerce.*

11 Mars 1799 (21 ventôse an VII).

Art. 2. Ces droits consistent 1° dans celui qui sera perçu lors de la mise au rôle de chaque cause, ainsi qu'il est établi par l'article 3 ci-après.

2° Dans celui établi pour la rédaction et transcription des actes énoncés en l'article 5;

3° Dans le droit d'expédition des jugemens et actes énoncés dans les articles 7, 8 et 9.

3. Le droit perçu lors de la mise au rôle est la rétribution due pour la formation et tenue des rôles et l'inscription de chaque cause sur le rôle auquel elle appartient.

Ce droit sera, dans les tribunaux civils, de 5 francs, sur appel des tribunaux civils et de commerce;

De 3 francs pour les causes de première instance, ou sur appel des juges de paix;

Et de 1 franc 50 cent. pour les causes sommaires et provisoires.

Dans les tribunaux de commerce, il sera pareillement de 1 franc 50 cent.

Le tout sans préjudice du droit de 25 cent. qui est accordé aux huissiers audienciers pour chaque placement de cause.

Le droit de mise au rôle ne pourra être exigé qu'une seule fois. En cas de radiation, elle sera replacée gratuitement à la fin du rôle, et il y sera fait mention du premier placement.

L'usage des placets pour appeler les causes est interdit; elles ne pourront l'être que sur les rôles et dans l'ordre du placement.

4. Le droit de mise au rôle sera perçu par le greffier en y inscrivant la cause; et, le 1ᵉʳ de chaque mois, il en versera le montant à la caisse du receveur de l'enregistrement, sur la représentation des rôles cotés et paraphés par le président, sur lesquels les causes seront appelées, à compter du jour de la publication de la présente.

5. Les actes assujettis sur la minute au droit de rédaction et transcription sont les actes de voyage, d'exclusion ou d'option de tribunaux d'appel, de renonciation à une communauté de biens ou à succession, d'acceptation de succession sous bénéfice d'inventaire, de réception et soumission de caution, de reprise d'instance, de

déclaration affirmative, de dépôt de bilan et pièces, d'enregistrement de société, les interrogatoires sur faits et articles, et les enquêtes.

Il sera payé, pour chacun de ces actes, 1 franc 5o cent.

Les enquêtes seront, en outre, assujetties à un droit de 25 cent. pour chaque déposition de témoins.

6. Les expéditions contiendront vingt lignes à la page, et huit à dix syllabes à la ligne, compensation faite des unes avec les autres.

7. Les expéditions des jugemens définitifs rendus sur appel des tribunaux civils et de commerce, soit contradictoires, en dernier ressort ou sujets à l'appel, celles des décisions arbitrales, celles des jugemens rendus sur appel des juges de paix ; celles des ventes et baux judiciaires, seront payées 1 fr. 25 cent le rôle.

9. Les expéditions des jugemens interlocutoires, préparatoires et d'instruction, des enquêtes, interrogatoires, rapports d'expert, délibérations, avis de parens, dépôts de bilan, pièces et registres, des actes d'exclusion ou option des tribunaux d'appel, déclaration affirmative, renonciation à communauté ou à succession, et généralement de tous actes faits ou déposés au greffe non spécifiés aux articles 7 et 8, ensemble de tous les jugemens de tribunaux de commerce, seront payés 1 franc le rôle.

10. La perception de ce droit sera faite par le receveur de l'enregistrement sur les minutes des actes assujettis au droit de rédaction et transcription, sur les expéditions et sur les rôles de placement de causes qui lui seront présentés par le greffier ; il y mettra son reçu, et il tiendra de cette recette un registre particulier.

11. Le greffier ne pourra délivrer aucune expédition que les droits n'aient été acquittés, sous peine de restitution des droits et de 100 francs d'amende, sauf, en cas de fraude et de malversation évidente, à être poursuivi devant les tribunaux, conformément aux lois.

12. Ne sont pas compris dans les droits ci-dessus fixés le papier timbré et l'enregistrement, qui continueront d'être perçus conformément aux lois existantes.

13. Les greffiers des tribunaux civils et de commerce tiendront un registre coté et paraphé par le président, sur lequel ils inscriront, jour par jour, les actes sujets au droit de greffe ; les expéditions qu'ils délivreront, la nature de chaque expédition, le nombre des rôles, le nom des parties, avec mention de celle à laquelle l'expédition sera délivrée.

Ils seront tenus de communiquer ce registre aux préposés de l'enregistrement, toutes les fois qu'ils en seront requis.

14. Les greffiers ne pourront exiger aucun droit de recherche des actes et jugemens faits ou rendus dans l'année, ni de ceux dont ils feront les expéditions ; mais, lorsqu'il n'y aura pas d'expédition, il leur est attribué un droit de recherche, qui demeure fixé à 5o centimes pour l'année qui leur sera indiquée ; et, dans le cas où il leur serait indiqué plusieurs années, et qu'ils seraient obligés d'en faire la recherche, ils ne percevront que 5o cent. pour la première, et 25 cent. pour chacune des autres.

Il leur est, en outre, attribué 25 cent. pour chaque légalisation d'acte des officiers publics.

15. Les greffiers présenteront et feront recevoir, conformément aux lois existantes, un commis-greffier assermenté par chaque section.

16. Au moyen du traitement et de la remise ci-après accordés aux greffiers, ils demeureront chargés du traitement des commis assermentés, commis expéditionnaires, et de tous employés du greffe, qu'elles que soient leurs fonctions, ainsi que des frais de bureau, papier libre, rôles, registres, encre, plumes, lumières, chauffage des commis, et généralement de toutes les dépenses du greffe.

17. Le traitement des greffes des tribunaux civils est égal à celui des juges auprès desquels ils sont établis.

18. Celui des greffiers des tribunaux de commerce sera de la moitié de celui d'un greffier d'un tribunal civil, s'il avait été établi dans la commune où siége le tribunal de commerce.

Et néanmoins le traitement de ceux des tribunaux de commerce établis dans des communes de six mille habitans et au-dessous demeure fixé à 800 francs.

19. Il est accordé aux greffiers une remise de 3o cent. par chaque rôle d'expédition.

Et d'un décime par franc sur le produit du droit de mise au rôle, et de celui établi pour la rédaction et transcription des actes énoncés en l'art. 5.

20. La remise de 3o cent., accordée par l'article précédent, ne sera que de deux décimes sur toutes les expéditions que les agens de la république demanderaient en son nom et pour soutenir ses droits; ils ne seront tenus, à cet égard, à aucune avance; en conséquence, ces expéditions seront portées pour mémoire sur le registre du receveur de l'enregistrement; il en sera fait un compte particulier.

21. Le premier de chaque mois, le receveur de l'enregistrement comptera, avec le greffier, du produit des remises à lui accordées par l'art. 19, et il lui en paiera le montant sur le mandat qui sera délivré au bas du compte par le président du tribunal.

22. Le traitement fixe du greffier sera également payé mois par mois par le receveur de l'enregistrement, sur le produit du droit de greffe, d'après les mandats aussi délivrés mois par mois par le président du tribunal.

23. Il est défendu aux greffiers et à leurs commis d'exiger ni recevoir d'autres droits de greffe, ni aucun droit de prompte expédition, à peine de 100 francs d'amende et de destitution.

24. Les droits établis par la présente seront alloués aux parties dans la taxe des dépenses sur les quittances des receveurs de l'enregistrement mises au bas des expéditions, et sur celles données par les greffiers, de l'acquit de droit de mise au rôle et de rédaction, lesquelles ne seront assujetties à d'autres droits qu'à ceux du timbre.

25. Le directoire exécutif fera connaître au corps législatif, dans le courant de thermidor prochain, par des états distincts et séparés, le produit de la perception des droits de greffe dans chaque tribunal.

26. La présente résolution demeurera affichée dans tous les greffes des tribunaux civils et de commerce.

27. Il sera statué, par une résolution particulière, sur les greffes des tribunaux criminels et correctionnels.

28. Toutes dispositions de loi contraires à la présente sont abrogées.   J. F.

*Arrêté du Directoire exécutif sur les Poids et Mesures.

8 Avril 1799 (19 germinal an VII.)

Art. 4. A compter du 1er vendémiaire an VIII, les anciennes mesures de la mine, du minot, du boisseau, du demi-boisseau, du quart, du demi-quart, du litron, du demi-litron, et autres servant au mesurage des grains et autres matières sèches, seront réputées mesures fausses et illégales, quand même elles auraient été vérifiées et poinçonnées précédemment; sont également déclarées fausses et illégales les mesures nouvelles ou présentées comme telles qui n'auraient pas été poinçonnées. Les fabricans qui vendraient des mesures déclarées fausses par le précédent article, les marchands qui en conserveraient dans leurs boutiques et magasins, seront poursuivis comme contrevenans aux lois sur les poids et mesures.   J. F.

* Circulaire de l'administration de l'Enregistrement sur l'Enregistrement des Vacations.

14 Nivôse an VIII, n° 1757.

Si l'on requiert l'enregistrement de plusieurs vacations qui sont dans le délai, il n'est pas nécessaire de faire pour chaque vacation un enregistrement; on peut les comprendre toutes dans le même, en y énonçant la date particulière de chacune, et ne donner la quittance des droits que par une seule et même relation.

A défaut d'enregistrement, il est dû une amende pour chaque vacation non présentée à la formalité dans le délai de la loi.

On ne doit pas exiger qu'il soit fait sur le répertoire une inscription particulière pour chaque vacation.

Les inventaires, procès-verbaux et autres actes qui ne peuvent être consommés dans un même jour et dans la même vacation peuvent être continués sur la même feuille de papier timbré. (Art. 25 de la loi du 13 brumaire an VII, Dictionnaire de l'Enregistrement.)
      J. F.

*Loi qui exige de tous les fonctionnaires publics une promesse de fidélité à la Constitution.

11 Janvier 1800 (21 nivôse an 8).

Art. 1er. Les fonctionnaires publics dans l'ordre administratif et judiciaire ne pourront commencer ou continuer l'exercice de leurs fonctions que préalablement ils n'aient fait la déclaration suivante : *Je promets d'être fidèle à la Constitution.*

Art. 2. Toute autre formule de serment ou déclaration est abrogée.   J. F.

☞ * *Loi sur le privilége des bailleurs de fonds prêtés pour opérer un cautionnement.*

25 Nivôse an XIII.

Art. 1ᵉʳ. Le privilége de premier ordre, établi par l'article 2102 du Code civil, est étendu au remboursement des fonds prêtés pour réaliser les cautionnemens des officiers publics, soit en totalité soit en partie.   J. F.

☞ * *Décision du Ministre des Finances sur l'Enregistrement des procès-verbaux de vacations.*

Du 19 frimaire an XIV.

Le procès-verbal de chaque vacation doit être enregistré dans le délai et sous les peines portées par la loi. Par ce mot procès-verbal, employé dans l'art. 3 du décret du 10 brumaire an 14, on doit entendre celui de la vacation, signé des parties et de l'officier public, et non pas la réunion de toutes les vacations, soit du même inventaire, soit de l'apposition ou de la levée des scellés.   J. F.

☞ * *Instruction générale du Directeur de l'Enregistrement sur l'Enregistrement des vacations.*

Du 30 frimaire an XIV, n°. 296.

Les mentions exigées par les articles 1 et 2 du décret sur les vacations du 18 brumaire an XIV ayant pour objet de distinguer *chaque* vacation, et de constater la durée des séances employées à la confection des actes désignés dans l'art. 1ᵉʳ; les receveurs doivent être attentifs à ce que les officiers qui instrumentent s'y conforment. Dans le cas d'irrégularités, elles devraient être rectifiées; si ces officiers s'y refusaient, ils en informeraient le directeur, pour qu'il pût y pourvoir, en se concertant avec le procureur du roi près le tribunal de 1ʳᵉ. instance de l'arrondissement du fonctionnaire, et en rendre compte à l'administration.   J. F.

☞ * *Décision du Ministre des Finances sur l'Enregistrement des vacations.*

Du 25 octobre 1808.

La durée de chaque vacation étant, par l'art. 8 de la loi du 27 mars 1791, et les art. 1 et 168 du décret du 16 février 1807, fixée à *trois heures*, cette base doit être adoptée pour la liquidation des droits d'Enregistrement auxquels les inventaires et autres actes dont la confection exige plusieurs séances peuvent donner ouverture.

Ainsi, lorsque le nombre d'heures employées dans une séance peut se diviser exactement par trois, il est dû autant de droits fixes qu'il y a de fois trois heures.   J. F.

☛ * *Tarif en matière criminelle* (Voyez ci-dessus p. 191.)

Décret du 18 juin 1811.

Articles dont les juges de paix et greffiers peuvent avoir besoin et en vertu desquels ont été dressés les modèles d'états et de taxes insérés plus bas, tome 3.

Art. 4. Les prévenus ou accusés seront conduits à pied par la gendarmerie, de brigade en brigade : néanmoins ils pourront, si des circonstances particulières l'exigent, être transférés soit en voiture, soit à cheval, sur les réquisitions motivées de nos officiers de justice.

Les réquisitions seront rapportées en original, ou par copies duement certifiées par les officiers qui donneront les ordres, à l'appui de chaque état ou mémoire de frais à fournir par ceux qui auront fait le transport.

5. Lorsque la translation par voie extraordinaire sera ordonnée d'office ou demandée par le prévenu ou accusé, à cause de l'impossibilité où il se trouverait de faire ou de continuer le voyage à pied, cette impossibilité sera constatée par certificat de médecin ou de chirurgien.

Ce certificat sera mentionné dans la réquisition et y demeurera joint.

6. Dans les cas d'exception ci-dessus, la translation des prévenus ou accusés sera faite par les entrepreneurs généraux des transports et convois militaires, et aux prix de leur marché (1).

Dans les localités où le service des transports militaires ne sera point organisé, les réquisitions seront adressées aux officiers municipaux, qui y pourvoiront par les moyens ordinaires et aux prix les plus modérés.

7. Les prévenus et accusés pourront toujours se faire transporter en voiture à leurs frais, en se soumettant aux mesures de précaution que prescrira le magistrat qui aura ordonné la translation, ou le chef d'escorte chargé de l'exécuter.

9. Les procédures et les effets pouvant servir à conviction ou à décharge seront transportés par les gendarmes chargés de la conduite des prévenus ou accusés.

Si, à raison du poids ou du volume, ces objets ne peuvent être transportés par les gendarmes, ils le seront, d'après un ordre par écrit du magistrat qui ordonnera le transport, soit par les messageries, soit par les entrepreneurs des transports et convois militaires, soit par toute autre voie plus économique, sauf les précautions convenables pour la sûreté des objets.

12. Si, pour l'exécution d'ordres supérieurs, relatifs à la translation des prévenus ou accusés, il est nécessaire d'employer des

____

(1) Le Garde des sceaux, ministre de la justice, a pris, le 20 octobre 1825, l'arrêté suivant :

Lorsque les prévenus et accusés civils devront être transportés, soit en voiture, soit à cheval, leur translation sera effectuée par le sieur *Hyrvoix*, dans toute l'étendue du royaume, y compris la Corse.

moyens extraordinaires de transport, tels que la poste, les diligences ou autres voies semblables, les frais de ce transport et autres dépenses que les gendarmes se trouveront obligés de faire en route leur seront remboursés comme frais de justice criminelle, sur leurs mémoires détaillés, auxquels ils joindront les ordres qu'ils auront reçus, ainsi que des quittances particulières pour les dépenses de nature à être ainsi constatées.

Si les gendarmes n'ont pas des fonds suffisans pour faire les avances, il leur sera délivré un mandat provisoire de la somme présumée nécessaire, par le magistrat qui ordonnera le transport.

Il sera fait mention du montant de ce mandat sur l'ordre de transport.

A leur arrivée à leur destination, les gendarmes feront régler définitivement leur mémoire par le magistrat devant qui le prévenu devra comparaître.

Il ne sera alloué aux gendarmes aucun frais de retour; ils recevront seulement l'indemnité prescrite par les articles 68 et 69 de la loi du 28 germinal an VI.

13. Lorsqu'en conformité des dispositions du Code d'instruction criminelle sur le faux, et dans les cas prévus notamment par les articles 452 et 454, des dépositaires publics, tels que les greffiers, notaires, avoués et huissiers, seront tenus de se transporter au greffe ou devant un juge d'instruction pour remettre des pièces arguées de faux, ou des pièces de comparaison, il leur sera alloué, pour chaque vacation de trois heures, la même indemnité qui leur est accordée par l'article 166 du décret du 16 février 1807, relativement à l'inscription de faux incident (1).

Les dépositaires publics auront toujours le droit de faire en personne le transport et la remise des pièces, sans qu'on puisse les obliger à les confier à des tiers.

14. Les autres dépositaires particuliers recevront pour le même objet l'indemnité réglée par ledit article 166.

15. Dans les cas prévus par les deux articles précédens, les frais de voyage et de séjour des greffiers, notaires, avoués et déposi-

---

(1) *Art.* 166. Il sera taxé aux dépositaires qui devront représenter les pièces de comparaison en vérification d'écritures ou arguées de faux, en inscription de faux incident, indépendamment de leurs frais de voyage, par chaque vacation de trois heures devant le juge commissaire ou le greffier; savoir :

		f. c.
1° Aux greffiers. .	1° des cours d'appel.	12 f. » c.
	2° de justice criminelle (C. d'assises).	12 »
	3° des tribunaux de première instance.	10 »
2° Aux notaires. .	1° de Paris.	9 »
	2° des départemens.	6 »
3° Aux avoués. . .	1° des cours royales	8 »
	2° des tribunaux de première instance.	6 »
4° Aux huissiers. .	1° de Paris.	5 »
	2° des départemens.	4 »
5°. Aux autres fonctionnaires publics ou autres particuliers, s'ils le requièrent.		6 »

taires particuliers, seront réglés ainsi qu'il sera dit dans le même chapitre 8 ci-après, pour les médecins, chirurgiens, etc.

Quant aux huissiers, on se conformera aux dispositions dudit chapitre 8 en ce qui les concerne.

20. Pour les frais d'exhumation des cadavres, on suivra les tarifs locaux.

25. Dans tous les cas où les médecins, chirurgiens, sages-femmes, experts et interprètes seront appelés, soit devant le juge d'instruction, soit aux débats, à raison de leurs déclarations, visites ou rapports, les indemnités dues pour cette comparution leur seront payées comme à des témoins, s'ils requièrent la taxe.

26. Conformément à l'article 82 du Code d'instruction criminelle, les témoins entendus dans l'instruction et lors du jugement des affaires criminelles et de police recevront, s'ils le demandent, une indemnité qui demeure réglée ainsi qu'il suit:

27. Pour chaque jour que le témoin aura été détourné de son travail ou de ses affaires, il pourra lui être taxé, savoir:

Dans notre bonne ville de Paris, deux francs;

Dans les ville de quarante mille habitans et au-dessus, un franc cinquante centimes;

Dans les autres villes et communes, un franc;

28. Les témoins du sexe féminin, admis à déposer, et les enfans de l'un et de l'autre sexe au-dessous de l'âge de quinze ans, entendus par forme de déclaration, recevront, savoir:

A Paris, un franc vingt-cinq centimes;

Dans les villes de quarante mille habitans et au-dessus, un franc;

Dans les autres villes et communes, soixante-quinze centimes.

30. Si les témoins sont obligés de se transporter hors du lieu de leur résidence, il pourra leur être alloué des frais de voyage et de séjour, tels qu'ils seront réglés dans le chapitre 8 ci-après.

Audit cas, les frais de séjour, tels qu'ils seront fixés par le n° 2 de l'article 96 ci-après, leur tiendront lieu de la taxe déterminée dans les articles 27 et 28 ci-dessus (1).

31. Nos officiers de justice n'accorderont aucune taxe aux militaires en activité de service, lorsqu'ils seront appelés en témoignage.

Néanmoins il pourra leur être accordé une indemnité pour leur séjour forcé hors de leur garnison ou cantonnement, en se conformant, pour les officiers de tout grade, à la fixation faite par le n° 2 de l'article 96 du présent décret, et en allouant la moitié seulement de ladite indemnité aux sous-officiers et soldats.

32. Tous les témoins qui reçoivent un traitement quelconque, à raison d'un service public, n'auront droit qu'au remboursement des frais de voyage, s'il y a lieu, et s'ils le requièrent, sur le pied réglé dans le chapitre 8 ci-après.

33. Conformément à la loi du 5 pluviôse an XIII, l'indemnité

---

(1) Cette disposition n'est applicable que lorsque les témoins se transportent à plus d'un myriamètre de leur résidence. (*Art. 2 du Décret du 7 avril 1813.*)

accordée aux témoins ne sera avancée par le trésor royal qu'autant qu'ils auront été cités, soit à la requête du ministère public, soit en vertu d'ordonnance rendue d'office, dans les cas prévus par les articles 269 et 303 du Code d'instruction criminelle (1).

34. Les témoins cités à la requête, soit des accusés, conformément à l'art. 321 du Code d'instruction criminelle, soit des parties civiles, conformément à la loi du 5 pluviôse an XIII, recevront les indemnités ci-dessus déterminées ; elles leur seront payées par ceux qui les auront appelés en témoignage.

35. Les jurés qui auront été obligés de se transporter à plus de deux kilomètres de leur résidence actuelle pourront être remboursés des frais de voyage seulement, sur le pied réglé dans le chapitre 8 ci-après, si toutefois ils le requièrent ; et il ne sera rien alloué pour toute autre cause que ce soit, à raison de leurs fonctions.

36. Les officiers de justice énonceront, dans les mandats qu'ils délivreront au profit des témoins et des jurés, que la taxe a été requise.

37. Dans les cas prévus par les articles 16, 35, 37, 38, 89 et 90 du Code d'instruction criminelle, il ne sera accordé de taxe pour la garde des scellés que lorsque le juge instructeur n'aura pas jugé à propos de confier cette garde à des habitans de la maison où les scellés auront été apposés.

Dans ce cas il sera alloué, pour chaque jour, au gardien nommé d'office, savoir :

Dans notre bonne ville de Paris, deux fr. 50 cent. ;

Dans les villes de quarante mille habitans et au-dessus, deux fr.

Dans les autres villes et communes, un fr.

90. Il est accordé des indemnités aux médecins, chirurgiens, sages-femmes, experts, interprètes, témoins, jurés, huissiers et gardes champêtres et forestiers, lorsqu'à raison des fonctions qu'ils doivent remplir, et notamment dans les cas prévus par les art. 20, 43 et 44 du Code d'instruction criminelle, ils sont obligés de se transporter à plus de deux kilomètres de leur résidence, soit dans le canton, soit au-delà.

91. Cette indemnité est fixée pour chaque myriamètre parcouru en allant et en revenant, savoir :

1°. Pour les médecins, chirurgiens, experts, interprètes et jurés, à deux francs cinquante centimes ;

____

(1) Les citations et significations faites à la requête des prévenus ou accusés seront à leurs frais, ainsi que les salaires des témoins qu'ils feront entendre ; sauf à la partie publique à faire citer, à sa requête, les témoins qui lui seraient indiqués par les prévenus ou accusés, dans les cas où elle jugerait que leur déclaration pût être nécessaire pour la découverte de la vérité ; sans préjudice encore du droit de la cour de justice criminelle d'ordonner, dans le cours des débats, lorsqu'elle le jugera utile, que de nouveaux témoins seront entendus.

Depuis la suppression des cours de justice criminelle, et d'après les art. 269, 303 du Code d'instruction criminelle, c'est au président de la cour d'assises que ce droit appartient.

2°. Pour les sages-femmes, témoins, huissiers, gardes champêtres et forestiers, à un franc cinquante centimes :

92. L'indemnité sera réglée par myriamètre et demi-myriamètre.

Les fractions de huit ou neuf kilomètres seront comptées pour un myriamètre, et celles de trois à sept kilomètres pour un demi-myriamètre.

93. Pour faciliter le règlement de cette indemnité, les préfets feront dresser un tableau des distances en myriamètres et kilomètres, de chaque commune au chef-lieu de canton, au chef-lieu d'arrondissement, et au chef-lieu de département.

Ce tableau sera déposé aux greffes des cours royales, des tribunaux de première instance et des justices de paix, et il sera transmis à notre grand-juge ministre de la justice.

95. Lorsque les individus dénommés ci-dessus seront arrêtés, dans le cours du voyage, par force majeure, ils recevront en indemnité, pour chaque jour de séjour forcé, savoir :

1°. Ceux de la première classe, deux francs ;

2°. Ceux de la seconde, un franc cinquante centimes.

Ils seront tenus de faire constater par le juge de paix ou ses suppléans, ou par le maire, ou à son défaut par ses adjoints, la cause du séjour forcé en route, et d'en représenter le certificat à l'appui de leur demande en taxe.

96. Si les mêmes individus, autres que les jurés, huissiers, gardes champêtres et forestiers, sont obligés de prolonger leur séjour dans la ville où se fera l'instruction de la procédure, et qui ne sera point celle de leur résidence, il leur sera alloué, pour chaque jour de séjour, une indemnité fixée ainsi qu'il suit :

1°. Pour les médecins, chirurgiens, experts et interprètes ;

Dans notre bonne ville de Paris, quatre francs ;

Dans les villes de quarante mille habitans et au-dessus, deux francs cinquante centimes ;

Dans les autres villes et communes, deux francs ;

2°. Pour les sages-femmes et témoins,

Dans notre bonne ville de Paris, trois francs ;

Dans les villes de quarante mille habitans et au-dessus, deux fr.;

Dans les autres villes et communes, un franc cinquante cent.

97. La taxe des indemnités de voyage et de séjour sera double pour les enfans mâles au-dessous de l'âge de quinze ans et pour les filles au-dessous de l'âge de vingt-un ans, lorsqu'ils seront appelés en témoignage, et qu'ils seront accompagnés, dans leur route et séjour, par leur père, mère, tuteur ou curateur, à la charge par ceux-ci de justifier leur qualité.

135. Lorsqu'un témoin se trouvera hors d'état de fournir aux frais de son déplacement, il lui sera délivré, par le président de la cour ou du tribunal du lieu de sa résidence, et à son défaut, par le juge de paix, un mandat provisoire à compte de ce qui pourra lui revenir par son indemnité.

Le receveur de l'enregistrement, qui acquittera ce mandat, fera mention de l'à-compte en marge ou au bas de la copie de la citation.

138. Les dépenses non réputées urgentes seront payées sur les états ou mémoires des parties prenantes, revêtus de la taxe et de l'exécutoire du juge, et du visa du préfet du département.

139. Les états ou mémoires seront taxés article par article, et l'exécutoire sera délivré à la suite; le tout dans la forme qui sera prescrite par notre grand-juge ministre de la justice.

La taxe de chaque article rappellera la disposition du présent décret sur laquelle elle sera fondée.

140. Les formalités de la taxe et de l'exécutoire seront remplies sans frais par les présidens, les juges d'instruction et les juges de paix, chacun en ce qui le concerne.

L'exécutoire sera décerné sur les réquisitions de l'officier du ministère public, lequel signera la minute de l'ordonnance.

141. Les juges qui auront décerné les mandats ou exécutoires, et les officiers du ministère public qui y auront apposé leur signature, seront responsables de tout abus ou exagération dans les taxes, solidairement avec les parties prenantes et sauf leur recours contre elles.

142. Les présidens et les juges d'instruction ne pourront refuser de taxer et de rendre exécutoires, s'il y a lieu, des états ou mémoires de frais de justice criminelle, par la seule raison que ces frais n'auraient pas été faits par leur ordre direct, pourvu toutefois qu'ils aient été faits en vertu des ordres d'une autorité compétente, dans le ressort de la cour ou du tribunal que ces juges président ou dont ils sont membres.

143. Les états ou mémoires taxés et rendus exécutoires ainsi qu'il est dit dans les articles précédens, seront vérifiés par le préfet du département, qui apposera son *visa* sans frais au bas de l'exécutoire; le tout dans la forme qui sera indiquée par notre grand-juge ministre de la justice.

144. Les états ou mémoires seront dressés de manière que nos officiers de justice et les préfets puissent y apposer leurs taxes, exécutoires, règlement et *visa*; autrement ils seront rejetés, ainsi que les mémoires de greffiers ou d'huissiers qui ne seraient point conformes aux modèles arrêtés par notre grand-juge ministre de la justice, comme il est dit dans l'art. 82 ci-dessus.

145. Il sera fait de chaque état ou mémoire trois expéditions, dont une sur papier timbré et deux sur papier libre.

Chacune de ces expéditions sera revêtue de la taxe et de l'exécutoire du juge, et du *visa* du préfet.

La première sera remise au payeur avec les pièces au soutien des articles susceptibles d'être ainsi justifiés.

Le prix du timbre tant de l'état ou mémoire que des pièces à l'appui est à la charge de la partie prenante.

L'une des expéditions sur papier libre restera déposée aux archives de la préfecture.

L'autre sera transmise à notre grand-juge ministre de la justice, avec l'état du trimestre dont il sera parlé ci-après.

146. Les états ou mémoires qui ne s'élèveront pas à plus de dix francs ne seront point sujets à la formalité du timbre.

147. Aucun état ou mémoire fait au nom de deux ou plusieurs

parties prenantes ne sera rendu exécutoire, s'il n'est signé de chacune d'elles : le paiement ne pourra être fait que sur leur acquit individuel, ou sur celui de la personne qu'elles auront autorisée spécialement, et par écrit, à toucher le montant de l'état ou mémoire.

Cette autorisation et l'acquit seront mis au bas de l'état, et ne donneront lieu à la perception d'aucun droit.

148. Les états ou mémoires qui comprendraient des dépenses autres que celles qui, d'après notre présent décret, doivent être payées sur les fonds généraux des frais de justice, seront rejetés de la taxe et du *visa,* sauf aux parties réclamantes à diviser leurs mémoires par nature de dépenses, pour le montant en être acquitté par qui de droit.

152. Les préfets ne délivreront leurs mandats et n'apposeront leur *visa* sur les exécutoires que d'après les règles établies d'après notre présent décret, et après une exacte vérification de chacun des articles de dépense portés dans les états ou mémoires.

Ils réduiront au taux convenable les sommes qui surpasseraient les fixations faites par nos décrets, et les articles non tarifés qui leur paraîtraient exagérés.

Ils rejetteront en totalité les dépenses non autorisées ou non suffisamment justifiées, et celles dont la taxe ne rappellerait pas l'article qui l'autorise, ainsi qu'il est dit dans l'article 139 ci-dessus.

Ils pourront exiger la représentation des pièces, à l'effet de vérifier les taxes soumises à leur révision.

158. Sont assimilés aux parties civiles,

1°. Toute régie ou administration publique, relativement aux procès suivis, soit à sa requête, soit même d'office et dans son intérêt ;

2°. Les communes et les établissemens publics, dans les procès instruits, ou à leur requête, ou même d'office, pour crimes ou délits commis contre leurs propriétés.

159. Toutes les fois qu'il y aura partie civile en cause, et qu'elle n'aura pas justifié de son indigence dans la forme prescrite par l'article 420 du Code d'instruction criminelle, les exécutoires pour les frais d'instruction, expédition et signification des jugemens pourront être décernés directement contre elle.

160. En matière de police simple ou correctionnelle, la partie civile qui n'aura pas justifié de son indigence sera tenue, avant toutes poursuites, de déposer au greffe ou entre les mains de l'enregistrement la somme présumée nécessaire pour les frais de la procédure.

Il ne sera exigé aucune rétribution pour la garde de ce dépôt, à peine de concussion.

163. Il sera dressé, pour chaque affaire criminelle, correctionnelle ou de simple police, un état de liquidation des frais autres que ceux qui sont mentionnés dans l'article précédent ; et lorsque cette liquidation n'aura pu être insérée, soit dans l'ordonnance de mise en liberté, soit dans l'arrêt ou le jugement de condamnation, d'absolution ou d'acquittement, le juge compétent décernera exécutoire contre qui de droit, au bas dudit état de liquidation.

Extrait du Décret du 7 avril 1813, qui modifie quelques dispositions de celui du 18 juin 1811.

Art. 1er. Il ne sera plus accordé de double taxe aux témoins dans le cas prévu par l'article 29 du règlement du 18 juin 1811.

2. Les témoins qui ne seront pas domiciliés à plus d'un myriamètre du lieu où ils seront entendus n'auront droit à aucune indemnité de voyage ; il ne pourra leur être alloué que la taxe fixée par les articles 27 et 28 du règlement.

Ceux domiciliés à plus d'un myriamètre recevront, pour indemnité de voyage, s'ils ne sortent point de leur arrondissement, un franc par myriamètre parcouru en allant, et autant pour le retour.

S'ils sont appelés hors de leur arrondissement, cette indemnité sera d'un franc cinquante centimes.

Dans les deux derniers cas, la taxe fixée par les articles 27 et 28 susénoncés ne sera point allouée, sans néanmoins rien innover à l'article 30 dudit règlement, relatif aux frais de séjour.

3°. Il n'est dû aucun frais de voyage aux gardes champêtres ou forestiers, tant pour la remise qu'ils sont tenus de faire de leurs procès-verbaux, conformément aux articles 18 et 20 du Code d'instruction criminelle, que pour la conduite des personnes par eux arrêtées devant l'autorité compétente.

Mais lorsque ces gardes seront appelés en justice, soit pour être entendus comme témoins, lorsqu'ils n'auront point dressé de procès-verbaux, soit pour donner des explications sur les faits contenus dans les procès-verbaux qu'ils auront dressés, ils auront droit aux mêmes taxes que les témoins ordinaires.

Il en sera de même des gendarmes.

4. L'augmentation de la taxe accordée par l'article 94, pour frais de voyage pendant les mois de novembre, décembre, janvier et février, est également supprimée, tant pour les témoins que pour les autres parties prenantes désignées dans l'article 91.   J. F.

FIN DU SUPPLÉMENT ET DU TOME SECOND (1).

---

(1) L'extrait des six Codes se trouve dans le tom. 3.

TABLE ALPHABÉTIQUE,

PAR ORDRE DE MATIÈRE,

DES LOIS, DÉCRETS, ORDONNANCES, ETC.,

CONTENUS DANS CE VOLUME.

A

   2ᵉ *Partie.*   21

F

G

H

R

S

FIN DE LA TABLE.